失序的心靈

美國個人主義傳統的困境

Habits of the Heart

Individualism and Commitment in American Life

羅伯特·貝拉 等人著

Robert Bellah, Richard Madsen,
William Sullivan, Ann Swidler, Steven Tipton

葉品岑 譯

目次

第一部　私人生活

第二部　公共生活

導讀

追尋重建締造公民社會連結的價值

邱炫元　政治大學社會學系副教授

暢銷社會學著作與美國「文化的」社會學

從一九七九年開始，貝拉跟當時在攻讀博士學位的四位年輕研究生合作，歷經五年對兩百多人的訪談及跟隨一部分受訪者近身田野觀察，完成《失序的心靈》。但該書並非單純僅著眼於受訪者價值觀或個人生涯歷程的微觀研究，貝拉試圖運用美國社會變遷的歷史分期作為外在的宏觀架構，去探討美國價值觀的根源，如何從傳統的聖經與共和傳統，慢慢趨向個人主義的走向。

《失序的心靈》的作者群來自社會學、哲學與臨床心理學各領域，最後全書統整於貝拉之手，但它在學界的影響力大大超出社會學的範疇，橫跨政治學、宗教與神學研究等不同領域。該書探討美國人如何透過私人與公共生活尋找人生的意義，但它並不是一本庸俗的心靈雞湯之類的書籍，而是探討個人主義的興起和工業社會的發達，如何致使傳統價值傾頹與社會資本流失，引起美國社會大眾的閱讀興趣與廣泛討論並成為暢銷書，於一九九六年和二〇〇八年二度改版，已經超越純學術作品的意義，讓這本書成為探討美國價值文化的一本具有影響力的公共社會學著作。美國社會學名家甘斯（Herbert Gans）在一九九五年的調查中，甚至估計這本社會學著作賣出四十多萬冊。不過，此書雖帶著社會學科普的印記，但若能多了解該書在美國社會學知識傳統的背景，應更能幫助我們窺得書中的堂奧。

以文化價值為前提來導引行動者的社會學

貝拉和知名的美國文化人類學家紀爾茲（Clifford Geertz）在哈佛大學唸博士時，曾經同時受業於美國結構功能論的建立者帕森斯（Talcott Parsons）的門下。帕森斯認為文化與社會結構是影響行動者的重要驅動因素。然而，帕森斯的討論方式是採取抽象性的理論推導，而貝拉與紀爾茲兩人則各自透過社會學與人類學的經驗研究取向將其落實。他們相信，文化價值就像一種劇本，可以賦予行動者一種價值的圖像並導引其行動作為。這種奉文化價值前提來導引社會行動的預設，形塑出美國獨特的「文化的」社會學（cultural sociology）傳統。

若細究這個「文化的」社會學理路根源，還是得說說來自帕森斯對德國社會學家韋伯（Max Weber）宗教社會學的涉獵與譯介。韋伯認為各種世界宗教的倫理提供了某種世界圖像，這些世界宗教因為時間日久而發展出更精緻與系統性的神義論，解釋了神的本質、世界的運作法則、人類的不足與罪咎，以及如何在俗世間透過一整套救贖方法，來超克現世的局限和人類自身軟弱，邁向解脫與得救的彼岸。儘管不同的宗教會發展出類型各異的神義論和救贖方法，但在各個教團中，都需要個人宗教資質與修練程度較為特出的宗教達人，如巫師、祭司或先知，作為教團的主要承擔者來帶領平信徒或是特殊的階級群體，在神義論的導引和承擔者的帶領下，依循著不同的宗教倫理類型和救贖方法，對應世界而產生相隨的社會行動。

在這樣的框架下，我們可以看到貝拉以托克維爾（Alexis de Tocqueville）的《民主在美國》在一八三一年從美國的調查旅行所觀察到的新教徒墾殖社群，做為對照的原型。這群宗教移民到美洲大陸甩脫了歐洲的封建結構，而建立新的、帶著濃厚宗教色彩的墾殖社會。他們得以擺脫身分階級的羈絆，相信在基督信仰的導引下，用一己拚搏努力可以博得自身的財產和實現自由，在這種開放樂觀自信的氛圍中，造就新墾殖社會的民主體制。貝拉認為，托克維爾看出美國的清教徒移民社區孕育了共和（政體與公民）、聖經（基督新教）與追求個人成功與自由的個人主義傳統。

對於一九八〇年代的美國社會，該書在受訪者中標定四種典型的行動者（美國價值的承擔者），他們分別是企業家、小鎮主委、心理治療師和社運領袖，考察他們如何在事業經營之餘反身關照，回歸家庭與親密關係，深度投入社區事務找尋安身之道，或在心理治療的執業中與不同的個人經驗交流豐富自我，也有投身改造社會的倡議與運動中，教育群眾來建立公平社會。這四種類型各自經由不同的行動軌跡追求他們心目中成功、自由與公益的目標。

對新資本主義的針貶：追尋重建締造公民社會連結的方程式

托克維爾在當時就意識到，美國新社會所激發的個人追求資本主義雄心，也導致個人主義的膨脹，將追逐一己之利視為無上原則，而造成社群連帶的侵蝕。另一方面，工業發達造就因為企業獲利的新貴階級，在新的工業化社會中，托克維爾已經預見後來馬克思對於資本主義社會階級分立，和資產階級即將主宰未來的景象。

貝拉在建立於托克維爾對美國民主和公民社會的分析基礎上探問，一九八〇年代美國社會在雷根主政所推出的一系列私有化政策，如何解除政府對於企業的管制和縮略政府的社會福利挹注。此私有化政策進一步造就金字塔頂端權貴階層財富的快速增加，加大了貧富差距。雷根政府逐步放棄美國源自二戰後的凱因斯主義和羅斯福新政，諸如擴大公共預算支出來保障充分就業和確保勞工的權益等措施，國家不再扮演強力保護勞工與調節勞動薪資的角色，讓芸芸眾生更倚賴自食其力與盈虧自負的原則，來面對資本主義的波動與不安穩的挑戰。與此同時，雖然雷根政府看似透過揚棄政府對社會與私部門的不當干預，以及釋放更多企業自主運作的空間，卻也放棄承擔社會福利與安全保險的責任，在面對諸多社會不公平的議題時不願深入了解民意所向，卻寧願委任更多的技術專家所組成的特別委員會直接來制定政策，而造就所謂的「管理社會」。相反的，有識之士主張應該回歸以公民社會為主的「經濟民主」來尋求解方，而非一味地信任專家的技術領導壟斷。

貝拉所目睹的一九八〇年代的社會，是一個美國的產業正逐漸降低製造業部門，而慢慢走向後工業資訊時代的社會。社會高度的分工和體制功能的分化，不但致使人們無法整體性的思考，連高等教育體制也高度進行知識體系的專業化，讓人們只能在愈來愈狹隘的範圍中思考目光短淺的利弊得失因果鏈，他在書中也特別提到媒體的出現碎裂化人們對文化整體性的意識。貝拉這種對於「天下之人各為其所欲焉以自為方」，而致使「道術將為天下裂」（《莊子．雜篇．天下》）之喟嘆，他提出的倡議，是希望能夠在昔日共和與聖經傳統中，重建文化感知的連續性，並從此出發營造一種更為公平的社會生態，透過更多的社會運動與倡議來面對如種族歧視與經濟不平等的問題。

貝拉認為新資本主義體制中有三種管控者：企業家（資本主義的守門者和斂聚財富者）、經理人（膨脹的科層組織與壟斷技術和知識的管理專家）、心理治療師。其中我覺得最有意思的是，也許是因為作者群當中有臨床心理學專家，讓鮮少被社會學關注的心理治療成為本書討論的議題。對於心理治療，貝拉基本上抱持著保留批評的態度，他指出心理治療的興起反映出個人已經從既有的朋友、家庭與社區中游離孤立出來，每個個體被鼓勵與要求要為自己負責，而不能仰賴友情、社區和宗教的支持。另一方面，心理治療被高度認可，呈現出社會存在著一種治療管理的模式，更深刻反映出在資本主義與科層體制的監控下，個體成為專家治療與看顧的對象。

面對新資本主義所帶來的社會碎裂化，貝拉認為我們應當在社區公共事務的參與中體現公民身分與伸張公民權，關注美國先民以宗教社群為根基所孕生的習俗與人際關係網絡，以及重視各類型的教會組織、宗派對於美國社會現代化的貢獻。對貝拉而言，基督宗教既是美國理想社會發跡的源頭，同時也不斷因應社會的時代潮流，不論經歷了宗教的私人化、多元化，宗教既容許高度個人主義化的信仰模態，也同時保有它的公共性。

貝拉提到在訪談中，他們並未刻意把話題牽連到宗教生活，可是受訪者經常自主地談到宗教信仰對他們的影響，基督宗教也是美國少數可以跨越種族與階級分界線的信仰活動。早在一九六〇年代，貝拉便提出所謂「公民宗教」的概念，認為美國並沒有出現像歐洲一樣龐大的普世教會機構，但根植於聖經的語言與想像的基督新教傳統，卻散發轉化為社會共享的信仰、象徵與儀式，甚至上綱為美國立國精神、政治運作與國民集體性的社會想像，背後的普遍性和超驗性的道德觀，成為凝聚美國政治、社會與文化共識的重要價值基礎。換言之，基督宗教在美國的發展走向公共化地鼓勵基督徒追求共善，在美國成為某種終極價值的象徵，聖經語言屢屢出現在政治人物的演講，並把宗教犧牲奉獻的象徵，轉化於國旗、陣亡將士紀念碑等彰顯立國宏規的符號。不過，貝拉自己有提到，公民宗教一詞容易被誤解為國家崇拜，因此他在本書已經不再使用公民宗教一詞，取而代之的是，除了引述闡發托克維爾對基督新教的歷史洞見，並用一章的篇幅呈現美國多元的宗教生態，認為宗教生活可以繼續串聯個人和公共生活與提供凝聚公民社會的機制。

今日美國社會對立的試煉：我們可以從中借鏡什麼？

貝拉跟其他的作者都出身為美國白人，而他們的訪談對象也以美國中產階級白人為主，不免就會有人質疑這個研究的受訪者沒有兼顧到其他種族或社會底層，以美國白人中產階級為主的道德價值觀，是否便能成為美國主流價值的代表呢？另外，前述曾提及，該書以文化價值為社會行動導引的前提預設，經常會忽略外在的宏觀政治與經濟制度對於行動者的影響，也會漠視文化價值的權力支配與操弄，不過，貝拉在第十章已經從比較宏觀的社會變遷來略為補充這樣的不足。

回顧美國前總統川普治下並受到新冠肺炎加劇影響的美國社會，在政治意識形態、階級與種族之間的嚴重對立，以及美國移民社會本身的流動與顛簸的狀態，像貝拉這樣帶著濃厚桃花源色彩的社會理想藍圖，不免會讓人存疑是否還能繼續提供打造新世紀公民社會的指引？不過，儘管有相關論者對此書的質疑，在閱讀完本書之後，還是可以引發探問：我們可以從中借鏡什麼？

台灣歷經民主化與解除殖民的過程，在民主化的過程，我們也不斷尋找可以凝聚共同體的價值傳統，但是，可以仰仗的除了愛台灣的情感和民主化的價值，仍然面臨著藍綠對抗以及嚴峻的兩岸戰爭風險之考驗。與此同時，台灣對於公民社會的追求和打造地方社會的想像（如地方創生），不正也反映出在全球的華人社會中，我們的民主制度的實踐雖然走在最前線，但是依然帶著困惑，在熱切中追尋屬於台灣華人社會的公民價值傳統與社會想像。如果聖經價值傳統是貝拉以之為憑藉來追尋重建美國公民締結的根源，那麼台灣本身宗教的自由和包容的多元性，是否可以對我們有所啟發，並做為探索台灣未來公民社會的價值資源？

推薦序

個人主義如何斲傷文明？

蕭育和　國科會人文社會科學研究中心博士級研究員

對於現代人在民主時代的精神困境，托克維爾（Alexis Tocqueville）有一個生動的比喻，人們像是被困在激流之間，眼睛卻仍緊緊盯著岸上的廢墟，渾然不覺激流正將人捲入深淵。然而，這幅聳動場景所欲傳達的迫切，現代人基本上體會甚微，畢竟與民主時代共生的精神氣質，傾向迷戀輕盈細微的事物，其對災變的想像，最驚悚者或者不過是「自我之謎」。托克維爾斷定，現代民主作為夷平特權的身分平等趨勢是不可逆的，敏銳的現代人不可能毫無所感，在二〇一九年上映的《X戰警：黑鳳凰》中，困擾一眾變種人的，不再是九〇年代版本中關於共同體本質、排除與含括的界線等等涉及「我們是誰」的問題，如果不再有對於共同體的基進想像，萬磁王與X教授之間的社會戰略區別也就不再有意義，鳳凰之力不受控，隱喻對「自我之謎」的災變想像，既嚴肅，卻又細小幽微。大型集體意義體系的瓦解，可以說是民主時代輕盈文明最顯著的特徵。

托克維爾的激流比喻，相當程度傳達了現代人在民主時代各方面的新煩惱。促生現代民主的革命，其行動理念是集體性與政治性的，然而現代民主所降生的後革命時代，其行動理念則完全是經濟性的個體利益導向。蘇格蘭啟蒙的古典政治經濟學早就預言在後革命的世界，只餘大量困惑茫然不知所措的個別行動者。

至於民主本身，現代人掛在嘴邊，心中所想的那個「民主」其實既不定形、也無能定向，當托克維爾聲稱民主本質上是夷平身分與階層特權的平等社會狀況時，意味著它將浸透整個社會的道德風尚、作風習慣、輿論，以及人與人之間的互動與相互理解，也就是一切托克維爾泛稱為「民德」（mores）的東西。現代民主並不存在一個巨大的根本問題，既不是古典憲制理念中多數窮人的逆襲，也不是大革命時代中對於人民主權的形式想像。民主時代的困擾紛雜又細微，其表現時而反覆無常，有時又很僵化，大部分時候推崇秀異，少數時候的輿論風暴又致力壓縮個人。現代的民主宣稱社會身分將因平等的開放，而具有無限的潛能，但對於這樣的潛能如何實現，現代人不僅全無主意，還因為忙於、滿足於應付一個個小小的隨波激流，而無力洞察深淵的即將到來。

托克維爾對其中的精神斷裂深有體悟，現代人的心靈難免是兩個世界的共存，能維持個人道德世界的自持與高貴，卻傾向迴避必須「把臉著地，雙手拱著泥」的共同世界。

讀者會在《失序的心靈》書中感受到訪談者此等精神斷裂，當然，他們不會有茫於激流的危機感，這並不出托克維爾意料之外，自滿同樣也是民主時代個體的精神特徵之一。中產階級對於生命的劇變自有一套調適方式，端賴人生階段而決定是投入工作還是回歸家庭的策略，而伴隨二十世紀企業的組織化，中產階級的形象也逐漸「經理人」化，其生命策略的特色是冰冷的工作成就與溫暖家庭價值之間的互補；而以心理治療師為典型的人格象徵，對於民主時代的個人心靈困境更為敏感，其身分策略的自信之處在於能夠平衡個人心靈不可測度「鳳凰之力」與日常生活，於是生命的終極意義終究是自我與某個不可知宇宙的和解。

失根無所依的自我是當前個人主義（individualism）的困境，而經理人與治療師的形象則是其不同的表現形式，並同樣都對個體之外的公共事務冷感。對托克維爾來說，個人主義既是與民主時代伴生的意義體系，它預設了在身分平等的社會中，個人之間並不存在本體上的連結；另一方面，個人主義也表述了「慎微平和情緒」的行為模式，個人傾向於孤立，退回自己熟悉的舒適圈。《失序的心靈》的作者貝拉（Robert Bellah）繼受了托克維爾的說法，將個人主義視為現代人理解自身、人我與世界的首要意義體系，他稱之為「第一語言」。個人主義是現代人無法擺脫的宿命，一如身分平等是不可逆的天命，要在民主時代重建貴族式階層歸屬純屬幻想，封建身分秩序不過是岸上的廢墟，托克維爾好用「陰影」的意象來比喻現代人的處境，「過去不再為未來提供光明」，於是心靈就「只能在陰影中前進」，他形容個人主義讓現代人「被永遠扔給孤獨的自身」，恐怕將「完全被禁閉在全新的內在孤寂」之中。

托克維爾固然哀嘆是否「所有時代都像我們現代這樣」，人們生活在一個「沒有互相連結的世界」。但從新大陸有別於歐洲的政治經驗中，他發現了現代人走出陰影的方法，城鎮與信仰為民主時代重建連結提供了契機，也就是貝拉稱之為「第二語言」的共和傳統與聖經傳統。在貝拉看來，美國的個人主義之所以能持續發展而不致產生惡果，主要是因為第二語言這個「更為寬宏大度道德條件的支持與控制」。

信仰讓個人主義昇華，如托克維爾所說，「偷得片刻空閒來放下塵世的小欲望與物質生活上的瞬息榮華，而踏入偉大、永恆、純潔的理想世界。」在地化的城鎮權力體制則給予公民直接參與政務、主理政事的管道，在讓公民產生歸屬感的同時，也收納並轉化了個人小小的野心與驕傲。托克維爾上一個世代的歐陸自由主義憂慮野心與驕傲會引致支配的欲望，但托克維爾則宣稱他「願意用很多小小的美德來交換這個惡習」，他並不擔憂意欲支配他人的野心與驕傲，能在身分平等的社會中掀起多大波瀾，相比之下，個人主義的精算利益與冷漠傷害要來得更大。城鎮在托克維爾眼中是一個精細的平衡，小到在滿足公民小小野心與驕傲同時能夠促成個人之間的連結，又大到讓個人能夠思考自我、家庭與工作之外的事，在日常的參與中建立個人對共同體的歸屬感。

城鎮與信仰的連結讓個體走出個人主義的自我封閉，「冷漠的心靈與分化人們的激情因而必須退回靈魂深處」，藉此，作為第二語言的共和與聖經傳統起造了世代之間的共同體意識。第一語言與第二語言，兩種意義體系的互補維持了個人主義與公共意識之間的平衡。是故，第二語言傳統的失落勢必讓個人主義的弊病浮上檯面。

讀者不妨把《失序的心靈》當作對托克維爾《民主在美國》的致敬之作。但如果托克維爾依然相信城鎮與信仰能有助於重建個人之間的連結，那麼貝拉看到的是共和與聖經傳統的失落，曾經信仰所提供的使命感能將個人與他人及社會連結，如托克維爾所說，那是個體在個人欲望與物質之外對崇高秩序的意義探索，但當前的教會組織更關注撫慰個人與心靈的創傷，實作上更像是體制化的治療師。至於如今的小鎮精神更像是失落的「記憶共同體」，只餘地方耆老緬懷，而不是成員透過參與公共事務，「在其所及範圍內的限定領域，學習如何治理社會」的一個自由的「初級學校」。但正如托克維爾所提示，城鎮之所以能挽救個人主義，不在於其自身的懷舊記憶，而是因為城鎮是「一個自由且強大的社區」，托克維爾的提示頗值得各種熱衷在地創生的事業深深反思。

托克維爾筆下的美國是由城鎮與強韌的信仰所構成的共和國，它本質上依然由個人主義式利益驅動，卻不致於在激流中被推入深淵，公民透過參與城鎮「既平和又經常」的活動，既「讓整個社會生氣勃勃，但又不擾亂社會」。結社（association）的經驗是一個教養「恰得其分的自利」（self-interest well understood），並扭轉個人主義退縮傾向的過程，起初人們是不得不參與公眾事務，後來成了一種「為他人服務的習慣與喜好」。而貝拉筆下當前的美國，或者說當前的世界，正因為「第二語言」的失落而逐漸飛地化。就個人心靈來說，飛地（enclave）意味著它只涉及生命中的一部分，特別是關於休閒與消費的私人生活部分；就社會連結來說，中產階級追求乾淨有序的社交，看似熱絡投入，實則對更包容異質社會多樣性的公共制度，教養共同的正義與文明標準全無興趣。都會化的現代人自有一套世故的話術迴避這些「政治」關切，社會連結因只納入擁有類似生活形態的人而飛地化。競爭的市場與親密的舒適圈，看似截然對立，卻是個人主義的一體兩面，功利或表現的不同型態不過是競爭與親密的不同互兌，功利的個體盼望在物質與私人生活中尋得親密的補償，而表現的個體則不免期待對生命的更完整感受能成為競爭的心理資本。

事實上「第二語言」的失落也是現實政治進程所致，現代國家的官僚治理與全球化的企業都相當程度摧毀了城鎮體制，第二語言因此失去具體的制度性依附。城鎮精神既無法自免於經濟全球化的衝擊，國家層次的政治由於無法延續社區政治的共識正當性，即便有識於公共意識的改革者，最終也只能在利益政治的層次上訴求更理性的政治審議。對於如何重新整合遁於各個飛地之間的心靈片段，貝拉提供的制度性方案依舊是托克維爾式的：適度削弱「大政府」，將集權化的政治與經濟權力下放並分散到在地的權力機制。不管讀者要如何評價貝拉提供的方案，他對於如何重建公共意識的提醒無論如何都有時代意義：理念的政治倡議不能不依附於具體制度，也不能滿足於對既有政治程序的理性化，迷信公開透明的技術政治往往對於資訊的對等與流通有過度的信心，實際上這對公共意識的重建助益有限。

正如托克維爾的《民主在美國》並非只為美國而作，《失序的心靈》所診斷的也不僅僅是美國公共生活意識的失落。比起托克維爾的時代，甚至是貝拉成書的九〇年代，由於國家讓位於市場的新自由主義式治理，以及建制政黨愈來愈脫離他們曾經扎根的社群，都讓現代政治重建公共意識的願景更為艱困。

我們很難在既有的政治光譜定位《失序的心靈》，其問題意識看似保守主義，但貝拉對於新政（The New Deal）與民權運動的成就仍屬正面評價，並且反對訴諸「價值」來重建公共意識與整合離散的心靈，無論是家庭價值、宗教價值還是男子氣慨，同樣的立場或許也適用於部分進步派的理念倡議。就像托克維爾不會緬懷岸上的廢墟一樣，貝拉也並不緬懷傳統的生活形式，他說那「不啻重返令人無法忍受的歧視與壓迫」。階級問題起因於公共與私人制度性支持的系統性撤除，其在共同體內部所造成的分裂，對貝拉來說是重中之重，他對經濟民主的重視與左翼的政治理念也或許契合，不過其理路本質上仍是權力中心的分散。正如貝拉自己後來的自述，這是一份左派與右派都不會滿意的政治提案，右派會惱怒於其對宗教與家庭的討論，左派則會棄嫌其民主社會主義的構思不夠徹底。

貝拉對現代個人主義弊病的診斷無疑是超越左右的，其當代意義尤為深刻。托克維爾指出現代民主固然革除了貴族社會階層之間的巨大差異，但民主的社會也醞生了新的極端。現代民主沒有敵人，卻自帶自我顛覆傾向，從當前的民粹主義潮流可見一斑。城鎮的結社對托克維爾來說是調節民主式極端，轉化其顛覆性能量的所在，《失序的心靈》原文書名暗示，政治本質上是「心靈的習慣」（Habits of the Hearts），「習慣」的養成需要反覆練習，需要能彼此互動的結社，在托克維爾眼中，這關乎文明，「如果人類要維持或變得文明，必然需要發展人類結社的技藝並將之完善。」

然而，當代的政治迷戀聲量與造勢，經常將政治事業誤做心靈工程，比起《失序的心靈》成書時的上一代讀者，更為現代的我們，無疑需要更細思貝拉的托克維爾式教誨。

二〇〇八年版序

民主與專制的衝突是這個時代的偉大鬥爭。由於民主和專制似乎是唯一的選擇，美國人理所當然地認為民主是好的，事實上，美國人認為民主在政治上是最好的，而抵制它的一切都是非常糟糕的東西。但可是，我們卻不太費心思考民主的含義。我們說的民主，通常是指擁有自由選舉的社會。不過要是民主的反對者贏得自由選舉，這觀念就不太站得住腳。我們在本書中大量引用托克維爾（Tocqueville）的《民主在美國》（*Democracy in America*），這本書成功把民主變成一個正面的詞語。[1]值得一提的是，在西方歷史上，民主多數時候被認為是一種不好的政府形式，與共和制很不一樣。共和制通常被視為擁有君主制、貴族制和民主制要素的一種「混合政體」（mixed constitution），但誰都不占主導地位。美利堅共和國的開國元勳有意識地反對民主，因此美國憲法是以混合政體為本寫成的，它的特色是擁有君主制的要素（總統）、貴族制的要素（參議院）及民主制的要素（眾議院）。

democracy 來自希臘文 *demokratia* 一字，意指「人民的統治」，這代表人民的直接統治，而不是代議統治，因為古希臘人並沒有代議民主的觀念。古代民主最成功的例子是西元前五世紀的雅典，在那裡，自由的成年男性公民確實透過參與負責所有重要政治決定的議會進行統治。在這個議會中，任何人都可以發言、所有人都可以投票。但不幸的是，我們對雅典民主制的知識絕大多數來自它的批評者，尤其是柏拉圖和亞里斯多德。民主制在亞里斯多德口中不是「人民的統治」，而是「窮人的統治」，因為多數公民是窮人，至少是相對貧窮的。在批評家眼中，窮人的統治對那些不貧窮的人有偏見，因此是不公正的。但在此我們有必要強調，柏拉圖和亞里斯多德批評寡頭統治偏袒富人，也是不公正的。而儘管柏拉圖贊成哲人王（philosopher king）的統治（卻也承認這個想法是最不實際），可是柏拉圖和亞里斯多德卻都強力反對專制（tyranny）①，也就是只顧自身利益的一人統治。亞里斯多德是混合政體觀念最早的一批支持者，他稱之為政制（*politeia*）。

這趟民主觀念史之旅告訴我們，民主不僅打從西元前五世紀的雅典起，遲遲到大概不到兩百年前都不是正面的詞語，而且民主和專制不過是古典政治哲學關於政府形式的許多專有名稱之二。早在希羅多德的作品中，我們就看到了三種基本政府形式的描述：一人統治、少數人統治，以及多數人統治。專制／民主的對比，漏掉了希羅多德筆下的第二種形式「寡頭制」，或稱少數人統治。這裡說的少數人實際上是指參與政治的貴族和富人。

古典的觀點認為前兩種政府分別有好的和壞的形式，像是一人統治可以是君主制或專制，少數人統治也可以是貴族制或寡頭制，但多數人統治幾乎向來都是不好的。托克維爾在這個傳統中不僅處理民主與專制的對比（不要忘記了，他談到「民主的專制」〔democratic tyranny〕和「民主的自由」〔democratic liberty〕存在的可能性時，仍抱有傳統上對民主的恐懼，但主張美國制度有利於「民主的自由」），也處理民主與貴族制的對比，因為他認為法國的傳統主要是貴族制，儘管貴族制也有可取之處，但根本上還是站在自由的對立面。[2]雖然托克維爾沒有使用寡頭制一詞，這是稱呼不好的少數人統治的經典用語，但他常用貴族制形容少數人的自私統治。此外，在托克維爾眼中，貴族制不僅是一段正迅速消逝的歷史的特色（他衷心期盼情勢如此發展），也是即便在民主制中都可能再崛起的統治形式。他在這方面最出名的諄諄告誡，與他那個時代剛起步的新型經濟組織有關，詳細內容可見《民主在美國》卷二，第二部第二十章的不祥標題〈工業何以可能造成貴族統治〉。[3]在這章的最後幾個段落裡，托克維爾既收斂也加強了他的批評：

> 總歸來說，我認為在我們眼前崛起的製造業貴族制，是世上最冷酷無情的統治之一，但它同時也是最克制且危險性最低的一種統治。
>
> 無論如何，民主之友應該緊盯著那個方向，因為永久的社會條件不平等和貴族制若有重回世界的一天，它們將是從那扇門進來的。[4]

我們相信如今正在崛起的是走向寡頭制的趨勢，尤其是對美國社會的共和制自由造成了威脅。

在本書中，我們會遵循托克維爾對民主這個新興政治形式造成的社會影響的開創性分析。托克維爾看見美國民主制的各種獨特特徵，特別是他所謂的社會條件平等（equality of condition）以及（赫赫有名的）個人主義。不過儘管托克維爾斷定邁向平等的歷史趨勢是天意，但他對個人主義趨勢的後果仍感到憂心。托克維爾在《民主在美國》卷二，第四部第六章〈民主國家應該懼怕哪種專制統治〉中，探討了

① 編按：原始意思是「僭主制度」，指不受法律約束或篡奪統治權的統治狀態。在本書我們使用其引申意「專制」。

民主暗藏的一些潛在專政可能性。[5]民主國家必須擔心的專制統治被稱為「柔性專制」（soft despotism），也就是一種登場時幾乎沒人注意到的專制統治。柔性專制發生的其中一項要件，就是被托克維爾稱為美國實驗致命弱點的個人主義。他描述：「每個人（公民們）只顧自己，對其他人的命運幾乎一無所知。對他們而言，孩子和自己的朋友就等同於全人類。至於其他的公民同胞，則完全不值一提。」在這種情況下，當權者可能變得獨斷而其行為幾乎完全不被公民察覺。托克維爾描述這是一種「有序、溫和、平和的奴隸制」，「得以比較容易與某些自由的外在形式結合，甚至有機會在人民主權的保護下成功立足。」[6]

當托克維爾指出一個全新的工業與金融貴族統治可能出現時（或可更精確地稱之為寡頭統治），他沒想到它將發展出什麼樣的機制來鞏固自身的統治，那是一種延續民主的表面形式而非實質內涵，並導致不平等日益加劇的寡頭統治。在托克維爾生活的時代，金錢有決定選舉結果的龐大力量，以及美國兩大主要政黨都受惠於金融大亨的事實，並不是這麼明顯清晰的事情。他預料到國內的柔性專制統治，可是沒料到外交政策將在任何符合國家利益之處，支持海外的硬專制統治（hard despotism）。他當然也不可能預料到有朝一日世界會因為生態危機，以及化石燃料需求在供應持續減少的情況下不斷增長，而在全球各地引發愈來愈暴力的衝突。

約翰．鄧恩（John Dunn）不久前介紹了「民主」一詞的古怪歷史，並指出直到法國大革命時，民主的觀念才自古希臘以來首次成為一種政治可能性：「民主作為一種政治效忠的焦點之所以能起死回生，其幕後功臣無非是羅伯斯比（Robespierre）。民主不再只是一種難以捉摸或明顯不合情理的政府形式，而是一種閃耀著光芒、長遠來看可能難以抗拒的誘人勝地和權力泉源。」[7]鄧恩在描述民主的兩種可能性時，提到了就連在極端時刻都被視為極端主義者的革命領袖巴貝夫（Babeuf），「民主可能產生一種平等的秩序，或是一種利己主義（egoism）的秩序，端看私有財產是被社會化，還是神聖化。」[8]在法國大革命之後，這兩個選項之間的鬥爭持續了將近兩百年的時間，直到歐洲共產主義在一九八〇年代末垮台才告終。諷刺的是，兩種形式的「民主」，都創造出嚴重不平等的政權，一個以財產平等之名建立的極權主義國家，另一個以利己主義帶來人類史上最嚴重的不平等，也就是眾所周知的自由市場經濟。[9]

托克維爾的觀察充滿真知灼見，但在十九世紀上半葉寫作的他不可能看透一切。事實證明，他認為平等正在前進的感覺是錯的，不過他對於民主可能終將有形無實的恐懼，似乎正在吾人眼前一步步成真。自從本書二十多年前②付梓以來，美國公民的生活機會不平等（inequality of life chances）大幅擴大，特別是在醫療照護、經濟安全和教育機會等領域。在美國，這種不平等的惡化遠比其他已開發國家更嚴重。儘管整體經濟生產力在此期間突飛猛進（這有一部分是拜新興資訊科技所賜），可是這些成長帶來的利潤，幾乎全流向位於收入分配最頂層的少數人的口袋裡。既然如此，美國人為何不願意或不能夠阻止不平等的惡化，抑或將我們增加的財富用於造福眾人呢？

在這點上，我們認為托克維爾的分析仍然非常值得參考。個人主義和強烈懷疑政府（特別是國家中央政府）之間的連結（尤其在私人財富和政府控制迅速成長時），是我們轉向寡頭制的主要原因。這些情勢發展使托克維爾對「貴族制」（或採用我們比較偏好的用詞「寡頭制」）重新登場的警告顯得非常適切。事實上，自從本書問世以來，全球不平等仍不祥地持續加劇，而且有愈來愈多人意識到不平等正在惡化，甚至到了馬克思主義在某些地區正捲土重來的地步，東尼・賈德（Tony Judt）不久前就如此警告。[10]任何腦袋正常的人不可能樂見一個必然與強制國家（coercive state）相連的意識形態體系回歸，可

②編按：本書在一九八五年發行初版。

是難道抱持一個主張我們根本不需要國家的市場意識形態會比較好嗎？後者是否真能給民主任何有意義的支持呢？

經過了二十年，當初我們在這本書勾勒的美國文化樣貌，似乎準確極了。然而，我們也指出傳統在美國文化中的作用，尤其是聖經信仰與公民共和主義的面向，它們高舉對團結的渴望，為反抗極端個人主義提供資源。我們很高興許多持續爭取共善（common good）的公民團體認為這些觀念很有用。畢竟，美國人在歷史上曾多次實現比早期美國社會更大的兼容並蓄和公民平等，特別是在克服種族與性別隔閡這項仍有待完成的努力之上。隱藏在這些努力背後的觀念，可能也有助於我們解決當前的問題。

這是一本關於美國個人主義的書，但它也談論能抵消美國個人主義破壞性後果的許多力量。很多公民團體繼續為創造不一樣的社會和不一樣的世界而奮鬥。在很多方面，本書仍是為這些團體而存在的一本手冊。

一九九六年版序

「我們該怎麼生活？……作為美國人，我們是誰？」自從十多年前我們在本書卷首提出這些問題，它們如今已顯現一種嚴重的急迫性。它們的意義自建國起就不停地被爭辯，但從來不曾辯得像眼前有人呼籲「恢復美國」或克服「道德危機」的這一刻那麼不可開交。

我們美國人總是想要闖出點名堂。我們追求當個有自信和活力的人，相信只要吃苦耐勞，品行端正，就能在開放社會中成為自重又正直的人。然而，環視這個國家正在發生的事，四處都能看到對社會健全性的不安，以及對未來的擔憂。我們當中有愈來愈多人不確定能不能信任我們的國家制度、我們選出來的官員、我們的街坊鄰居，甚至開始懷疑我們是否有能力實現自己對人生的期待。焦慮的情緒一觸即發，社會可能出了差錯的恐懼縈繞心頭。對很多美國人而言，這些恐懼在對犯罪、道德敗壞，以及日益擴大的收入與機會分歧的擔憂之中達到臨界點。折磨人的不確定性籠罩著我們的工作、合理收入，以及家庭生活的未來，尤其是下一代的福祉。

這些恐懼浮現是因為人們發現全球經濟成長，對多數美國人而言，不再意味著機會，而是代表「縮編」、「再造」工作，以及資遣單。然而，儘管榮景遭受如此巨大的威脅，民眾卻耐人尋味地鮮少公開抗議經濟遊戲規則的改變。有人說，我們因種族、文化、信念、國家認同的不同觀點而彼此分歧。但事實證明，我們起碼在某個核心信仰上是團結一致的，超越膚色、宗教、區域和職業：美國人相信經濟的成功與不幸是個人責任，完全與他人無關。

我們該如何解釋如此壓倒性的價值共識，它似乎和美國社會總是爭論不休、嚴重分歧的常態截然不同？當我們發現，不論歐洲或東亞任何工業國家的人民都不同意這個普遍的美國信仰時，事實就更加令人匪夷所思了。歐洲和東亞的工業國家也正經歷新興全球經濟令人迷惘的震撼。然而，美國最富裕與最貧窮人口之間的收入差距，遠遠大過他們所有國家，而且美國持續容忍比他們高很多的經濟剝奪率。為什麼美國社會為經濟改變付出較高的代價？這個巨大的代價，和信任與信心的衰退有關嗎？會不會這些發展其實有同樣的成因，源自我們對個人及其責任從不動搖的一些看法？換句話說，這道難題是不是根植於被美國人視為理所當然，以至於幾乎看不見的文化價值裡。

個人主義又來了

在本書中，我們嘗試理解這個文化態度。我們沿襲托克維爾的傳統，稱之為個人主義。個人主義是美國人傾向用來思索人生的第一語言，它最注重的是獨立和自力更生（self-reliance）。這些特質被期待能在爭強好勝的社會中贏得成功獎賞，同時也被當作一種美德而受到重視。基於這個原因，即使美國社會的開放本質提供人民獲得豐厚獎賞的誘人機會，個人主義對所有人來說都是很沉重的負擔。

美國的個人主義要求個人付出，並激勵人們實現目標的熱情，然而它幾乎不鼓勵養成，對道德成長及經濟成功採取一種浮沉靠個人的態度。它欣賞堅韌與強壯，懼怕柔軟與虛弱。它諂媚贏家，同時輕蔑輸家，這種輕蔑可能如泰山壓頂，無情地粉碎那些被他人或自己視為社會敗類或窩囊廢的人。

我們在本書中探索了這樣的美國個人主義。我們追問它來自何處，試圖描述其結構。我們發現，它既有「冷硬的」功利線條，又有「柔軟的」表現形式。一個注重底線，另一個聚焦感受（通常是從心理治療的觀點看待）。最重要的是，我們質疑這兩種形式的個人主義對整體社會是否有任何助益，甚至質疑它們對美國社會中最成功的人（也就是受過教育的中上階級）是否有任何助益，傳統上，這些人向來最忠於個人主義的許多價值。我們的答案是強而有力的否定。我們主張（再次感謝托克維爾的啟發）個人主義在美國能持續不斷地發展，完全是因為它一直以來受到更寬宏大度的其他道德條件的支持與控制。

經濟繁榮時，美國人將個人主義視為一種自給自足的道德和政治指引。在當前這樣的社會逆境中，他們傾向主張，自己的利益自己顧。然而，很多人都覺得不論在盛世或災難中，個人主義的價值觀缺少了某些東西，光是透過個人主義無法讓人理解生活中的某些基本現實，特別是人與人的相互依賴。當個人的努力本身被證明無法滿足生活的要求，這些事實就變得更加醒目。過去每當遭逢類似處境，美國人總是求助於其他的文化傳統，尤其是被我們稱為對生活的聖經傳統詮釋和公民共和傳統詮釋。每當有人呼籲以團結行動解決共同問題時，這兩個傳統總是能挺身報效國家。

聖經傳統是多數美國人透過各式各樣宗教社群而熟悉的第二語言，它教導人們基於自己和超驗的關係而學著關注個人的固有價值。它堅持我們有義務尊重與承認眾生的尊嚴。自共和國建立以來，聖經傳統藉由堅持國家應當建立在道德基礎之上，一直在政治領域扮演至關重要的角色，尤其是在諸如美國內戰的國家危機與重建時刻。在這種時候，信仰聖經的各股勢力，和指引開國元勳的公民共和主義有了共同的目標，它們都強調美國實驗是一項具有普遍道德意義的計畫，它把謀求國人同胞的福祉及共善的責任交付給公民。

讓這兩個傳統產生連結的關鍵，也是它們截然不同於激進個人主義的原因，是它們對人類作為社會動物的理解。這些聲音辯稱個人主義把青春期的典型美德，也就是主動和獨立，錯誤地等同於個體性（individuality），也質疑伴隨而來的媚諂成功與輕蔑弱勢是不可取的態度。公民共和主義和聖經信仰提醒我們，作為一個個體（自己作主的人）不意味著我們跟他人沒有連結，拒絕人類的社會天性不會獲得真正的自由，我們只是需要以帶有批判性的成熟忠誠去實現這份天性，因為我們知道為更大的社會國家貢獻是每個人共同的責任。筆者們想在公共對話中加強的正是這些聲音，可是我們擔心美國的國家論述正逐漸被強硬的、具有破壞性的個人主義單聲道變得貧乏。

出版本書時，我們大力強調個人主義的重要性，可能對它和聖經及共和傳統關係的模稜兩可著力不夠，這兩個傳統在某些方面緩和了個人主義，但在其他方面卻是個人主義的重要推手。誠如恩斯特・特爾慈（Ernst Troeltsch）所言，苦行的新教主義擁有強烈反政治，甚至反公民的一面，但它是美國人養成時期最普遍接觸，而且至今仍有高度影響力的聖經信仰形式。[1]國家和外在社會被認為是不必要的，因為得救的信徒會照顧自己。更嚴重的問題是，這一派的新教徒傾向把被他們認為道德不及格的人徹底從社會主體中排除，這裡的不及格通常是因為他們在經濟上不成功（例如不值得幫助的窮人）。這種態度受到其他新教徒的抵制，天主教傳統更是大加撻伐之。在天主教的傳統中，對共善的強調防止了任何人被排除在社會的關懷與照顧之外。相對於將工作視為自我證明之道的新教流派，這個對立的觀點把工作看成對一項共同志業的貢獻，每個人都盡其所能，但沒有人會因能力不足而被排斥。儘管如此，我們不能忘記有一個在美國影響力極大的聖經信仰流派，鼓勵人們退出公共生活，而不是鼓勵公民參與，甚至想要譴責最脆弱的人在道德上不值得同情。

除此之外，有一種我們繼承自十八世紀的重要的共和主義（美國版的英國輝格黨傳統），既反國家、又反城市，把自耕農的獨立想得太過浪漫，它最廣為人知的形式是早期的「反聯邦主義」。湯瑪斯・傑佛遜堅持把國家的首都放在沼澤中絕非偶然。傑佛遜—麥迪遜（Jefferson-Madison）的共和主義不僅敵視城市，而且對稅收乃至為國家服務的所有政府職能都懷有敵意。對國家偏執的恐懼不是什麼新鮮事，而是自共和國成立之初就存在的事實。[2]

筆者們還低估了被我們稱為功利個人主義的個人主義在**道德上**的意義。至少在某一種功利個人主義中，真正的焦點是道德的自律和自助，而不是首重外在的獎勵。世俗獎勵不過是品行良好的徵兆——這是從喀爾文主義傳統內部逐漸發展出來的一個觀念。個人主義對青少年獨立的重視，始終懼怕一個愛干預的、強大的父親，因為他可能把孩子推回幼稚的依賴關係，而這種恐懼很容易被轉移到一個家父長作風的國家身上，認為它將迫使自由公民淪為無助的老百姓。[3]這種道德功利主義可以用階級的術語來理解：有錢人就像獨立的成年人，而窮人是受撫養的孩子，他們的成功與失敗都是自己一手促成。美國的個人主義抗拒比較成熟的美德，像是照顧和傳承，智慧就更別提了，因為爭取獨立的奮鬥占據了所有心思。

比起已經變得複雜、相互依賴的今日社會，這個複合式的個人主義文化比較適合未開發的邊疆（雖然它在邊疆當然也有破壞性的後果）。如果有些本書的讀者認為我們是在懷念一個被理想化的過去，我們現在想除掉這個想法。我們仍然相信在許多方面，聖經及共和兩大傳統都比功利和表現個人主義更可取，但它們的任何形式都不能被不加批判地採納，抑或是毫無保留地予以肯定。

公民的身分危機

相較於十年前本書出版時，激進個人主義的後果在今日更為顯著。在本書中，當我們談起承諾，談起社區（community，按：根據前後文脈絡，書中譯法有社區、社群、共同體），談起公民權，是把它們當作與疏離社會的個人主義做對照的實用術語。若有適當的理解，這些術語對我們目前的理解仍然很重要。不過，今天我們認為「公民的身分」這個說法，能呈現出其他術語捕捉不到的內涵。儘管我們批評各種扭曲變形的個人主義，但我們從來不打算忽略每一個個體的核心重要性，而且發自內心地同情個人在美國社會上面對的種種困難。「公民的身分」指向個人認同與社會認同的關鍵交叉點。假使我們面對一場公民認同的危機，那不只是一場社會危機，也是一場個人危機。

我們所謂的公民的身分危機是指，在各個美國生活的層級和各個重要的團體中，都出現了脫離整體社會的種種誘惑與壓力。這會產生兩個後果：社會資本（我們將在下一節定義這個術語）被耗盡，以及個人認同受到威脅。受到公民身分危機威脅的東西，就是成為我們相信的社會的一員，所帶來的「自信獨特感」，在這個環境中，我們既能夠信任別人，也感覺被人信任，而且對這份歸屬感沒有懷疑。這種威脅不單單是政治幻滅的問題而已，雖然政治幻滅也夠糟糕了。它是一種更激進的撤退（disengagement），比起只是疏遠政治的領域，對社會凝聚有更大的威脅。

由於我們認為公民的身分危機在不同社會階級呈現出的樣貌不盡相同，關心美國階級體系日益擴大的差距是釐清危機的必要步驟。美國人在談論階級時往往感到不自在。總的來說，難道美國社會不是一個無階級社會嗎？當然不是。對階級因素的考量在本書中大抵是含蓄的，因為書中的焦點是多數美國人所屬的中產階級身分的文化理想。但過去十年，美國階級結構發生了引發嚴重道德問題的變化。直截了當地處理階級如今已變得無可避免。

全球性市場經濟的壓力正衝擊著世界各地的社會。這些壓力造成的主要結果是全球市場贏家與輸家間的懸殊差距持續擴大。我們不僅看到收入兩極化，富人愈富，窮人愈窮，還看到一個持續萎縮的中產階級對未來愈發焦慮。讓我們看看這些全球性壓力在世界各地創造出的一些趨勢，但主要以美國為深入焦點。首先是由羅伯特．賴希（Robert Reich）所謂「符號分析師」（symbolic analysts）組成的一群孤立菁英的誕生，也就是懂得使用正在改變全球經濟的新技術和資訊系統的人。[4]這些人在鄰里社區的根基不如在專業圈人際網絡中牢固，後者彈性而短暫地將他們與散落在世界各地的其他「符號分析師」連結起來。這樣的人在頂尖大學即研究所的高度競爭氛圍下完成教育，他們學會不要太投入家庭、教會、地方、乃至國家。正是在這群人身上，但不限於這群人，我們清楚看到本書研究的個體化所呈現出的文化輪廓。

這群菁英強者的公民的身分危機，表現在喪失公民意識、喪失對社會上其他人的義務感之中，這導致他們從社會退縮，躲進大門出入管制森嚴的住宅飛地，與超現代辦公室、研究中心及大學裡。這個菁英階級對社會公約（social covenant）、眾人皆屬同一主體的觀念，感受異常的薄弱。

比這些知識／權力菁英脫離社會更令人不安的是，他們對社會其他成員的掠食者態度，以及他們願意為了追求自身利益而不顧任何人。萊斯特．瑟羅（Lester Thurow）已經談過統治集團（establishment）與寡頭統治集團（oligarchy）之間的區別。[5]他主張，日本擁有一個統治集團，而多數拉丁美洲地區則因寡頭統治集團而飽受摧殘。兩者都是特權菁英。根本差別在於統治集團透過為整體社會謀福祉尋求自身的利益（又稱作貴族義務〔*noblesse oblige*〕），而寡頭統治集團藉由剝削整體社會照顧自己的利益。換言之，統治集團的公民的身分感很強，寡頭統治集團則欠缺這個感受。兩者的其中一個主要區別在於徵稅：寡頭統治集團對自己收最少的稅，統治集團對自己課最重的稅。在美國歷史上，我們有統治集團（最著名的出自建國世代和二戰後的時期），不過我們也有寡頭統治集團。不難看出今天的美國是前者或後者。

瑟羅最近指出，當寡頭統治集團取代統治集團，國家的收入差距會愈來愈懸殊：「多數美國勞工從不曾在人均國內生產不斷增加的情況下，遭遇實質的薪資縮減。」在一九七三和一九九三年間，實際人均國內生產總值成長了百分之二十九。儘管增長率低於前二十年，不過仍是相當顯著的增長。然而，人均國內生產總值的增加並沒有平均分配：百分之八十的勞工不是落入窘境，就是勉強維持原地踏步。「在男性中，前百分之二十的勞動力拿走了國家所有的薪資成長。」這並不是每個高科技經濟體都能看到的特徵。其他能與美國相比的國家，譬如日本和德國，其GDP增長是由全體社會共享。[6]如果只看美國前百分之二十的勞工，我們會發現超乎合理限度的差異。收穫最大的是前百分之五，其中又以前百分之一最有斬獲。

與這批知識／權力菁英同步成長的是一個貧窮的底層階級（underclass），也就是菁英階層最渴望與之分割的一群人。四十年前，住在都市貧民窟的人們可以不上門鎖就安心入睡。他們很窮，而且被隔離，可是他們當中失業的人並不多，未婚生子的情況也比較少見。他們不被稱為「底層階級」——這是瑞典社會分析家岡納・米爾達（Gunnar Myrdal）於一九六三年發明的用語，專門指涉受貧窮與隔離傷害最大的那群人。[7]他謹慎地為用語加上引號。起初它是少數政策專家才知道的說法，等到一九七〇年代後期時，已成為受社會大眾廣泛認可的用語及社會問題，就連貧民窟的居民本身都認可。（儘管一開始是社會科學分析使用的中性用語，它最終變得帶有貶義，是一種指責窮人貧窮的方式。我們要澄清，我們在使用這個用語時，只取其分析意義。）

在種族語言變得敏感的時期，作為一個用語，底層階級有不分膚色的巨大優勢。然而，在多數美國人之間，底層階級主要被用來指稱黑人，事實上是專指仍住在人口外流的貧民窟的那些黑人。這些貧民窟曾經是蓬勃發展的社區，但如今就像是被轟炸後面目全非的遺跡。值得一提的是美國窮人有六分之五是白人，此外貧困在滋生毒品、暴力和不穩定家庭時是不分種族的。

這一切怎麼會發生？我們怎麼會讓它發生？答案有一部分來自美國城市的去工業化。過去三十年，美國主要城市已流失了數十萬份藍領工作和數千份白領工作。教育程度足以踏進專業或準專業技術勞動力的非裔美國人，紛紛搬離舊貧民窟，但並不是搬到種族融合的住宅（多數地區的居住隔離情況在過去三十年並沒有改變），而是搬到新興的黑人鄰里與市郊，擁有與相同收入水準的白人社區一樣的便利設施。貧民窟的人口因此減少，很多貧民窟現在只有全盛時期的一半或三分之一人口。[8]

留下來的人於是面臨公共與私人制度性支持的系統性撤除。中產階級非裔美國人在離開時，也帶走許多他們一直以來參與的教會和俱樂部。財政壓力日增的城市關閉了貧民區的學校、圖書館和診所，甚至連警察局和消防局都裁撤掉。留下來的最弱勢的群體，必須在一個通常連果腹都是大問題的霍布斯式世界自生自滅。如今貧民窟完全不會助長依賴，因為想在這裡生活必須擁有最迫切的那種自力謀生能力。和某些菁英階層不同，底層階級為公民的身分危機所苦不是因為它的成員選擇退出，而是因為他們被經濟及政治部門趕走了（拒絕給予其公民身分），因為對經濟及政治部門而言，底層階級完全是多餘的。其他不那麼受個人主義文化蒙蔽的社會，對這些問題的存在比我們更為敏感。譬如在法國，失業的人開始被稱為「被排除者」（*les exclus*），因而成為整個社會關注的焦點。[9]

這可不是菁英階級想聽見的故事，於是有些記者，甚至有些社會科學家，用另一個故事幫助他們，這個故事因為我們的個人主義意識形態而好像說得通。按照這個替代故事的邏輯，底層階級不是（國家）系統性撤除最貧困且最孤立的社會成員的經濟與政治支持所造成的。底層階級的成員只能怪自己：造成問題的是他們對一切幫助的抗拒。又或者，在底層階級故事另一個廣受支持的闡述中，底層階級恰恰是社會在幫助這些人的過程中**創造出來的**，尤其是「大社會」福利計畫（Great Society），它導致了自我延續的永久性福利依賴（welfare dependency）。講述這個故事的人略而未提的事實是，包括「對單親家庭補助」（Aid to Families with Dependent Children）在內的福利金支付，在過去的二十年裡系統性地減少了，而且光是一九八〇年代期間就下降了一半，而且有超過七成接受社會補助的人不會拿超過兩年，超過九成的人，八年內就能脫離救濟。

底層階級的故事指責受害者，而不是承認美國社會在經濟和政治方面失敗得一塌糊塗，其用意是為了安慰富人的良心，甚至讓他們在赤字不斷擴大的時候，還能對社會福利成本表現得更加憤憤不平。不過，更重要的是，底層階級的故事有嚇唬和警告所有不那麼富裕的人的效果，他們當中有些已看到自己的財產被侵蝕，有些則是傾全力也只能勉強打平。底層階級使人有依據去定義自己不想成為的樣子；有了底層階級，他們才知道自己還不算太糟；有了底層階級，他們才知道變成什麼樣子才是最可怕的。此外，底層階級讓他們有個對象可以責怪。日益萎縮的中產階級因為全球競爭的壓力喪失戰後的工作安全感，變得很容易瞧不起窮困潦倒的人，將他們視為國家問題的源頭。若說成功和失敗是個人努力的結果，我們不可能去指責處於社會頂端的人——當然啦，除非他們是政客。

賴希詳細闡述了當前社會經濟生活的三階級分類學。他把美國的三個階級區分為：生活在菁英郊區的安全中的「上層階級」（overclass）、「被隔離在黯淡且暴力頻仍環境中的底層階級」，以及被困在「保持現有地位的狂熱」中的新興「焦慮階級」（anxious class）。愈來愈多的家庭試圖將兩份、有時甚至是兩份以上的薪水湊起來，以彌補不斷擴大的收入、健保與養老金的差距。這些差距正刺激著傳統定義的中產階級的「瓦解」。[10]公民的身分危機在焦慮階級間表現為對政治的幻滅，以及對經濟前途的不確定感，這種不確定感瀰漫社會，導致對個人生存的擔憂可能取代社會團結。[11]

在經濟成長幾乎由所有人利益均霑長達二十五年之後，美國於一九七〇年達到了近代史上收入平等的高峰，並且擁有強健的公民文化。一九六〇年代的挑戰令人非常不安，但也激勵人心，對公民的身分的理解持續刻劃整個社會的樣貌。在經濟成長的利益徹底流向前百分之二十人口長達二十五年之後，美國於一九九五年來到近代史上收入不平等的高點，而且我們的公民生活一團糟。我們看到了麥可・林德（Michael Lind）所說的富人革命，以及赫伯特・甘斯（Herbert Gans）所說的對窮人的戰爭。[12]當一個社會的多數人口原地踩水，底層不斷下沉，上層正在崛起，這個社會顯然在各個層級都陷入了公民的身分危機。[13]

正在衰退的社會資本

談論衰退的社會資本，是描繪社會生活與公民參與實踐變弱（也就是我們所謂的公民的身分危機）的一個方法。羅伯特・普特南（Robert Putnam）最近讓公眾注意到這個用語，他對社會資本的定義如下：「若以物質資本（physical capital）①和人力資本（human capital）②的概念做類比（增進個體生產率

① 譯注：投入生產過程中的耐久財或資本財，指實體的生產設備等商品。生產要素中的資本，主要指的就是物質資本。物質資本是一種固定資本，可以因為勞動而增加，在運作過程中產生的損耗為折舊。

② 譯注：指人的知識、經驗、制度與習慣等。人力資本分成個人與社會兩個方面，具備這些資本的勞工，擁有更高的生產能力，可以將這些資本轉換成經濟價值。人力資本可以經過教育等投資手段來增長。

的工具和訓練），社會資本指的是能促進協調和合作以實現互惠的社會組織特徵，譬如網絡、規範和信任。」[14]社會資本有許多潛在指標。普特南使用最廣泛的兩個指標分別是社團會員數和公眾信任。

普特南以一幅令人印象深刻的畫面作為最近一篇文章的標題。「獨自打保齡球：美國正在衰退的社會資本。」[15]他調查發現在一九八〇到一九九三年間，美國的保齡球友總數增加了百分之十，可是保齡球聯盟減少了百分之四十。他指出這可不是微不足道的事：近八千萬美國人在一九九三年至少打了一次保齡球，比一九九四年國會選舉的投票人數高出將近三分之一，與聲稱定期上教堂的人數則大致相同。但普特南只是利用保齡球的例子象徵美國社團生活的衰退，自從一八三〇年代托克維爾訪美以來，社團生活的活力一直被視為美國公民文化的核心。

諸如家長教師聯誼會（Parent-Teacher Association）和婦女選民聯盟（League of Women Voters）等典型婦女組織在一九七〇年代開始面臨會員銳減的情況，而這通常被解釋為婦女大量進入勞動力市場的結果。傳統上屬於男性的社團，譬如獅子會、麋鹿會、共濟會和聖地兄弟會，則在一九八〇年代遇到會員流失的問題。工會自一九五〇年代中期達到頂峰以後，會員數已減少了一半。我們都知道合法選民中真正有去投票的人，人數持續地減少，但普特南提醒我們，當被問及過去一年是否曾參加城鎮或學校事務的公開會議時，回答「是」的美國人，和一九七三年相比下降了三分之一以上。

羅伯特．伍斯諾（Robert Wuthnow）最近研究的支持性團體，像是十二步驟團體（twelve-step groups），幾乎是唯一正在成長的團體。這些團體對成員的要求很基本，而且主要是針對每個個人的需求。事實上，伍斯諾形容這些團體是讓個人「在他人的面前專注自己」，我們不妨稱之為「在一起孤單」。[16]普特南認為只要求會員做紙本登記的團體，像是已發展得極為龐大的美國退休協會（American Association of Retired Persons），幾乎沒有公民重要性，因為他們的成員也許有共同利益，可是卻沒有有意義的互動。普特南還擔心網際網路、城鎮電子會議和其他被大肆吹擂的新技術裝置，大概不具任何公民意義，因為它們無法維繫公民的參與。舉例來說，談話性廣播鼓動的是私人意見，而不是公共輿論，而且不懷好意地利用人們的焦慮、憤怒和不信任，這一切對公民文化都是致命傷害。宗教似乎是唯一正在抵抗這個總體趨勢的領域。自一九五〇年代宗教熱潮消退以來，宗教成員人數和教堂出席率一直保持得相當穩定，不過自一九六〇年代以來，與教會相關的團體會員數下降了約六分之一。

與社團參與度衰退並行的是公眾信任的下降。聽說美國人當中偶爾相信或幾乎從不相信華府的人數穩定增加，已從一九六六年的百分之三十成長到一九九二年的百分之七十五，我們一點也不感到意外。但當我們聽說，美國人認為社會上多數人能被信任的占比，在一九六〇到一九九三年間減少了三分之一以上（認同的人從百分之五十八降至百分之三十七），是否還能同樣鎮定？

社會資本衰退不是我們當初在本書提出的論點。本書根本上是一種文化分析，重點放在語言上，而不是行為。我們擔心個人主義語言可能動搖公民承諾，但我們點出美國人加入社團的比例向來很高，以及相較於其他先進工業國家，美國有較強的社團會員力量。究竟這樣的衰退是否屬實目前仍有爭議，不過我們傾向認為，在一九八〇年代初撰寫本書時還不太清晰的一些趨勢，如今已顯露無遺，令人感到不安。[17]

我們相信個人主義的文化和語言影響了這些趨勢，不過它們的出現也有結構性原因，其中許多源自我們已經提到的經濟變化。社會資本的衰退在不同階級中以不同的方式顯現。譬如退縮到門禁森嚴的封閉社區，是上層階級公民參與度下降的標記。這也與許多公司在合併分家的過程中不斷遷移有關。蘿莎貝絲·康特（Rosabeth Kanter）最近提出了這些遷移的一些後果：

對於社區和員工而言，反覆的公司認同重組令人困惑，而且影響深遠。大城小鎮仰賴私部門增加公共服務，以及支持社區理念。這樣的社會回饋有強烈的「總部偏差」（headquarters bias）：總部設在城市的公司往往為此付出更多，多過其他規模相當但總部不設在城市的公司，平均每年比在地的聯合勸募（United Way）多貢獻七萬五千美元。[18]

康特指出，一個公司總部從中型城市出走，可能會破壞該城市的社會結構。城市不僅失去了數千個職缺，也失去了企業高管的公民領導力。當地慈善機構不僅失去金錢贊助，也失去董事會成員。企業的變動無常可能在金字塔頂端導致一種「無地方性」（placelessness）。「與社會脫離後，富人可以不帶罪惡感和責任感地扮演他自己選擇的角色，」麥可・路易士（Michael Lewis）指出，「他成為美國神話的偉大人物——四處漫遊的拓荒者。這年頭，發跡致富的人可能會花更多的錢在代步工具，而不是他的住宅，例如私人飛機是最能夠讓他鶴立雞群的資產。……昔日貴族對地方抱有的自負感，已被光榮的無地方性取代。」[19]過去富人世家的豪宅無疑是炫耀性消費的表現，但它們也促使富人對自己居住的特定地方（城市、州、地區）有種責任感。溫德爾・貝瑞（Wendell Berry）談到「漂泊不定的習慣性破壞者」（itinerant professional vandals）[20]，這些人和賴希的「符號分析師」（孤立的菁英）可能沒有太大區別，他們不對任何地方產生感情，因此往往表現得比較像寡頭統治集團，而不是統治集團。

移動到收入光譜的另一端，李・倫沃特（Lee Rainwater）的經典著作《錢的用處》（*What Money Buys*）證明，貧窮（指收入不足以維持可接受的生活水準）不僅剝奪了窮人的物質資本，也剝奪了他們的社會資本。在傳統的階級社會中，低度的物質福祉與提供侍從制度各項待遇的明確社會地位相關。在美國這樣的社會中，由於根本的平等主義意識形態及其對個人自立的重視，社會地位（乃至個人認同）

主要是由一個人跟經濟體的關係所賦予，由一個人的工作及源於工作的收入所賦予。若是收入低於社會可接受的標準，或沒有獲得符合社會期待收入的機會，對一個人日後可能成為的人，以及可能擁有的生活都會有長期的影響。誠如倫沃特所言：

> 人們在長大成人的過程中，不斷地暗自評估自己有多大機會獲得維持某種正當身分所必須的管道與資源。人們對未來機會的預估，特別是在兒童期、青春期和青年時期等階段，明顯地影響了他們與他人交流的方式，以及他們利用身邊資源的方式。一旦個人評估他未來參與受社會認可的活動的可能性很低，尤其是當這個看法被生活周遭的其他人（老師、警察或父母）一再強化時，他便有可能在追尋另一種獲得認可的可能性時出現偏差行為。一旦認定自己的人生已經「沒什麼好損失」時，人們對街坊鄰里和官方社會管理機構施展的非正式與正式社會控制就會顯得無動於衷。[21]

長期貧窮藉由減少社會資本擋住窮人的經濟與政治參與，連帶削弱了培養道德品格（moral character）及延續家庭生活的能力。

當我們把居住隔離的結果累加到貧窮的結果之上，情況變得慘不忍睹。我們要記住儘管國家已制定了《公平住房法案》，但過去三十年，對黑人的居住隔離在大型城市始終未變。[22]確定改變的是貧窮率最高的地理區，失去了零售貿易出口、政府服務、政治影響力，最糟糕的是，失去了能提供像樣生活的就業機會。那些被剝奪社會資本的人，已經被關在實際上與周遭社會無關的「保護區」。

甘斯在《中產階級美國的個人主義》（*Middle American Individualism*）描繪美國社會中產範圍的生活樣貌，有助於我們了解焦慮階層的社會資本狀況。[23]甘斯批評本書對中產階級美國的個人主義太過吹毛求疵。甘斯說，畢竟住在中下及勞動階級郊區，對家人朋友比對公民生活更盡心的這些居民，自移民祖先從事體力勞動的赤貧狀態或在原居國從事小農耕作的繁重粗活脫離才不過一兩個世代。這些不那麼遙遠的祖先，過去在社會上屬於任人擺布的從屬地位，受到命令他們做事的人的欺負。擁有自己的房屋，到自己想去的任何地方度假，在離開工作場所後可以自由決定去找誰或買什麼——全都是不曾享有這些自由之人的後代特別愛護的自由。簡樸的郊區不是開放邊疆，不過在這種情況下，它成了一個合理的邊疆複製品。

然而，對一批為數可觀的中產階級美國人而言，生活中的諸多諷刺之一是工會身分對他們實現相對富裕及隨之而來的獨立有很大的幫助；可是對他們許多人而言，工會已成為他們想擺脫的另一個相斥機構。在甘斯看來，中產階級美國人不僅懷疑政府，也根本不喜歡任何形式的組織。相對於中上階級（也就是我們所謂「上層階級」的下層），他們不是加入許多俱樂部或社團的那種人，至多只屬於一到兩個社團，其中最多人加入的就是教會。儘管持續保有強烈的國家認同，他們對政治的感受是困惑與不安，愈來愈無法相信政治。他們的政治參與逐步衰退。

由於這些（甘斯完全有理由要求我們理解的）趨勢，中產階級美國人如今漸漸失去當初讓他們得以實現寶貴獨立性的社會資本。最重要的是，勞工運動的衰退也是如此。工運衰退源自過去二十年的修法剝奪了工會的大部分權力和影響力，以及國會自一九九一年以來一直拒絕將最低工資從每小時四．二五美元提高。不過，誠如我們在仍忠於工會的法國和其他歐洲國家所見，這種攻擊是可以被扭轉的。在美國，即使有工會的地方，工會會議至多也只有百分之五的成員出席。由於欠缺工會身分能提供的社會資本，焦慮階級的美國人以新的方式受制於他們本以為已經擺脫的獨斷支配。一個人如果被裁員，可能甚至會失去房屋和旅行車，而唯一的替代就業機會只提供最低工資。

若考慮美國政治參與發生的變化，我們的社會資本衰退就更令人苦惱。悉尼・韋爾巴（Sydney Verba）及同僚們最近在《聲音與平等》（*Voice and Equality*）中提出了關於美國政治參與的全面評估。24 儘管有關長期趨勢的數據並不明確，但它們確實暗示了某些趨勢。過去三十年期間，美國公眾的平均教育程度穩定上升，可是通常與教育相關聯的政治參與程度卻沒有跟著上升。這一事實可被看作政治參與有所下降的標誌。更值得注意的是這些改變的性質。政黨認同和黨員人數下降了，給國會議員的捐獻與信件卻增加了。開支票或寫信這兩種持續成長中的活動，通常都是在人們的家中私下進行的。韋爾巴及同僚們指出，兩種活動都無法產生比較社交性質的政治參與給人的個人滿足。

此外，捐獻與收入有高度相關性，是我們社會中最不公平的政治參與形式。捐獻作為一種政治參與形式日益增加的重要性，以及政治參與和收入、教育與職業產生關聯的普遍趨勢，使《聲音與平等》提出以下結論：

> 有意義的民主參與，需要公民在政治中的聲音清晰、響亮且平等：清晰，以便公職人員知道公民的想要與需求；響亮，以便促使公職人員認真看待他們所聽到的內容；平等，以便公平回應眾人喜好與利益的民主理想不受侵犯。我們對主動參與美國政治的分析顯示公眾的聲音通常響亮，有時清晰，但鮮少平等。25

儘管教育、職業和收入的不平等，有利於本來就有優勢的人獲得政治參與的資源，但有個例外卻不容忽視。韋爾巴及同僚們注意到：

唯有宗教機構能抗衡此等資源累積過程。藉由提供本來資源匱乏的人培養公民技能的機會，宗教機構在美國的參與式系統扮演非同尋常的角色。常見的說法把美國政治的特殊性格歸因於工會孱弱，還有缺乏以階級為基礎的政黨，因此無法動員下層社會（特別是勞動階級）從事政治活動。而另一個美國社會與眾不同的地方在於，美國人上教堂的頻率很高，其結果是在其他地方通常由工會和勞工黨或社會民主黨執行的動員，在美國更可能是由宗教機構執行。26

為概述社會資本衰退與政治參與的關係，我們可以看看這種關係在幾個社會階層的樣子。總體而言，除了圍繞宗教機構的活動，政治參與已從需要公民投入的形式轉變為基本上私密的形式，其中最重要的就是捐款。韋爾巴及同僚們指出的不平等聲音顯示焦慮階級的民意嚴重被忽視，而底層階級的民意幾乎完全沒得發聲。即使在上層階級之間，政治參與也從比較活躍的投入形式，轉變為單獨的開支票與寫信行為。最後，韋爾巴及其同僚指出金錢在政治生活中日益提高的重要性，導致公眾變得憤世嫉俗：「簡言之，一個比較看重金錢的參與式系統，不太可能使社運分子或全體公民對政治觀感更佳。」27

個人主義和美國危機

多數美國人都同意我們的社會出了大問題，就如同民意調查問題常說的，我們沒有「朝正確的方向前進」，但他們對於為什麼會這樣，以及該如何應對卻有不同的意見。我們在被我們稱為公民的身分危機和社會資本衰退的結構性問題中尋求解答。此外還有哪些不一樣的解釋呢？把問題源頭定位在家庭危機，大概是最廣為接受的替代解釋。我們千萬別把主張美國社會亟需「家庭價值」的呼籲不當一回事。

前文中描述的所有趨勢幾乎都威脅到家庭生活，而且往往在家庭中感受最為深切。由於失業而無法結婚成家，還有被裁員或淪為打工族而沒有足夠收入養家，連同這些情況造成的緊繃情緒，絕對可以被看作家庭危機。不過，為什麼危機的實際表現是欠缺家庭價值呢？

除非再次把個人主義文化納入考量，否則我們不太可能了解這其中出了什麼事。若把人力縮編造成的失業或收入減少視為純粹的個人問題，而不是經濟的結構性問題，我們將試圖理解每個失業或未充分就業的人出了什麼問題。如果我們還發現這些人有未婚生子、離婚或無力支付撫養費的傾向，可能就會判定問題的根源是被削弱的家庭價值。在本書中，我們大力肯定了家庭的價值；而在本書和《美好社會》（*The Good Society*）中，我們都主張對婚姻和家庭責任重新做出承諾。但把美國政經結構中的故障所衍生的種種問題，主要歸咎在欠缺家庭價值的個人的缺點上，在我們看來是個可悲的錯誤。這不僅增加了個人的內疚感，也將焦點從更大的集體責任衰退轉移開來。

個人主義文化與重視家庭價值之間的連結還帶來另一個結果。傳統上，家庭由從事有償勞動的男人供養，不能養家糊口有可能被視為男子氣概不足的標誌。因此人們很容易妄下結論地認為：如果美國的男人能像個男人一樣，家庭生活就會得到改善，社會問題也將得到解決。毫無疑問，這樣的想法多少支撐了「基督教守約者」③運動，和一九九五年的「百萬人大遊行」④。儘管我們認同這些運動的許多價值，但我們不認為增加男性責任就能充分解決美國經濟與政治的深層結構問題，我們甚至懷疑這麼做頂

③ 譯注：基督教守約者運動（Promise Keepers）源自一九九〇年代，是美國男性基督徒發起的一場全國性運動。時常藉大型集會、小型團體、媒體傳播，鼓勵男性過虔敬的生活，謹守對上帝、對家庭、對屬靈夥伴的七個承諾，特別是對家庭要負起全責。

④ 譯注：非裔美國人領袖路易斯・法拉堪・穆罕默德（Louis Farrakhan Muhammad）一九九五年十月在華盛頓特區組織與領導了「百萬人大遊行」，呼籲黑人男性重新認識他們對家庭和社區的責任。

多能微不足道地減輕美國家庭承受的巨大壓力。要是男人盡到男人的本分，社會上所有人就都會好起來的觀念，在我們看來，是一種可悲的文化幻想。

對於我們面臨的種種困難，另一個常見的替代解釋是把它視為社區的失靈。我們相信，這說法的確有理，但前提是我們對社區的理解夠廣夠深。然而，在許多當前的用法中，社區是指由個體自願組成的面對面接觸團體。若是做此用法，那把社區失靈視為問題根源就可以被詮釋為，要是有更多人自願到「慈善廚房」（Soup Kitchen）、「仁園家園」（Habitat for Humanity）或「送餐到府」（Meals on Wheels）做愛心，我們的社會問題就會得到解決了。誠如家庭價值的例子，本書大力肯定面對面接觸社區及義工團體能為社會做出的寶貴貢獻，但我們不認為美國社會的深層結構性問題，可以從增加投入狹義的社區而得到有效緩解。我們同意若自願投入社會服務的個人愈來愈多，長遠來看可以增加社會資本，從而豐富我們用來解決問題的資源。但如果想要根除我們的問題，就必須利用這些資源去克服無法單憑志願性行動（voluntary action）直接解決的制度性困難。

強調社區的小規模與自主性為問題解決之道，還會遇到另一個困難。誠如在討論韋爾巴及其同僚們的作品時所指出的，志願活動往往與收入、教育和職業相關。比起底層階級或焦慮階級，我們更容易在上層階級找到「參加很多俱樂部與社團的人」，唯有宗教團體的成員是不分階層的。這代表志願活動往往是為富人的利益服務，勝過為幫助最貧困的人（但我們不否定還是有真正在幫助困頓者的志願活動）。政治的志願主義（political voluntarism）尤其如此，韋爾巴及同僚們的研究不容置疑地證明了這點。因此，拆除給最貧困者的公共供給（public provision）結構，期望志願部門（voluntary sector）⑤出面接管，是在三個重要的方面受到誤導。首先，志願部門絕沒有資源幫忙擦屁股，誠如教會、慈善機構和基金會近年來再三強調的。第二個造成誤解的原因是，富裕的公民覺得他們透過志願活動付出時間與金錢「改變世界」，已履行了對社會的義務，卻完全無視一個事實，也就是他們幾乎沒有減輕多數人面臨的實際困難。第三個原因是，我們注意到，有錢有勢的公民不成比例地主掌了志願部門，而且有不少的志願活動給富人的保護勝過需要幫助的人。

假使認為解決之道在於振興社區，那麼還有一種對社區的理解也會帶來困難：把社區理解為鄰里或特定地點（locality）的概念。本書鼓勵鄰里團結，支持大城小鎮的公民參與。但居住隔離是當代美國無從改變的現實。即使不談城市貧民窟的高度隔離，住房成本差異導致的階級隔離在美國郊區也愈來愈明顯。因此，一個人很可能就算「參與」鄰里、乃至郊區小鎮的公共事務，也永遠不會遇到來自不同種族或階級的人。人們不會接觸到處境與自己不同的人的生活現實，甚至可能屈服於自然的人性誘惑，把跟自己不一樣的人，尤其是社會地位較低的人，看作不如自己的人。例如焦慮階級就不希望自己被跟底層階級搞混在一起。上層階級（包括受過教育的中上階級的下層族群）最不友善的一個特徵是，他們不想跟中產階級美國人有瓜葛，不想跟「普通人」和其他文化特質不夠體面的人往來。即使在底層階級中，沒有領社會救濟金的人，也會看不起長期依賴社會救助的人。[28]在這種情況下，單獨強調鄰里社區的團結，實際上可能導致更大的社會問題，而不是解決這些問題。

強調美國社會問題是欠缺家庭價值或社區失靈所致的解釋，其共同之處在於把我們的問題當作個人的問題，或僅是最狹義的社會問題（即關於家庭和地方社區），而不是經濟、政治和文化的問題。上述對美國困境的常見解釋都對政府或國家的角色抱持敵意。如果我們能照顧好自己，也許偶爾從朋友家人那邊接受一點幫助，誰需要國家？實際上，國家常被看作愛管閒事的父親，不承認自己的孩子已經長

⑤ 譯注：也稱為第三部門，第一、第二部門分別是公部門和私部門。

大，不再需要他。[29]他沒辦法幫忙解決我們的問題，因為在很大程度上，創造這些問題的人就是他。

根據這種思維邏輯，市場相較之下顯得無害，大抵是個中立的競爭場所，獎勵有成就的人，懲罰無能的人。然而，有些人意識到市場並不中立，他們意識到某些人與組織擁有巨大的經濟實力，能做出不利於許多公民的決定。從這個角度來看，大企業也和大政府一樣，是問題的根源，而不是解決問題的辦法。但儘管如此，與多數類似的社會相比，認為市場比國家公平的傾向在美國社會中比較強烈。

個人主義和新資本主義

因此，在本書第十章中被我們稱為新資本主義（neocapitalism）的意識形態，其崛起在很大程度上是拜個人主義文化所賜。我們當初在第十章勾勒的美國政治局勢樣貌，如今看來並不完全到位。我們那時認為福利自由主義（welfare liberalism）及其反制運動「新資本主義」之間的僵局即將結束，而且管理社會（administered society）和經濟民主（economic democracy）這兩種替代方案即將登場。這一雙剛發軔的替代方案如今看來並未成為現實，起碼正處於漫長的等待之中。倒是新資本主義對意識形態和政治的控制愈來愈強大。對「大政府」和「量入為出自由主義」（tax-and-spend liberalism）的批評不斷加劇，儘管許多特定選區（加總後等於絕大多數的公民）贊成使他們受益的各種公共供給，卻同時反對他們得不到的補助。

我們相信，我們十年前沒有誤看新資本主義方案正在為國家帶來的嚴重傷害。這些傷害在今天變得空前顯著。不過，我們顯然低估了新資本主義立場所能利用的意識形態狂熱——這個失算對我們而言有點諷刺，因為這裡所說的狂熱很大一部分是源自本書關注的焦點：個人主義。新資本主義的願景唯有在被視為吾人主流意識形態個人主義的表現時（甚至是一種道德表現），才有可能實現，它不由自主地強調獨立、輕蔑弱點、吹捧成功。狂熱的程度會在經濟困境中加劇，因為在這種時候，「努力工作，按規矩辦事」的人，得不到他們自覺應得的獎勵。

因此，至少到目前為止，新資本主義一直都能成功將它的政策失敗，轉化為意識形態的成功。它說服了許多美國人相信它所造成的問題，譬如一九八〇年以來國債暴增為四倍，其實是福利自由主義的後果，儘管福利自由主義已經二十多年沒影響美國政策的議程了。因為給窮人的公共供給大幅減少而產生的種種問題，被新資本主義將責任推得一乾二淨，一口咬定這些問題都要怪經過數十年刪減仍陰魂不散的福利制度成效不彰。新資本主義認為切斷窮人對國家的「依賴」，其實是對他們的仁慈。

從新資本主義的觀點來看，透過私有化增加經濟競爭力幾乎可以解決所有的難題。健康保險「產業」最近的轉變，在某種程度上，是新資本主義面對公共問題的典型解決之道。在健保面臨嚴重危機的情況下，政府從事投資與再分配以便照顧所有人並控制成本的積極作為遭到拒絕，取而代之的是營利性醫療保健組織的大規模成長。醫療服務仍然由同一群人以相同的方式提供，只不過低薪的醫生變少了，而且這群醫療從業人員訓練有素地不斷設法削減成本，愈來愈無心照顧病患的福祉。非營利醫院被連鎖企業和健康保險公司收購，為管理階層和投資者創造最大利潤。這些大集團的首席執行長獲得八位數、甚至九位數的年薪，而能夠使醫療保險更有生產力、更有效，或是（老天保佑，萬萬不可）更公正的新投資則被擱置。隨著保險公司提高保費，雇主要求勞工負擔更多健保給付，更多人被徹底趕出私人醫療體系。即便還沒關閉，不堪負荷的公立醫院在危險的條件下營運，將使納稅人為就醫求治付出巨大代價。從新資本主義個人主義的角度來看，跌進完全沒有醫療保險深淵的那些人，只能怪自己，在頂端抽取了系統資源的富人則有權強取豪奪。

新資本主義思想的目標，是說服民眾相信政府的一切社會計畫都失敗得一塌糊塗。儘管有意識形態上的吸引力，數百萬聯邦醫療保險（Medicare）和社會安全福利（Social Security）的受益者認為這樣的立場難以服人。於是這些計畫不再被抨擊為本質上邪惡的，而是被抨擊為太過昂貴，等於為了年長的上一代抵押我們兒孫的未來。於是民眾根本不清楚這些社會計畫實際上多麼的成功。

六十五歲以上的美國人，主要因為受聯邦醫療保險的照顧，是世界上同齡人口中最健康的。要不是有社會安全福利，六十五歲以上的美國公民將有半數處於貧窮線以下，就像一九四〇年以前的美國社會，而不是像現在只有百分之十的貧窮老人。因此，社會安全福利使百分之四十的老年人不致陷入貧困。總體而言，我們「對貧窮宣戰」⑥遭遇慘敗，並不是如新資本主義思想家所說的，因為我們為窮人做了太多，而是因為我們幾乎什麼都沒做，所以甘斯才會把這情況稱為「對貧窮的爭執」（skirmish on poverty）。[30]提供教育基礎建設與經濟機會給長期貧窮者所需的資金，從來都只是空頭支票。（把錢確實花在這方面的西歐，掃貧戰爭一般是有成果的。）支出方面的最大例外是社會安全福利。要不是今天國家和公共供給受到社會大眾的普遍攻擊，有關「世代正義」的辯論就會被更嚴肅地對待，不過應得福利（entitlements，按：指現行法律承諾給予公民的福利）增加將導致破產的最糟糕預測，沒有把預期生產力成長可能填補福利增加的預算缺口納入考量。在我們確實使多數老年人遠離貧窮之際，貧窮的兒童人數卻不斷增加。可是在目前的情況下，刪減聯邦醫療保險和社會安全福利所得，不會被用來幫助有需要的美國年輕人，只會被拿去填補富人減稅留下的洞。

二戰結束後的頭幾十年，大幅的社會支出帶來了大幅的經濟成長。過去二十年，隨著新資本主義意識形態影響力加深，社會支出急劇下降。誠如我們所見，隨著物質與社會基礎建設支出的減少，經濟成長率開始下降，經濟不平等迅速惡化。我們會以為任何讀過基礎經濟學的人都知道，一個國家如果不投資未來，前途必定蕭瑟黯淡。不過，在新資本主義思想的擁護下，美國經濟選擇了較高的短期收益率（不管多麼投機），而不是會帶來長期成長的投資。儘管結果顯而易見，選擇背後的意識形態理由，卻被比最為教條的馬克思主義更能忍受失驗⑦的新資本主義思想遮蔽了。

近幾十年，美國的政經變化與西歐極為相似（卻和東亞並不相像，這點很有趣），但這些變化在美國比任何地方都更極端。這當中肯定有結構性的原因，其中有些原因還有待理解。然而，我們深信在收入不平等和對公共供給的攻擊等問題上，美國相對於其他國家的極端狀況，在很大程度上是個人主義文化所致，因為它不理解政府的職能與責任。

接下來何去何從？

我們認為新資本主義的政治議程存在致命缺陷。它自稱強烈反對國家，卻無情地利用國家執行「市場紀律」。它創造出來的問題只會被市場惡化，需要有效的政府干預和一個強壯的獨立部門才能解決。當初撰寫本書時，社群主義（communitarianism，按：強調個人與群體之間的聯繫）一詞尚未流行，關心公民社會也還沒蔚為風尚。激發對公民社會關注的是共產主義的垮台，以及對後共產主義社會的民主基礎的擔憂。本書以出乎我們意料的方式被捲入辯論中。誠如我們在《美好社會》序言中指出的，如果

⑥ 編按：一九六〇年代詹森總統提出的「大社會」計畫，其中就有「對貧窮宣戰」（War on Poverty），致力於解決美國底層階級的貧困、飢餓問題。

⑦ 譯注：失驗（disconfirmation）是指期望與績效相比較所得的結果。當實際績效等於期望時，則無失驗產生；當實際績效大於期望時，會產生正面的失驗；當實際績效小於期望時，則產生負面的失驗（Anderson, 1973）。

社群主義等於反對新資本主義議程，以及反對幾乎只有自主這項優點的理論自由主義，我們就是社群主義者。可是如果社群主義意味著，首重加強以十九世紀小鎮為模範的小規模與面對面接觸的人際關係，我們就不是社群主義者。[31]就像我們在《美好社會》主張並在此重申的，唯有有效的制度，即經濟的、政治的與社會的制度，能使複雜的現代社會變得宜居。

倘若單憑小規模社區無法解決我們的問題，到哪尋找解決方案的壓力仍然存在。在當代共和主義、甚至國族主義中，國家共識和國家行動被認為是克服我們目前困難必不可少的條件，這觀點以林德的《下一個美國》（*The Next American Nation*）為代表作。站在反方的是複雜的社群主義或結社主義（associationism），它們主張頭號重點是把職能下放給較低層級的社團（但不是避免承擔國家責任），代表作有強納森．波斯韋爾（Jonathan Boswell）的《社區與經濟》（*Community and the Economy*）[32]或保羅．赫斯特（Paul Hirst）的《聯合式民主》（*Associative Democracy*）。[33]然而，我們拒絕將上述兩方視為對立的觀點，因為我們認為唯有國家達成共識，才能將責任下放給各種社團而不至於削弱公共供給。

儘管其政策影響尚無定論，公民社會討論的活力給我們留下了深刻印象。[34]我們贊同以波斯韋爾和赫斯特的提議為代表的民主社群主義和民主結社主義，是因為他們沒有把公民社會想像成和國家與經濟徹底隔絕，而是將社區和社團生活看作和國家與經濟相互滲透的。他們願意給予社團在國家與經濟方面的治理功能。赫斯特預言社團將承擔起社會福利供給的職能，在某種程度上，這已經發生在美國社會中。他們都希望看到民主的治理職能在經濟中運作。他們認定國家和經濟應該為人民服務，而不是顛倒過來，誠如今天常見的實際情況。我們肯定波斯韋爾的經濟觀點：

> 若想要追求平衡的、持續的經濟表現，為了求表現而渴望經濟表現是不明智的，甚至會弄巧成

拙，更不用說在道德上是不健全的。如果我們真心想要經濟表現，我們似乎應該更積極地追求另一個目標，也就是一種延伸至、但不限於經濟體系本身的社會變遷。這麼一來，我們將會認為企業唯有屬於社區，和社區共生，而且為社區著想，才能在實務意義與道德意義上成立。我們將會承認經濟健康與一場社區復興密不可分，而且兩者之中比較重要的是社區復興。[35]

我們在本書的末尾以社會生態學的概念，想像由形形色色的小社區所組成的一個整體大社區，每個小社區都有獨立的議程和需求，但是每個小社區也會影響整體，而且前途取決於整體大社區的健康。社會關係的形式在每個層級都不同。每個層級應該有自己的權利與責任，而且不斷透過公共辯論修訂其性質。在探討社會制度、作為本書續集的專著裡，我們沒有把社區變成書中的核心用語，而是代之以《美好社會》。我們強調一個美好社會在尊重每個成員的尊嚴之際，務必在各個社會層級謀求共善。我們相信這個取徑可以為社群主義與公民社會理論家，提供一個有用的思考框架。

只要新資本主義意識形態維持霸權地位，上述一切可能都是紙上談兵。決定論是新資本主義觀點的危險之一。它意味著制度性的選擇不存在，因為市場會決定一切。事實上，當代個人主義最複雜難解的一個難題，就是它可以把對個人選擇自由的絕對信念與市場決定論相結合。但我們相信，這個決定論是一種意識形態的錯覺，無論全球經濟、股市、邊際利潤，誰都不能決定我們的制度性選擇，除非我們以公民的身分同意他們這麼做。公民做制度性選擇的能力靠的是文化資源，但我們的文化資源，還有物質與社會資源，都極度枯竭。本書呼籲重新填補這些資源，作為將美國社會朝新方向推進的基礎。根據這篇序言談到的許多議題，我們認為該論點值得再次重申。

公民身分的意義及其延續

雖然說社區的觀念如果僅指涉鄰居朋友，還不能滿足我們當前的需求，我們想肯定作為一種文化主旨（cultural theme）的社區，將我們的忠誠圈不斷向外擴大，最終擁抱理查·尼布爾（H. Richard Niebuhr）口中屬於眾生的普世社區（universal community）。[36]我們應該記住，當耶穌被問到，「我的鄰居是誰？」他以「好撒馬利亞人」（《路加福音》十章二十九至三十七節）的寓言作答，故事訴說真正出手相助的好鄰居是一名撒馬利亞人，儘管撒馬利亞人是以色列境內被鄙視的族群。耶穌認為住在隔壁的人、同村莊的人，或同族裔的人可以是鄰居。不過，當被直接問及時，耶穌卻把鄰居形容是一個陌生人、一個外族人、一個被仇視的族裔團體的成員。任何稱不上普世社區的社區，都不是備受愛戴的社區。

美國社會正在經歷的許多改變，正從各個層級破壞著我們的社區感（sense of community）。我們當前正在面對的種種趨勢，威脅著我們與他人的基本團結感：與生活周遭往來密切的人的團結（忠於街坊鄰居、工作同事、鎮民同胞），還有與住得離我們很遠的人的團結，與經濟處境和我們截然不同的人的團結，與其他國家的人的團結。然而，這份團結，這種人與人相連、命運與共、人人有責、四海一家的感覺，比以往任何時候都更重要。使人類社會能應付威脅與利用機會的，正是團結、信任、人人有責。我們要如何強化這些瀕危的能力，這能力說穿了就是以特定方式思考的文化力？

思考如何在美國社會三個階級中再生其社區與團結文化力時，我們最好能記得前文提及的一些東西：在美國社會，宗教社團對成員的影響最大，而且幾乎單憑己力就能觸及各個階級中的個人。我們可以把以社區與團結為目標的根本重新定位的需要，構想成某種改宗，某種意識與意圖的轉向。在聖經傳統中，改宗意味著遠離罪惡，面向上帝。遠離自私自利，面向某個超越個人的身分認同，是多數偉大人類宗教信仰與哲學思想的特徵。改宗不能單單出於意志力，但若要實現改宗，我們務必找回使它有意義的故事和符號。

先談談上層階級，對歐美白人男性支配社會長達三十年的嚴厲攻擊，並未大幅削弱他們實際上的支配地位，而是被用來合理化有權勢者衰退的公民責任感，以及自私地專注於增加金錢財富。在開放社會中，我們可以努力創造更具包容性的領導階層，而不用貶低昔日菁英的貢獻。若要處理美國社會巨大的問題，至少有一部分上層階級得表現得像個真正的統治集團。假如上層階級的成員能克服自己的焦慮，他們會意識到屬於統治集團能獲得的自尊，遠比屬於寡頭統治集團更多。他們可能會發現公民參與（是種對共善的關懷，對所有人皆屬於同一主體的信仰），不僅對整體社會的福祉有貢獻，也能有助於他們的靈魂救贖。唯有更大規模的公民參與能改善目前美國上層階級的毀滅性文化與心理自戀。上層階級重拾公民的身分，恢復對社區和團結的承諾，對社會整體及個別社會成員都是有益的。

我們應該特別說明，絕大多數本書的受訪者屬於上層階級的下層，即所謂的中上階級，無論他們（及屬於同個階級的我們）多麼不喜歡被稱為中上階級。當然，這些人不是做重大決策的人，也不是目前美國經濟的最大受益者。甚至可以用皮耶・布赫迪厄（Pierre Bourdieu）一針見血的「支配階級中的被支配成員」（dominated fraction of the dominant class）來稱呼他們。[37]但誠如我們在本書中提出的主張，他們是美國社會的象徵中心，他們的生活方式是多數美國人立志追求的，而且他們的確比百分之八十的同胞更富有。他們的資源遠遠超過其他階級，他們具有文化資本與社會資本，以及能夠影響社會發展方向的公民技能。但問題是，他們能否找回前後連貫的世界觀，進而利用這些資源創造共善，而不是創造自身的財富增長呢？

焦慮階級也面臨同樣嚴峻的挑戰，因為它的問題不僅止於文化和心理層面，還有很明顯的物質問題。白人男性的平均收入已從一九七三年的歷史最高點三萬四千二百三十一美元，緩慢下降到一九九二年的三萬一千零一十二美元。[38]但比收入衰退更可怕的是經濟不確定性的連帶上升，畢竟收入的衰退在很大程度上被愈來愈多女性進入職場抵消了（儘管女性就業也有它的諸多問題）。我們正逐漸成為所謂的「高度不安全」（advanced insecurity）社會。人力縮編、兼職工作，以及失去保險給付，已經成為一種常見的生活。

嚴重經濟焦慮引起的憤怒和恐懼，很容易轉移到「福利女王」⑧和非法移民身上。這些感覺也導致投票率衰退和社團會員減少，甚至工會會員的減少，還有離婚人數的增加。儘管經濟上的焦慮是真實的，而且最終必須從結構上進行處理，但它所導致的焦慮階層公民參與度下降，只會加劇他們的憤世嫉俗和絕望。恢復社會參與，是最有機會解決焦慮階級所面對的問題，而對許多人而言，排序最優先的管道是教會、工會，然後是透過公民組織。除了物質問題之外，焦慮階級和上層階級有不少共同的心理與文化問題，而最好的解藥就是為團結與社區的觀念注入前後連貫性的意義更新。

處理底層階級的問題，試圖將其成員重新融入整體社會，是最艱巨的任務。問題的癥結來自經濟發展，它使底層階級的兩千或三千萬成員變得多餘（別忘了，它也使焦慮階級的很多人僅剩下些微重要性）。唯有公共政策的根本性改變才能扭轉情況，而在目前的政治氛圍下，這種改變幾乎是毫無指望的。

不過，即便必要的公共政策改變也無法單獨應付這情況。當社會信任有限且士氣委靡不振，最緊迫的需求之一就是恢復人的自尊和能動意識（sense of agency），而這只能來自使民眾得以屬於整體社會並為社會貢獻己力的參與。參與式正義要求每個人付出一切是實現社會共善所必須的。而反過來說，它迫使社會在安排其制度時，讓每個人都可以用有尊嚴且延續其自由的方式，為公眾的福利做出貢獻。[39]光靠轉移支付（transfer payment）⑨或社工的惻隱之心，絕對不可能解決底層階級的問題。

在處理底層階級的問題時，也許我們需要求助從天主教社會教誨衍生而來的「輔助原則」（the principle of subsidiarity）。輔助原則主張最靠近問題的那些群體應該出面處理，在必要時接受社會層級較高的群體支持，但在可能的情況下，不會被社會層級較高的群體取代。這項原則代表尊重那些與需要幫助之人關係最靠近的群體，但不讓這些群體變得獨斷，或是凌駕於適用所有層級的道德標準之上。底層階級社會重建的過程將需要大量的公共資源，不過這些資源應由第三部門機構提供，可能的話，最好是地方的機構。在今天，輔助原則被拿來辯護政府削減支出，違背它的基本用意。事實上，輔助並不是公共供給的替代品，而且唯有在公共供給充分時才顯得有意義。

歸根究柢，底層階級的需求和上層階級或焦慮階級的需求，並沒有什麼不同。底層階級的社會資本更加枯竭，士氣崩塌得更徹底，可是就像其他所有人一樣，底層階級成員最需要的是明確的團結感與社區感，以及和社會上其他人同屬於一個未來的感覺。

分裂之家

把眼前的情況和兩段美國早期歷史做對照，或許能對我們有所幫助。首先是導致後來美國內戰的黑

---

⑧ 編按：福利女王（welfare queens）是用來形容為提高生活水平而濫用福利制度的婦女，是帶有汙名化的標籤。

⑨ 譯注：透過政府無償支出實現社會收入和財富再分配的一種手段。生活中常見實例有社會福利、社會保障，以及政府對特定企業的補貼等。

暗時期：一八五〇年代的共和國危機。大衛．格林史東（David Greenstone）認為當時美國政治分成以林肯（Abraham Lincoln）為代表的改革自由主義（reform liberalism），和以道格拉斯（Stephen Douglas）為代表的功利自由主義（Utilitarian liberalism）。[40]一八五八年伊利諾州參議員競選期間登場的林肯—道格拉斯辯論，是美國歷史的決定性時刻。辯論主題是奴隸制該不該擴展到位於西部的領土。道格拉斯走人民主權路線：如果人民想要奴隸制，就讓他們擁有奴隸制。換句話說，在這個例子中，隨心所欲的自由，就是隨多數白人所欲的自由。支撐道格拉斯立場的基礎是功利自由主義，它只求總和所有偏好，而不在乎偏好符不符合道德。

可是林肯說奴隸制是不對的，奴隸制與國家最基本的原則抵觸，無論西部的多數人想要什麼，都不應將奴隸制延伸到這些領土。換句話說，自由是只能做符合道德之事的權利。支撐林肯立場的基礎是改革自由主義，源於新英格蘭地區的清教主義。它仰仗的是聖經文獻，以及擁護共和的文獻，不僅相信有客觀道德秩序（「自然法和自然之造物主的意旨」），而且深信人人都住在一個共同利益超越個人利益總和的社會。就是這種道德政治使林肯在一八五八年六月十六日於伊利諾州春田市（Springfield）發表了精采的「分裂之家」（House Divided）演說。「『鬧內訌的分裂之家不會成功』[41]，」林肯說，「我相信這個政府不能忍受，永久的半奴隸半自由制度。」[42]

將林肯的話套用到我們的處境之上，我們可以說，美國這個家今天不是因奴隸制而分裂，而是愈來愈深化的階級分歧。道格拉斯完全不認為家的分裂是個問題，因為社會在他的眼中不過是個人選擇及其後果的加總。然而，林肯認為某些情況在客觀上是錯的，並要求社會負起改變這些情況的責任。從歷史上看，我們今天的情況與林肯當初所言有關，儘管奴隸制已被廢除，但非裔美國人還沒得到平等的對待。不過我們認為，儘管種族歧視的問題一直很嚴重，問題其實不在於種族歧視，真正的問題是社會階級等級制度的種族化——林德稱之為「美國的巴西化」（Brazilianization of America）。[43]

種族差異在美國社會中真實存在，但我們不該讓差異模糊我們的共同點。珍妮佛．霍柴爾德（Jennifer Hochschild）最近在《面對美國夢》（*Facing Up to the American Dream*）中，分析了美國人因種族而不同之處。[44]她證明美國黑人和白人共享美國夢的大部分意識形態（她所謂的美國夢不單指物質方面的渴望，還包括道德方面的抱負），但非裔美國人實現夢想的程度就是種族分歧之處了。單單關注種族差異會模糊美國社會的一個重要真理——種族差異的根是階級差異。階級差異超越種族，分裂所有的美國人。

我們認為，今天的階級差異程度是錯的，就像林肯認為奴隸制是錯的：階級差異剝奪了數百萬人充分參與社會，以及以個人身分實現自我的能力。這是美國人不願面對的可怕祕密。許多國家在分裂成一個奢華的小菁英圈和一個生活在不同程度的不安全與苦難中的廣大群眾，卻還是屹立不搖，可是美國這個國家，帶著過去二百二十年的理想和希望，不可能這樣長此以往。

這帶領我們看向第二個歷史參照：約翰．溫斯羅普（John Winthrop）在一六三〇年於麻薩諸塞灣殖民者下船前發表的佈道「基督徒慈善的典範」（A Model of Christian Charity）。溫斯羅普講道時警告說，如果我們追求「一己之樂與一己之利」，必將在這片美好的土地上滅亡。溫斯羅普解釋，使徒保羅的話是想告訴我們，我們必須「以兄弟情誼對待彼此，我們必須願意為了供應他人的必需，節制自己不要物質過剩……我們必須以彼此的陪伴為樂，對別人設身處地得著想，一同歡樂，一同哀悼，一起勞動與受苦，一刻不能忘記……我們的社區，我們屬於同一個主體。」[45]

在美國今日的情況下，我們很容易忽略溫斯羅普的忠告，很容易忘記我們團結的義務和我們的社區，很容易鐵石心腸地只顧自己。在希伯來聖經中，上帝透過先知以西結對以色列人說：「我要從你的血肉身軀取出石頭的心，給你一顆血肉的心。」（《以西結書》三十六章二十六節）我們能否祈禱上帝為今天的美國人做同樣的事呢？

一九八五年初版序

我們該如何生活？我們對生活之道有什麼看法？作為美國人，我們是誰？我們的性格是什麼？這些是我們問美國各地同胞的問題。我們與他們對話，談論他們的生活和對他們而言最重要的事、他們的家庭和社區、他們的疑慮和不確定感，以及他們對整個社會的希望與恐懼。我們發現他們滔滔不絕地談論正確的生活之道，訴說應該教給下一代什麼，以及我們應該承擔的公共與私人責任，但這些話題也讓他們有些沮喪。這些話題對我們的受訪者而言是很重要的，然而對道德問題的關注卻常常被歸到私人焦慮的領域，彷彿公開談論這些話題是尷尬或丟臉的。我們希望本書有助於把這個內在的道德辯論（通常僅與親密的人分享）轉化為公共論述。美國人在本書的字裡行間向我們敞開心扉，間接地就我們所有人都很在乎的問題進行交談。我們將看到，許多人懷疑美國人是否有足夠的共同之處，能有來有往地討論我們的核心願望與恐懼。本書的目的之一就是說服這些人不要懷疑。

如何保有或創造一種在道德上前後連貫的生活，這是我們提出的基本問題，同時也是我們被反覆問起的問題。而我們想要的生活取決於我們是什麼樣的人，也就是取決於我們的性格。因此，我們可以透過討論性格與社會的關係尋求答案。柏拉圖在《理想國》（*Republic*）卷八勾勒了有關一支民族的道德性格及其政治社會本質的理論。政治社會的本質，指的是這個民族組織和管理自身的方式。美利堅共和國開國元動在革命時期，曾採用了同一理論的晚近版本。由於對美國開國元動而言，自由大概是最重要的價值（這點對接受我們訪問的美國人亦然），他們特別在意建立一個自由的共和國不可或缺的性格特質。

法國社會哲學家托克維爾在一八三〇年代針對美國性格與社會之間的關係，曾提出有史以來最全面、最深刻的分析。托克維爾在《民主在美國》中以敏銳的觀察及與美國人的廣泛交談為基礎，描述美國人的民德（mores，他有時稱之為「心的習慣」〔Habits of the Heart〕）[1]，並同時顯示民德如何幫助美國性格的形成。他特別指出家庭生活、宗教傳統，以及美國人對地方政治的參與，有助於創造一種人，這種人能與更廣大的政治社會保持聯繫，進而支撐起種種自由制度的維護工作。但同時托克維爾也警告說，美國性格（他是率先稱之為「個人主義」的第一批人）的某些面向，最終可能使美國人彼此孤立，從而破壞了自由的條件。

本書的核心問題是關於美國個人主義，托克維爾在描述它時，混雜著敬佩又焦慮的情緒。在我們看來，一直以來銳不可當地穿越美國歷史的是個人主義，而不是托克維爾認為的平等。我們擔心這種個人主義可能發生了癌病變，而這病變可能正在破壞被托克維爾認為節制著個人主義更具破壞性的潛力的社會肌理，可能正威脅著自由本身的存續。我們想知道美國的個人主義是什麼樣子，給人什麼感覺，以及它怎麼看待世界。

我們也對能限制與遏止個人主義破壞性的一面，而不至於摧毀個體性，並為美國生活方式提供替代範例的文化傳統與實踐感興趣。我們想知道自托克維爾的時代以來，這些文化傳統與慣例的命運如何，以及它們復興的可能性有多少。

在專注傾聽話語之際，我們深切地意識到，人們難以把實際的生活形諸文字。正是在這之中，在美國人實際上如何生活，與美國文化能夠被人訴諸言語的內容之間的摩擦中，我們發現了一些關於美國社會困境最精采的洞見，以及透過再挪用（reappropriation）一種通用的語言讓這些難題有能夠被討論的希望。

在托克維爾的指引下，我們相信私人生活與公共生活間的關係是自由制度生存的關鍵之一，亦即公民參與或不參與公共領域的方式。因此，我們決定將研究重點放在美國的私人及公共生活如何運作：私人生活在多大程度上幫助人們準備參與公共世界，抑或鼓勵他們只在私人領域中尋找意義，以及公共生活多大程度上滿足我們的私人渴求，抑或使我們心灰意冷而不再投入其中。

有鑑於研究團隊規模小且預算有限，我們決定將研究重點放在美國白人中產階級身上。除了我們不可能涵蓋龐大的美國生活多樣性這一事實，我們的決定也是基於一些理論原因。自亞里斯多德開始，共和主義理論家一直強調中產階級對自由制度成功的重要性。傳統上，中產階級積極的公共參與使自由制度成功運作。此外，中產階級在美國社會特別重要。我們將在第二章、第五章、第六章中論證，美國打一開始就是個首重「中等條件之人」的社會，在過去的一百多年中，現代意義的中產階級支配美國文化的程度之甚，以至於真正的上層階級文化和真正的勞動階級文化都沒有出現。在美國，每個人基本上都採用中產階級思維，即便中產階級思維並不適合他們。因此，聚焦中產階級，對我們的目標而言非常合理。但話雖如此，我們仍採訪了一些勞動階級的男女，有些人會在本書登場，而且他們之中不少都有勞動階級的父母。儘管我們納入了可觀的族裔多樣性（ethnic diversity），但多數時候我們無法說明對美國人生活至關重要的種族多樣性（racial diversity）。

為探究私人及公共生活的本質，我們決定進行四個研究項目，每個研究項目都由小組的不同成員負責，這些項目將著眼於某個在當今美國具代表性的私人或公共態度。思索私人生活時，我們決定研究愛情與婚姻（這是人們塑造私人生活最古老的方式之一），以及心理治療（這是美國中產階級在私領域尋求意義時，一種比較新但重要性日增的方式）。思索公共生活時，我們決定研究一些較為古老的公民參與形式，像是地方政治與傳統志願社團（voluntary association），還有一些比較新的政治行動主義，它們脫胎自六〇年代的政治運動，但在「體制內」運作。

每位田野研究人員會選擇能生動說明其研究焦點的特定社群、團體或一群個人。我們在可行之處（較常是在研究的公共元素中，多過在私人元素中）以參與觀察法（participant observation）補充訪談。田野工作自一九七九年進行到一九八四年，總共訪問了兩百多人，我們和其中有些人談過許多次，而且有很多人在參與社區活動時接受我們的觀察。我們不聲稱自己已聽過「一般」美國人的心聲，也不聲稱我們擁有一個隨機的樣本。但我們爬梳大量的調查和社區研究，足以知道我們交談的對象沒有明顯異常。我們的研究主要不是聚焦心理層面，甚至根本上不是社會學層面，而毋寧是文化層面。我們想知道美國人擁有什麼資源能把生活變得有意義，他們如何看待自我和美國社會，以及他們的想法與行動有何關係。出於這個目的，聚焦有代表性的社區的代表性問題似乎是最佳選擇。我們與人們討論所有美國人都面臨的美國生活問題，使正在面對特定挑戰的特定個人得以揭露美國文化傳統的可能性和局限性。

安．史威德勒（Ann Swidler）專注於婚姻與愛情的私領域，研究它們如何形塑人們的生活並賦予生活意義，她採訪加州聖荷西及其周邊幾個郊區的男男女女。該地區為人口迅速成長的地區之一，主要是因為矽谷的電子產業。她訪問的人來自全國各地。很少有加州本地人。他們若不是中產階級，就是來自相對富裕的藍領家庭。多數是成熟的成年人（年齡從二十七到五十五歲不等，不過主要是三十多歲和四十多歲的人），應付著現代社會中的愛情、婚姻和家庭生活的現實。多數人已婚，離過婚的比一半再少些。在後者中，約有半數已再婚。她訪問的多數人都有生孩子。史威德勒透過與她訪談的一些人得知「夫婦懇談會」（Marriage Encounter）的存在，參加了一次該運動贊助的週末活動，並訪問了認為這活動對他們意義重大的一些人。

史帝文・提普頓（Steven Tipton）訪問在一個南部大城和舊金山灣區的各種風格的治療師、心理學家和精神科醫師，探索私人生活的另一個面向。他參與正接受臨床心理學家訓練的博士課程及臨床監督，並參加在私人診所與公家心理健康單位執業的心理學家舉辦的個案討論會。他還訪問了以心理治療取徑從事臨床牧師教育的新教牧師和神學院學生。最後，他訪問這些專業從業人員負責的許多個案，探索心理治療的經驗與觀點如何影響他們認識自我，以及他們如何看待社會承諾，還有在工作、愛情和公共生活中的人際關係。

理查・麥森（Richard Madsen）試圖了解美國人如何參與公共生活。為此，他研究兩個社區，一個是距離波士頓不遠、成立於兩百五十多年前的小鎮，另一個社區是聖地牙哥附近的郊區，直到近幾十年才有人定居，而且基本上仍未有自治的行政機構。這兩個社區基本上都是中產階級社區，不過波士頓郊區有許多藍領家庭。麥森著重志願社團（基督教青年會、扶輪社、青年商會〔Junior Chamber of Commerce〕等等）和地方政治。他訪問民眾對自家鄰里社區的凝聚感，從事公民參與的原因，以及公民參與賦予他們的生活多少意義和目標。在尋找具備公民態度的志願服務的過程中，他不僅研究例行性活動，還研究他在田野時爆發的若干激烈爭議。

威廉・蘇利文（William Sullivan）試圖透過研究兩個政治組織，掌握公共生活的意義，它們分別是在費城進行社區組織的「公民價值觀研究中心」（Institute for the Study of Civic Values），以及影響力在加州聖塔莫尼卡最強的「經濟民主運動」（Campaign for Economic Democracy）。兩個團體都受六〇年代政治運動的啟發，致力於以政治組織運動創造社會改變。兩者都已開始參與選舉政治，而且他們的領導人最近都當選地方或州政府的公職。蘇利文訪問這些團體的領導人與成員，以了解他們對整體社會的願景，還有社會中需要改變之處，並了解他們如何將公共活動與私人生活融合在一起。兩個團體基本上都是中產階級，但費城的團體在勞動階級和少數族裔社區中一直很活躍。

儘管本書在很大程度上取自前述四個研究項目，但它不單單是該研究的總結報告。我們累積了多年的閱讀、思考，以及許多和非本研究正式對象的談話。我們當中有四個人是受專業訓練的社會學家；有一個（蘇利文）拿的是哲學學位。我們全都深受社會科學與社會哲學的影響，也有意延續栽培我們的社會反思傳統。書末簡短的附錄說明了我們的立場。

在研究過程中歡迎我們登門造訪、無所顧忌地與我們交談的民眾，基本上可說是本書的共同作者。他們的話散落在幾乎每個章節。[2]他們使我們在過去不疑處有疑。可是，我們不僅試圖理解研究中的所見所聞，也試圖理解我們身為美國社會終生成員的經歷。本書講的不僅是受訪者的故事，也是我們自己的故事。

我們並沒有將本書整理為四個獨立研究項目的報告。研究報告可參閱四位田野工作者的專著。本書幾乎每章都取用全部四個研究項目的內容。前兩章提供整體研究的介紹與說明。第一章由四個人物描繪組成，分別來自四個研究項目，它們代表以私人或公共生活在當代美國尋找意義的不同方式。第二章提供了歷史速寫，尤其是關於我們認為對美國人自我詮釋很重要的四個主要傳統的描述。第三章至第六章處理私人生活，從對自我的思考方式到婚姻、家庭和其他形式的人際關係，包括心理治療。第六章總結美國的個人主義意識形態，並提出美國社會中其他不同於個人主義的替代選擇。第七章至第十章討論公共生活。第七章到第九章討論地方政治、公民志願服務的精神（civic volunteerism），以及公民權與宗教的更廣泛意義。第十章探討對全國性社會詮釋的幾個連續歷史階段，以及這些歷史階段與研究受訪者的看法間的關係。在最後一章，我們嘗試總結此研究對美國社會未來的暗示。

從事這種雄心壯志又漫長的研究計畫肯定會受到許多人莫大的幫助，也會有許多需要感謝的人。時任福特基金會（Ford Foundation）的理查・夏普（Richard Sharpe）於一九七八年所提的初步建議，最終催生了本研究計畫。我們的主要資金來自國家人文基金會（National Endowment for the Humanities），這是一個聯邦機構，支持哲學、歷史、文學和人文社科等領域的研究。配套補貼來自福特基金會和洛克菲勒基金會（Rockefeller Foundation）。我們感謝國家人文基金會和兩個基金會的慷慨與支持。此外，史威德勒和羅伯特・貝拉（Robert Bellah）要感謝約翰・西蒙・古根漢紀念基金會（John Simon Guggenheim Memorial Foundation）的研究獎助。史威德勒將她一九八二至八三年的研究獎助年度，一部分花在本書的研究之上。貝拉將他一九八三至八四年的研究獎助年度，一部分用於本書的最後改寫。

由大衛・黎士曼（David Riesman）、芮尼・福克斯（Renee Fox）、勞夫・波特（Ralph Potter）和羅伯特・寇斯（Robert Coles）組成的顧問團，在本研究早期提供理論的洞悉和方法論的指引。他們頻繁地和我們見面，其中有些，特別是黎士曼，將他們對我們研究的意見寫下來，與我們分享。麥克・馬科比（Michael Maccoby）、S・N・艾森斯達（S. N. Eisenstadt），和阿拉斯戴爾・麥金泰爾（Alasdair MacIntyre）偶爾出席我們的研究會議，給我們建議。很多其他同僚朋友都提供明確的參考書目，並總是鼓勵我們。我們的系所和大學給予幫助不遺餘力。曾詳讀完整或部分原稿的人有：約翰・馬奎爾（John Maguire）、芭芭拉・梅卡爾夫（Barbara Metcalf）、塞繆爾・波普金（Samuel Popkin）、黎士曼和伊萊・賽根（Eli Sagan）。我們衷心感謝他們的回應與指正，即便我們沒有聽取他們的建議。有太多學生和同事都讀過個別章節了，無法一一列名感謝。他們的問題和疑慮驅使我們把問題看得更加澄明。感謝約翰・詹（John Chan，音譯）極具啟發性的文獻回顧，他和麗塔・賈拉利（Rita Jalali）對本書的研究協助不可或缺。而拉歐菈・廣中（Laola Hironaka）以打字和其他方式給予的支持也造就了本書。

我們想要感謝梅蘭尼・貝拉（Melanie Bellah，也讀了原始書稿）和賽根詳讀新版的緒論，並惠賜他們的建議。我們還想要感謝加州大學出版社的主任詹姆斯・克拉克（James Clark），鼓勵我們為新的平裝本撰寫序論。

第一章　追求幸福

企業主管布萊恩．帕默的故事

過得好是一項挑戰。布萊恩．帕默（Brian Palmer）是個成功的商人，住在舒適的聖荷西郊區，擔任一間大企業的高階主管。他有理由對自己在企業的快速升遷感到自豪，但他更自豪的是自己最近對成功觀念的深刻改變。「我的價值觀，」他說，「因為離婚和重新檢視人生價值而有了一點變化。兩年前，我面對現在的工作量，會留在辦公室工作到三更半夜，直到完成為止。現在，我會比個中指，拍拍屁股就走。家庭生活對我來說比完成工作重要，而且工作可以等，這是我學到的教訓。」新的婚姻和家中的孩子現在已成為布萊恩的生活重心。不過，這樣的嶄新價值得來不易。

四十一歲的布萊恩高䠷纖瘦，體內藏著靜不下來的精力，他說自己年少時一天到晚惹麻煩，恣情縱欲，滿腦子想著賺大錢。他在二十四歲那年結婚。接下來的幾年，扛起婚姻和養小孩的責任，做個大人，成了他生活的主要目標。

不管布萊恩覺得生活是否美滿，他極為投入地創造成功的事業和家庭。他為了扛起家計幹兩份正職，毫無怨尤地接受青春的逝去，「我十五歲到二十二、三歲的大部分時間都花在各種享受。」對於婚後拚命工作的原因，布萊恩說得很簡單。「那時候我覺得，這就是應該做的事。」他說，「我受不了沒錢過日子的苦生活，既然太太沒辦法賺錢貢獻家庭收入，我拚命工作似乎也是應該的。我想，自力更生在我的價值觀中是排位滿高的特質，像是一種第二天性。我甚至沒有停下來質疑，直接就這麼做了。」於是，除了（他自己認為）還不錯的性生活、小孩，以及對他事業的投入，布萊恩和太太在婚姻中的交集變得很少。在太太的支持下，他決定「到業界最高殿堂」「試試」身手，他成功了，不過也讓婚姻和家庭生活付出極大代價。「我當時認為一段不錯的關係的構成要件是什麼呢？我想，我是覺得有責任照顧妻小的物質生活，我用我希望他們會喜歡的方式，確保家裡不虞匱乏。滿足家庭的物質需求對我很重要。有交集不重要。和我相處不重要。我工作時間超長，每週大概平均介於六十到六十五個小時。我週六幾乎都會加班。總是早上七點半就已經在辦公室，而且很少在晚上六點半前離開。有時候我工作到十點半或十一點。對我來說工作是第一。作為補償，我會對自己說，你有一台好車，一間好房，加入了鄉村俱樂部。現在你有地方可以去，去無所事事，去喝酒，去泡泳池。我會按時繳帳單，繼續努力工作。」

但對布萊恩的太太而言，這樣的補償顯然不夠。在兩人結縭將近十五年之後，「有天我回家，其實那時我們的房子是待售中，而且已經有人出價了。我太太說：『在你決定賣出之前，我想先讓你知道，一旦我們賣掉這間房子，我們之後就要住在不同的房子。』這就是她打算和我離婚的正式通知。」

離婚「是我人生中最大的兩三個意外之一」。離婚促使布萊恩從根本重新省思他的生活，並思索他一直以來追求的那種成功的局限。「我靠實現計畫過活。單身從來就不在我的計畫中，於是恢復單身後，我得到很多思考的機會，在這段過程中，好多年沒閱讀的我再次重拾書本，繼大學之後再次重聽古典樂。我買了人生第一張巴哈的專輯，還買了一台音響來播放。多數的思考都是關於自己獨處和陪我的孩子。」

當孩子選擇和他一起住，布萊恩被迫改變自我感（sense of self）和生活的優先順序。「我發現，當單親父母不是人們口中那樣了不起的事。我覺得那是讓人極度謙卑的一種經驗。早上進辦公室後，我有替我工作的一名私人祕書、一群管理人員，以及好幾百名員工，可是回到家，我就像世上其他的單親爸爸，我得替家中的三個大男孩打理生活。我得花兩個小時準備晚餐，然後洗碗收拾。我洗衣服、摺衣服、掃地，總是在做最卑微的勞力活。不過，兒子們選擇和我住這件事，對我很重要。這讓我覺得，或許我在為人父親這方面有做對一些事。」

儘管太太離開了他，而且後來他發現她一直有外遇，布萊恩的反省期促使他重新思考自己在關係中的角色。「身為一個解決問題成性的人，我分析失敗。我不喜歡失敗。我很愛競爭。我喜歡當贏家。於是我回過頭檢視哪裡出了問題，結果發現我至少得負起一半的責任，若從不同的角度來看，婚姻最終的失敗可能百分之九十九都是因為我。我主要是在問自己，為什麼我會這樣或那樣做？為什麼我在工作中是這樣？為什麼我以前在家裡是那樣？答案是，我的一切作為，似乎是出於我認為某個特定的價值對我而言不可或缺。或許這個價值是成功，又或者是對失敗的恐懼，總之我這個人極度的成功導向，以至於我會為工作、為事業、為公司犧牲一切。真是愚蠢。人生不該如此。」

布萊恩想法上的巨大轉變，來自重新審視生活中幸福快樂的真正泉源。布萊恩再娶的女人和原配天差地遠，這段婚姻讓他發現了一種新的自我感，而且對於想從生活中獲得什麼，有了不同的體認。他對愛情的模樣有新的理解。「能夠自在地接受愛，給予愛，奉獻自己，而且深知這是完全互惠的事情。能夠變得積極參與，樂於分享，在心理層面給人一種樂觀的感受。分享實現目標的體會，分享情緒，一起解決問題等等。我對真愛、對夫妻關係的觀點，建立在相互尊重、欣賞、愛慕、毫不保留地施與受的能力之上。」新太太是和他年紀相仿的離婚女子，帶著四個孩子進到這段婚姻，布萊恩自己則有三個孩子。他們現在還有五個孩子住在家裡，夫妻倆充滿活力，相互奉獻，致力於創造家庭生活的天倫之樂。

在很多方面，布萊恩的故事，是一個獨特的成功故事。他取得了物質上的成功，他也把握機會超越物質成功，更充分地去理解生活的意義。不過，儘管布萊恩的生活是個人勝利的表現，儘管他在生活中感到滿足，他的故事仍然存在一些不確定之處，一些未解決的痛處。

當布萊恩試圖解釋為什麼現在的生活實際上比過往只知道拚事業的生活更好時，問題變得最為明顯。他對自己改變生活和當前感到幸福的原因的描述，總結來說，似乎就是他對幸福的觀念有了轉變。他的新目標，例如為婚姻和孩子奉獻，跟他過去對物質成功的追求一樣的獨斷且未經思考。兩者都被證明是習性的偏好，而不代表某種更大的生命意義。布萊恩自認始終在追求一種忠於自己利益的功利演算，只不過他的個人喜好發生了幾乎無從解釋的變化。在描述改變背後的原因時，他這麼說：「我想，我是把優先事項重新排序了。」他有時會嫌棄過去的生活是錯的，有時則認為自己只是厭煩了那樣的生活。「現在我覺得，只知道追求成功不是一種好的生活方式，那不是我認為最重要的事。我已經向自己證明，我可以實現任何想要實現的目標，這點令我心滿意足。因此，實現目標的挑戰不包含它過去給我的那種神祕感。我這才發現，我從參與孩子的人生得到許多個人獎勵。」

美國文化傳統對性格、成就和人生在世目的的界定方式，使人們陷入光鮮亮麗但可怕的孤立中。這些是美國文化的局限性，是美國人代代相傳的思考範疇與方式的局限性，而不是生活在美國文化之中的布萊恩等人的個人局限性。誠如布萊恩和其他許多人的案例所示，人們經常活出了超越理性解釋所能說明的生命意義。

布萊恩的躁動精力、熱愛挑戰和對好生活的理解，是美國文化至關重要的許多事物的特徵。這些特質都特別適合他打拚事業的殘酷企業界。然而，布萊恩在描述自己選擇過怎樣的生活時，不斷提到欠缺更廣泛目的或信仰框架的「價值」和「優先事項」。好的事情，就是人們覺得對自己有益的事情。如果人的喜好改變了，好的本質也會不同。就連最深刻的美德也被解釋為個人喜好。事實上，終極的道德原則就是個人應該能追求他們認為對自己有益的東西，唯一必須遵守的要求只有不干擾他人的「價值觀」。「我覺得地球上每個人都有資格擁有一點屬於自己的空間，而會貶損他人空間的事物不太好，」布萊恩說道，「我心目中加州生活的特色之一，也是加州之所以如此宜居的原因之一，就是只要其他人不來侵犯我的價值觀，我們基本上不去在乎其他人的價值觀是什麼。整體來說，這裡的經驗法則是如果你有錢，只要不破壞他人的財產，或吵到他們睡覺，或侵犯他們的隱私，你想幹麼都可以。如果你想進屋裡抽大麻，嗑藥吸毒，把自己的人生搞砸，那是你的事，可是不要在街上做那些事，不要讓我的孩子被影響，你的事是你的事。這樣大家都相安無事。」

在一個自我利益存在潛在衝突的世界裡，沒有人能說某價值體系就是比另一個更好。在這樣的世界裡，布萊恩珍視一個基本原則——誠實和溝通的重要性。由於沒有普遍的道德理想能判斷哪些衝突是能被解決的，人們唯有透過溝通才有機會解決分歧。「溝通不僅對男女關係至關重要，而且我個人認為，溝通是我們在地球生存的精髓。有了坦誠溝通和仔細思考問題的能力，多數問題都可以解決。解決衝突著重的是有技巧的問題解決，而不是關乎道德的決定。因此撒謊是錯的，它嚴重影響準確溝通及解決人際衝突的能力，不過即便說謊是錯的這件事，也是基於非常務實的考量，因為說一個謊要用一百個謊來圓。我個人價值體系的底線，和我在商場做事的風格有關。大家都形容之前坐我現在這個位子的前輩是撒謊成性的超級大騙子，要說謊說到像他一樣的境界可不容易。這大概是他後來失敗的原因之一。他的謊言有天終於紙包不住火，於是他趕緊在火燒屁股前先離開了。」

不說謊是布萊恩希望灌輸給孩子的重要觀念之一。「為什麼誠信很重要，而說謊不好？我不知道。我就是這樣認為。這很基本。我不想挑戰這一點。這是我的一部分，我不知道它打哪來，但它非常重要。」布萊恩說，「價值」很重要，並強調向孩子傳授這些價值的重要性。不過，除了警告孩子不准撒謊，他對於該傳給下一代的價值說得很含糊。「我想很多是現代社會的猶太—基督教倫理，就是說特定事情是不好的。」即便可能是「絕對錯誤」的事情，譬如殺戮、偷竊和撒謊，也可能只是個人喜好的問題而已——至少反對這些事情存在的禁令，與可能賦予它們更廣泛意義的任何社會或文化基礎是分離的。

有什麼事情絕對是錯的嗎？「我不認為我會自負地說，我有能力為全體人類確立價值觀，不過我能有自信地說，如果世上其他人按照我的價值體系過日子，世界會變得更美好。」布萊恩說。他提供的理由很簡單，「我對自己的價值很滿意。」然而，價值在布萊恩身上也一再地淪為個人喜好問題，而唯一的道德問題就是依據個人喜好做決定。他缺乏實質的理由去解釋，他為何愈來愈投入家庭和孩子，而不是物質上的成功。「我發現選擇B道路而不是A道路會獲得更多的個人滿足感，讓我對自己感覺更好。投入這段混沌不明的婚姻，嘗試塑造些什麼，是個挑戰——也許是因為要把兩個家變成一個家。相信我，這是個挑戰。也許這就是它讓我著迷的原因。也許這就是它對我很重要的原因。」

儘管布萊恩對新婚妻子溫柔又充滿愛意，對孩子發自內心的奉獻，而且他的自信充滿韌性，但他對人生的解釋仍建立在一個脆弱的基礎上。道德上，他的生活似乎比以事業為重時更協調，但是聽他描述事情時，即使是談他對別人的愛那樣深刻的衝動，也聽不出有什麼超越一時渴望的堅固基礎。他無法用有整體性的語言解釋什麼是賦予他人生意義的真正承諾，因此那些承諾本身是不穩固的。

小鎮主委喬・高爾曼的故事

喬・高爾曼（Joe Gorman）大概會覺得布萊恩關於成功的想法很幼稚。喬住在聖荷西三千英里之外的地方，而且和布萊恩素昧平生。但談起自己鎮上那些只在乎個人成功的人（就像過去的布萊恩），他說他們是「想再當個小孩」。對喬而言，表現得像個小孩，意味著一個人不了解他對家庭和社區有個人責任，意味著一個人總是想著可以從家庭和社區身上得到什麼，而不是思考自己應該給它們什麼。對喬而言，成功的定義是實現家庭和社區為你設定的目標，而不是利用你的家庭和社區實現自己的個人目標。

喬和布萊恩年紀相仿，但不同於布萊恩為了追求個人成功曾搬到許多不同的社區，喬一直以來都住在他的雙親度過大半輩子的小鎮：麻州塞福克（Suffolk）。這是一個距離波士頓約半小時車程、人口不到兩萬的社區。塞福克於一六三二年建城，大概六個月前，我們團隊的其中一人訪問了喬，當時塞福克正在慶祝建城兩百五十年。喬負責組織慶祝活動，不過他本來並沒有受邀負責這件事。在策劃週年活動的早期階段，小鎮管理者成立了一個由地方要人組成的委員會，其中不包括喬。問題是委員會上幾乎沒有人曾有策劃如此複雜活動的經驗。根據喬的說法，更慘的是，他們當中約有半數是來沽名釣譽的，不是真正想做事。因此，週年慶系列活動的第一場活動就辦得一塌糊塗，那是一場社區的晚餐會，但會中的食物只夠餵飽大概一半的出席者。喬知道自己有能力把慶祝活動辦好，而且把竭盡所能提供任何幫忙視為己任，於是向委員會毛遂自薦，成了無名的實質主委。

在喬的指揮下，週年慶辦得有聲有色。慶祝活動前後延續了九個月。有遊行、音樂會、嘉年華、體育比賽、晚餐會、舞會和普世宗教儀式，每項活動都安排得宜，而且獲得熱烈響應。對喬而言，慶祝的根本意義就在口號中：「眾志成城」。他說：「我想辦法盡可能讓更多人積極參與，這太重要了。」另一個關鍵主題是家庭的重要性。許多活動的靈感來自聯合國宣布那年為「家庭年」。對喬而言，慶祝活動的高潮是壘球錦標賽，每支參賽隊伍的成員都來自不同的大家族。「我們的錦標賽有八個家族參加，也就是塞福克當地的八大家族。其中一場比賽，有人顯然專程從康乃狄克州前來，只為了和他們的家人一起打球。你知道嗎，整個慶祝活動中我最享受的是球賽結束後，和參賽家族的成員一起站在露天座位後方，邊喝香檳邊聊他們家族的事。那對我來說是最棒的事。家族大戰期間，除了球員，很多人也會來到現場觀戰，看看家族代表在場上表現得怎麼樣。」

另一個發人深省的週年慶祝活動是獻給年長鎮民的專屬日。「我們告訴民眾，這是他們齊聚一堂，看看曾為這個小鎮犧牲奉獻之人的好機會。他們花了一下午的時間在公有地賣烘焙糕點，賺得荷包滿滿。」這一整系列的週年活動「非常成功，以至於活動結束後，人們見面的第一句話都是，『我們何不每年都舉辦？』」於是，鎮上耆老決定每年都要慶祝一次，並任命喬擔任明年慶祝活動的委員會主委。

在喬的字典裡，**成功**是個非常重要的單字。可是在我們和他的所有談話中，成功從來都跟他為自己爭取到的任何地位無關，甚至跟他靠一己之力實現的任何成就無關。成功對他而言，比較像是社區所創造出的團結感有一部分來自他的努力。「我們（在組織週年慶祝活動時）遇到許多麻煩，而且在活動正式開始前處理了很多抱怨。但活動結束後，鎮上的人全都舉雙手贊成。就連本來有很多反對的那些人，很多都特別來找我，告訴我，他們完全贊成今年再辦一次。總之，那是很棒的活動，辦得很成功，而且真的把整個小鎮凝聚在一起。如果今年也辦得很成功，我們打算每年辦下去。去年很成功，對社區是一件好事。但我一個人辦不到，這是塞福克全體鎮民的成功。沒錯，塞福克是個大家庭，我很高興成為這個家的一分子。」

但這不代表喬不在乎為社區做的事是否會得到個人回報。他心目中的人生重大事件之一，發生在塞福克週年紀念結束後。他得到「塞福克年度好人好事獎」，而且鎮上的企業和民間領袖為他舉辦了一場盛大的慶祝會。「這完全出乎我的意料。為了讓我配合演出，他們跟我說慶祝會是為我在工廠的一位同事舉辦的。那過程實在很糗，因為我數落了一些人，覺得他們不夠用心準備這位同事的慶祝會，等到我出席，才知道原來主角是我。」喬對於這份來自社區的愛銘感五內，但這份愛是一個意外的驚喜對他而言很重要，也就是說，他當初並非有意識地想得到回報。

除了得到社區「自發性」給予他的尊榮，喬還因為代表社區做事得到一筆收入。事實上，擔任社區的「好人好事」是他職業的一部分。他是塞福克一間大型製造商的公關主任。一如多數此類公司，雇用喬的公司希望與鎮民保持良好關係，為實現這個目標，公司撥款贊助社區的娛樂活動和其他慈善單位。喬的工作職責之一是幫助公司決定用什麼方式幫助小鎮最好。儘管很多東西恰好是他工作的一部分，但喬在社區服務方面的付出，顯然是出於對社區的愛。公司多次提供他轉調休士頓總部的職務升遷機會，但每次都被他拒絕了。對他而言，他在社區的地位比在公司的地位更重要。在他看來，他之所以替小鎮做牛做馬，因為他是塞福克「土生土長的公民」。「我在這裡出生。我父親成立了塞福克高中的體育課程。光是和鎮民的友誼就足以讓我留下來。我們將永遠留在這裡。這是我的家。」

因此，不同於布萊恩，喬不以眼前生活的「優先事項」，決定什麼是構成成功人生的合適目標。家庭和社區的傳統賦予了他這些目標。然而，喬對發現適當人生目標大哉問的解決之道，本身就會引發問題。

喬所熱愛的塞福克，一個由兩百五十年傳統緊密交織的家族所組成且具有公民意識的社區，事實上並不存在。塞福克目前的人口有四分之三是在過去二十五年移入的。多數居民並未積極參與城鎮事務。

如果鎮上九千名登記在籍的選民中有五百人出席鎮民大會，出席率就算是很不錯了。多數塞福克居民的工作使他們和小鎮連結不深。他們的工作在波士頓，或波士頓周圍的工業園區。即便工作剛好在塞福克，也是在小鎮工業園區內的其中一間工廠，這些工廠很多隸屬於跨國大集團。他們住在塞福克是因為地點便利，房價符合預算。很多人都大方承認，他們更想要住在這一區更富裕的其他城鎮，但因為經濟能力不足以在更有錢的社區買房或租房而留在塞福克。這樣的人不認為塞福克是他們的「家」，而是把這裡看做一個便利的郊區。他們大概把鎮上的週年紀念活動當作一系列復古活動，是週末午後打發時間的好去處，而不是藉以表達人生意義的儀式。

為肯定塞福克傳統的重要性，喬召喚出一個被現代發展破壞的虛構的小鎮黃金時代。他相信，這個黃金時代的精神可以被恢復，而恢復時代精神的任務就能讓人們眼前的生活變得有意義。「我做的事情背後有個隱藏動機。我想看到塞福克重拾過去的那種氛圍，在那樣的氛圍下，可能有十五個人聚在一起，組成一支棒球隊，一起走向公園，不用特別穿制服或制服之類的東西，就能好好打場球，享受美好時光。今天的人若要組隊，就覺得一定要穿制服，成立聯盟，訂定規則，和其他有的沒的。他們不信任彼此。其實我們只是需要有別於今日的往昔精神。」

喬記憶中那種隨興、和樂互信的精神已經喪失了，他認為這有一部分是因為小鎮的新居民被波士頓的大城市氛圍帶壞了。地方政治的紛爭源自「來自波士頓的人太在乎政治回報，而且深信政治人物都是腐敗的。」而且他們只擔心自己在鎮上的私人投資，而不關心公共利益。「他們在乎他們的房子是新的，他們想要自己的房子擁有一切應有的設施，而且要確保自己的房產投資得到保障。」但除了直接源自城市生活的腐壞，另外還有一種比較微妙的墮落，其罪魁禍首是現代的教育體系。「就好像人們想再當個小孩一樣。在過去，父母會管教自己的孩子，告訴他們怎麼做。但如今學校有各式各樣的專家、心理學家，這些人分析孩子，說孩子需要這個、需要那個，然後父母不但不管教孩子，自己還變得像個小孩。小孩需要管教，但他們得到的卻是一些心理分析。」

然而，往昔絕對不如喬記憶中緬懷的那麼悠閒純真。即便過去真的那麼美好，孤立小鎮不受到城市的任何影響，並從學校課程刪去現代心理學的影響，藉此回到過去卻是完全不切實際的想法。喬心目中的美好生活，表面上，穩穩地扎根在他所屬社區的客觀傳統中，其實那是他個人非常主觀的想像。也許他必須隱藏自己重返美好舊日的希望，因為就連他也知道，多數鎮民肯定會覺得這樣的希望有些荒唐。

此外，就算喬想像的美好社會能夠實現，也難保會是喬想要生活在其中的社會。「我們需要更多家族紐帶，更多身為一家人的親密感。」喬說，「我在一個有九戶人家的社區長大，九戶人家都是親戚，有堂有表。勞動節長週末假期是每年的社區大事。九家人在那個週末相聚，辦盛大的野餐。真的很美好。」喬在勾勒出這幅懷舊的家族團結畫面之後，態度立刻退縮，強調起他和家人保持距離的必要。「孩子長大後必須各自獨立。所以我現在和家人的關係沒那麼緊密。我想這是有需要的。我的方式是特別安排和家人相處的時間。不過，家人各有各的生活也很重要。」

最後，忠於小鎮價值可能導致過分狹隘的社會正義感。舉例來說，塞福克兩百五十週年紀念結束後不過兩個月，一場地方的沙文主義就在鎮上激烈爆發。小鎮的住宅管理當局一直想為長者提供平價住宅，為了興建這些平價住宅，鎮上需要來自聯邦政府的資金。美國住房與城市發展部（Department of Housing and Urban Development，以下簡稱ＨＵＤ）最後給塞福克五百萬美元的經費蓋這些房子，但規定塞福克領取這筆經費後，也必須興建少量給貧窮家庭的平價公寓。很多鎮民深怕平價公寓會住進來自波士頓的黑人和古巴人。在一次群情激動的鎮民大會上，鎮民拒絕了ＨＵＤ的經費，並針對當初申請此經費補助的地方官員提出罷免訴訟。鎮民以維持歷史悠久社區的整體性和完整性為由，合理化種族隔離主義的政策。

喬並不贊同拒絕HUD的經費，他性格中堅定的慷慨大度讓他對許多鎮民懼怕弱勢族群一事，感到不安。但他懷舊地想回到一個神話般的往昔，無助於理解塞福克該如何解決其當代問題，也幾乎沒有提供在整體社會脈絡中為塞福克謀福祉的任何框架。

心理治療師瑪格麗特．奧丹的故事

瑪格麗特．奧丹（Margaret Oldham）是一位治療師，就是被喬指控破壞了家庭和學校紀律的那些治療師。儘管在安穩的中產階級家庭長大，瑪格麗特一定會認為喬對美好生活的想法不切實際，而且沒有把人性和現代社交生活的現實納入考量。她會說，人們在價值觀和經驗方面有著極大差異，因此死板地堅守自己的標準時，只會使自己和他人更脫節。瑪格麗特重視對他人的寬容，以及積極主動從新經驗學習，這些在喬渴望再造的緊密交織同質性社區中相對缺乏，因此要是她住在喬的社區裡，可能不僅會感到幽閉恐懼，而且會覺得欠缺挑戰性。生活在那樣的社區就像試圖永遠留在舒適的子宮內，而不是離開母體迎接外頭的光亮。她把個人成就感擺在忠於家庭與社區之上。

三十出頭的瑪格麗特個性沉著，高度自律，擁有傑出的學術表現和專業成就。的確，她覺得自己從雙親身上學到最重要的東西之一，就是勤奮工作的價值，「不是有工作而已，而是對你的工作感到驕傲，對你的工作負責，盡可能做到最好，精益求精。」她認為自己強烈的責任感很大一部分是受到父母影響，她被教導「要對其他人和他們的財產及權利，給予很多的尊重。」可是，她和他們在一個關鍵點上分道揚鑣。「我不認為有必要這麼說教，這麼一板一眼，」她說，「我認為，我父母從來沒辦法像我一樣去接受每個人本來的樣子。」她對他人的寬容，使她比父親更容易和形形色色的人相處融洽。她對他人的好奇，以及她接受他們的能力，是瑪格麗特覺得人生充滿樂趣的關鍵，這些對她在某南部大城擔任治療師的工作更是不可或缺。「我迷上心理學，主要是因為我對人和他們的行為太好奇了。我很想知道人們行為背後的理由，還有為什麼他們的想法和我不一樣。我有很多朋友是聰明人，但卻被二一退學，然後讓自己陷入各式各樣的麻煩，所以我總是在想，為什麼？動機是什麼？是什麼促使他們在人生中做那樣的種種決定？」

受到形形色色和自己不一樣的人的挑戰，是一個持續的刺激來源。身為一名治療師，她擁有「兼容並蓄的背景，包括互動論心理學、完形心理學、羅傑斯的人本心理學」，人類想法和心理感受的多樣性使她的專業領域饒富趣味。「只要擔任治療師，不論學派，你隨時都在觀察的最前線，你從每個個案身上學到東西，然後不斷成長。做心理治療對我的幫助幾乎和對個案一樣多，因此我的確得到許多這樣的獎勵。我覺得光是接觸不同人的想法、觀念、問題，然後看清他們生活的樣貌，就好像開啟了各種新觀點。每當輔導新的個案一陣子後，我總會徹底重新思考我的世界觀，因為每個個案都帶來很多不一樣的觀念，以一種很純粹的方式，挑戰我認為生活中非常基本的事情，讓我得回家好好地思考一番。」

在瑪格麗特看來，人生最重要的事是把你選擇的工作做得盡善盡美。她在概述自己對人生意義的看法時說：「我就是接受世界的樣子，不鑽牛角尖。我賴以為基礎的人生假設是，我想做的事和我的感覺就是我應該遵循的方向。我認為宇宙期待我秉持我的價值，無論那些價值是什麼，然後盡可能不去辜負那些價值。如果我是我所認識的人當中最盡力而為的那個，總有一天好事會發生。我想在很多方面，過那樣的生活本身就是一種獎勵。」就像布萊恩一樣，瑪格麗特把「價值」視為理所當然，「無論那些價值是什麼」。

瑪格麗特想當個敬業的人，幫助有需要的人，並在個人關係中（包括她和聰明絕頂、事業有成的工程師先生的婚姻）付出愛，也獲得愛。可是她認為，除非人們願意努力和做出必要的犧牲，否則不可能得到充實人生所帶來的幸福。舉例來說，你必須樂於付出，以便維繫一段關係。她認為很多個案想要的是一段完美的關係，在關係中，他們能得到所有的愛而不用付出任何回報。「一個永遠在那裡傾聽的人，一個可以和他們去一些地方的人，或是，你知道的，一個永遠陪在他們身邊又很懂他們的人。多數人不想要非得說出自己的感受不可。他們要另一半憑直覺知道。那就太完美了。一個像肚子裡的蛔蟲一樣了解他們的人，讓他們完全不用開金口，而且總是守候著他們，還要讓他們覺得非常有安全感，以及非常的不孤單。」人們需要接受的是，他們有責任表達自己的需求和感受，而且必須了解他們不能期待別人會像變魔術般變出他們的快樂。「人們想要別人取悅自己，而不是努力讓自己快樂。」

提出理智成熟的建議很適合瑪格麗特的角色。身為一名治療師，她不能解決人們的問題，只能幫助他們更認識自己，好讓他們可以更務實、甚至更有收穫地面對生活，同時更明白自己的個人喜好。她了解人與人的關係是互相的，有捨才有得。她了解若對人生有所期待，唯有勤奮不懈才會得到滿足。她了解自己的人生終究要由自己負責。可是，這個認為每個人最終都該自食其力的真知灼見，容不下太多相互依賴，而且為個人在社交世界的角色勾勒出頗令人沮喪的輪廓。自食其力這項美德暗示著獨自過活。「我真的認為為自己負責很重要，我的意思是，除了你之外，沒有人會替你負責。我知道人與人會互相照顧，互相幫忙，像是有人生病的時候。這很棒。可是說到底了，你真的是獨自一人，你真的必須給自己一個交代，到頭來，如果你沒有得到你想要的工作，或沒有遇見你想要交往的人，你至少要負起一部分的責任。你的真命天子不會在街上找你，在世界各地到處留訊息，試圖找到你。現實生活不是童話故事。」

因此，接受個人責任就要表現得像個大人，而不是幼稚地期待其他人幫你解決問題。但這也不過是個必要措施，用來應付一個其他人無法幫助你或不會幫助你的世界，一個沒有人能讓你感覺「並非無依無靠」的世界，因為最終你真的是「無依無靠」。瑪格麗特對世界的想像，大幅限制了她認為人們能對彼此有多少要求，哪怕是在最緊密、最穩固的關係之中。即便與人結為連理與為人父母，也不能解決人人終將落得孤單下場的宿命。「我的行為和我所做的事都是我的責任。」被問到她是否也要對其他人負責時，瑪格麗特答覆：「不會。」被問到她是否要為她的先生負責，她答覆：「不用。他為自己做主。」小孩呢？「我……我會說，我對他們有法律上的責任，但在某種意義上，我認為他們也該為自己的行為負責。」就像在社會裡一樣，在關係中，「每個人都想隨心所欲」，因此經營關係唯一的辦法就是盡量做到「公平」，這也就是說，「不要犧牲的總是某一方，或付出的總是某一方，要在付出和自私間達到一種相對的平衡。」

然而，由於沒有能用來合理化普遍價值的更大框架，我們只能要求其他人清晰地表達他們的需求，並嘗試說明自己的需求和渴望。如果別人沒有滿足你的需求，你得自己從關係離開，因為那可能是保障你利益的唯一辦法。一旦踏出面對面接觸的個人世界，沒有能力對其他人提出合理的要求，就變成更加嚴重的問題，因為在面對面接觸的個人世界裡，人們起碼還能透過直接溝通協調分歧與確保公正性。舉例來說，在政治的世界裡，朝共同目標攜手合作的期待必定教人失望。在人人都追求自我利益的情況下，以大眾利益為考量的人是「傻瓜」。「每個人都想高高在上，為所欲為。這和在關係中是一樣的。當我想到政府政策的時候，我不想要他們砍掉給心理學研究的贊助，除非他們也做其他必要之惡。我的意思是，我不想只有我受苦。我不想當唯一的傻瓜。我不想為沒善盡本分的人做替死鬼。」

因此，儘管瑪格麗特對個人成就的想像展現深刻自知，對人與人的差異有莫大寬容，而且有為自己人生負責的成熟意願，她也被自己信仰中暗藏的矛盾困住了。她對自己負責，但她沒有可靠的方法能讓自己的成就和他人的成就有所關聯，無論這裡說的他人是她的先生和小孩，或是她所屬的社會圈和政治圈。

社會運動家韋恩．鮑爾的故事

韋恩．鮑爾（Wayne Bauer）大概會贊同，瑪格麗特對於個人得跟家庭習慣及傳統限制做精神分割的堅持。韋恩是個社區組織者，他在加州替「經濟民主運動」工作。他年約三十五，自認目前的人生觀是來自六〇年代的產物。「六〇年代期間，我們看到一個美夢，我們擁有一個理想。而且我們相信，很多事在很多層面上都可以變得更好。」他說，「我的意思是，那是個人成長及政治變革當道的時候。最令人興奮的是，引領國家邁向重大政治變革的恰恰是個人改變。」個人改變需要一個人和原生家庭切割。「我們很多人都是出身勞動階級或中產階級的成長背景，我們相信人生有特定的樣貌。維持現狀就是以你的父親為榜樣。子承父業。我們上高中，上大學，找對象，找地方安頓，養育子女，在社會上爭取受人尊敬的地位。我認為六〇年代發生的事反映了我們在家庭中看到的空虛，我們覺得那不是自己想要的生活，我們想要比那更好的生活。」

韋恩在一九六五年和家庭切割，開始找尋「更好的生活」，那年他才十七歲。他加入了海軍陸戰隊。「我們一家都是約翰．韋恩（John Wayne），滿腔的美國愛國主義。好像我們美國人有個特定的樣子。」新兵訓練結束後，他被派駐到北卡羅來納州的勒瓊營（Camp Lejeune），放假時總會北上到紐約市。「一九六五年紐約大學的學生上街遊行，焚燒徵召卡。突然之間，這些人變得有政治意識，開始把頭髮留得長一些，在耳朵上穿幾個洞。這對我而言是很大的震撼。我不了解這是什麼。我是海軍陸戰隊。」這段期間，他在紐約念大學的一些朋友開始和他辯論越戰。「長話短說，爭論持續了三、四個月後，我意識到我最好的論點站不住腳。然後在一夕之間，我的自我認同和世界觀徹底崩壞。那就好像看著鏡子在你眼前粉碎，看著你所有的價值觀、所有的信仰，所有認為真實的事，就這樣潰散一地。我成了沒有價值觀的人，而且陷入某種狀態，我感受到一種可怕的孤單，卻沒有人可以求助。我覺得，所有我曾經信任的人都騙了我。」

韋恩在接到前往越南的命令時選擇不假離營，於是展開八年用化名在國內四處旅行的地下生活，最終於一九七二年向軍隊自首。他被關進軍人監獄四個月，不過倖免於軍事法庭審判，爾後以一般性除名的名義離開了海軍陸戰隊。他回到雙親身邊，發現他們完全不理解他對人生的看法，於是從紐澤西搬到了加州的威尼斯（Venice）。

不過，韋恩和家庭及社區傳統的切割（對喬等人始終相當重要的傳統），並未止步於退縮到全心投入職業和私人生活的狀態，就像瑪格麗特那樣。要是韋恩認識瑪格麗特的話，他會批評她欠缺對社會正義問題的理解。韋恩透過基進政治把破碎的人生之鏡重新黏合。在他切斷自己的過去之後，「我開始思考道德性的問題。那就好像我想用更耐用、有抗壓性的材料將一切復原。」政治行動主義成了他屬意的耐用材料。「觀察政治形同觀察文明的奮鬥與進化，非常刺激，但也有很個人心路歷程的一面，因為這其實也是你努力奮鬥進化成某個樣子的過程。」一九七〇年代中期，韋恩住在聖塔莫尼卡（Santa Monica）說西班牙語的社區，參與了一些鄰居和房東的紛爭。「我強烈覺得他們被壓迫；他們被占便宜了。這些該死的房東用移民法把他們吃得死死的，導致這些人長期生活在恐懼中。我感覺很好。我真心喜歡這些人，他們是很棒的人。」

他組織房客的經驗引領他投入「經濟民主運動」。「我喜歡自己做的事。我覺得我從事的工作直接造福了其他人。老樣子，還是價值的問題。你要把時間都花在累積物質商品和賺取財富，還是把時間用來幫助其他人，和其他人同心協力。我們可以採用我們想要的任何體制，像是採用社會主義體制、共產主義體制，總之你想得到的任何體制都可以，可是除非我們能夠教育民眾獨立思考、與眾不同，否則採用任何體制都沒有意義。我把自己的工作視為某種社區教育，組織房客時，我的工作是處理他們眼前面臨的危機。但真正說來，我的工作是賦予他們一種能掌控自己生活的力量。」

當他們能掌控自己的生活，人人都會產生更強的效能感（sense of efficacy）①，這是韋恩親身體會過的美妙的個人成長滋味。「他們從未把自己的想法說出來，總是感到束手無策，好像他們不能改變任何事。我看到他們在事後的驚訝，好像在說，天啊，我們讓事情有所不同了。下一步是讓他們知道，他們在社會中能做的、能創造的事情有很多。他們只是需要集體合作，取得一致的意見，也尊重彼此有不同的意見，然後整理出某種共識。這是很了不起的事。我覺得能夠見證並參與這一切是既美妙又血脈賁張的事，因為你看到的是一個集體意識的進化。」

可是，這些初嘗解放滋味的人，應該在社會中創造**什麼樣**的東西呢？韋恩的回答在此處變得莫名含糊。他們會讓社會變得「更好」，他說。但他指的「更好」**是什麼意思**？「我大概不是最適合回答這問題的人。」他說。即便在他的專業領域，也就是租戶權利，他對於應該提供租戶什麼樣的社會安排，才能使租戶和房東有對等的權利也只有大致的模糊概念。「只要我不違法或破壞物品，我就有權利住在這個社區裡，這是個非常敏感的問題，因為它涉及私人財產和其他人的權利，像是投資權。但我認為這是可以被改變的，你可以控制那個情況，房東可以得到還不錯的獲利，住戶也可以得到還不錯的生活——我是這樣認為啦。老天！我說得亂七八糟。」

我們可以說，韋恩比較了解他反對的事勝過他支持的事。因此，儘管他一生致力於伸張正義，他的正義觀卻欠缺實質內涵。當他談論正義時，他談的是個人權利，以及使人人都有伸張正義的公平機會的法律與政治體系。從他使用的語言，我們看得出他對於當個人公平地爭奪稀缺商品的所有權時，應該如何在一個複雜的社會裡分配這些商品不是非常有概念。②但他形容從事政治行動主義擴大了他的責任感。

受到一位神父嘗試將拉丁美洲「解放神學」（theology of liberation）觀點應用於美國處境的吸引，韋恩逐漸重返羅馬天主教會。他也開始認真考慮從事法律工作，希望能投入公共服務法的領域。儘管有這些充實政治關懷並找到方向的種種舉動，他的政治詞彙在解釋與培養他個人的正義感與責任感方面頂多是出了一半的力氣。我們將看到，他的問題是美國人典型的問題，無論保守派、開明派或激進派都一樣。

共同傳統中的不同聲音

布萊恩、喬、瑪格麗特和韋恩，分別代表我們所有人都熟知的美國聲音。我們認為倘若有朝一日相遇，他們之間會上演的爭辯，將是常見於美國公共與私人道德論述中的種種爭議。這些分歧的原因之一是因為它們來自不同的傳統，我們將在下一章介紹這些傳統。然而，在扞格不入的表象之下，有關個人

① 譯注：指自我效能，或稱個人效能，被用來衡量個體本身對完成任務和達成目標能力的信念程度。

② 作者注：本章據以談論韋恩的個人訪談於一九八〇年完成。自此之後，他對分配正義和公共政策的想法變得相當明確。他在一九八三年六月獲選成為聖塔莫尼卡租金控制委員。

們多數人也都有第二語言）。

與社會、私人利益與公共利益間的關係，還是存在不少共識。這是因為儘管有分歧，他們也在一定程度上擁有共同的道德詞彙，我們提議稱之為美國個人主義「第一語言」，與替代的「第二語言」相反（我們多數人也都有第二語言）。

這章描述的每個人分別來自本書賴以為基礎的四個研究項目。這些人是否屬於平均值不是我們太擔心的事，我們更在乎的事實是，他們代表了美國人透過私人與公共生活尋找人生意義的各種方式。這是本書關注的核心問題。布萊恩在婚姻和家庭中找到人生的首要意義；瑪格麗特則是在心理治療中。因此，兩人的主要關注都是私人生活。喬透過積極投入城鎮事務讓生活有了連貫性；韋恩在從事政治行動主義時也找到類似的連貫性。兩人都把公共世界融入他們的生活。無論主要關注私人還是公共生活，這四個人都在照顧人。他們是負責任的大人，而且在許多方面令人欽佩。可是，當每個人都使用共有的道德論述時，也就是我們所謂的個人主義第一語言，他們無法清楚表達個人承諾的豐富性。生活被他們用語言呈現出的樣子，聽起來比我們實際觀察到的更不具代表性且不按理出牌。

因此，我們聽到的四個聲音所代表的四個人，都認為美好生活的目標有些獨斷。對布萊恩而言，美好生活的目標是實現為自己設定的優先事項。可是你如何知道目前的優先事項，比過去的要好，或者比其他人的要好？因為你直覺地意識到它們適合現在的你。對喬而言，美好生活的目標是與出生時所屬的社區和家庭保有緊密聯繫。可是一個人怎麼知道在這個複雜的世界裡，你的社區和家庭所繼承的傳統，比其他社區和家庭的更好且更重要，因此更值得讓你效忠？到頭來，你只是想要相信它們是更好的，至少對你是更好的。對瑪格麗特而言，美好生活的目標恰恰是不受喬珍視的那些傳統束縛。可是一旦從中解放，要以什麼為目標呢？答案很簡單，任何你認為對自己最好的一切。對韋恩而言，美好生活的目標是參與政治抗爭，創造更公正的社會。可是政治抗爭又該帶領我們到何處？到每個人不分貴賤都有力量掌控自己人生的社會。但是他們要拿這力量**做什麼**？任何他們自己選擇要做的事，只要他們不傷害任何人。

在為禁得起道德檢視的美好生活的目標辯解時，這四個截然不同的人所面臨的共同困難，凸顯出受美國文化孕育之人的典型問題。對多數美國人而言，思考如何得到我們想要的東西，比起知道我們到底應該要什麼容易多了。因此，布萊恩、喬、瑪格麗特和韋恩都很困惑該如何為自己定義成功的本質、自由的意義，以及正義的必要條件，儘管他們困惑的樣子或許各不相同。在很大程度上，這些困難是美國人道德論述傳統的限制所造成。本書的主要目的是加深我們對美國傳統提供（以及未能提供）的資源的理解，使我們有能力思考美國人當前面臨的各種道德問題。我們也希望清晰地闡明本章所描述的那些簡直難以言說的人生追求，以便找到能超越他們激進個人主義的一種道德語言。

儘管我們對美國道德論述傳統的反思是以跟兩百多名美國人的對話為基礎，本書的重大主題都已包含在這章描述的四個人生追求故事中。這些關鍵的主題其實可以化為幾個問題：我們美國人怎麼看待成功的本質、自由的意義，以及正義在現代世界的必要條件？與美國同胞的對話使我們更加堅信，若想理解瞬息萬變的世界為我們帶來的挑戰，就必須更加批判地探究這些傳統。

什麼是成功

如上所述，美國人傾向將美好生活的根本目標視為一種個人選擇。而實現個人選擇的手段，他們往往認為是取決於經濟進步。然而，這種思考成功的主流美國傳統，不太有助於將經濟成功和個別美國人與集體美國社會的根本成功聯繫起來。

一個半世紀以前，當多數美國人仍住在小鎮，並且在小型企業或家庭農場工作，經濟成功的必要條件，比較容易跟對成功的家庭生活與公民生活的理解相吻合。在那樣的環境下，經營賺錢的農場或企業往往必須擁有愛家顧家且熱心公益的名聲，其中熱心公益的含義將根據當地社區的習慣來定義。我們在喬的故事中看到，在過去的社會裡，一個人事業有成的必要條件，可能鼓勵他根據自己居住城鎮的世俗認知去定義自己的人生成就。

但如今只有一小部分美國人還在小鎮的小企業工作。多數美國人都在大型的公共或私人機構工作。事業有成意味著幫公司賺取豐厚利潤，在企業的階層體系步步高升。可是這種成功與人生更根本的成功有什麼關聯呢？就連喬現在也任職於一家大型的全國性製造公司，而且他能在社區中如此活躍也是因為積極參與社區事務吻合他在公司的公關職務。如果喬的公司某天決定，將塞福克的工廠從新英格蘭搬到勞動力市場更便宜的地方，或是如果公司提供喬絕佳的晉升機會到休士頓總部工作，喬就可能在面對個人經濟成功和對家鄉的忠誠時，遭遇極大的困難。

毫無疑問，像布萊恩這樣的人早就遇到了這樣的困難。我們看到他使出渾身解數，試圖整合自己攀爬企業梯階的野心和擁有美好家庭生活的想望。這為他帶來許多問題，不僅因為工作壓力有時讓他沒有充分時間與家人相處，也因為幫助他在公司步步高升的成功觀點，並不能夠讓他充分含括美好家庭生活的目標。儘管布萊恩至少有意識到將成功事業與美好家庭合而為一的困難，但他對自己的工作帶來的更廣泛的政治與社會後果似乎毫不關心。

在本書中，我們將與布萊恩和其他許多人一起跟這個問題搏鬥，一起思考該如何看待在集中化、官僚化經濟體中的經濟成功，和成功的私人生活與公共生活的終極目標之間的關係。

什麼是自由

自由也許是最能引起共鳴、最根深柢固的美國價值。在某些方面，它定義了個人生活和政治生活的善。但就現實來看，自由意味著不被其他人打擾，不會有別人的價值、觀念或生活方式強加在我身上，不會在工作、家庭和政治生活中遇到獨斷的權威。至於我們可以拿這份自由做些什麼，對美國人而言就不那麼容易定義了。如果整個社交世界是由個人組成，而每個人都享有不受他人要求的權利，與其他人形成感情依附或合作的紐帶就變得很不容易，因為這種關係含有必然會妨礙一個人的自由的種種義務。瑪格麗特因此非常重視成為一個自主的人，為自己的人生負責，而且她認為其他人也和她一樣，有權選擇自己重視的價值，並以自己選擇的方式過活。可是，基於同樣的原因，倘若她不喜歡他們的工作或生活方式，她唯一的權利就是離開的權利。在某種意義上，對她而言，不受打擾的自由，是一種暗示得獨自過活的自由。

對瑪格麗特和受現代心理學理念影響的其他人而言，獲得自由，並不只是不受他人打擾。獲得自由也意味著做自己，因為你可以決定自己是誰，替自己決定想在人生中得到什麼，盡可能地擺脫服從家人、朋友或社區的要求。從這個角度來看，心理上的自由，就是不被自己的過去或為服從社會環境而強加於己的價值觀影響，從而使人們能發現自己真正想要的東西。這正是布萊恩經歷的轉變。他感到自己過去持續追求的成功，是一個不能滿足自己需求的錯誤目標，因此他將它推到一旁，認為能把公司的要求丟在腦後，而去實現他對幸福的想像，就是對自由的肯定。問題無疑出在，把自由想像成**不受他人影響**的自由，不會提供任何詞彙讓布萊恩、瑪格麗特或其他美國人能不費力地談論美好生活目的的共同概念，或協調與他人合作的方式。事實上，布萊恩指出他最喜歡加州的一點，就是只要在自己的家裡，不影響到其他人，人們擁有為所欲為的自由。此處隱含的是一種自給自足的概念，彷彿布萊恩能憑著一己之力，在他小小的家庭裡給孩子灌輸「價值」，完全不受他的鄰居在自家內的行為影響。在某種程度上，與他人共享美好生活或美好社會之願景，一起辯論這個願景，並達成某種共識的無私希望，被布萊恩為自由所下的定義事先排除了。

喬和韋恩不僅重視個人的自由，也重視民主的自由。不過，就連他們更具政治及社會意義的自由（不是做自己的自由，而是民主中所珍視的自由，像是發表意見的自由、不受阻礙地參與社區的自由，以及個人權利被尊重的自由），也是高度個人主義的自由。身為傳統的美國愛國者，喬珍視美國的自由理念，儘管在許多方面，恰恰是自由理念使他無法實現一個團結的塞福克大家庭。誠如他所發現的，塞福克家族精神的成功，仰賴少數像他這樣的人自動自發地去維持社區生活。不過他也意識到，塞福克很少有人願意承擔塑造社區生活的重擔，因此像他這樣的人很可能做得筋疲力竭，而且老是唯一的志願者。

更重要的是，正是喬所珍視的自由（每個人都可以自由住在他想住的地方，做他想做的事情，相信他想相信的東西，而且無疑可以盡其所能改善自己的物質環境），使社區關係變得如此脆弱。自由企業的自由使塞福克成為一個通勤城市，居民附著在此地主要是因為房價，而經濟機會卻誘使多數塞福克本地的兒女離開小鎮。喬最珍視的自由理念，甚至讓討論在現代環境中發展公正經濟或良好社會的最佳辦法變得困難。對喬而言，自由和社區唯有在完美往昔的懷舊夢中才能調和。

韋恩的社會和政治理想與喬截然不同，但真要說的話，他對美國的自由理念只可能是更加投入。無庸置疑，他會願意限制大公司的自由，不過他的指導原則單純是要恢復大公司以外所有人失落的自由。他想幫助人們感覺自己是有力量的，可以對自己的生活有些掌控。但事實證明，他對經濟和政治民主的熱情奉獻令人納悶地欠缺實質內涵。他可以想像不受目前的經濟剝削傷害的自由，可是對他來說，那份自由本身就是終點。自由留給後代的遺緒依然是人人都有感覺強壯的權利，可以自由地爭取他或她想要的任何東西。韋恩的政治詞彙儘管散發昔日社會主義的味道，卻是由純正的美國礦石製成的。他滔滔不絕地批評當前的經濟和政治安排限制個人自由，但他也沒辦法想像更相互合作、更公正、更平等的社會秩序可能是什麼樣子。和其他美國人一樣，他認為的自由是**不受影響**的自由——不受能在經濟上支配你的人影響，不受試圖限制你的行動或言論的人影響。從歷史上來看，這種自由理念使得美國人尊重個體。該理念毫無疑問刺激了他們的主動性和創造力，有時甚至使他們能包容多元社會中的差異，並抵抗公開的政治壓迫。不過，這個自由理念使美國人從害怕到拒不承認，由大企業和日漸強大的國家主導的技術複雜社會中的權力及相互依存結構。自由的理念使美國人緬懷昔時，卻沒有提供太多談論集體前途的資源。

什麼是正義

美國傳統鼓勵我們將正義視為，每個人有平等的機會追求他們所理解的幸福。公平的法律和政治程序保證了機會均等——法律和程序用在所有人身上都是一樣的。但這樣的正義思維本身並未勾勒出，倘若個人追求自身利益的機會均等，社會中的商品分配最終將變成什麼樣貌。因此，在一個公正的社會中，只要每個人獲得高薪工作的機會均等，從事不同職業的人可能有懸殊的收入差異。可是倘若合格的求職者比有趣的工作職缺還多（這點如今變得相當明顯），機會均等是否足以確保正義？在社會上處於不利地位的人怎麼辦？公平競爭對他們毫無用處，因為他們離起跑線還很遙遠。

我們的社會很努力地建立不讓任何人跌到標準以下的地板，可是我們沒認真思考如何將被剝奪者更積極地納入職業生活及公民生活。我們也沒思考美國社會給少數人超出合理限度的獎勵是否健康。我們需要就分配正義（對經濟資源的適當分配）達成一些共同理解，而分配正義又必須立基在一個非常公正的社會的概念之上。不幸的是，現有的道德傳統給我們思考分配正義的資源遠不及程序正義多，給思考實質正義的資源又更少。

即使像韋恩這樣自封激進分子的人，也很難超越程序正義的概念。他憤怒是因為在聖塔莫尼卡，政治站在富裕的房東這邊，而不是貧窮的房客。他想讓租戶擺脫這個不公平的制度，給他們與富人一樣的機會，得以行使自己的個別意願。可是，當被問及一旦租戶獲得公平的機會，他們應該設法創造什麼樣的社會，又要搭配什麼樣的財富分配時，他變得一問三不知。南加州的海岸畢竟沒有足夠土地容納想住在那裡的每個人。如果不該由自由市場的機制決定誰能住在聖塔莫尼卡，那麼這個決定該如何達成？簡言之，在被解放的租戶創造出的新社會秩序當中，稀缺資源該如何分配？公正的社會是什麼樣子？要回答這些問題，韋恩不能只是想著建立使個人得以掌控人生的公平程序，他還需要某種實質的目標，以及某種思考分配正義的方式。但美國的文化資源在這方面辜負了他，也辜負了我們多數人。

接下來我們要談談形塑美國人語言和生活的傳統，因為它們可能有助於理解我們目前的困境。

第二章　歷史源頭

對美國讀者而言，滲透第一章四種人生的個人主義，或許乍看之下和文化傳統沒有任何關係，只不過是平鋪直敘的現實。可是如果我們看得更仔細，會看到四個人物之間存在細微差異。每個人的詞彙裡甚至存在不同的模式（mode）。舉例來說，布萊恩．帕默曾經一心一意地追求事業成功，犧牲一切只為實現那個目標。後來，他開始重視起截然不同的東西，像是古典樂、書、關係、及時行樂，而且拋棄了對事業的全心投入。兩個模式都是個人主義的，但它們扎根於不同的傳統，因此也會產生不同的後果。我們提議把前一個模式稱為「功利個人主義」，後者為「表現個人主義」。喬．高爾曼和韋恩．鮑爾將他們的個人主義，結合了不太一樣的公民責任語言。瑪格麗特．奧丹所持的個人主義比布萊恩的版本更為尖銳。

這些差異衍生自美國的一段歷史，一段他們四個都不全然了解的歷史。在注重向前看的美國社會裡，我們比較容易談論未來勝過過去，然後想像我們之間的分歧大抵源自當前利益的衝突。但即便在辯論未來的時候，我們千絲萬縷的文化傳統依舊發揮強大影響，倘若能明白這一事實，我們的對話大概就會比較切中要害。

只要還有生命跡象，一個民族的文化傳統，諸如其象徵、理想及感受方式，向來是關於成員共同命運之意義的辯論。[1]文化是關於攸關文化參與者之事的激烈對話，美國文化也不例外。自美國初創以來，有些美國人就把實現古老聖經對一個正義仁慈社會的期望，當作國家的使命和目標。有些人則是竭力根據共和主義的公民權及公共參與的理念，塑造他們的生活精神與國家法律。另外還有人提倡實現命運與國家榮耀的夢想。而且總是有人（往往）熱情激昂地倡導，自由（liberty）就意味著進取的精神（spirit of enterprise），以及為自己積累財富與權力的權利。我們在第一章談論的成功、自由和正義三大主題，可見於美國文化的全部三個核心成分中，也就是聖經、共和及現代個人主義，不過它們在每個脈絡中有各不相同的意義。只要對話持續不輟，辯論熱度不減，美國文化就能保持活力。

聖經與共和的成分

多數史學家都承認，聖經宗教自最早的殖民時期到今天，一直都是美國文化很重要的一環。很少有人比托克維爾更強調美國實驗的宗教「起點」，他甚至因而說出：「我想，我可以從第一個登陸的清教徒，看見美國日後發展的一切命運。」就像第一章利用許多個人介紹當代美國文化的不同面向，我們接下來將檢視幾位具代表性的個人，藉此介紹早期的美國文化成分。

約翰．溫斯羅普（John Winthrop）是登陸美國的「第一批清教徒」之一。從卡頓．馬瑟①、托克維爾到佩里．米勒（Perry Miller）②等美國文化評論家，都視溫斯羅普為美國發端的模範。[2]溫斯羅普在殖民者還沒離開英格蘭之前，就已獲選為麻薩諸塞灣殖民地的第一任總督。剛過四十歲的他，家世優良，知書達禮，有虔誠的宗教信念，決心要和持有相同宗教許諾的同伴在荒野中展開全新生活。他在一六三〇年即將登陸之前，於停泊在塞勒姆港（Salem Harbor）的船上，發表名為〈基督徒慈善的典範〉佈道，其中提到他與其他清教教友打算建立的「山上的城」。他的話自此成為某個理想美國生活樣貌的原型：「我們必須以彼此的陪伴為樂，對別人的情況設身處地，一起歡樂，一起哀悼，一起勞動與受苦，作為同一整體的成員，永遠把社區擺在自己的前面。」清教徒可不是對物質發達興趣缺缺，而且他們一旦發跡致富，很容易視之為受上帝肯定的徵兆。儘管如此，他們心目中成功的終極標準，不是物質方面的富有，而是創造一個社區讓他們的生活能夠真正的合乎道德，並且以心靈為重。在那個時代相對富有的溫斯羅普於擔任總督的十二個任期間，將心力都奉獻給殖民地的福祉，經常為公共目的自掏腰包。接近人生謝幕時，他因為疏於看照資產而瀕臨破產，不得不辭去總督的職位。十七世紀的清教徒聚落可以看作前仆後繼到美國打造烏托邦社區的第一波嘗試。他們為美國實驗賦予了一份從未喪失的烏托邦色彩，不管我們失敗了多少次。[3]

比起今天多數的美國人，成功對溫斯羅普而言，很明確地和創造某種合乎道德的社區相連。依此類推，他的自由觀念也與我們的不同。溫斯羅普譴責一個人隨心所欲行事的自由，無論是為非作歹或廣行善事，他稱之為「本能的自由」（natural liberty）。真正的自由，他稱之為「正派的」（moral）自由，

① 譯注：卡頓・馬瑟（Cotton Mather），新英格蘭清教徒，一六六三年生於波士頓，繼承父親衣缽在老北教堂（Old North Church）擔任牧師直至一七二八年逝世。

② 譯注：佩里・米勒（Perry Miller），美國史學家，一九〇五年生於芝加哥，專長為十七世紀新英格蘭清教徒史，是美國研究學術領域的其中一位開創者。

「參照上帝與人類之間的契約」，是一種「只做善良、正直且誠實」之事的自由。他說：「你將不惜冒生命風險去捍衛這個自由。」[4]任何侵犯此一自由的權威都不是真正的權威，務必加以抵制。這例子再次說明，溫斯羅普的自由觀念核心含有美國傳統其他成分並未注意到的道德內涵。

同樣的，溫斯羅普把正義看作比較關乎實質而非程序的東西。馬瑟描述溫斯羅普的治理風格如下：「實際上，他這個總督啊，熟讀了那本一共只有三頁的書，那書表面上教人如何從政，其實每一頁都寫著同一個詞，那個詞就是『溫和』（moderation）。」在某次特別漫長的嚴冬期間，有人通報溫斯羅普，說他的鄰里內有個貧窮的男人一直在偷他的木材，溫斯羅普召見那名男子，告訴他有鑑於冬季嚴酷及其需求孔急，在寒冬結束之前，他都可以光明正大地從溫斯羅普的木材堆取用薪柴。溫斯羅普告訴友人們，這麼一來，他便治癒了男子順手牽羊的毛病。[5]

麻薩諸塞的自由人不總是欣賞溫斯羅普的寬大，因為這不啻是無視法治，而以總督的意志為大。他被投票罷免，安靜地擔任次要公職多年，然後又重拾領導權。生活在遙遠殖民聚落的地方領袖，並非總是能夠以如此的平等心面對貶黜。溫斯羅普欣然接受自治的程序原則，壓抑他本身對（個人主觀的）寬宏大量的實質正義的偏好。[6]就算美國「日後發展的一切命運」不盡然如托克維爾以為的蘊藏在溫斯羅普體內，美國傳統還是從溫斯羅普及其清教同胞承襲了很重要的元素。

美國建國世代培育出無數共和傳統的楷模，實在很難從中挑選一個人作為代表。在同時代人眼中，喬治・華盛頓（George Washington）活脫像從早期羅馬共和走出來的一號人物。儘管華盛頓其實寧可安靜地住在自家鄉村莊園，但他在國家有需要時挺身而出，擔任革命軍的總指揮，繼而成為美國的第一任總統。從哈佛學院畢業後，麻薩諸塞年輕有為的律師約翰・亞當斯（John Adams，清教徒的後代）替他的殖民同胞捍衛憲法權利，隨後投身革命理想。然而，身為獨立宣言作者及民意領袖的湯瑪斯・傑佛遜

（Thomas Jefferson），是最適合用來介紹共和思維的範例。

傑佛遜出身西維吉尼亞的莊園主階級。[7]從威廉與瑪麗學院（William and Mary College）畢業後，很快活躍於維吉尼亞殖民地的政治圈。傑佛遜在三十三歲起草了獨立宣言，那句「人生而平等」成為他畢生致力於宣揚平等的不朽台詞。傑佛遜不相信人類在所有面向都是平等的。他所謂的平等，基本上是指政治平等。他深信沒有人生來是為了替他人做牛做馬。因此，無論他在解放的實際問題拖延了多少時間，傑佛遜原則上堅決反對奴隸制。[8]

雖然認為平等是普世原則，不受時空限制，身為共和傳統不折不扣信徒的傑佛遜相信，平等只在特定時空相對難得的條件下得以在政治上生效。政治平等只會在公民真的參與政治的共和國發生。「政府距離由公民直接而持續的控制愈遠，」他說，「擁有的共和主義成分就愈少。」實際上，一個有全民參與的、相對平等的自治社會理念，指引著傑佛遜的一生。相較於歐洲，他認為這個理想在美國在很大程度上是可實現的，因為美國人，至少是美國白人，沒有被劃分為少數超級富有的貴族與貧苦的無數大眾。傑佛遜理想中的美國人是同時能養家糊口、又能參與公共生活的獨立農夫。他懼怕城市和製造業，正是因為它們會造成嚴重的階級不平等，進而敗壞一支自由民族的道德。[9]

步入晚年後，他發現倘若這個國家不想失去其自由，大量生產是必須的，可是他同時更加急切地強調公民參與的原則。他提議將各郡劃分為約一百位公民的「選區」（wards），像個「小共和國」，每個公民將成為「公政府的代理成員，親自處理許多的權利與責任，次要卻重要，而且完全在他的能力範圍之內。」[10]這樣的小共和國有助於保障整體共和國的健全。在這樣的社會中，傑佛遜「愛鄰如愛己，愛國更勝愛己」的訓誡，對公民而言是有直接意義的。可是傑佛遜擔心「有一天，統治者將變得墮落，而人民事不關己。」他說，倘若「只要有錢賺」人民就忘了自己，共和國的未來是黯淡的，而且暴政將不遠矣。[11]和溫斯羅普一樣，從公職卸任後的傑佛遜比上任前更窮，並於晚年破產。

對傑佛遜而言，自由和實質道德規範沒有太緊密的連結，不像溫斯羅普心目中的自由。事實上，傑佛遜的第一自由，也就是宗教自由，旨在確保像溫斯羅普那樣的人，不會有強迫他人接受其個人觀點的合法權利。一般而言，傑佛遜支持人人都有不受獨斷的國家行動傷害的自由，也支持媒體有不受任何審查制度控制的自由。不過他也相信，受過教育的民眾積極參與治理，才是守護自由的最佳辦法。一個允許個人為所欲為的形式自由（譬如只是用來賺錢），對溫斯羅普和傑佛遜都一樣的難以接受。無論形式自由對他們的重要性有多少，有意義的自由只在一個人於特定社會中過著特定生活時才會實現。假如沒有這些條件，傑佛遜相信自由將迅速自毀，然後化為暴政。[12]

傑佛遜在第一次就職演說中列舉治理的基本原則時這麼說：「無論在宗教或政治上的地位與信仰如何，人人都享有平等且不偏不倚的正義。」雖然他絕對相信我們法律體制的程序正義，他可沒忘記人類的正義還要受更高權威的公評，「自然法和自然之造物主的意旨」。想到奴隸制持續的存在時，傑佛遜寫道：「當我想到神是公正的，便不禁為我的國家顫抖；因為祂的正義不會永遠沉睡。」一群人為自由而奮戰，同時把另一群人變成奴隸，傑佛遜感受到這其中的巨大矛盾，並為這矛盾若沒有解決的未來感到焦慮。[13]

功利與表現的個人主義

長久以來，班傑明．富蘭克林（Benjamin Franklin）被海內外公認是「完美的美國人」（the quintessential American）。雖然對出生地波士頓的清教主義感到不自在，富蘭克林向清教牧師馬瑟學習了不少實用技能（他和馬瑟的人生有二十二年的重疊）。身為美國開國元勳之一，富蘭克林經常展現出對共和制的堅定信念。可是到頭來令他聞名遐邇的，既不是他的基督教信念（他對基督教沒有太大熱情，大概主要是看上了它的社會效用，而不是其終極真理），也不是他的共和主義（他對共和主義倒是真心擁護），而是他被當成窮小子白手起家的原型。他最教人難以忘懷的遺緒是記載其世俗成就的《富蘭克林自傳》（*Autobiography*），以及《窮理查年鑑》（*Poor Richard's Almanack*）中教人如何像他一樣出人頭地的座右銘。

富蘭克林是一名肥皂與蠟燭工匠之子，主要靠自學成才，因為他負擔不起被亞當斯與傑佛遜視為理所當然的大學教育。為了學習有用的一技之長，他在從事印刷的哥哥底下當學徒。富蘭克林接下來的職涯變遷，每個讀過《富蘭克林自傳》的人都很熟悉，無須在此贅述。簡言之，富蘭克林四十二歲時已成為費城知名的印刷商與出版商，並且賺得足夠的財富讓他不用積極經營生意，得以窮其餘生投入政治、慈善及科學的興趣。

青年時期的富蘭克林對英格蘭基督教作家約翰・班楊（John Bunyan）的《天路歷程》（*Pilgrim's Progress*，按：一六七八年出版）印象深刻，《富蘭克林自傳》就像《天路歷程》的世俗版，講述一名人窮志不窮的年輕人，靠著胼手胝足與精打細算終於出頭天。富蘭克林說自己因為想做個有德之人，於是製作了一本「小書」，在書中給每項美德各分配一頁空位，然後如記帳般地記錄自己的進步。這則故事既出名又發人深省。源自古典和基督教傳統的十二項美德，被富蘭克林朝功利主義的方向做了細微修正。③

③ 編按：富蘭克林規劃整理的美德有十三條，分別是節制、緘默、秩序、決心、儉省、勤奮、誠信、正義、中庸、清潔、平靜、貞潔跟謙虛。

舉例來說，「貞潔」被賦予了有點新穎的含義：「節欲，除了為健康或傳宗接代，鮮少性交，絕非出於無聊或意志薄弱，不損害自己或他人的安寧與名譽。」[14]

比《富蘭克林自傳》影響更深遠的是《窮理查年鑑》裡面的格言，它滲透到美國人對於致富之道的一般看法：「早睡早起，使人健康、富有又明智。」「天助自助者。」「光陰一去不復返」「在懶人打盹時辛勤翻犁，你的玉米會多到能養自己，還能拿去賣錢，窮狄克說。」簡言之，富蘭克林是許多十八世紀（乃至十八世紀以降）的人心目中美國最重要特色的經典實例：個人有機會靠積極主動獲得成功。富蘭克林在給考慮移民美國的歐洲人的忠告裡說得非常清楚：「窮人一開始當傭人或學徒，然後只要他們不喝酒、勤勞又節儉，很快就會成為主人，擁有自己的生意，結婚成家，成為體面的公民。」[15]

富蘭克林對自由和正義的看法，很直接地源自他對成功的理解。他在一七五六年捍衛賓夕法尼亞殖民地的民選政府時寫道：「這個省的人民普遍位於中間階層，而且目前大致在同一水準上。他們主要是勤奮的農夫、工匠或小本生意人；他們享受自由，也喜愛自由，而且**他們當中最厲害的一些人**認為自己有權被偉人禮貌對待。」[16]富蘭克林和傑佛遜一樣，認為只有某種特定的社會可能給一般公民這樣的機會，保護他們的權利，確保他們受法律的平等對待。可是對於受富蘭克林影響的很多人而言，他們把焦點全都放在個人的自我改善，幾乎沒看到更大的社會脈絡。到十八世紀末的時候，已經有人開始主張在一個人人積極追求個人利益的社會裡，社會公益（social good）將自動形成。這就是不折不扣的功利個人主義。儘管富蘭克林本人從來不是功利個人主義的信徒，他的形象為這個新的人生模型貢獻良多。[17]連同聖經宗教和共和主義，功利個人主義是自富蘭克林時代以來的美國傳統成分之一。

時至十九世紀中葉，功利個人主義在美國已變得相當主流，以致觸發不少反應。對很多美國人而言，計較地追求個人物質利益的人生顯得大有問題，這些人當中有女人，有神職人員，也有詩人與作家。構成富蘭克林式「美德」那種綁手綁腳的自制，不是非常在乎愛、情感，以及深層的自我表現。隸屬於弗朗西斯・馬西森（Francis Matthiessen）口中「美國文藝復興」傳統的偉大作家，全都以某種方式反對這個古老的個人主義。[18]赫曼・梅爾維爾（Herman Melville）在一八五五年出版《以色列・波特》（*Israel Potter*），將富蘭克林當作挖苦諷刺的對象。愛默生（Emerson）、梭羅（Thoreau）和霍桑（Hawthorne）把致富放在一旁，選擇進一步深耕自我。不過，最能清楚代表我們所謂「表現個人主義」的作家可能非華特・惠特曼（Walt Whitman）莫屬。

惠特曼和富蘭克林一樣是工匠之子（父親是木匠），家裡沒錢讓他念大學，所以他大抵靠自學，後來成了印刷商和記者。不過兩人的相似之處到此為止。惠特曼在三十六歲出版了一本薄薄的詩集，取名為《草葉集》（*Leaves of Grass*），並以餘生呵護詩集不斷再版，儘管經濟條件一直不好。《草葉集》初版的第一首詩後來被他貼切地取名為〈自我之歌〉（Song of Myself），開頭第一句是「我頌揚自我」。富蘭克林沒有不願意頌揚他自己，不過換作是他，不會說得這麼坦率。然而，第四句絕對會讓富蘭克林看了直搖頭：「我遊手好閒，還邀請我的靈魂和我一起。」[19]

對惠特曼而言，成功和物質的獲得沒太大關係。在生活中有豐富經歷，接觸各式各樣的人，在感官和知識中盡情享受，最重要的是有強烈的感受，才是他所理解的成功人生。惠特曼從他人、地方、自然、乃至宇宙中認識自我。心胸寬闊、感情澎湃的自我成為生命的根本泉源，誠如〈向印度航行〉（Passage to India）所言：

啊，靈魂，理所當然地航向最初的思想
不僅是陸地和海洋，還有你自己的鮮活清澈，

出生和青春的早期成熟，
航向誕生經書的國土。
啊，靈魂，無拘無束，我和你，你和我，
開始你的世界周遊，
對於人，這是他精神回歸的航行，
回到早期的理性天國，
回去，回到初生的智慧、天真的直覺，
再度美好的創世。[20]

自由對惠特曼而言，基本上就是表達自我的自由，不顧任何限制和慣例：

我輕鬆愉快走上大路，
我健康自由，世界在我面前，
長長褐色的大陸在我面前，指向我想去的任何地方。[21]④

惠特曼讚頌包括性傾向在內的肉體生活時展現出的坦率，對十九世紀的美國人而言是很震撼的，而且為他帶來了不少困難，但他從來不曾犧牲任何表達的完整性。他詩作中略微流露但毫無疑問的同性戀傾向，是他拒絕那個年代對男性自我（male ego）狹隘定義的另一種方式。

不論突破多少常規，惠特曼有很強的共和傳統元素，這點在《民主遠景》（*Democratic Vista*）及他的散文作品中尤其明顯。[22]能夠參與公共生活的自給自足農夫或工匠不僅是傑佛遜和富蘭克林的理想，也是惠特曼的理想。因此惠特曼理當和他們有同樣的正義觀念。可是對惠特曼而言，美國獨立的終極意義是培養自我和展現自我，以及探索自我浩瀚的社會認同及宇宙認同。

美國文化的早期詮釋

第一個具體談論美國性格（American character）的人是克雷夫科爾（J. Hector St. John de Crèvecœur）。克雷夫科爾是一名法國墾荒移民，一七八二年出版了《來自北美農夫的信》（*Letters from an American Farmer*）。他認為美國人在行動上，往往比歐洲人更加強調個人主動性和自力更生，而且他們往往不為社會階層或慣例所制約，這些觀察為日後的許多討論奠定基調。他如此形容歐洲移民變成一個美國人的過程：「從虛無變成存在；從僕人變成主人；從某專制王公的奴隸變成自由人，購買土地，而且獲得所有市政的應允！多麼了不起的改變！這些變化的結果就是讓他（歐洲移民）變成了美國人。」[23]

受到十八世紀法國啟蒙運動哲學家的熏陶，克雷夫科爾毫不保留地褒揚典型的美國人是一種「新人類」（new man），是思想開放、有見識的個體，自信地把精力投入自然環境與社會環境，打算從中汲取一份舒適的幸福。克雷夫科爾描繪的氣質，接近關心自身福祉的理性之人，那是啟蒙運動思想的典型性格，而且在當時得到亞當・史密斯（Adam Smith）等政治經濟學家作品的再次強調。克雷夫科爾談到美國人時說，「在這裡，一個人付出勞動幾分，就獲得幾分勤奮的回報；他的勞動建立在**自利**（self-interest）

④ 譯注：兩段譯文皆引用自惠特曼著、鄒仲之譯，《草葉集：沃爾特・惠特曼詩全集》（上海：上海譯文出版社，二〇一五年）。

本性的基礎之上；世上還有比自利更強的誘因嗎？」[24]理性、自利的個體於是形成了經濟人（Economic Man），爾後經濟人被想像成在競爭市場條件下最按照本能過活的人。在這個競爭市場裡，貿易和交換將取代傳統的社會地位與效忠，成為社會生活的協調機制。誠如克雷夫科爾所言：「我們每個人都受到勤奮精神的激勵，這份勤奮不受拘束，因為人人都為自己工作。」[25]

很清楚的，在我們的四個美國楷模中，富蘭克林（起碼是傳說中的富蘭克林）最接近克雷夫科爾眼中的理想美國性格。事實上，當時很多法國知識分子都把富蘭克林視為理想的美國人及理想的啟蒙哲學家。但克雷夫科爾對美國文化與性格這個面向的盲目重視，使他看不到美國人的其他特點。他認為美國的宗教正逐漸淪為乏味的寬容，乃至滿不在乎，從啟蒙運動的角度來看，這樣的發展是應該的。克雷夫科爾不了解溫斯羅普代表的那一派美國傳統，而讀者也不可能從他的寫作中看出一連串宗教復興即將在一八〇〇年左右開始。他同樣徹底地忽視對革命世代不可或缺的共和政治文化。和那一代的許多美國人不一樣，他沒看出純粹的經濟人和傳統政權下受階級束縛的子民一樣不適合自治社會。幸好在一八三〇年代訪問美國的另一位法國人托克維爾提出了更令人滿意的看法。話雖如此，克雷夫科爾對美國性格及社會之本質的看法長期以來很有影響力，出現在路易斯・哈茨（Louis Hartz）和丹尼爾・布爾斯汀（Daniel Boorstin）被大量引用的近代專著中。[26]

對托克維爾而言，啟蒙運動的樂觀態度在經歷法國大革命及其餘緒後下降了，而早期政治經濟學家的諸多預言，在英國工業城鎮的工業煉獄中被徹底推翻。身為認同美國的觀察者，托克維爾渴望探究史上第一個貨真價實的現代國家建國五十年的經驗，能給審慎又猶豫不決的歐洲人提供什麼教訓。托克維爾在克雷夫科爾過去的描繪之上，補充了對此新興社會更為精闢複雜的認識，因為他了解共和政體擁護者的堅定信念，而且對宗教之於人類生活的地位有深刻感受。

托克維爾的《民主在美國》（分成上下集，先後於一八三五年和一八四〇年出版）致力於理解在他眼前遍地開花的民主社會的本質，而這些民主社會又屬美國發展得最有模有樣。最重要的是，他想評估這種民主社會能不能維繫自由的政治制度，或者它們有可能陷入某種前所未見的專制統治。他欣賞克雷夫科爾強調過的商業與創業精神，但認為這種精神對美國自由（American freedom）的日後發展會有含糊不清且令人擔憂的不良影響。

托克維爾主張，儘管美國的實際形勢對維護民主共和國有所貢獻，法律的貢獻勝過那些形勢，然後民德又勝過法律。[27]事實上，他在書中不斷強調，民德是美國人成功建立與維繫一個自由共和國的關鍵，因此若要破壞美國的自由制度，最萬無一失的辦法就是破壞美國人的民德。他對民德一詞的使用不是非常嚴謹，各種定義包括「心的習慣」；「形塑內心習慣」的概念、意見和觀念；以及「社會上民眾的道德及知識意向的總和」。[28]民德似乎不僅涉及有關宗教、政治參與和經濟生活等方面的觀念和意見，還涉及習慣做法。

簡言之，不同於克雷夫科爾，托克維爾看到持續不輟的聖經及共和傳統在當時美國民德中的極大重要性，也就是以溫斯羅普與傑佛遜為代表的傳統。他也非常明確地看到美國人如何按照富蘭克林的傳統運作，而且為了加以描述，他促成了一個新單字的散布。「『個人主義』是最近被造出來表達一個新觀念的單字，」他寫道，「我們的先民過去只認識利己主義。」比起利己主義，個人主義比較節制，比較有秩序，可是最後帶來的結果基本上還是差不多的：「個人主義是一種冷靜而考慮周到的感受，它使每個公民傾向把自己和多數同胞隔絕開來，退縮到家人朋友的小圈子；當這個小社會按照他的喜好形成後，他便欣然離開大社會，照顧起自己的小社會。」當民主的個人主義茁壯，「會有愈來愈多人儘管沒有足夠的財富或權勢控制其他人，卻獲得或保有足以照顧他們自身需求的財富和理解力。」[29]這種人不欠任何人任何東西，而且對任何人都幾乎無所求。他們養成不顧大環境只為自己打算的習慣，並且想像命運完全在自己的掌控之中。最後，這種人會「忘記他們的祖先」，還會忘記他們的後代，而且把自己和同時代的人隔絕開來。「每個人被迫孤身奮戰至死，而且他可能因為心靈的孤寂而自我封閉。」[30]托克維爾觀察到的主要是被我們和富蘭克林畫上等號的功利個人主義，他只在少數例子中辨識出日後以惠特曼為頭號代表的表現個人主義。

托克維爾認為美國人很容易陷入的孤立狀態，對我們的自由發展是不祥的壞兆頭。專制統治向來鼓勵的就是這種孤立。因此，托克維爾對於能把人們從孤立中拉回社會交流的所有抗衡傾向尤其感興趣。沉浸在私人的經濟追求會侵蝕人們作為公民的基礎。另一方面，參與公共事務是消除個人主義式孤立不良後果的最佳解藥：「有義務參與公共事務的公民，必須放下私人利益，偶爾關注一下自身以外的事務。」[31]民德正是在這些面向中展露出重要性。宗教及民主參與的習慣與實踐教育公民認識一個更宏大的觀點，那是他沉浸在私人世界中不可能看到的觀點。這些習慣與實踐在某種程度上仰賴他們在教育工作中的自利，不過唯有當自利在某種程度上被超越後，它們才算成功。

托克維爾主張美國民主的關鍵是各式各樣活躍的公民組織，這點傑佛遜絕對能夠理解。透過對共同關懷的積極參與，公民會克服在日益商業化的社會中討生活感到不安而產生的相對孤立感及無助感。社團連同去中央化的地方政府，在個人和中央政府之間居中調解，提供許多論壇，讓輿論能公開而有智慧地形成，也讓採取公共倡議與肩負社會責任的微妙習慣，得以被公民學習並傳承。在托克維爾的想法中，社團生活是抵擋他至為恐懼的狀況發生的最佳堡壘，亦即大眾社會分裂成許多截然對立的個體，成為專制統治的囊中物。這些夾在國家與個人之間的結構，能監督、壓迫和限制各種中央集權政府的趨勢，促使政府承擔起愈來愈多的行政管理控制。

在托克維爾時代仍是農業社會的美國（實際上美國整個十九世紀都以農業為主），地方社區就是社團的基本單位，也是個人尊嚴與個人參與的實際基礎。個人倡議（individual initiative）的公民文化在地方社區中，是透過廣為信奉的基督新教長期耕耘的習俗與人際網絡所培養。托克維爾強調的民德那時依然盛壯。人們普遍想要改善經濟，不過在乎愛鄰如己的社會契約仍在大環境中有效地運作。在城鎮裡，商業激發的競爭性個人主義，受到根本上平等的社區責任倫理的限制，而不至於失去平衡與人性。

十九世紀中葉的自主小規模社區，主要住著一個自由的共和國的典型公民，他們是有相近社經地位的中等條件之人，社區中不那麼富裕的成員會希冀有朝一日能與他們平起平坐，而且通常都能如願以償。多數人都是自雇者，而受雇者很多只是正在累積自行創業的資本。托克維爾指出，西部擴張（westward expansion）把這個去中心化、平等主義的民主模式繁殖到整個大陸。這些人際關係緊密的小鎮社區的價值理念與制度鞏固了美國的公民權。[32]

獨立的公民

第一章介紹的喬·高爾曼就是以這種托克維爾式的美國小鎮為其個人理想。對十九世紀的美國共和政體擁護者而言，一個最完美的小鎮就像一面合乎道德的棋盤格，匯聚有創業精神的公民及其家庭的能量創造集體福祉。社區的道德生活被認為能培養公共精神，同時增進物質幸福。然而，小鎮生活被緊緊約束，倘若它能讓個人倡議為共善行動，它一定也能排擠與眾不同的人、扼殺不從眾的人。小鎮道德規範的限制有一部分源自公民在橫渡地理擴張、人口擴張和經濟擴張的洪流之際還要試圖創造社區的不安。因為誠如托克維爾所見，美國人這種新人類，是一種試探性的性格類型，一方面受到繼承價值的影響，另一方面受到邊界持續擴大帶來的挑戰所影響。

一個代表性格是一種符號。[33]我們透過描繪代表性格，把人們在特定社會環境中安排人生、賦予生活意義與方向的方式，全放進一個濃縮的形象裡。事實上，代表性格不僅是許多個別特徵或個性的集合。它其實是一個公共形象，有助於特定群體定義究竟哪些個性特徵是好的、值得培養的。代表性格提供一種典範，給人參考和專注的方向，使某個人生願景變得鮮活生動，就好像在今天的社會中，運動員形象使年少時的力爭上游變得合理，科學家則是客觀能力的代表。

托克維爾的美國可以看作由許多明確社會角色緊扣而成的網絡，像是丈夫、妻子、孩子、農夫、工匠、神職人員、律師、商人、城鎮官員等等。不過那個社會的特性，也就是它作為不同於其他社會的一個「世界」的特殊認同，大抵都概括在激勵其社會成員的精神（民德）之中，而那份精神的符號就是被我們稱為獨立公民的代表性格，他們是托克維爾筆下的新國民類型（new national type）。[34]獨立公民在很多方面延續著溫斯羅普和傑佛遜的傳統。他對聖經宗教的信仰堅定不移，而且他了解公民權所包含的責任和權利。但富蘭克林代表的白手起家模型，在獨立公民的決定性特徵中變得愈來愈搶眼。林肯大概是十九世紀中葉美國獨立公民最高貴的範例。從他的話語中，我們看出他對聖經的理解超越了擅長引用聖經的溫斯羅普，而且他對民主共和主義的理解，甚至比向來被他視為導師的傑佛遜更為深刻。然而，抓住民眾想像力的卻是從小木屋入主白宮的「劈木柵欄的林肯」（Lincoln the railsplitter）⑤，而不是公共神學家林肯或民主哲學家林肯。

無論如何，代表性格不是抽象的理想，或沒有面孔的社會角色，而是在現實生活中成功融合自己的個性與角色公共要求的那些人。正是這些有血有肉的再現，使文化典範有能力組織生活。代表性格因而為特定社會與歷史時代畫下框架界線。十九世紀的新美國共和是獨立公民的年代，同時也是被小鎮和國家擴張定義的年代。

由於一個社會在遭遇經過某特定文化理解所詮釋的問題時，代表性格會是其目光關注的焦點，它們經常成為迷思和大眾感受的支柱。毫無疑問，很多有影響力的美國迷思都是從自力更生（但正直）的個體衍生而來，他們以小農或獨立工匠的生活為社會基礎，他們展現的精神是理想化的小鎮價值理念。在本書介紹的幾個人物的生活中，這些迷思是重要的意義來源，而且近年來它們開始在國家政治話術中發揮重要（但有些虛偽）的作用。迷思通常道出人們在現實生活中經歷的摩擦的真相，也道出他們想要解決摩擦或把摩擦轉化成正面經驗的期盼。

托克維爾描述有民主素養的公民在兼顧個人發展與安全，以及宗教與地方政治參與時遇到的種種衝突。他將私有化趨勢的源頭追溯到隨著商業資本主義發軔而來的新興個人主義精神，並將對社區的關注溯源到共和及聖經兩大傳統。

新的民主文化以男性角色為焦點。不過，由男人表述的成就道德準則，卻是由被女性形塑的道德生態所支撐。家計單位（household unit）在工匠和農夫之間扮演重要的經濟角色，男人和女人在家計單位中儘管有權力和聲望方面的不平等，卻占據大致互補的位置。然而，在比家計單位更大的小鎮與城市，尤其是專業人士和商務階級之間，女人的經濟角色愈來愈被剝奪，而且被期待專職扮演母親和住家美化者的表達溝通及教養角色。住家則是被視為遠離日常世界的安靜住所，而不再是日常世界的一部分。35
隨著女人對這些新的壓力做出不同反應，有關婦女不平等的意識，以及對此不平等的反抗，首次在美國被表達出來。等到十九世紀末時，婦女不是「獨立公民」的事實已成為一大社會緊張因素。

⑤ 譯注：一八六〇年林肯的競選團隊給他取的小名。

克雷夫科爾與托克維爾在引導我們對當下的理解的重要性，可從他們的分析在本書諸多人物身上產生共鳴看出。布萊恩．帕默比較重視私生活且樂觀的態度活脫是克雷夫科爾劇本的彩排，喬．高爾曼的焦慮和瑪格麗特．奧丹的孤立感，似乎證實了托克維爾對私利主義（privatism）的一些恐懼，而韋恩．鮑爾的當代公共熱情至少稍微抵消了私利主義的後果。為了理解美國今日的代表性格，我們需要秉持托克維爾的精神，但超越托克維爾生活的年代，觀察美國轉變成工業化世界強權所產生的新性格的演化。

企業家

比起過去虔信宗教或擁護共和的美國人，托克維爾眼中的公民的確比較接近「因為心靈的孤寂而自我封閉」的人。[36]儘管如此，這個公民孤立與自負的程度，又遠遠不及十九世紀末葉「鍍金時代」（Gilded Age）的企業家，或二十世紀的官僚經理人與治療師。

托克維爾說出對兩個現象的莫大擔憂，他認為這兩個現象威脅著傑克遜式民主⑥的道德平衡。其一是南方州的蓄奴社會，南方州不僅不人道地對待黑人，而且托克維爾指出，南方州也羞辱白人。[37]第二個危險存在工業體系之中，它最早出現在美國東北。工廠聚集了大量貧窮且不受合約保障的依賴工人（dependent workers，通常是婦女和移民），形成快速成長的工業城鎮，托克維爾害怕一種新興的貴族統治，將把工廠主和工廠經理人變成小專制君主，使勞工淪為機械般的操作工人，而且依賴雇主，這是一個與完整的民主公民權不相容的狀況。[38]就像南方州的自耕農從屬於種植園體系，工業組織既把經濟控制集中到少數工廠主手裡，也可能取代對十九世紀民主生活至為重要的獨立工匠。但諷刺的是，摧毀奴隸文化的美國內戰大力推進了工業結構的成長，最終導致當初美國的分權、自治社區模式失衡觸礁。

從內戰後的快速西部擴張及工業成長時期，到美國於一戰踏上世界舞台之間，美國社會經歷了美國史上最急遽深刻的轉變。一個幾乎是全新的全國性社會在那幾年誕生，我們至今仍活在同一個社會結構裡，而且這個社會和十九世紀多數時候的社會明顯不相同。十九世紀末的時候，各式各樣的新科技，特別是交通、傳播和製造方面的新科技，把許多半自主的地方社會拉進一個偌大的全國市場裡。雖然新擴張在很多方面是受到聯邦政府的鼓勵，實際執行擴張行動的卻主要是私部門的個人和金融團體，他們創造出規模前所未見的私人財富和控制。[39]

在世紀之交出現的新興經濟一體化社會，發展出自己專屬的社會組織、政治控制和文化，其中也包括新的代表性格。有能力把一群投資者的控制伸向龐大資源、大批員工和天涯海角的新興社會形式，非商務大企業公司莫屬。擁有四通八達的政商關係、接受監督與評等的整齊劃一的勞動大軍、機械般的營運精準度和壟斷的野心，賓州鐵路（Pennsylvania Railroad）成為注定將影響幾乎所有美國人生活的新制度的模型。鋼鐵業、石油業、銀行與金融業、保險業紛紛迅速採用新的大企業官僚體制。[40]

過去的地方政府和組織，沒有能力處理規模愈來愈遍及全國的種種問題。在這樣的條件下，即便仍保有象徵重要性，小鎮傳統的社會與經濟生活失去了實際上的支配地位，民眾也開始質疑傳統的美國公民權觀念。新工業秩序聚焦在似乎與小鎮秩序及規矩對立的大城市。工廠、貧民窟、移民和選區頭目（ward bosses）既陌生又可怕。一個全新的利益政治在那幾年發展成形，由大企業、銀行及其投資者以及後來的勞工運動所代表的強大全國性經濟利益，和舊時代的區域、族裔和宗教利益競爭。這些發展改

---

⑥ 譯注：美國選舉權在傑克遜時代顯著擴大，成年白人男子基本上在這個時代獲得了普選權，「傑克遜式民主」（Jacksonian democracy）一詞於是被發明，成為「大眾民主」的代名詞。

變了政黨在國家政府中的運轉。到了二十世紀初的前幾十年時，進步運動（Progressive movement）呼籲大型經濟組織和各層級政府機關應該有更和諧順暢的良性合作，以便為社會與政治變遷造成的動盪「辯解」。假如每個美國世代都得面對「未來的衝擊」，十九、二十世紀之交的世代肯定遭遇了最為嚴峻的挑戰。

舊的經濟與社會模式的消蝕，帶來了狂暴的政治衝突和複雜的文化改變。其一是加速美國社會某些人向來擁有的可能性的實現，成功的企業家從昔日小鎮道德規範中獲得解放。鍍金時代是「白手起家」經濟成功人士的年代，產業領袖忽略輿論大聲疾呼，單靠經濟手段成為在全國呼風喚雨、名聲顯赫的大人物。[41]在被鍍金年代封為「強盜男爵」（robber baron，按：指為求致富而不擇手段的商人）的掠食性資本主義者身上，早期共和主義道德家的一些噩夢似乎被證實了：透過釋放不受限制的財富追求猛獸，而完全不考慮社會正義的需要，工業資本主義破壞了一個民主社會的結構，創造階級之間的對立，使社會瀕臨混亂。很多人想知道，當地方自治社區的界線被打破之後，我們還能在哪裡找到個人倡議的新限制與新方向？舊道德秩序在有效吸收新社會發展方面的無能，引發了一場美國人至今仍喋喋不休的文化辯論。[42]

二十世紀美國社會最特別的地方，是把生活劃分成好幾個獨立的功能部門：住家和工作場所，工作和休閒，白領和藍領，公共和私人。這個劃分當初滿足了官僚工業集團的需求，也成為我們在組織社會時偏好借用的模型，它把部門當作有效運作整體內的「科別」（department）加以平衡與連結，就好像在大企業裡一樣。其中最強而有力地形塑我們當代人的感受的劃分之一，就是學校、企業、政府和職業為我們鋪設的各種成就「軌道」，以及發揮平衡作用的家庭、人際關係和「休閒」的生活部門。這一切都和十九世紀最常見的模式形成鮮明對比，譬如在經常被以感性筆觸描繪的家庭農場中，上述功能界線並不明確。愈來愈多人把家庭生活、愛情和親密行為當作對抗競爭性工作文化的「避風港」。

經濟工業化之後，工作生活變得更為專門，結構也更嚴密。同時，工業化使有效的經濟部門，諸如各種產業，整體地理區域比過去更相互依賴。然而，組織的部門形式和國家市場的競爭性壓力，使這個相互依賴難以察覺。儘管競爭的壓力和私人生活的網絡立刻就能察覺到，整體社會的相互關聯多半顯得抽象。因此，現代美國社會的部門模式往往能藉由把不一樣的人彼此分開，抑制潛在的種種衝突，而不會削弱整個經濟體內許多部門的經濟聯繫。[43]

在這樣的條件下，也難怪生活的各種重大問題顯得像是非常個人的事務，端看一個人能不能在他能夠穿梭的各個生活部門間，協調出一種可靠又和諧的平衡。隨著成功的參考點，從經濟與職業多元的地方性社區，轉向地理分散但功能相同而且充滿競爭的部門，人們開始從職業的角度定義成功。「同儕」概念也相應地經歷微妙但重大的意義轉移。同儕變成是指和自己從事林林總總同樣的特定活動的那些人，先是看他們的職業和經濟狀況，但逐漸被用來暗示同樣的態度、品味和生活風格。[44]

在世紀之交左右被清楚表達出來的針對上述改變的反應，持續形塑我們想像和理解美國社會的方式。那些反應一直都和新的性格類型緊密交織，而就像早期的性格類型，新的性格類型也成為面對共同生活條件的代表性方法，為每個人的生活賦予道德內涵及方向。

經理人

自給自足的企業家，爭強好勝，難對付，因財富而不受外部限制的束縛，是一個全新的美國性格。白手起家之人的道德吸引力，很大一部分無疑來自他明顯不受傳統限制束縛，而且不受現代工業生活嚴密組織的繁重與乏味束縛。諷刺的是，企業家的一大歷史作用向來被認為是創造了現代的工業環境。白手起家的有錢人頌揚經濟奮鬥，成為合理化某些力爭上游中產階級存在的符號。但實際上，反覆出現的功成名就美國夢，往往還是跟生意人作為養家者與好公民的舊形象比較接近。在世紀之交發跡的富豪們，利用連美國共和傳統都認為太過恭敬服從的模型（在批評者眼中則已形同「封建」），頻繁地透過公共慈善和為國服務尋求正當性。可是，儘管活躍的個別企業家是美國生活屹立不搖的風景，而且至今仍是相當有影響力的符號，但它並不是經濟及社會發展主要方向的代表。

這個世紀（按：指二十世紀）的支配力量一直都是大企業的官僚組織。在大企業中，專業經理人是不可或缺的人物。[45]以部門組織和追求利潤為特色的你爭我奪工業秩序，對企業家而言是因為深信「進步」而產生的目標，對經理人而言卻是現代生活無可爭辯的現實。儘管經理人事實上是以企業家的工作成果為基礎，而且展現出和企業家一樣的昔日美國特徵，像是渴望成功，有解決問題的積極態度，但這兩種性格類型在社會立場和觀點上有很大不同。

善加安排受雇組織內可用的人力及非人力資源，期使增進組織在市場上的地位，是經理人任務的精髓。他的角色是說服、啟發、操縱、威逼利誘受他管理之人，好讓組織符合市場的效能標準（criteria of effectiveness）。效能標準根本上是由市場決定，但組織掌權者的期待對標準的影響尤甚，這些掌權者也就是公司的老闆。經理人對事物的看法和最卓越的工業社會技術員「工程師」相似，只不過經理人在計算效能時，必須把人際反應和人的個性（包括他自己的個性）納入考量。[46]

就像企業家一樣，經理人也有工作之外的生活，由配偶、小孩、朋友、社區和宗教及其他與非職業活動所組成。相較於操縱的、成就導向的工作場所習慣，在這個生活中，經理人實際展現出另一種個性，通常不會脫離與早期美國家庭和社區有明顯連續性的一種社會模式。但工業生活相當突出的一個特色是，這些部門在強調的性格特徵類型的方面，以及為部門內個體提供指引的道德解釋方面，已變得完全沒有連續性。「公」角色和「私」角色經常形成鮮明對照，譬如每天從綠意盎然令人懷想起鄉村生活的郊區環境，通勤到散發工業、科技氛圍的工作場所。

公私生活的分裂，與（適合經濟與職業領域的）功利個人主義和（適合私人生活的）表現個人主義的分裂相關。這樣的分裂在美國生活中萌芽了很長一段時間。十九世紀初期（其實十八世紀就是如此了），對實用性計算的呼籲有對情感的呼籲作為輔助。傑佛遜沿襲十八世紀蘇格蘭哲學家的傳統，相信有一種內在的「道德情操」（moral sentiment）驅使人們行善。十八世紀清教徒神學家強納森・愛德華茲（Jonathan Edwards）也認為宗教和「感情」不可分割。當科學似乎支配了對外在世界的解釋基模⑦，道德和宗教於是向人類的主觀性、感受與情感尋求慰藉。道德性與宗教和「美學」（最高境界的感受世界）有關，誠如我們在惠特曼身上看到的。隨著道德性開始被和女人與家庭的角色畫上等號，而宗教在很大程度上被當作一種復古的情感，功利領域與表現領域在十九世紀美國的分裂於是擴大。但儘管如此，神學家與道德家相信感受含有一些認知內容，一些通往外在世界的管道，惠特曼絕對相信他的詩作不僅表現了他自身的真理，也表現了世界的真理。但隨著心理學在十九世紀末和二十世紀初成為一門學術領域（更重要的是作為一種通俗論述），表現個人主義的純粹主觀基礎就此完備。

小鎮提供了一個道德生態的隱喻，在其中，公與私、陽剛與陰柔的對立，透過普遍共同的行為準則而被整合為一體。前工業時代的美國性格，無疑擺盪在「陽剛的」工作成就世界的工具性態度，與「陰柔的」溫暖家庭生活領域的價值之間。但文化框架使這個擺盪、乃至其中的衝突顯得明白易懂。

---

⑦ 譯注：人們使用基模（schemas）來組織目前既有知識，並為將來的解釋提供框架。

隨著管理主義社會（managerial society）到來，工作組織、居住地和社會地位開始由經濟效能的標準決定。同樣的經濟標準又促進全國性大眾市場的成長，消費者選擇也隨著市場的成長而增加。對於最直接被捲入新體系的那些人而言，過去的社會與道德度量標準在很多方面變得不太重要。經理人可以為更好的經濟生活效能重組資源。以此類推，相對富裕的二十世紀美國可以實驗性地重組生活習慣和風格，實現一個更令人滿意的私人生活。在這個過程中，美國人學會更有效率地適應新一套的期望和消費方式。

治療師

和經理人一樣，治療師的專長是調集資源促成有效行動，只不過這裡說的資源主要在個人的內心裡，而且用來測量效能的是「個人滿足」這個難以捉摸的標準。[47]治療師也和經理人一樣，把實用的工業社會組織視為理所當然，當作完全沒有問題的生活環境。他們的生活目標是實現某種職業與「生活型態」的搭配組合，不僅必須是經濟上可負擔的，而且心理上也要能夠忍受，簡言之就是要「行得通」。治療師和經理人一樣將生活目標照單全收，但把重點放在手段的效能之上。

基本上，經理人和治療師這兩種性格，決定了二十世紀美國文化的輪廓。這種文化的社會基礎是官僚的消費資本主義世界，它支配著（或已滲透）絕大多數過去的、地方性的經濟形式。雖然經理人和治療師的文化並不使用傳統道德規範的語言，它還是提出一個規範性的生活秩序，其中有許多性格典範、許多美好生活的畫面，以及實現美好生活的種種手段。但它基本上是對道德秩序舊觀念抱持敵意的一種生活解釋。它以自主的個人為中心，個人被假定能選擇他想扮演的角色，以及他想許下的承諾，但不是基於一個更高的真理，而是根據個人心目中的生活效能（life-effectiveness）標準。

這個功利與表現個人主義文化的道德語言及想像，影響了本書多數人物的生活，而我們在後續幾章中最主要的一項任務，將是去刻劃及理解它的具體形式。我們將會看到，這個管理與治療（managerial and therapeutic）的看法不總是有益；它不總是成功，即便從它本身的標準來看都不成功。事實上，治療這用語本身就暗示著一個在尋找藥方的生活。但這藥方要治癒的是什麼呢？歸根究柢，需要被治癒的是目前的自我構成與現有的工作、親密關係及意義構成之間的不合適。而且這個藥方將化為自我的提升與賦權，使自我能夠成功與社會上其他人交流，進而創造出一種滿足感，使我們不至於被社會的要求壓垮。從這個角度來看，美國文化富有表現力的一面，是為了個人的解放與成就感而存在。它最了不起的地方在於能使個人把承諾（從婚姻與工作到政治及宗教參與）想成個人福祉的提升，而不是必須履行的道德責任。

經理人和治療師的文化，因此既和早期美國文化形式有明顯的連續性，同時又與它們有所不同。明顯的相似處是強調個人的獨立。誠如我們已經看到的，自力更生是古老的美國價值，但只是我們繼承的複雜文化緯線之一。如今和功利主義者結盟的表現文化（expressive culture），透過樂於把各種規範性承諾當作許多自我實現的另類策略，展現出它和過往模式的不同。過去關於生命意義的規範性期望退出了舞台。在獲得以多不勝數的身分重新定義自我的自由後，那些使我們能看見他人優點的共同看法也跟著減弱了。

事實上，新文化非常的模稜兩可。它既代表減輕種種限制及他人應該如何的獨斷偏見，也代表把管理的冷酷操縱風格化為理想。在我們被切割成諸多領域的社會中，新文化使受困的個人有辦法練就一些技巧，來應付公私生活往往相互衝突的壓力。然而，它是靠著把精打細算的管理風格延伸到親密關係、家庭和社區，這些都是過去由道德生態規範指引的生活領域。

一些近代詮釋

羅伯特和海倫·琳德（Robert and Helen Lynd）的《密德鎮》（*Middletown*, 1929）和《轉變中的密德鎮》（*Middletown in Transition*,1937）提出了迄今為止針對單一美國社區（印第安納州的蒙夕〔Muncie〕）最全面的社會學研究，琳德夫婦想要呈現受工業化衝擊及相應社會變遷影響的美國。他們拿一八九〇年作為基準點，和他們從事一手研究調查的一九二〇與三〇年代美國做比較。他們看到蒙夕從一八九〇年的典型十九世紀小鎮，在經過三十到四十年後，變成瞬息萬變的工業城市。他們特別注意到居民被分成商務階級和勞動階級，前者舉足輕重，後者則被排除在完整的社區生活參與之外。從兩本密德鎮專著和羅伯特·琳德關於美國文化史為通論性的作品《知識做什麼用？》（*Knowledge for What?*, 1939），我們意識到，琳德夫婦記錄的豐富社會學研究成果，是當時社會評論家經常談論的主題，也就是面對商務（管理）階級及其功利個人主義的支配價值理念的崛起，具有強烈聖經與共和元素的獨立公民文化衰退了。這改變令琳德夫婦感到不祥，覺得美國民主前途未卜。[48]

多數人對大衛·黎士曼（David Riesman）的暢銷著作《寂寞的群眾》（*The Lonely Crowd*, 1950）也有相同的詮釋。[49]昔日獨立的「內心導向」（inner-directed）美國人被新的「他人導向」（other-directed）的企業類型取代，造成了令人惋惜的結果。若仔細閱讀，讀者會發現黎士曼的論點其實相當複雜，而且他的評估和琳德夫婦頗為不同。黎士曼實際上提出了四個性格類型，不只兩個。多數前現代社會產生的是「傳統導向」（traditional-directed）性格。在美國，他們主要是以來自小農社會的移民為代表。黎士曼筆下的內心導向類型描繪出舊的美國文化，而且似乎是聖經、共和及功利個人主義類型的混合物。也許內心導向者是舊時代的獨立公民，比起鄰居的榜樣，他更向自身的內在道德原則靠攏。[50]但黎士曼並不贊同內心導向類型，因為內心導向者的超我（superego）本身就是來自童年接受的社會權威的一種內向投射（introject）。⑧若說他人導向者有回應周遭社會環境的從眾壓力，內心導向者則是欠缺了發自內心的自主。自主性格是黎士曼提出的第四個類型，也是他真正欣賞的唯一性格。黎士曼對自主性格的理解顯然和艾瑞克・佛洛姆（Erich Fromm）的一些想法有關，而且似乎接近我們所說的表現個人主義類型，特別是更為純粹的治療式表現個人主義。事實上，不管最初獲得怎樣的迴響，黎士曼的書似乎預言了表現個人主義風格在戰後美國的重要性將日益增加，兩相對照之下，他人導向（或稱從眾者）性格的壽命似乎比較短暫。黎士曼對於自己作品帶來的某些影響，以及部分讀者從中汲取的一些暗示感到震驚，這點可以從他後續幾次再版的序言中看到。但黎士曼後來的猶豫絲毫不減損《寂寞的群眾》作為美國性格研究里程碑的價值。

作為理解二十世紀美國性格與社會的重要詮釋作品，我們認為唯一能和琳德夫婦與黎士曼的著作相提並論的是艾維・瓦雷納（Hervé Varenne）的《一起當美國人》（*Americans Together*, 1977）。[51]瓦雷納對某南部威斯康辛州小鎮的經典研究，是關於美國文化與美國性格在近代如何互動迄今最鞭辟精微的描寫。瓦雷納顯然看到功利與表現個人主義作為性格與文化模式的支配地位，尤其是性格與文化及其相依性之間的微妙平衡。唯有個人也能找到一個環境表現他內心深處欲念的愛與幸福，以獨立和握有大

⑧ 譯注：或稱攝入，是常見的心理防衛機制，指廣泛地、毫無選擇地吸收外界的事物，而將它們變成自己人格的一部分，與投射作用相反。

權為目標才有意義。脆弱的社區形成是為了滿足個人的功利與表達需求，而過去的聖經與共和主題則被邊緣化。對瓦雷納而言，這個平衡代表一個既遏制又平衡其內在矛盾的成功的文化符碼（cultural code）。儘管我們對現代美國歷史的解讀，使我們不那麼相信這個均衡（equilibrium）的成功，我們還是受惠於瓦雷納精采絕倫的洞察，在他傑出的法國同胞托克維爾之外，本書研究受他的見解影響最深。[52]

今日美國文化

十九世紀的在地生活正邁向一個在經濟、技術和功能方面愈來愈緊密交織且融為一體的社會，這大概是美國生活最大的改變了。在這生活中，經濟與社會關係直接可見，而且無論多麼的不完善，在道德上都被詮釋為一個更大的共同生活的一部分。可是，這個社會裡的個人鮮少（而且難以）理解自己和自己所做的活動，在道德上和其他與自己不一樣的美國人有深刻的相互關聯。人們與其把文化精力和個人精力用在連接自我和它所屬的大環境，經理人和治療師的文化驅使人們頑固地把生活的特定部分變成獨善其身的小世界。

然而，管理與治療價值理念的文化霸權尚未完成。前者扎根於戰後社會的技術富裕，是既未被公正地分享也未被普遍接受的榮景。這些價值理念面對的挑戰源自四面八方，源自被這個榮景丟下的那些人，還源自儘管是受惠者但因為它的道德缺陷而批評它的那些人。有時候，批評背後的動機似乎是一種想抓住自治社區及其獨立公民典範最後一點殘跡的渴望。有時候，背後的動機是一種想徹底改變整體社會的渴望，尤其是經濟的部分，期待一個運作更有效率的民主政體可以出現。無論是前者或後者，管理—治療價值都遭受極大反對，我們從中不僅看到對目前的經濟與社會秩序的不滿，也看到聖經及共和文化傳統在美國政治中重要性不減的提醒。

美國今天有幾個倖存的獨立公民舊典範。在某些例子中，我們所說的「關切（公眾事務）的公民」（concerned citizen）致力於在面對縱容的治療文化，以及不理解地方社區感受、也不對地方社區感受負責的行政管理者與經理人所做的決定時，捍衛其社區的道德信念與實踐。我們看到被我們稱為公民志工的人（通常是專業人士），致力於幫助自己的社區以不打破傳統或破壞民主參與的方式適應新挑戰。我們也看到把組織大眾從事討論與行動視為重要承諾的社會運動人士。社運分子在政治秩序內工作，但也希望能促使大眾對社會的看法發生重大變化。這些獨立公民典範的今日代表全都受到功利與表現個人主義的影響，無人能倖免，因為經理人和治療師的世界無所不在。但他們證明了古老的文化爭論還沒結束，也證明了美國傳統中的每個成分都還活著，而且依然符合我們當前的需求。也許這下子讀者終於看出經理人布萊恩、治療師瑪格麗特、關切（公眾事務）的公民喬，以及社會運動家韋恩，儘管都使用著非常個人主義的語言，但這語言所汲取的傳統比他們任何人以為的都還要複雜。

第一部

私人生活

PRIVATE LIFE

第三章 尋找自我

自力更生

在美國歷史的進程中，自我變得和包含第二章所討論的種種傳統的社會與文化脈絡愈來愈脫離。緊張兮兮地尋找真實自我，以及根據這個尋找的過程做出誇大結論，大概是美國社會相對晚近的大眾現象。[1]不過，對從社會位置抽離的自我的關注趨勢，認為所有判斷都應該來自這個自我，是源自和美國歷史一樣悠久的美國自我（American selfhood）的各種面向。**自力更生**是個十九世紀的用語，因為愛默生的同名散文而普及化，可是我們有很多訪談對象還是很常提到自力更生。本書討論的每個傳統都有某種自力更生的一面。諸如溫斯羅普的許多清教徒拋棄財富與舒適，搭乘一艘小船「不畏艱險地航向荒野」，他們這不是自力更生，是什麼？他們覺得受到上帝感召，可是他們必須靠自己。傑佛遜在獨立宣言草稿中選擇特別強調自力更生，說這裡的移民與聚落「是我們用自己的鮮血與寶物換來的成果，不受大不列顛的財富或力量幫助」[2]，刻意忘記英國人不久前才剛幫助殖民者抵抗法國人和印第安人，表現出一種非常道地的美國態度。

在聖經及共和傳統中，自力更生曾有一個清楚的集體脈絡。我們的獨立自主是一群人的集體行動。然而，集體聲音在功利及表現個人主義中被消音了。白手起家的印刷商或讚頌自我的詩人，很明顯地比較注重個人。愛默生在一八四一年出版的散文〈自力更生〉中甚至宣稱個人和社會是對立的。「社會，」他說，「處處陰謀不利於人類的所有成員。」愛默生是在對獨立公民的世界說話，而且他認為小鎮美國施加的從眾性太過強制。他的朋友梭羅後來以在華爾登湖濱（Walden Pond）的經典實驗，將此教誨推向極致。但愛默生在文章中也表達一種比較平庸的自力更生，此後它成為了數百萬美國人的道德生活通用說法。愛默生說唯有透過工作得到的財富，才是我們應得的財富。反過來說，我們主要只對自己有經濟義務。因此愛默生如此寫道：「所以也不要跟我說，我有什麼改善窮人生活的責任，就像今天的善人那樣。那些窮人是**我的**窮人嗎？」[3]

我們發現，自力更生是很多訪談對象普遍有的一種一般態度。治療師瑪格麗特通常把它說成是「為自己負責任」。不過經濟的自力更生，經常被認為是更籠統的性格特徵賴以存在的基石。誠如我們在第一章提到的，當被問到為什麼在第一段婚姻中這麼努力地賺錢養家，大企業主管布萊恩說：「我想，自力更生在我的價值觀中是排位滿高的特質。」年紀輕輕就成為人夫與人父的布萊恩覺得，自己「面臨若不自給，就等著從人類社會消失的嚴酷現實。」

有些評論家看到美國的「工作倫理」正在衰退中，逐漸取而代之的是一種對自我「自戀的」關注。在訪談對話中，我們發現強調努力工作和自食其力，與一種狹隘的自我關注密切相關，就像托克維爾害怕可能發生的情況一樣。問題其實不是出在「工作倫理」的存在與否，而是在於工作的意義是什麼，以及工作以什麼方式把每個個人和彼此連結，或為什麼沒能讓個人彼此產生連結。

離家

這章的目標是理解接受我們訪問的美國人怎麼看待自己——他們的自我感受是什麼。我們也想描述他們對生命歷程的感受，如果他們有這樣的感受的話。人生是否確實有某個目標或方向，倘若有的話，又要分成哪些階段？

在強調個人自主性和自力更生的文化中，童年時期的主要問題是部分心理分析師所謂的分離和個體化（separation and individuation）——實際上，童年大部分時間都是在為離家這件大事做準備。儘管分離、個體化和離家的問題，要到青春期後段才會來到緊要關頭，它們是美國人生活中反覆出現的主題，而且我們當中大概只有少數人真正把這些問題徹底拋到腦後。

分離和個體化是全人類都得面對的問題，但美國式的離家就不是了。在很多小農社會中，人們面對的問題是留在家裡，也就是與雙親同住直到他們過世，並且要一輩子孝順父母、敬拜祖先。在傳統日本社會，只有進入寺院修行的人才會「離家」（出家），他們要拋下所有的俗世羈絆。但對美國人而言，離家則是正常的期望，而童年在很多方面都可以看作離家的準備階段。

儘管有時像是英勇或叛逆之人才膽敢對家長秩序發起的一場激戰，美國人教給小孩的自我概念多數時候都包含到世界上闖蕩的渴望。一名年輕的治療師回憶在南方州醫生家庭的成長歲月，「我小時候學到的其中一個教誨是尊重，對別人一定要畢恭畢敬。」他說，「另一個教誨是，你是獨立的人，你要自己照顧自己。我會想起『你的骨氣在哪裡？』這句話。狀況不好的時候，自己照顧自己，而不是向其他人請求幫助。所以說，一方面你跟其他人有真實的連結，人們對待彼此彬彬有禮，相互關懷、敬重。但另一方面你又非常獨立，而且會追求當個非常獨立的人。」

自力更生和獨立的自我概念，最明顯地展現在子女自認與雙親連續性很高的那些家庭中。他們當中有一人回憶說：「在我的育嬰指南上，母親形容我衝動、追根究柢、固執、快活、好奇、獨立又自主。但我想我並沒有改變太多。」他們用脫離對父母的依賴，開始自力謀生，形容自己成年的過程，不過很多人還是跟雙親關係親近。

這發展在美國已有很久的歷史了。據丹尼爾・考宏（Daniel Calhoun）表示，在十八世紀中葉之後，兒童訓練實務從本來強調家庭的和平與秩序，轉而強調培養「獨立的自力更生個體」。[4]有趣的是，這個轉變和約翰・洛克（John Locke）在《教育漫話》（*Some Thoughts Concerning Education*）提出的育兒觀點之普及有關，當時他的政治觀點開始在殖民地廣為流傳。政治上，洛克是堅定的家父長制反對者，主張王權不能來自世襲，以及政府由一群平等的成人創建，必須以民意為依歸。但在育兒評論中，洛克沒有呼籲父親從權力的王座上退位。事實上，他認為父親應該在孩子還小的時候堅定地展現權威，好讓孩子培養出長大後能幫助他們獨立的自律。等到孩子進入青春期，雙親就要放棄脅迫式權威，把孩子當作不受他們控制的朋友一樣對待。洛克稱如此一來，小孩日後會有照顧自己的能力，而且父母和孩子之間的關係不會因孩子成年而中斷。儘管美國人在過去兩個世紀經歷了許多育兒觀點的變化，上述的根本模式依然持續著。[5]

對於在第一章登場的某些人而言，離家的過程頗為平順；其他人則遭遇了很大的衝突。誠如瓦雷納指出的，衝突不意味著離家的文化模式受到質疑。[6]就離家一事發生衝突，在某種程度上是預料中的事。無論離家的過程對父母和孩子有多麼痛苦，對他們雙方而言，小孩永不離家的潛在可能才是真正可怕的事。

在四個人當中，喬是最不戲劇化的案例。在某個意義上，他根本沒有真的離家。這個邏輯隱藏在他不離開新英格蘭家鄉的決定背後。然而，在很多重大的意義上，就連他也得離家。他沒有追隨父親擔任高中教練的腳步，而是選擇到一間當地公司工作。他甚至沒有選擇繼續住在家的飛地裡，而是覺得某種地理上的分離是必要的，哪怕只是搬到同一個鎮上的另一區。鄰里和延伸家庭仍然位居這個白人社區的核心。即便社區的團結感隨著下一代成年且自立門戶稍微鬆動，這些人還是透過友誼、工作的網絡，以及小鎮「自然公民」（natural citizens）延續好幾代的地方經濟及公民參與保持連結。喬代表的是在過去比較容易、也比較多人遵循的一個模式。離家代表經濟上變得獨立，並且成立屬於自己的家庭，可是他自立門戶的生活基本上還是與雙親的生活類似，而且與雙親繼續維持良好的關係。

瑪格麗特刻意避免她在生活周遭許多人身上看到的叛逆，也大致滿足了雙親對她的期許，可是相較於喬的例子，離家對她而言需要做出與雙親生活方式更顯著的差異。她跟某些治療師同儕的例子值得深究，因為這說明了向上流動個體（upwardly mobile individual）在地理、文化和心理方面能走多遠，即便是在滿足父母期待而非讓父母失望的情況下。

瑪格麗特有一對嚴父嚴母，他們「有明確的是非對錯，也知道該怎麼教育我」。不過他們很愛她，她於是也聽從父母「待人要禮貌體貼，要尊敬父母，要工作，要保持乾淨整潔（這超級重要），此外還有要善良，不要惹麻煩」的言教與身教。瑪格麗特身為紐約上州中型城市四口之家的老么，成長過程中經歷了關於保持房間乾淨，以及盡自己在家中義務的「很多爭論」。她在學校表現優異，也享受談談輕鬆的戀愛，不過不太參與（她露出笑容）「年輕人很容易想做的不堪入目的事」。

瑪格麗特在鄉下長大的母親「受的是清教傳統那種優良的、強烈的宗教教養」，即便到今天，她母親「除了做自己應該做的工作或是為別人做事，真的完全不懂得放鬆」。瑪格麗特的父親「在教會感到不自在，不過他有一套扎實的基本觀念」，以及和他太太相似的成長背景。他是個極為勤奮、謹慎，而且有自我要求的工人，他憑著高中學歷和在軍中習得的技術經驗，到一家老牌企業從事製作光學設備的技術工作，然後漸漸擔起愈來愈多的監督管理責任。當我們問說，她的家庭讓她覺得什麼是人生要務時，她毫不遲疑地回答：「工作。」

聰穎又認真的瑪格麗特憑著勤奮向學，進到紐約州一所菁英公立大學。在學校，她認識了和她一樣聰明有能力的朋友，通常來自父母受過大學教育住在大城市或大都會郊區的家庭。後來她發現，這些朋友很多都不太專注課業，而且隨著他們在政治、藥物和文化歡騰橫掃校園環境的七〇年代成年，生活中出現了許多衝突。當其他朋友紛紛退學，惹上麻煩，瑪格麗特則是謹慎地嘗試這一切。「我有些朋友有很強的自我毀滅性，還有一個朋友已經離開我們了。」她說。試圖理解他們發生了什麼事，以及為什麼他們的反應和自己如此不同，加強了瑪格麗特對心理學的興趣，使她決定要念心理學研究所。瑪格麗特沒有選擇叛逆，而是把理解同儕叛逆行為的渴望，變成她職涯選擇背後的動機。

瑪格麗特是個孝順的孩子，成長過程中和父母關係親近，而且會模仿他們。然而，正是她從雙親身上學到的努力和自律的美德，使她脫離他們的社會圈，踏入一個教育程度更高、都市的、開放式的社會。在瑪格麗特多數同學和治療師朋友成長的中產階級郊區與城市，人們不談論傳統，而是談論社會化。相較於權威或權威的瓦解，他們想到父母時，記得的是身為專業人士的雙親「傳達訊息要他們」從眾，或是實現多少符合「適應性價值」（adaptive values）的成就，以便贏得父母的愛。

「當個聰明人，那就是他們的價值，做個能力強的人，做對的事。」瑪格麗特的一位同學回憶道，她在紐約長大，雙親分別是大學教授和社工。「想法、書和旅行都很重要，想法是三者之重。我還得到很多要做個好的、友善的、討人歡心的人的訊息。我的父母經常都在評價事物，我因而覺得凡事都應該要是特定的樣子。食物要是這個樣子，葡萄酒要做成那個樣子。事情若不到位，就令人失望。」被問到人為什麼應該要按照這樣的規矩時，這位治療師說：「因為不這樣，別人就不會愛你。我從來沒問過為什麼，但那就是其中蘊含的訊息。假如你不聰明、不友善、做事情不夠得體，你就不會被愛。」她怎麼把這融入到成功或不成功的觀念裡面？「我認為這讓我變得很矛盾，」她說，「一方面，我想要是好的、對的、聰明的。另一方面，我想要測試人們，想看看如果我不符合那些標準，他們還會愛我嗎？」

在沒有虔誠宗教信仰的專業人士家庭長大的成功小孩眼中，父母的愛被限縮成表現良好的獎勵。成就導向的中上階層以美學品味與專業技能取代道德標準。「成為好的人」變成只是要**能力好**，而做對的事，變成什麼事情都有**正確答案**。在這樣的家庭裡，小孩不是新改版的雙親（那是喬的理想），而是追求成功與愛的矛盾之人，為了獲得成功與愛不惜大膽脫離雙親的人生模式。這些孩子需要感覺雙親及雙親所施加的壓力，不是他們真實自我的一部分。

在他開始尋找想要成為的自我之前，布萊恩經歷了遠比喬與瑪格麗特更多的親子衝突，尤其是和他的父親。布萊恩在克里夫蘭長大，是家中三個小孩的老大，他們住在中上階級的有錢人學區的最邊緣。「我們家不是很有錢，」他回憶道，「我住在大概一千平方英尺（九十二坪）的房子。我曾到一個高中朋友家過夜，他們家光是門廳就跟我家一樣大，是那種有美麗大門柱的山頂超級豪宅。我成天和那些有錢小孩鬼混。」為了不要輸給朋友們，布萊恩自青少年時期開始努力做庭院工，當高爾夫球僮，到商場貨運部門幫手，還賣起男士服裝。「我在很小的時候接觸到優渥的生活，然後我決定將來也要過這樣的生活。」他玩五塊底、十塊底的撲克牌，「十六歲還不到就在撲克牌桌上輸贏一千美金，但那都是我自己賺來的錢。」

在他和朋友們「豪氣闊綽地」打牌之際，布萊恩的家庭僅勉強維持生計。他父親大學主修建築，受到二戰的影響，最終無法在自己選擇的專業領域謀得工作，於是做起房地產銷售。這份工作給了他潰瘍，卻只換來微薄收入和鬱鬱寡歡。三個小孩都去上學之後，布萊恩的母親為了貼補家計去當祕書。工作不得志又經常在家中發脾氣的父親，很早就開始和兒子起衝突。我爸「以前會因為我不聽話一直打我。守時是他最在意的事之一，但我以前又老愛磨蹭。」父子的青春期對峙隨著布萊恩到州立大學念書，變成父子的「分道揚鑣」，而且「他沒有給我半點幫忙。我全靠自己賺錢，或向人借錢。」布萊恩的母親一如往常被夾在中間，「偶爾會在我只剩一包爆米花和一罐花生醬的時候，寄張十元支票給我，不過我冰箱裡可能還有四手啤酒。」出外念書，並縱情享樂地「拿傑出學業成績交換留校察看」，布萊恩終於可以自己做主了。可是這個對於老爸躊躇不得志感到失望的兒子，實際上在很多年前就已離開了家。布萊恩的「自力更生」大概有很大一部分是拜父親早年的訓練所賜，但他選擇的生活帶領他踏進了一個雙親永遠也想像不到的國度，其超乎想像的程度勝過瑪格麗特的例子。

最後，我們在韋恩的成長故事中看到全面的文化反抗，他拒絕在家中耳濡目染的「約翰·韋恩式」美國生活，選擇從事基進政治組織者的人生。即便如此，他和上述其他人之間只是程度上的差別。這在美國也是一種離家的方式。韋恩描述他在青年時期經歷了從中產階級美國「現狀」，過渡到一個充斥社會衝突、各種運動，以及六〇年代另類生活方式的世界。他說，傳統上，一個人應該「追隨父親的腳步。過著像父親一樣的生活。」然而，我們已經看到，離家對多數當代美國人而言，幾乎從來都不是那樣單純的事。事實上，韋恩自己的早年幾乎和他過去代表的郊區美國形象完全不一致。他的雙親在他還小的時候離異，因此「我根本不認識我父親」。他的母親再嫁，而他的繼父經常換工作，導致韋恩「總是成為學校新來的小孩」。他在一間大型紐澤西高中結交的好朋友都是「窮人、勞動階級、天主教徒。

我則是新教徒。我們家非常WASP（按：White Anglo-Saxon Protestant的縮寫，即白人盎格魯撒克遜新教徒）。我花很多時間和這些朋友相處，我家的人總是跟我說：『聽著，交些能幫到你的朋友也一樣簡單。』我很早就察覺到這不對勁，察覺到我們家參加的遊艇俱樂部，還有這種社會態度其實很虛偽。」韋恩和他的幾個「邋遢」朋友結伴，自願加入海軍陸戰隊。但他休假時都跟兄弟的大學同學在紐約市度過。韋恩和他們遊蕩在格林威治村，辯論越南的議題，他開始相信越戰和軍隊是錯的，於是他就叛逃了。

他的家庭因離婚而分裂，童年時隨著繼父的職涯需要在全國各地搬來搬去，他的青年時期橫跨不同社會階級衝突的態度與行為，並跨過一道文化的「世代鴻溝」，韋恩沿著複雜社會現實的一些分界線長大成人，它們和被召喚來支持美國的郊區與小鎮形象不符。

對很多接受我們訪問的人而言，家庭似乎強化了自力更生的重要性，使之成為個人最重要的美德。但說來實在諷刺，我們把自己看作獨立自主的個體，認為天下沒有白吃的午餐，絕不接受救濟或餽贈，而且不受家庭出身的束縛，正是把我們凝聚在一起的觀念。就像美國文化的其他核心元素，期待自力更生的個體離家的理想，是在我們的家庭內茁壯的，透過家庭紐帶從父母傳承給子女，使我們因孤獨、也因為愛而變得緊密。[7]

離開教會

自力更生的美國人不僅必須離家，還必須「離開教會」。這裡的離開不一定是字面意義上的離開。一個人可能持續和雙親同屬一個教會，但社會期望人們在青春期或青年時期的某個時候，對自己將屬於哪個教會做出決定。一個人要捍衛自己的觀點時，不能說雙親的看法就是自己的看法。相反的，你屬於哪個教會一定要是專屬於自己的獨特決定。傳統上來說，新教虔信要求年輕人擁有他或她獨特的皈依經驗，雖然那個經驗已大致被具體說明了。近年來，我們期待子女有更大的自主性。

再次強調，雖然這樣的觀念可能在今天比較普遍，但它們在美國一點也不新穎。愛默生在〈自力更生〉中對知識及宗教獨立的關心勝過經濟獨立。他寫道：「在我們心目中，摩西、柏拉圖和彌爾頓（Milton）最大的優點是他們無視書籍與傳統，而且他們為自己而非一般人的想法發聲。一個人應該學著偵查與監看閃過內在心智的靈光多過詩人與智者蒼穹的光芒。」愛默生假定同胞們接受他對個別靈魂的信心：「相信你自己：每顆心都有會隨之顫動的那根琴弦。」[8]

今天的宗教代表自我的參考框架，它的存在或不存在都同樣顯眼。不可否認，民調顯示十個美國人有九個「相信上帝」，而且定期上教堂的信徒有四成。[9]譬如喬每個禮拜日仍虔誠地帶著家人去做彌撒，儀式結束後留下來和堂區教徒寒暄，還有和神父聊天。不過，我們比較少聽到中產階級的都市人形容自己是「上帝之子」，以祂的形象與樣貌被創造，受祂的戒律束縛，因祂的愛而受鼓舞。比較開明的聖經道德規範往往讓神權與人類責任的主題，從屬於固有的人性美德，因為「上帝不造垃圾」，一位開明的牧師是這麼說的。他們也強調人類選擇的力量，以及自我接受的可能性，因為誠如一個廣為人知的慣用說法：「你是屬於宇宙的孩子。」相信一神普救派的生態社會運動家卡希・克倫威爾（Cassie Cromwell）在她的信條中也引用了這句話：

> 溫柔對待你自己。你是屬於宇宙的孩子，一如樹木與星辰。你有權存在這裡。無論你是否看得出來，宇宙無疑呈現著它應有的樣子。所以說，與神和好，無論你看到的祂是什麼樣子。無論你做什麼工作，有什麼抱負，在喧鬧的人生困惑中，保持靈魂的平靜。儘管充滿虛假、勞苦和破碎的

夢，這依然是一個美麗的世界。

在這裡，被比喻成孩子的自我，呼應著生態學、唯美主義和自然神祕主義，而不是聖經啟示。誠如瑪格麗特把她的自我實現（self-fulfillment）稱為「宇宙對我的期待」，這個慣用說法確認了每個人既有的權利，而不是呼籲我們聽從上帝的權威。宇宙的運行，並不能為基於自然法則的行為的理性原則辯解，不像喬這樣的傳統天主教徒所認為的。相反的，宇宙運行的法則保證了我們選擇自己信仰、工作和人生終極目標的自由，無論你的選擇是什麼。

在擁抱開明態度的宗教對責任、權威和美德做出隨和的解釋之後，人們開始以制度性宗教在道德上「虛偽」為由排斥起制度性宗教。如今已有一套自訂的「價值體系」，布萊恩解釋他為何離開他成長時期所屬的新教教會：「人們到今天還可以在禮拜日的一個半小時中聲稱自己相信某套價值觀，然後親眼見證他們的生活其實是個謊言，我覺得這相當荒謬。」他又說：「我聽到他們說的話，我也聽進去了。我覺得那些話很有道理，其他人也都點頭如搗蒜地說：『是的』和『阿們』。然後他們走出教堂的門，別過身，行為就一百八十度大轉變了。那就是偽善。」儘管有道理，基督教的道德規範本身被扭曲了，因為基督徒不是真的將這些規範身體力行。布萊恩接著稱讚起他的太太瑪麗艾倫（Maryellen），因為她是世間少見的「過時古人」，她是一位「實踐型基督徒」。他最敬佩的是她的寬容，她甚至能夠對一個粗魯無禮的前老闆寬容。「她說那是他的事——他有朝一日會受上帝的懲罰。」布萊恩拿太太和自己的態度做比較：「我說，要是我在那裡工作，我會餵那個人吃一頓老拳。我不能忍受有人這樣出言侮辱。我想要掌控，而且我認為上帝期待我在這個世界照顧自己，而不是要我替祂做上帝的工作。我把大問題留給祂去解決。小問題我會替祂解決。」

相較於布萊恩口中未能實踐自己宣揚的道德規範的基督徒，瑪格麗特的父母「其實從未真正宣揚」基督教和上教堂。他們強調要善良和熱心助人。特別是她的母親「只是自己實踐信仰，大概期待我就會跟著去，然後成為教會的一分子。」瑪格麗特的母親定期帶她上教堂，不過她的父親只在聖誕節和復活節跟她們同行。瑪格麗特直到大學二年級才停止上教堂的習慣，不過在那之前，她早就有和布萊恩類似的「對宗教的不滿」。「我只是覺得不公平，」她不滿地抗議，「只要一個人生長在中國，他就因為從來不認識上帝而永遠不會上天堂。只因為我有幸生為這個宗教的一分子，我就一定比敬愛孔子的十億中國人更好嗎？」在大學主修心理學，並仔細思索促使傑佛遜踏上自然神論的文化絕對論（cultural absolutism）之後，瑪格麗特最後得到的結論帶有一種稀釋後的傑佛遜自然律。現在，對她而言，上帝「在我看來是用來指稱那個特定功能的某個名稱，有督促我把握人生的作用。」她把這個功能比作「宇宙的自然權威。我的意思是，世上有某些法則真的是**法則**。」

在美國歷史上，教會總是傾向遵循與強化階級、地位和族裔的分界線。即便今天，受階級限制的宗教團體界線依舊明顯。作為一個打算惹怒其ＷＡＳＰ長老教會雙親的叛逆青少年，韋恩自高中開始和他生活艱苦的勞動階級朋友上同一間義大利天主教教會。從海軍陸戰隊擅離職守後很長一段時間，韋恩在教會以外的世界找到意義，像是在基進政治和對藝術的興趣之中；不過如我們所見，他最近重新開始上一間天主教的教會。

美國人對自我自主性的理解，把一個人最深刻的自我定義的重負，加諸於個人的選擇之上。對某些美國人而言，即便愛默生的〈自力更生〉出版超過一百五十年了（按：一八四一年），傳統以及一個承載傳統的社區依舊存在。不過，人們在傳統與社區中、也透過傳統與社區探索自己最深刻的信念，不是非常合美國人胃口的概念。我們多數人想像有一個自主的自我，超然獨立，完全不屬於任何傳統與社區，然後也許會在它們當中做出選擇。

我們比較難想像自己以這種方式選擇我們的家庭。我們生在哪個家庭是沒得選擇的。不過，即便在家庭問題上，心理治療經常以拉開我們與雙親的距離為目標，好讓我們可以自由地選擇，抑或彷彿自由地選擇，我們要在哪些方面像或不像我們的雙親。離家在某種意義上需要某種再生，只不過這一次是我們生下自己。倘若在家庭這方面是如此，那麼我們最終的決定性信念更是如此。諷刺的是，又一次，在我們自認最自由不受拘束之處，我們受到自己文化的支配信念的強迫也最多。因為，我們不僅可以、而且必須在與外界隔離的私人自我中，決定我們最深刻的種種信念，是一個強大的文化虛構。

工作

透過工作「闖出名堂」，是即將成年的美國人最常給自己的期許，也是他們最常聽到別人對他們的期許。這當中包含了許多不同的工作概念，以及不同工作概念對自我理解的影響。若工作是指一份「差事」，那麼工作是一種賺錢和謀生的方式。它支撐一個由經濟成功、經濟安全和一切金錢戰利品定義的自我。若工作是指一項「事業」，那麼工作透過在某個職業中的成就與升遷，勾勒一個人的人生進展。它產生一個被廣義成就定義的自我，得把社會地位及聲望也納入考量，同時這個自我也被不斷擴大的權力和能力定義，使工作本身成為自尊的來源。若工作被提升到一個「使命」的高度，那麼工作就成為在現實世界裡使一個人的工作在道德上與他的生活密不可分的行為和品格理想。使命把自我放到做事有紀律且判斷能力健全的社群裡，這群人從事的活動本身就具有意義及價值，讓人不是只能在生產輸出或生產獲利中尋找意義及價值。[10]但使命不僅連結一個人和他或她的同事，使命會把一個人和更大的社會連結起來，在這個整體中，每個人的使命都是對全體福祉的一份貢獻。《聖公會公禱書》（*Episcopal Book of Common Prayer*）在勞動節的集禱文寫道：「請在我們的工作中給予指引，讓我們的工作不只是為了自己，而是為了人類的共榮。」使命是連結個人和公共世界的重要環節。任何帶有使命意義的工作，永遠不會只是私人的事。

雖然把工作當使命和美國的聖經及共和傳統關係密切，但隨著我們的社會變得愈發複雜，功利及表現個人主義變得更為主流，人們愈來愈難以理解這樣的觀念。在十九世紀中葉的小鎮，每個人的工作都對全體福祉有貢獻，工作不只是物質報償或心靈回報的來源，更是人與人之間的一種道德關係，這些都是顯而易見的事。可是，當大規模工業社會到來之後，人們比較難把工作視為對整體社會的一種貢獻，比較容易視之為一種零碎的、自利的活動。不過儘管使命的觀念已經減弱，被大抵私人的「差事」和「事業」觀念取代，工作即使命的想法還是徘徊不去，它不必然反對「差事」與「事業」，而是成為兩者之外的第三個工作觀。在少數非經濟主流但有重大象徵意義的例子中，我們還是能看到使命是什麼。試舉一例，芭蕾舞者全心投入薪水微薄的藝術，於是芭蕾舞美好的習慣與實踐，在一個擁有生生不息傳統的社群內傳承，進而豐富了一般大眾的生活。總之，無論我們怎麼定義工作，工作和我們對自己的理解非常密切。我們「做的事」通常會轉化為我們的「身分」。

每個美國道德傳統對工作中的自我感，都會因為它們對差事、事業和使命三者之間的獨特觀點而有所不同。溫斯羅普、傑佛遜、富蘭克林和惠特曼的故事，無法原封不動地搬移到當下，可是他們的自我認識和我們的自我認識，利用了許多相同的文化範疇（cultural category）來面對闖出名堂的要求。為符合社會期待，今天的中產階級美國人離家念書，然後進入職場。對某些人而言，譬如瑪格麗特，他們在學校所學，沒有意外地直接成為他們的職業。「有時候，我感覺自己好像一輩子都是個學生，」瑪格麗特談起她的論文研究時說，「等我完成後，我想要在看診之餘兼顧研究與教學。」不過，對多數受訪者而言，學校和他們在職場出人頭地沒太大關聯，布萊恩就是一例。布萊恩自稱在學校時是個「低成就者」，他在中西部的州立大學主修英文，但多數時間都在開派對、打撲克牌和談戀愛。不過，英國文學和寫浪漫詩是他和第一任太太在一起的催化劑之一。在做了好幾年日復一日的白領工作扶養妻小後，布萊恩重返校園上了一學期的會計課程，然後參加一間大型企業的管理訓練計畫。「我進到資源管理培訓計畫，裡面大多是工程學校的畢業生，排名前百分之十的那種，最後我以班上第一名的表現結訓。接著我進到預算辦公室，裡面的人都是前百分之一的佼佼者，然後我又以前百分之一的表現完成，所以我就覺得，我是可以進到最高殿堂的人，我已經用實際表現證明了。我應該到外面闖蕩，替自己闖出一點名堂。一九七二年的時候，我在我們這一行階層體系的第四級，到了一九七八年，我已經來到第十四級。我的薪水增加了超過三倍。」文學性的自我表現讓位給爭強好勝地在大企業訓練「班」步步高升的自我提升（self-advancement）。對布萊恩而言，精通一門學科的重要性比不上成為全班第一名，因為學習本身主要是在一個由監督管理鏈和薪資等級構成的組織中爬到頂端的手段。

比較這幅大學與企業訓練的景象，和喬在家鄉高中的回憶（這所高中的「精神是『無論做什麼，我們應該同心協力』」）。以前「成為校隊是一件大事」，大家想成為代表整間學校的隊伍的一員，不是想要一支獨秀的個人明星。喬抱怨後者完全就是今天「美國正在發生的事」，從被父母鞭策的自私小聯盟選手變成為合約僵持不下的死要錢大聯盟球員。「這年頭，父母讓小孩學運動不是為了運動，而是想看看他能不能從中撈油水。」

喬當初進到現在的公司是做生產線工人。人事主管在生產線上發現他（當地高中球隊教練之子、人氣運動員、夜間班的在學學年幹部），於是立刻提供他公司櫃檯的全職工作。他就這樣待到現在，一步步在地方工廠做到公關經理的位子，然後推掉了會帶他離開塞福克的升遷機會。

對照之下，通往企業成就的高速道路帶領布萊恩在國內四處跑，每隔幾年就要「打包裝箱，賣房子，移動到一個陌生的城市和州」，交新朋友，然後離開這些朋友。即便現在，他還是有下一步要更上一層樓的意識：「我在地方上大概還有一階可以往上爬。想要再往上，我大概就得調到別的地方。屆時我得做出決定。我要回到東岸接受層級更高的挑戰，還是我要繼續享受加州的陽光與生活方式？」

無論他的答案最後是什麼，布萊恩成功事業的每個叉路不斷凸顯公私生活的劃分——分成公共自我接受的挑戰，以及私人自我享受的愉悅。然而，工作之於布萊恩的意義不只是有物質、有地位，最重要的是，工作根據他相較於其他人的「表現」賦予他意義。「我不喜歡失敗，」他強調，「我很愛競爭。我喜歡當贏家。」成為公司同儕當中的第一名，以及一次次的升遷大躍進，使布萊恩今天能有眼前的工作成就。他是這樣形容的：「我的職稱是業務經理。我對我的業務有損益責任，今年的業務大概會有五千萬美元。我底下管理約六十名員工，在這之前，我是我現在部門的財務經理。」他擔任業務經理要負的責任上自銷售策略，下至損益，什麼都包了。他用他在企業中的職位解釋他的工作，提出根據營業總收入、淨利率，員工數量和控制範圍的量化數據。

以事業進展定義自己的布萊恩還在邁向事業顛峰的路上，他回頭看看二、三十歲的自己全心全意地打拚事業，讓婚姻與家庭付出了代價，然後坦承「我過去徹底沉醉在自己的事業發展中，只在乎升官和財務上的成功。」可是即便現在，布萊恩對成功的定義，仍圍繞著沒有盡頭的事業衝刺打轉，完全不帶任何社會責任感那樣的使命。「我想要不斷進步，保持對自己的挑戰，」他的說法是，「盡可能進步到我能力的最極限。那就是成功。」那也是一個功利主義自我在權力增長的鍛鍊中尋求獨立身分的心聲，他希望愈來愈不受到他人的限制，而且走到愈來愈多人的前面。

透過「獨立自主」然後「成家」立業確立自己地位的功利主義自我，往往在中年邁向「夢想的句點」，特別是對布萊恩這樣的中產階級美國人而言。[11]通往職涯顛峰的上坡愈來愈陡峭，企業金字塔頂端的梯級愈來愈狹窄。成為自營業主、執行長、資深合夥人或諾貝爾桂冠得主之類的「頭號人物」變得愈來愈難，甚至根本沒可能。當這些夢想死去，自我也不再能利用工作及其獎勵，為自己的「超驗認同」（transcendent identity）提供模型。當事業的運行軌跡變得扁平，人們將意識到自己最終不會爬到山顛，事業於是失去了意義——相對的情況是持續追求使命，盡可能在能力範圍內成為好的律師、木匠或學者，即便沒有成為領域中佼佼者的一天。對很多中年人來說，工作的世界變得黯淡，這份黯淡也自然地延伸到整個公共世界。對職業倦怠者當中的幸運兒而言，家人朋友的私人世界變得更為耀眼，於是重視表達的自我開始變得重要。[12]

把工作當作一種使命的替代觀念，顯然不存在布萊恩的成功模式裡。在布萊恩眼中，工作的價值在於它給自我什麼回報，這個自我與工作要求他做的實際活動是分開的。在這個交換的想像中，自我遠離他所做的事，他許下的承諾都是經過精心計算的，而且會視承諾帶來的好處而定。對比之下，一個把工作當使命的人會全心學習與從事能賦予自我意義並形塑其品格的活動。把自我徹底投入到成為「好的」木匠、職人、醫生、科學家或藝術家，能把自我固定在一個從事木工、醫學或藝術的社群裡。此舉拉起自我和傳授、實踐與評審這些技能的人之間的連結，然後再與他們所服務的人產生連結。[13]

使命感在投入菁英行業的人身上是否比較明顯呢？瑪格麗特大學四年的成績都名列前茅，並從數百人當中脫穎而出，獲得接受臨床心理學家訓練的機會，她從不同於布萊恩的角度看待工作之於自己的個人意義。誠如第一章提過的，瑪格麗特選擇心理學是因為她想要理解其他人，以及他們和自己不一樣的原因。在這個例子中，我們看到一個想要理解人類思考與行為的自我，踏進一個實務需求會強化個人認同的行業。然而，學術研究既錯綜複雜又充滿人為的形式，因此「通常等到你把一個饒富趣味的問題梳理成一項研究計畫時，它已經喪失了很多複雜性和當初令你感興趣的東西。」即便意義沒有遺失在方法論當中，瑪格麗特「受困於一個想法，她擔心自己在研究方面所做的一切，永遠不會對任何人的生活有影響。」希望成為一個能幫助他人改善生活的人，引領瑪格麗特踏上成為治療師的職涯。可是，為此目標而做的努力經常被證明為沒有決定性的，有時甚至是徒勞的，尤其是當治療師幫助的對象不屬於「YAVIS」時——Y代表年輕、A代表焦慮、V代表願意說話、I代表聰明、S代表敏感細膩。然後她補充說，即便「你做得很好，個案完全不會覺得是你幫助了他們，他們覺得一切都是他們自己努力來的。在某種意義上，這樣想也是沒錯。」

根據多數社會學測量標準，瑪格麗特的工作比雙親的工作有更高的職業聲望，而且也更有意義。可是她期望**工作能給自己**的東西，和她想**為自己爭取的**東西，也都比雙親更多，她說，而這可能是她在工作中獲得的「成就感」比雙親低的原因之一。「他們把人生都用來工作，」她評論道，「工作使他們覺得自己有價值。」她和他們一樣，認為「天下沒有白吃的午餐」，而且「一旦你開始工作，工作本身就成了一個目的，同時也是幫你賺錢或取得你想要的東西的手段。」她同意的是，雙親堅信工作毫無疑問是好的，也是「我們應該做的事」。瑪格麗特也不總是覺得「工作本身就是一種享受」，不像她的雙親那樣。「我不像他們那麼相信工作是至關重要的事，」她總結表示，「對我而言，有時候什麼都不做，只是放鬆，這很重要。」因此她的生活和父母最不一樣的地方是「為我自己做更多事，為我自己保留更多時間，多過我父母願意花在自己身上的時間。就這點來說，我也被『唯我年代』（me decade）①征服了。」她開玩笑地說，因為她知道和同儕相比，她的唯我程度很小。

然而，和美國過去的聖經及共和代表人物相比，瑪格麗特並沒有毫無保留地投入她的使命。她沒有放棄釐清人類思考，以及把世界變得更好的夢想，可是她現在偶爾會懷疑心理學「是不是會使我感到最滿足的領域」。她若有所思地回想起學生時代從做陶和做手工藝感受到的確鑿的創造力、自律和完成感。做心理治療確實給她一種成就感：「光是有機會透過心理治療拉近和別人的距離就很美好，而且你會有很多成長。你會愈來愈懂得怎麼和人分享情緒，怎麼為他人付出。」可是被問到心理治療對更大的社會或社群有什麼貢獻時，她搖搖頭，露出懊惱的笑，「唯一會讓我覺得自己有所貢獻的社群，是曾經接受治療講話像心理學家的一群人，但你也知道，那實在不是一件好事。」

對受雇的美國人而言，工作提供的不僅是像樣的物質生活基礎，還給人許多自我肯定。失業對於把工作和個人認同畫上等號的人尤其痛苦。然而，即使對成功的美國人而言，像是布萊恩與瑪格麗特，把工作視為一份差事或一個事業仍不足夠。即便更高的獎勵不因機會之門愈來愈窄而有限，但徹底把個人認同等同於一份差事或一樁事業仍會使人窒息。欠缺使命，代表欠缺道德意義。我們可以預期，當他們在工作中找不到意義時，像布萊恩與瑪格麗特這樣的人，會和志趣相投之人及摯愛一起追求某種表現個人主義，從中尋找這些意義。可是，人在透過表現個人主義尋找意義時形成的紐帶，不是和有使命感的道德社群之間的紐帶，而是我們會稱為「生活型態飛地」的紐帶。

① 譯注：一九七六年湯姆．沃爾夫（Tom Wolfe）在《紐約雜誌》（*New York*）發表〈唯「我」年代和第三次大覺醒〉（The "Me" Decade and the Third Great Awakening），創造了「唯我年代」的說法，此後成為一九七〇年代的常見代名詞。

生活型態飛地

在中年的某個時候，很多美國人轉向親密地與他人分享，而不是盡其所能地贏過他們。因此，在突如其來的離婚發生後，年近四十的布萊恩發現「我不喜歡孤單一人。我想要和別人在一起。」在他晚上獨自聽音樂和看書度過的單親爸爸感情空窗期，他意識到「自力更生對我很重要，但我不是一個孤島，我不會因為自己是一個完整的個體而感到滿足。」接著他和一名「富創意、有挑戰性、完全有能力自給的」女人，展開「樂於分享、坦誠開明，以及注重溝通的」第二段婚姻，彷彿上演某個順利解決「中年危機」的劇本。蓋爾·希伊（Gail Sheehy）的暢銷作品《人生變遷》（*Passages*）表示，中年是從「角色離開，進入自我」的時候，如此我們才能發現「更多愛自己和擁抱他人的能力」。[14]

曾經由青春浪漫體現，表現的自我（expressive self）現在應該在中年復興，然後在退休中成熟。而且對愈來愈多美國人而言，這個過程似乎愈快開始愈好。一九八一年結束時，在所有退休男性當中有百分之五十七點一，已經在六十五歲前開始領社會安全退休金，而且在所有退休者當中，自願退休的比例占百分之六十。

大規模退休的可能性本身是近幾年才出現的，背後的支撐是現代福利國家社會保險制度，並且仰賴國家工業經濟的寬闊肩膀。一位觀察者密切關注人們在某個蓬勃發展的「退休社區」的生活，表示有少數退休人士似乎後悔離開了工作崗位。他們對於自己身為主管、公僕、學校老師和小生意人的事業感到自豪。可是他們在經濟條件許可的第一時間點就退休了，因為他們當時「厭倦了工作」、討厭「工作帶來的壓力」、「責任已盡」、想要「離開永無休止的競爭」，接著最後是，因為他們「從來不覺得自己的工作對社會不可或缺」。他們的工作「似乎不過是實現令人滿意的私人生活的手段——有些人稱私人生活為一種生活型態（lifestyle）。」法蘭西絲・費茲傑羅（Frances FitzGerald）如此總結。他們「過去都有工作，但他們沒有能成為終生志趣的工作」，換句話說就是，沒有使命。所以這些熱愛自由與隱私的個人最享受的閒暇嗜好是什麼呢？高爾夫球和橋牌，是適合喜歡規矩又愛競爭的社交型問題解決者的遊戲，他們想要像高爾夫球場和諧風景般經過整齊規劃且受細心照料的「固定社會秩序中的安全感」。[15]

費茲傑羅在佛州太陽城中心（Sun City Center）聽到的「生活型態」一詞，在我們的訪問中頻繁出現。它的意涵值得深思。費茲傑羅把「生活型態」看作關於私人生活的措辭，絕對是正確的。它和休閒與消費的連結最為緊密，而且通常和工作的世界無關。它把在社會、經濟、文化方面條件類似的人湊在一塊兒，其主要目標之一是去享受和「自己有相同生活型態」的人相處。

雖然美國人對「社區」的使用廣泛又不精確，而且通常與生活型態有關，我們使用這個用語時，它有更具體的含義。社區會嘗試成為兼容並蓄的整體，頌揚公共與私人生活之間、各種不同使命之間的相互倚賴，而生活型態根本來說是零碎的，頌揚對相似性的自戀心態。社區通常明確地包含和「生活型態不盡相同」之他人的對比。基於這個原因，雖然多數現代人都這麼用，我們不講生活型態社區，而是講生活型態「飛地」。這樣的飛地在兩方面可以被解讀為零碎的。它們只包含每個人生活的一部分，因為它們只是關於私人生活，尤其是休閒和消費的私人生活。此外，它們在社交意義上也是零碎的，因為它們只納入擁有共同生活型態的人。擁有其他生活型態的他者不一定受到鄙視，他們可以被大方地容忍。可是就一個人本身的生活型態飛地而言，他者是無關緊要的、甚或不存在的。

生活型態飛地在很大的程度上，是美國生活被按照部門進行組織的發展成果（第二章有提到這是因為工業化與全國市場的出現）。在比較傳統的社會裡，有很長一段時間，私人生活及其休閒與消費模式是社會地位的展現，然後社會地位又與社會階級相連。但隨著社會地位和社會階級愈來愈仰賴一個全國職業體系，而和地方社區愈來愈脫節，在私人生活中擁有一定程度的自由成為可能的事，而這對小鎮、甚至對過去的都市菁英都是無法想像的。到了一九二〇年代的時候，在比較富裕的美國社會部門中，對生活型態表現性的重視已顯而易見，儘管輿論仍舊矛盾。

伴隨十九世紀晚期和二十世紀初期美國工業化而來的大規模移民，對美國人而言，在族裔和語言上都很陌生，這些移民使美國人接觸到文化多樣性，而且似乎也是造成當前生活型態飛地現象背後的一項因素。儘管移民族群的出現確實使美國人習慣文化差異，並且最終能夠忍受和他們沒有道德關聯的那些人，族裔族群本身屬於社區或準社區，而不是我們所謂的飛地。他們嘗試在郊區、乃至（有可能是在）都市環境，複製一個運行良好的社會的整個制度體系。

當代生活型態飛地是以某種程度的個人選擇為基礎，這樣的個人選擇使人們不再受到傳統的民族及宗教界線的束縛。在接受我們訪問的人當中（大部分是中產階級、而且有類似職業），我們發現了各式各樣的生活型態飛地。比較新的生活型態飛地，最早大概是在二戰結束後就能在我們所謂的「青年文化」（youth culture）中看到。諸如娛樂、穿著打扮，以及對音樂或食物品味的模式，把年輕人描繪成大致上不受族裔或階級背景影響的人。這個新興的青年模式被詮釋為，對延長教育和延遲參與成人世界造成的「壓力」的反動。至於生活型態飛地在中年和退休人士之間出現，是否能詮釋為對成人職業體制加諸於老年人口的「壓力」的反動，則是有待討論的一個問題。我們當然有些證據顯示事實正是如此。我們也許可以把生活型態飛地，當作在這個極度個人化的社會中的一種適當的集體支持。或者，換個比較不一樣的說法，由於個體化的目的總是跟一個人尋找能反映及肯定其個性的他人密不可分，在像美國這樣的社會裡，生活型態飛地或許是有必要存在的私人生活社交形式。

雖然生活型態飛地在大城市中最為明顯，因為在城市裡，有很多人除了如何打發閒暇時間之外，幾乎沒有共通點，但今天的美國生活有很多面向可以被視為發展初期的生活型態飛地。自由戀愛（romantic love）是典型的表現個人主義。當自由戀愛變成不只是選擇終生伴侶的一個依據，而是使一段婚姻延續的條件時，自由戀愛往往會把婚姻本身變成一個生活型態飛地。布萊恩的第二段婚姻就有一點那樣的味道。很多曾經名符其實的社區，儘管依舊被稱為社區，可能也即將成為各種生活型態飛地。舉例來說，喬的塞福克早已不再是一個社區，不像過去的傳統美國小鎮就是一個社區。對當地居民（很多都是最近搬來的）而言，塞福克主要是一個住宅飛地，是他們選擇用來追求適當的私人生活型態的地方。就這點來看，塞福克與數千個其他的美國郊區並無二致。

韋恩居住的聖塔莫尼卡絕非典型的美國郊區。他對自我和工作的看法，與他對社區的理想有很大關聯。他認為自己在生活中是為社區奉獻的全職社會運動者，為創造更公平正義的社會，努力組織社區成員。韋恩認為需要透過工作表現傑出或事業有成獲得意義的自我，會掩蓋「將帶來更強大健全的世界」而且「永遠不會拋棄（一個人）的非凡價值」。他認為，「在生活中實踐政治」的熱情，使他曾經粉碎一地的人生得以具體重建，多少挽救了一點「我們在六〇年代做的夢」，同時也為他心目中的終生使命奠定了基礎。指出聖塔莫尼卡是個非常特別的地方，像韋恩這樣的人在居民中占比很高，並不會貶低韋恩的抱負。更值得一提的是，「經濟民主運動」的社會運動者之間有一種相同的生活型態，他們甚至對音樂、葡萄酒和食物都有類似的品味。換句話說，就連大概最想要以有機社群主義的形式（communitarian forms）思考美國社會的一群人，也無法避免生活型態飛地變成個人生活的實際社會表達。

為了呈現截然不同的例子，我們和很多保守的福音派人士談話。福音派對相互依賴的有機社群應有的樣子，有自己的主見，可是他們最終還是和韋恩及其「經濟民主運動」社運圈的朋友一樣，成了不折不扣的生活型態飛地成員。這不是社會運動者或福音派人士的全貌。對承諾的執著帶領他們超越私人生活為公共目標努力，在這方面，他們確實是超越了生活型態飛地，算得上名符其實的社區。不過，當代美國生活的趨勢，是把每個人都拉進某一種生活型態飛地。

然而，我們無須刻意誇大這個趨勢。今天美國社會多數團體大概都同時展現了少量的社區和生活型態飛地特色。兩者的差異比較是分析性的，而不是具體可見的。當我們聽到「同志社群」或「日裔美籍社群」這樣的說法時，我們必須先深入認識這個社群的種種，才能決定它們在多大程度上是名符其實的社區，在多大程度上是生活型態飛地。

「青年文化」最初被發現的時候，有人認為提供身分認同的符碼，給已經開始與家庭分離但尚未準備以成人身分開始工作的少男少女，是青年文化的功能之一。這些符碼定義他們，無論多麼不主流，與眾不同，因而擁有他們專屬的身分認同。儘管通常脆弱又膚淺，在工作鮮少被當作使命，而且很少有人以公民的身分在公共參與中找到自我的一個年代，生活型態飛地為每個人實現了找到自我認同的功能。

為自我扎根

我們已經看到當今美國人把自我觀念和家庭、宗教和工作分離的各種方式，還有他們透過生活型態飛地，尋找在人生其他部分欠缺的自我表現（self-expression）。我們也看到前人為了重新開始而離開家、教會與事業。與過去決裂是美國歷史的一部分，拋棄傳統是貫穿美國傳統的一個主軸。可是，這樣一個獨立的自我是如何形成與扎根的呢？我們今天有相當於溫斯羅普的上帝、傑佛遜的自然、富蘭克林的進步和惠特曼的詩意所提供的答案嗎？幾乎每個受訪者都在回答時談到「價值」。他們當中有些人，對於每個人「實際上」和理想上應該秉持的價值直言不諱，喬就是一例。像小孩這樣不懂事的人，需要有人跟他們說，「閉嘴，好好聽著！」懂事的人應該幫忙遏止混亂，並且「為了社區的福祉彼此合作」。有些人則是反覆提到「這個價值問題」，強調我們應該「互相幫助，同心協力」而不是追求一己的成功，韋恩就是這樣的例子。瑪格麗特比較了解她的「價值」基礎是脆弱的。「其實就是取決於我賦予自己秉持的價值的權威……我為自己設定的所有目標，算是激勵著我，告訴我要走什麼路，要避免什麼。」

如果自我是由選擇自身價值的能力定義，那選擇本身又是根據什麼基礎而來的呢？對瑪格麗特和許多人而言，一個人選擇哪些價值或行動方針完全沒有可客觀化的標準。每個人本身的獨特偏好，就是選擇背後的道理，因為它們定義了真實的自我。布萊恩解釋自己從工作狂變成愛家男人的大轉變時說，他純粹是從後者的過程中得到比前者更多的個人滿足。正確的作為，說穿了，就是會給行動者產生最大挑戰，或使他自我感覺最良好的作為。

既然自我是由他們的偏好定義，偏好又是獨斷的，於是每個自我都構成自己的道德宇宙，最終根本沒辦法消弭人與人之間對於善的矛盾看法。人們只能參考後果鏈，然後反問自己，根據自身的「價值體系」來看，我們的作為是否對自己有用，或是否始終如一。在和他人進行交流時，我們只能訴諸於他們的自利，或是他們的直覺同情心。舉個例子，瑪格麗特在做心理治療的時候會「嘗試幫助他們意識到，他們可能給另一個人造成了極大的痛苦，然後問他們：『你覺得你該不該為此做點什麼』？」假如遇到一個價值「我真的無法忍受」的人，瑪格麗特說：「我會避免為他們做治療。」如果同情心或本來就恰巧相同的價值不足以解決我們與他人之間的道德分歧，遠離他們是我們唯一能使用的手段。

由於對錯善惡沒有可客觀化的標準，自我及其感受便成了每個人唯一的道德指引。持續前進，卻沒有固定的道德目的地，自我究竟住在怎樣的世界裡？答案是，每個個體都有權擁有專屬於他的「一小片天地」，而且在這片天地的界線之內享有徹底的自由。至少在理論上，每個人無論膚色、族裔或價值體系為何，都擁有這樣的公民權利與精神權利，只要他們在行使權利時不侵犯他人相同的權利。

不過，儘管每個人都有權擁有專屬的私人空間，但現實情況是，唯有財力雄厚的人才有經濟能力購買為所欲為所必須的私人房地產。基於這個原因，經濟不平等必然為每個人自我實現的個人「權利」畫下界線——或是不公正地侵犯了那些權利，誠如韋恩在試圖控制聖塔莫尼卡飆漲房租的政治行動中所宣稱的。對各種價值和「生活型態」的寬容在布萊恩居住的矽谷郊區為人津津樂道，但這是拜房地產價格使唯有中上階級買得起那一區的房子所賜（一九八〇年代初期，每棟房子的均價遠遠超過十萬美金）。他們的生計不仰賴集體忠誠或在地方上的臉面，而是取決於每個人的技術能力（其優劣由大學文憑負責認證，高低則是由布萊恩服務的那種大企業的利潤會計負責估量）。簡言之，布萊恩的獨立自我（separate self）被安置在無關公領域的私人財產上，但存在私人財產上的顯著自由，卻徹底仰賴整體社會的制度性結構。

泰德．歐斯特（Ted Oster）把獨立自我的世界推向一個新的極致。泰德是沒有制度性宗教信仰或任何政治承諾的律師，也住在矽谷。他主張「硬性」的道德標準妨礙了人們的自由和生活享受，因為「人生是一個大型彈珠台，若想從遊戲中得到樂趣，你必須能夠調動自己和調整自己適應不同的情況。你必須能夠意識到多數事情都不是絕對的。除了生和死，很少有絕對的事。」想要變得自由，自我務必是流動的，能夠輕易地在不同的社會情境與角色之間轉換，而不讓生活去符合任何一套特定的價值與規範，就連自己訂定的價值跟規範都不該存在。事實上，一個人的價值其實不是單一個「體系」，因為他們會隨社會情境與關係而有所改變。被想像成一場「彈珠台遊戲」的生活也有它的規則，可是這些規則都是工具性的，本身並沒有意義，只是作為遊戲者享受遊戲的手段。倘若改變規則能夠增強遊戲者的滿意度，改變規則就是有道理的。因此，如果有個好朋友在待人處事上「有很根本的不誠實問題，」泰德說，「為了享受他的陪伴，我會在看待事物方面做些妥協，好讓自己能夠喜歡他，和他相處愉快。」「我不認為我從根本上改變了自己。我改變我正在做的事，也許講些言不由衷的話。那和每分每秒都不誠實是截然不同的。為了和他們相處更愉快，我對某些人不會完全的誠實。我把一些個人感受擺到一旁。我試著適應他們看待事物的方式，而不至於改變自己。」

一個不受絕對價值或「硬性」道德義務束縛的自我，可以改變自己的行為以適應他人及各式各樣的社會角色。自我可以像玩遊戲般地扮演各種人，和任何明確的社會認同都不過於親近，可是永遠不會改變自己的「基本」身分認同，因為那個認同全然取決於探索及追求專屬的個人需求與內在衝動。

假使每個自我都得是他本身的道德指引來源，每個人隨時都必須清楚自己的渴望，隨時都得憑直覺得知自己的感受。如此一來，他才能讓自己的需要獲得最大的滿足，或表現最完整的內心衝動。溫斯羅普服從上帝意旨和傑佛遜依循自然法則的客觀美德，變成了隨心所欲享受的主觀美德。功利取代了責任，自我表現推翻了權威。「做個好人」變成「做個感覺好的人」。「我一向很愛馬克．吐溫那句話，他說做了讓你感覺好的事，就是道德的事，」泰德表示，「做完之後讓你感覺不好的事，就是不道德的事。這代表你至少要把每件事都嘗試一遍。我想我是個滿結果導向的人，會帶來好的結果的一定是對的，會帶來壞的結果的一定是錯的。」因此，行動本身沒有好與壞，好壞是來自它們造成的結果，或它們產生與展現的良好感覺。

在這個個人主義的道德框架下，自我變成檢查與探索感受的關鍵場所——這是功利主義行為帶來的結果，並激發了表現主義的行為。泰德正是為了提升這種檢查的效率和範圍，所以提出「至少要把每件事都嘗試一遍」。自我務必持續擔任決定正確行動的需要與衝動的直覺中心，同時作為無可質疑的感覺好壞評判者，透過感覺好壞我們可以計算行為的功效，並直觀地判斷自我表現的深度。乍看之下，這個對自我的描繪顯得天經地義，毫無問題可言。有一位人本主義治療師評論說：「弄明白自己想要什麼，對人們來說並不困難，只不過他們害怕爭取這些東西會使自己失去其他想要的東西。他們不確定該如何同時應付所有事情。不過總的來說，我認為人們心中對於什麼能讓他們感覺良好都有絕佳的理解力。」每個人都可以輕而易舉地明白自己的需要，因為他們「心中」對於什麼能讓自己感覺良好的直覺很準。對明顯注重功利主義的自我而言，道德問題純粹是策略性或技術性的問題：滿足某個需要，可能妨礙我們滿足另一個需要，因此我們有時會覺得窮於應付。

可是，實現個人主義的自知（individualistic self-knowledge）還有另一個困難得克服。怎麼確定自己沒有為了他人的感受和需要而改變，而且完全不受他們的價值影響。「他人的評價就是被我們內化為做個好人的那些觀念，做個好人的對立面是做個感覺好的人，兩者往往是相衝突的。」治療師解釋道，「雖然我不能告訴你什麼是感覺好，而且有些人很難得會感覺好，我還是認為人們感覺好的時候，自己是清楚的，只是他們也許會對其他東西感到困惑或被分心。就好像愛上一個人。愛上一個人是非常主觀的判斷，而且每個人的經驗都不一樣，我沒辦法明確告訴你那是什麼。不過我有沒有墜入情網，我自己是清楚的。」如今一個人選擇讓自己感覺好，等於反對「做個好人」，後者不是被當作某種客觀的美德狀態，而是被當作順從他人的評價，也就是做令**他們**滿意的事，或是遵從傳統慣例。儘管有時候感覺好的經驗毫無疑問存在，而且非常強烈，它就像談戀愛一樣是高度主觀的經驗，因此它的特色依舊難以形諸言語。個人主義自知的試金石最終顯得不太可靠，而它對行動的指引也難以捉摸。

當自我從家庭、宗教和使命的權威、責任和道德典範獨立出來後，便會先透過自主地追求幸福和滿足其需要找到它專屬的行動形式。可是自我的需要是什麼呢？他根據什麼測量標準或感覺機能辨識自己的快樂？面對這些問題，美國個人主義的主流價值理念，似乎空前堅決地試圖推動擺脫一切標準的任務，認為每個人的快樂只需要私自的認可。蓋爾・希伊在談論中年時說：

> 放手。讓自己接受。讓你的伴侶接受。接受你的感覺。接受改變。展開中年之旅時，你不能什麼都想帶上。你正在離開。遠離制度性控制和其他人的意圖。遠離外部評價和外部資格認證，轉而尋求一種內在的認可。你正在遠離角色，進入自我。如果我能給每個人一份餞別禮，送他們踏上這場中年之旅，我會送每個人一頂帳篷。一頂象徵試探的帳篷。願它幻化成可攜帶的根。
>
> 為了抵達前方的空地，我們必須在這趟沒有重心的旅程持續向前，穿越變幻無常。我們必須放棄藉由過度投入人與制度而得到的任何虛假安全感。住在我們內部的管理者必須交出控制權。從現在起，沒有任何非自身的力量能指揮我們的旅程。每個人都應該找到一條符合自己標準的道路。[16]

但假如每個人的倫理與道德標準「不受其他人的標準和意圖影響」，我們遵循它們又是為了什麼，或為了誰？個人主義的兩個傳統，僅提供對外部成功的成本效益分析，以及內心感覺還算自由、自在、真誠的直覺，作為我們建立自我認可的基礎。自我的內部擴張的觀念沒揭露品德具體應有的樣子，應該尊重的界線，以及應該服務的社區。潛能的觀念（關於什麼的潛能？）完全沒告訴我們哪些任務和目標值得追求，而且無視差事、事業和使命之間的差別。我們會質疑，為什麼非得做某件事不可，而不能做別的事，尤其當我們剛好沒有意願，或覺得做那件事無利可圖時。

現在讀者應該都明白了，「價值」本身絕非答案，儘管幾乎每個接受訪問的人都不斷地提起價值二字。「價值」於是變成個人擺脫最後一絲一毫外部影響，得到純粹的、毫無內容的自由之後，他或她所做的沒有理性基礎且令人難以理解的選擇。借用邁可・桑德爾（Michael Sandel）的說法，置身在絕對自由中的理想自我是徹底「無拘無束的」（unencumbered）。[17]即興拼湊的自我（improvisational self）選擇價值去表現自己；但自我不是由價值構成的，不是來自一個預先存在的源頭。無拘無束的自我（unencumbered self），這概念不單是衍生自精神治療，更是現代哲學從笛卡兒、洛克和休謨一脈相承而來的根本產物，這些人對我們的影響超乎我們的想像。洛克是以現代意義討論認同（identity，按：在哲學討論脈絡中譯為同一性）的先驅之一，他說：「這也就表示，人的同一性需要不斷生滅的諸多物質分子參與同一的連續生命，陸續和同一的有組織的身體緊緊結合。」[18]

這個自我的概念帶來了一些長期以來困擾著現代思維的問題，而我們的受訪者對這些問題至少有一定程度的意識。譬如說，是什麼保證一個如此空洞的自我能保持自主性，而不受外界的入侵？激進的經驗主義以自我的自主為起點。但誠如洛克的主張所言，自我不就是銘刻在「空白石板」上的一連串經歷嗎？不然還能是什麼？心理學對社會化和制約的理解是相同的。因此，儘管宣稱自我擁有自主性，而且終將無依無靠，瑪格麗特卻還是相信「形塑價值的是你所接受的教養」，亦即「你年輕時擁有的背景和經驗」。這個觀點推到極致就是，自我根本不存在，厄文・高夫曼（Erving Goffman）的作品有時會傳達出這樣的觀點。[19]一個看起來像自我的東西，不過是一系列隨著連續情境改變的社會偽裝。所以說，一個絕對自主的自我和一個徹底被社會情境決定的自我，其實並非彼此對立的。我們遇到很多受訪者都可以從一套詞彙轉換成另一套，幾乎沒注意到其中的差別。

被普遍使用的「價值」語言自相矛盾，恰恰是因為它不是一個注重價值（或道德選擇）的語言。它預設了一個無拘無束且即興的絕對空洞自我。它掩蓋了個人現實、社會現實，尤其是將人與社會聯繫起來的道德現實。因此，除了引用訪談內容時，我們盡量試著在本書中謹慎地使用「價值」一詞。

事實上，許多受訪者（包括治療師在內）都和我們一樣，對「價值」及其他時下思索自我的方式感到不安。儘管申明自我獨立於社會之外，而且是先有個人才有社會，有些人還是主張人與人有共同的「基本需求」，也許是基於生物本能的需求。被問及生活中有什麼**值得**追求時，一位治療師列舉了「十項基本的想要與需要：健康、衣物、住所、糧食、性、愛與親密、工作與專業、趣味、心靈意義和安全感。」有了這張清單，她可以對個人需要做宛如自然法則一樣的評斷：「健康的」或是「神經質的」需要，「較低的」或是「較高的」的發展任務。但這樣的推理終究是扎根在非社會的、非文化的現實理解裡，幾乎無法指引私人生活和親密關係以外的人生。

走出激進個人主義死胡同的另一條路繼承自華茲華斯（Wordsworth）、愛默生及其他浪漫主義者，今天由人本主義與超個人心理學家（humanistic and transpersonal psychologists）延續其香火，也就是說，假設在每個人的核心都存在一個根本的精神和諧，不單單能把他或她與其他所有人連結，也與宇宙整體連結。但這方法也完全避開了外部權威、文化傳統和社會制度。最原始純淨的自我得到了肯定。可是一旦被發現後，這個自我其實和宇宙是合一的。我們接下來將看到浪漫主義與心理學的泛神論，其實和美國宗教遺產的其中一股傳統相連。可是，這類浪漫個人主義在為現實生活提供具體處方時顯得極為空泛。

在此澄清，我們的意思不是說受訪者的自我很空洞。他們大多是嚴肅、投入、涉世深刻的人。但只要他們還受限於激進的個體自主性語言（其中很多人正是如此），他們注定會把自己或他人想成許多獨斷獨行的意志行使中心（centers of volition）。他們無法表現真正貼合自己的生命全貌。

生命歷程的意義

「找自己」意味著很多事，其中之一是找到使自己的生活變得有道理的故事或敘事。生命歷程及其主要階段，已經成為很多社會科學研究的對象，談論生命週期的書籍也紛紛登上暢銷榜。美國人對童年分期的興趣，至少可追溯至一九三〇年代。作為一個特別重要的生命階段，青春期及其「身分認同危機」在五〇年代和六〇年代廣受民眾關注。近年來，我們聽到很多有關中年危機和老化的討論。有鑑於前文所描繪的徹底無拘無束又即興的理想自我，也難怪美國人會緊抓某種人生階段或人生危機的念頭，為他們似乎必須創造的獨斷生活模式賦予連貫性。

若要能夠提供任何意義，生命歷程的觀念務必被置於更寬廣的世代與歷史脈絡中，或許還有宗教脈絡。然而，很多關於生命歷程的大眾書寫（譬如希伊的《人生變遷》），還有很多一般美國人的思維，在思索生命歷程時完全沒參照任何社會的或歷史的脈絡，純粹把它當作閃過單獨個體腦海的事。在這個情況下，不光青春期危機是關於分離和個體化的危機，每個人生危機都是，可是愈來愈自由與自主的自我，究竟能用自由**做什麼**卻變得愈來愈令人費解。如此思考生命歷程，可能會加劇而不是解決個人生活意義的問題。

綜觀世界史上的多數社會，生命意義在很大程度上源自我們和我們的父母及子女的人生之間的關係。對高度個體化的美國人而言，親子之間的關係有點反常，因為孩子仰賴成人的生物學常態被看作道德上的不正常。我們已經看到在美國，孩子務必離家，在宗教信仰和意識形態上找到自己的路，自己養活自己，並且找到他們專屬的同儕團體。這個過程導致子女對雙親的付出嚴重失憶。舉例來說，和我們談話的一名麻州汽車經銷商業主自詡為白手起家之人，他說他這輩子向來都是靠自己，彷彿忘記是他父親把生意做起來，然後交給他經營的。更重要的是，忘記雙親給了我們什麼的傾向，似乎普及為徹底忘記歷史給我們的遺產。（前面已經提過傑佛遜遺忘了英國人身為殖民者做的事。）相反的，很多美國人想到對孩子負責會覺得不安。被問到她是否對自己的小孩有責任時，瑪格麗特猶豫地回答：「我……我會說，我對他們有法律上的責任，但在某種意義上，我認為他們也該為自己的行為負責。」法蘭西絲・費茲傑羅發現在太陽城中心的退休人士，很多人都和小孩關係相當疏遠，而且懼怕對孩子有任何依賴。托克維爾曾說美國人總有一天會忘記他們的祖先與後代，這情況似乎在很多人身上發生了。無法正面看待家庭連續性（family continuity），使目前大眾對「家庭」的懷舊之情更加酸楚。

顯然，對多數美國人而言，生活的意義在於成為自己的主宰，差不多像是孕育自己。誠如我們所見，這個過程大多是負面的。它需要人擺脫家庭、社群，以及沿襲而來的想法。在如何填充這個自主的、為自己負責的自我輪廓方面，我們的文化並未提供個人太多指引，不過倒是指出了兩大重要領域。工作是其中之一，亦即最卓越的功利個人主義國度。傳統上，男人被認為要證明自己能在職場自立自強，這份期待如今也被加諸到女人身上。另一個領域是生活型態飛地，亦即最卓越的表現個人主義國度。我們應該要能找到一群合自己意的人，或至少找到一個自己喜歡的人，和他們在接納、快樂與愛的氣氛中共度休閒時光。

毫無疑問，很多美國人滿足於這個工作搭配私人生活型態的組合。對一輩子努力工作的人而言，跟氣味極其相投的一群人在「退休社區」一起做差不多的事，可能是一種令人滿意的生活。住在佛州太陽城中心十四年的一名婦女對費茲傑羅說：「這是我們一輩子夢寐以求的長假。」[20]

另一方面，如果一個人從事欠缺內在意義的工作，又把休閒時間都投注在高爾夫球和橋牌上，這種生活的搭配組合是有局限的。在這樣的生活中，很難找到像朝聖或生命探索的那種故事或敘事；這些故事或敘事被許多文化用來連結公與私，連結現在、過去與未來，並且把個人生活和社會生活及宇宙意義連結起來。

我們不該忘記，儘管小鎮和教條主義的教會確實提供更為前後連貫的敘事，但它們往往狹隘且令人窒息。在某種程度上，美國目前的激進個人主義是對強加不合理約束的社群和社會慣習的正當反應。即使重返五十年、一百年前的民德是可能的，終究也不會解決我們的問題，反而只會讓問題雪上加霜。然而，在竭力擺脫過去束縛的過程中，我們已經丟棄了太多，忘記我們不能背棄的歷史。

當然，並非每個美國人或每個與我們交談的人，都認為自我應該無拘無束地任意選擇其「價值」，「完全獨立」於所有其他人的影響。受訪的基督徒和猶太人認為自我的意義，來自個人跟會挑戰、應許與保障他們的神之間的關係。甚至在部分受訪者心目中，「靈魂」一字尚未完全被「自我」一詞取代。有些受訪者認為脫離歷史和社群的自我完全沒有意義。對他們而言，唯有透過與他人攜手建立一個公正而充滿愛的社會，值得擁有的自我才會相應形成。但我們發現這樣的人經常遭受批評，為能夠表達他們抱負的聖經及共和語言奮鬥，經常以他們有意識地拒絕的治療修辭來表達自己。這是一種受過教育的中產階級美國人避不掉的修辭，而且在電視和其他大眾傳播媒介的推波助瀾下，幾乎全美國的人都無法避免。然而，即使是最囿於孤立自我的語言的人（「可是說到底了，你真的是獨自一人」）也被他們在其中感受到的虛無主義困擾，並渴望找到一種方法來克服純粹獨斷的「價值」的空洞性。

我們相信，受教育的美國人對自我的大部分想法，亦即在美國大學和很多中產階級之間幾乎成為霸權的那些想法，是建立在不適任的社會科學、貧乏的哲學和空洞的神學之上。當我們採用激進個人主義的語言時會錯過一些真相。我們不是在完全不受其他人與制度影響的情況下找到自己，而是透過其他人與制度找到自己。我們永遠不會單憑己力看到關於自我的真相。我們和他人在工作、愛情與學習中，面對面、肩並肩地認識自己。我們所有的活動都是在按照制度性結構安排，並且經過意義文化模式詮釋的人際關係、團體、社團和社群共同體內發生。我們的個人主義本身就是這樣的一個榜樣。同時，美國個人主義的光明面，像是尊嚴感、價值感和個人的道德自主性，以千百種方式仰賴一個我們無法描述得很好但終究確保我們能持續運轉的社會、文化和制度脈絡。生活中有太多事不受我們的控制，太多事甚至不在我們的「負責」範圍內，太多事被我們當作恩典接受或當作悲劇面對，這都是美國人習慣性地寧可不去想的事。最後，無論作為個人或整體社會，我們不單單是為了自己而存在。我們是一個更廣大的整體的一部分，要是我們忘記了這個整體的存在或把自己等同於整體，必定會付出高昂代價。如果我們不想讓自我高掛在虛空，在風中慢慢扭曲，這些都是我們不能忽視的問題。

本章的焦點是「找自己」這個典型的美國考驗。在討論過程中，我們發現無論美國人多麼稱許個人的自主性和自力更生，他們想像的美好生活不是由一個人獨自實現。接受我們訪問的人應該幾乎都會同意，在工作、愛情和社區中與他人產生共鳴，是幸福、自尊和道德價值的必要條件。接下來幾個章節，我們將逐步擴大圈子，首先進到愛與婚姻的世界，探究我們如何與非常重要的重要他人（significant others）交流。

第四章　愛與婚姻

「找自己」不是獨自一人去做的事。追求個人成長和自我實現，應該會引領一個人踏進與他人的關係，而在這些關係中，最重要的就是愛與婚姻。可是，愛與婚姻愈是被視為心靈滿足的來源，它們似乎就愈難以待在客觀的角色模式與社會制度之中。當自然隨興的人際親密被視為典範，誠如勢之所趨，拘謹的角色期待與義務可能引發負面觀感，被認為有可能妨礙上述理想中的親密。[1]倘若人們主要從心理滿足的角度看待愛與婚姻，它們可能無法實現過去的社會功能，也就是提供穩定的、投入的關係，進而把人們拉進一個更大的社會裡。我們將在這一章看到，這些存在部分矛盾的愛與婚姻概念之間的摩擦，在今天的美國社會隨處可見。

女人的領域

托克維爾大力主張愛與婚姻有正面的社會功能。他把家庭看作在宗教和民主政治參與兩個領域之外，有助於節制美國個人主義的第三個領域。家庭是他思考「心的習慣」的核心，因為家庭是民德最早被灌輸的地方。有時候，他把這個領域對美國民主成功的重要性捧上了天：

就我個人而言，我可以毫不猶豫地說，儘管美國的女人不曾離開她們的家庭領域，而且就某些角度來看，在家中非常的依賴，但世界上沒有其他女人的地位比她們更高……倘若有人問我，這個國家無比興旺且愈發強盛的主因是什麼，我會回答，是因為他們的女人的優越地位。[2]

托克維爾認為宗教的角色在美國，有一部分取決於宗教對女人的影響。他說，宗教「確實指揮民德，而透過控制家庭生活，幫忙控制了國家。」美國民德的嚴謹源自宗教，但不是直接透過它對男人的影響。在美國：

在財富帶來無數誘惑的情況下，宗教通常無力克制男人。宗教無法節制他們想要使自己變富裕的渴望，他們致富的渴望總是輕易地被激發，可是宗教卻在女人的靈魂中占有至高無上的地位，因此形塑民德的是女人。美國絕對是世界上最尊重婚姻關係的國家，也是構想出最終極與最真誠的夫妻幸福概念的地方。[3]

今天的美國社會和托克維爾的時代已經大不相同，我們在這章要關注的就是變化的部分。儘管如此，在十八世紀晚期和十九世紀早期被提出，爾後在一八三〇年代明確成形的婚姻與家庭概念，就算受到批評並成為替代實驗的對象，在很多方面仍是支配美國社會的理想，而托克維爾對此概念也有很精確的掌握。[4]這個現代的美國家庭模式被稱為「家父長制的」（patriarchal），但這個用語並不準確，而且對於理解美國家庭無濟於事。它比較適用於一個更早期的家庭生活，在美國，它從殖民時期延續到十八世紀晚期（在農村則延續到更晚），家庭在這段期間是經濟上相互合作的整體，丈夫、妻子和小孩為了家庭的共同利益，在農場或商店裡並肩勞動。丈夫／父親在這個早期模式裡的確是一名家父長，為其「家政府」的和平與秩序負責，為他的孩子定奪職業和配偶，而且控制妻子的財產，如果妻子有工作的話，連薪資也要交給他。在十九世紀初期逐漸成形的新式家庭還稱不上不平等，可是明顯比過去更注重個人意志。父親控制孩子的權力已大幅降低，而且孩子基本上可以自行決定想要的職業與婚姻伴侶。女人不再只是從屬者。在某種程度上，在她們專屬的領域中，也就是「女人的領域」，她們「是分離但平等的」（separate but equal）。這個新的家庭形式和新的商業經濟及早期工業經濟密切相關，在這個新經濟中，男人的職業把他們從家庭拉出來，帶到生意的世界，也就是男人的領域。在這個社會變遷中，有錢的女人失去了她們的經濟功能，因為她們如今被局限在家庭經濟中，而不是對家庭生意有直接貢獻，但變遷也使女人的地位有所提升。隨著經濟愈來愈富裕，女人如今識字、受教育（不過主要是在「女子學院」），可以參加社會上的志願社團（但大致上局限於隸屬教會的社團）。[5]托克維爾讚揚「女人的領域」不同於自私又傷風敗俗的「世界」，既和平又和諧，是充滿愛與虔誠的領域，而一八三〇年代專為女性而寫的很多文學作品（往往出於神職人員之手）也顯示出和托克維爾相同的態度。這是家庭被當作「無情世界避風港」的意識形態最早被注意到的時期。最近和我們談話的人當中，有很多依然抱持這個觀念。

在十九世紀早期開始分離的兩個「領域」，至今仍深植於很多當代美國人的腦海裡，而且它們之間的對比，是我們用來組織世界最重要的方法之一。根據大衛・史奈德（David Schneider）和雷蒙・史密斯（Raymond Smith）表示，相對於職業國度的焦慮、你爭我奪和重視成就，家庭是一個擁有「模糊的、持久的團結」的國度。[6]家是一個人被無條件接受的地方，這在商業與政治的世界裡幾乎是前所未聞的事。美國人儘管意識到，這年頭的家庭經常不如他們可能期望的那樣可靠，仍然據此對比來定義家庭的內涵。家庭充滿愛與幸福，是你可以指望其他家庭成員的地方。相對公共世界，家庭和一切家庭般的關係得到很強的正效價（positive valence）①。

有鑑於美國人非常強調獨立性及自力更生（這點我們在上一章已有著墨），強調相互依賴與接納的家庭在美國得以倖存更顯得驚人。家庭在很多方面代表一個有更悠久歷史的生活。相對於工商世界帶來的新興時間紀律，在家中的工作還是維持任務導向，隨著一天的不同時段和每個季節而有所改變，回應個人的需要及其變化，混合勞動與社會交流。[7]誠如南希・考特（Nancy Cott）所言，雖然考特談論的是十九世紀初的情況，但她的話在某種程度上依舊切題：

> 儘管社會背景有所變化，在多數情況下，成年女人的工作保留了兩性過去共享的傳統模式和地點。接受時間紀律與專門職業的男人可能開始發現，妻子和他們本身從事的工作之間有許多差異。也許他們專注在女性家庭工作仍保有的「前現代」（premodern）面向：它回應人的直接需要，非常好理解；它代表的不完全是「工作」，而是「生活」，一種存在的方式。[8]

考特指出，從道德的角度來看，家庭代表一種較古老的模式：「家庭成員相互服務的傳統，如今只剩下女人的家庭服務。」[9]因此，在男人的工作演變成一項事業或一份職缺之際，女人的工作還保有傳統的使命感意義，作為一份職業，其意義基本上來自它對家庭共善的貢獻。美國神職人員和法國哲人看重的就是女人這個角色展現的無私與照顧他人。他們把女性的這個面向拿來和男性自吹自擂的個人主義做對比，然後把女性的家庭道德觀和基督教與共和美德連結起來。他們認為自由社會的未來取決於家庭規矩的培養，這些規矩將由母親傳承給孩子，被妻子拿來約束丈夫。婦女在現代商業社會的道德優越性，是以她們的自由及公共領域參與為代價，這一點早在十九世紀初就很明顯了。托克維爾驚嘆獨立、自力更生的美國女孩，在公共領域有能力表現得比歐洲女孩更出色，竟然會選擇踏進婚姻這個一輩子的承諾，讓自己被關在一個高尚但受限的領域裡。[10]實際上，女性做出選擇時大概不如托克維爾以為的那樣容易，其實「婚姻創傷」（marriage trauma）並不罕見，而且嚴重的話，可能導致女性獨身一輩子。[11]然而，女性的確接受家庭生活和「女人的領域」的大部分意識形態。早期女性主義者在爭取更多公共參與及婦女平權的同時，也堅持公共生活應該展現出更多的家庭特質。

成為夫妻、父母的男人和女人之間的關係是家庭生活的關鍵。結合婚姻伴侶的那份愛，演變成親子之間的愛。而正是愛的獨特美德，使家庭成為比世界更高尚的道德場所。事實上，為人妻、人母者給丈夫與孩子的「無私的愛」，被視為最歷歷可見的道德實例。

男人和女人之間的愛還能產生另一組延伸意義，它在發展中的美國文化裡，賦予了家庭一份額外的重要性。愛不僅意味道德的家庭是不道德的商業世界的反面，愛還意味著感受是盤算的反面。身為家領域的主要居民，女人被賦予很多我們認為屬於表現取向（而非功利取向）的特色。十九世紀描述男女差異的方式，是把女人和心畫上等號，男人則是和腦袋。女人憑感覺做事，男人憑理性。[12]但這對比不全然在貶低女人，畢竟浪漫主義運動推崇感性多過理性，視之為真實人性的泉源。女人被認為有鑑賞力、想像力而且歡樂快活，男人則以可靠、判斷力和毅力為特徵。

① 譯注：指行為達到預期目標後對滿足個人需要的價值大小，正效價愈高，代表個體愈希望達到目標。

無論這些性別角色的刻板印象對比多麼強烈，而且對比在十九世紀中葉似乎比過去和未來都更尖銳，男人在一個至關重要的方面必須參與「女人的領域」。愛明顯是關乎心的事，而不是腦袋，而愛對男人和女人而言都是婚姻的必要基礎。即便在婚姻主要為父母之命的十七世紀，配偶仍應該在訂婚期間慢慢學會彼此相愛，而且根據清教神學，夫妻之間的愛是「上帝加諸給所有結為連理之夫妻的責任」。[13] 拿到了十九世紀的時候，自由戀愛成為獲得文化認可的擇偶基礎，而且在理想婚姻中應該持續一輩子。十九世紀的婚姻談論表現個人主義大概是有點牽強，雖然說討論中使用了我們賴以看見功利主義表現形式的一整套對比術語。可是在二十世紀，婚姻某種程度上已和家庭的脈絡分離了，意思是婚姻在中產階級的很多行業不一定意味著生育後代。婚姻因而變成表現個人主義發揮的環境，或成為「生活型態飛地」，就像我們在前一章所說的。

總結美國家庭自十九世紀早期以降的變化，親族的網絡縮小了，個人決定的範圍大有成長。即便到了今天，比起上層或下層人口，這個情況在中產階級之間更為明顯。儘管這個比喻被一些過分熱衷的詮釋者拿來做此暗示，核心家庭並沒有「被隔離」，可是和核心家庭以外親戚的聯絡，不僅取決於地理親近性（雖然這在我們的流動社會〔mobile society〕中不該被視為理所當然），還取決於個人的好惡。一旦孩子離家，就連雙親與孩子之間的關係都要靠個別協商。

個人決定的範圍在家庭內愈來愈大。舉例來說，保持獨身不再被視為丟人的事。結婚的社會壓力還是存在，可是這份壓力在今天大概是美國史上最低的時候。多數人仍然想要結婚，但他們不覺得自己一定得結婚。更重要的是，沒有人非得生小孩不可。生小孩是個有意識的決定，要生幾個小孩也是。儘管多數夫妻想要不只一個小孩，但創造大家庭已成過去式，除了少數例外情況。最後，人們可以從不喜歡的婚姻轉身離開。在今天，離婚作為不幸福婚姻的解決之道，哪怕是有年紀還小的小孩的婚姻，比起過往任何時候都更為社會所接受。[14]

就托克維爾主張婚姻和家庭是對抗個人主義的防線來說，這一切意味著什麼呢？真要說起來，家庭與世界在今日的對比（前者由愛主宰，後者由金錢主宰），遠比托克維爾的時代要強烈得多。然而，個人主義既存在家庭之內，又瀰漫在家庭之外。家庭內的自由選擇，在托克維爾的時代就已經比過去更多，如今除了年幼的孩子之外，家庭內每個成員所做的決定都是自由選擇。「女人的領域」的意識形態依然存在，但遭受嚴厲批評，特別是當它被用來限制女人投入職場，或是被用來拒絕給予她們婚姻關係中的平等權利時。男人和女人都想要保存「家庭價值」，可是兩性間更充分的平等所實現的正義也受到廣泛認可。所有這些變化如何影響接受我們訪問的民眾呢？他們對於自己生活中的愛與婚姻有什麼想法呢？

愛與自我

美國人相信愛情是建立持久關係的基礎。一九七〇年所做的一項民調發現，所有美國人當中有百分之九十六抱持著兩個人共同生活與居住的理想。當同樣的問題在一九八〇年提出，又有同樣百分比的受訪者同意這樣的理想。然而，當研究者在一九七八年對全國抽樣詢問：「今日多數結婚的情侶（是否）期望餘生都保持已婚？」有百分之六十的人答案是否定。[15]事實顯示，愛與奉獻是吸引人的，但並不容易。因為除了相信愛情，美國人還相信自我。事實上，誠如我們在前一章所看到的，除了自己，我們能用來判斷行動的標準很少。使我們結合在一起不可或缺的愛，扎根在主觀性的漲退中。難怪現代人會覺得婚姻大不易。

然而，當事情進展順利時，愛情似乎很自然，幾乎不需要多做解釋。一段戀愛關係之所以好，是因為它運作順暢，因為它「感覺很合」，因為它讓一個人感覺賓至如歸。瑪姬和弗雷德・羅文（Marge and Fred Rowan）已結婚十二年，育有二子。他們是高中情侶。在我們請他們談談當初怎麼決定要結婚的時候，弗雷德說：「我們沒什麼討論。」瑪姬一直認定「結婚是我們關係邁進的方向」。嫁娶一個人可能有實際的和浪漫的理由，可是這些幾乎都是事後的想法。重要的是關係有發展出愈來愈自然的感覺，很合的感覺。人們在關係中談不上什麼選擇不選擇，而毋寧是單純地去接受既有的關係。弗雷德的妻子瑪姬說，她在結婚前就覺得弗雷德是「對的人」。「就像他說的，這是非常不言而喻的，但那就是我們分毫不差的感受，毫無疑問。弗雷德一直都是『我的人』。他只『屬於我』。」他們「從高中開始就是彼此的」，甚至當她試著在大學和別人約會時，「我覺得這麼做很蠢，因為我知道我愛的是弗雷德。我不想和其他人在一起。」

如果一個人對自己的關係「感覺很對」，尋找「真實愛情」的定義就變得毫無意義。畢竟，人們在尋找的不過是屬於自己的「對的位置」。誠如弗雷德所言：「我就是覺得很對，就像被捲進愛的浪花裡。愛上就是愛上了。談戀愛不是做決定，不能有不確定感。」弗雷德和瑪姬描述的那種關係似乎很自然，它是如此的自發，甚至帶有一種強烈的必然性。對他們而言，他們的關係體現了對自身認同的深刻理解，進而感受到自我已在世界上找到了對的位置。愛體現了一個人的真實自我。在這種自發又自然的關係中，自我可以既有歸屬感又自由。

並非每對夫婦都能找到弗雷德和瑪姬傳達的愛情確定感。可是，多數夫婦都想要自發與穩固、自由與親密的類似組合。許多人說「分享」是一段關係中最了不起的美德，例如分享想法、感覺、任務、價值觀或人生目標。四十多歲、離過婚的祕書楠・芙奧茲（Nan Pfautz）訴說她在獨自一人多年後，如何深深地墜入愛河。「我想是因為那份分享，真正的情感分享。我覺得我從來不曾和另一個男人有過這樣的分享。」楠知道她愛比爾是因為「我卸下了我所有的心防，和他在一起，我真的可以做我自己——非常非常的自在。我想要多粗魯都可以，我想要多搞笑、多白痴也都可以。我不擔心，也不必擔心（或是根本不擔心）他會有什麼反應。我就是我，我有成為我的自由。」因此，愛的精髓就是自然地分享一個人的真實自我。

但可能使愛實現的分享，也可能會威脅自我。因為一個人太徹底地與另一個人分享時，會有「失去自我」的危險。楠在婚姻中一直為這個問題苦苦掙扎，離婚後仍發現很難在彼此分享和各自獨立之間拿捏正確的平衡。「七、八年前，在與比爾建立關係之前，我似乎太想要抓住人們。幾乎就像是我吞噬了他們。我希望他們完全屬於我，也希望我完全屬於他們，沒有個性可言。融合……我就那樣迷失了全部的自我，最後連一點**我**都不剩。」

一個人怎麼會在愛情中「失去」自己，這個失去的後果又是什麼？楠說，當她失去自己的「目標」時，她也失去了自己。起初，她的婚姻「非常好。那時候我們都會互相遷就彼此。真的是這樣。我們第一次滑雪是一起去的，然後我覺得自己不喜歡滑雪。從那以後，他就自己去滑雪，我則是做我想做的事。」因此，不失去自己和了解自己感興趣的事物有關。會失去的東西是我們的個人喜好，以及追求個人喜好的意願。隨著兒子的出生，楠變成「完全沒有主見的那種人。死氣沉沉又無趣，對任何事情都沒有熱情。哦，我那時很糟糕。就連我都不會想要靠近我自己。」被動適應他人需求的諷刺後果是，人變得愈來愈沒價值，愈來愈無趣，愈來愈不具吸引力。楠的故事特別有趣，因為她的行為與過去「女人的領域」意識形態非常吻合，在這種意識形態中，無私奉獻是為人妻子的理想作為。但對現代中產階級而言，放棄一個人的自我（和「無私」所強調的重點有微妙不同），可能恰恰會導致失去那個被愛的自我——甚至可能使一個人失去丈夫，楠的故事就是一例。

年輕女子梅琳達．達席爾瓦（Melinda Da Silva）結婚只有幾年，她對結婚初期遇到的困難也有類似描述。她扮演好妻子的角色，試圖持續取悅她的丈夫。「我只知道我母親如何扮演妻子的角色。妳愛妳的丈夫，而這就是妳的信念，妳為他做所有的事。這就是妳向他表明自己愛他的方式——成為一個好妻子，而且害怕假如妳沒做這些事，妳就不是一個好妻子，也許妳不愛妳的丈夫。」努力成為好妻子的梅琳達，沒把**自我**放到這段關係裡。她竭盡全力「向湯瑪斯證明我愛他」，她「為了搞清楚他的想法把我的想法擱置一旁。把自己的一切都擱置一旁。」梅琳達「擱置」的是她表達自己觀點並根據自己的判斷行事的意願，就連如何取悅她先生也毫無主見。

梅琳達向婚姻諮詢師尋求幫助，然後意識到婚姻的問題不是出在她先生身上，而是在於她失去了自己。「以前的我，滿腦子想的都是他要什麼，我以為如果我滿足了他想要的，他就會更愛我。我開始意識到每次湯瑪斯和我去諮詢時，我不會發表自己的意見，我做什麼事都是為了他，對自己則是視而不見。我為了得到他的認可所做的那些事本身，使他對我愈來愈沒有好感。」因此，失去對自己是誰、想要什麼的認識，會使一個人變得比較不迷人，也比較無趣。要成為一個值得愛的人，必須堅持自己的個性。梅琳達唯有在自我「感覺較好」的情況下，才能「為我們的婚姻付出很多」。擁有獨立的自我是全心投入一段戀愛關係的必要前提。

於是，愛使美國人陷入兩難的困境。在某些方面，愛是個體性和自由最典型的表現。同時，它也提供親密、互惠和分享。上述兩個愛的面向在理想的戀愛關係中完美地相結合——愛既是絕對自由，也是毫不保留的共享。然而，自由的個體之間很少出現這種達到完美和諧的時刻。對某些人而言，戀愛關係中的分享和承諾似乎會吞噬個人，使她（和男性相比，女性較常陷入這種情況）看不見她自己的利益、意見和欲望。矛盾的是，由於愛應該是自由的個體所做的自發性選擇，那些「失去」自己的人，不能真正愛人，不能投入一段真實的戀愛關係。一個失去自我感的人，也可能導致被自己所愛的人利用，乃至拋棄。

自由和義務

因此，美國人難以選擇，他們被夾在愛是自發的內在自由表現，和愛是根基穩固的永久承諾之間，前者是非常個人而且必定有點獨斷的選擇，後者包括超越戀愛關係中伴侶的迫切感受或願望的種種義務。為了釐清這些概念的內部邏輯，我們先對照理解愛的兩個模式，它們分別凸顯了兩難中的其中一面。一個是**愛與婚姻建立在義務基礎之上**的傳統看法，我們發現這個觀點最堅定的擁護者是某些福音派基督徒。另一個是我們所說的**心理治療態度**，可見於治療師及其個案身上，不過也在心理治療圈外廣為流傳，至少在中產階級的主流間流傳。

就像偏好心理治療的人一樣，福音派基督徒煩惱著，該如何調解愛的隨興澎湃，和愛本身包含的義務之間的矛盾而煩惱。然而，摩擦顯然因為基督徒偏袒義務而被化解。年輕的福音派牧師賴瑞．貝克特（Larry Beckett）描述如何輔導帶著關係難題前來求助的年輕單身者時說：「我認為大部分的人都是自私的，當他們以浪漫的角度看待關係時，他們的觀點主要是自私的。那和聖經的立場截然對立。聖經裡面說，有一種我們能給他人的愛是基本上無私的，而我也這樣開導信眾。這種愛要靠學習。它其實是一個願不願意的問題。我必須決定為了別人好而用我的行動和意志去愛他們，不是因為我總是享受這麼做，而是因為這是上帝的意旨。耶穌曾說：『愛你的敵人』。那是祂最廣為人知的名言。當祂這麼說的時候，祂不是在指揮我的情緒或感受，因為那是祂做不到的。可是倘若我臣服於祂的指揮，祂可以指揮我的意志、我的決策過程，還有我的行動。」愛於是成為一個關乎意志與行動的事，而與感受無關。一個人儘管不能強迫自己的感受，但他可以學會服從上帝的意旨，進而以無私的方式去愛他人。然而，這份聽命順服不一定和個人自由彼此矛盾。透過意志的訓練與鍛鍊，基督徒可以學會想要做他應該做的事。因此賴瑞說道，人們可以「把他們的生命看作一段改變的過程」，漸漸變得「比較不自私」，因為他們接受「以基督為標準」，還有「把祂的道德準則當作自己的道德準則。而且他們這麼做是出於自己的渴望，而不是受到任何脅迫。對上帝的愛於是變成促使他們去愛其他人的泉源。」在基督徒的愛裡，自由選擇與責任可以被結合，不過還是以義務為優先。愛上帝可以使一個人想要盡他的義務。

誠如愛對基督徒而言不僅是關於感受，愛也不是以內在的、情感的表達為主，而是以行動表達。「聖經反覆強調，如果你的愛只是口頭說說，而不是透過行動，你就是個偽君子。」對基督徒而言，愛意味著將他人的利益置於自己的利益之上。最激烈的利益衝突，會激發出最重要的愛情典範。

對福音派基督徒而言，感受與意志之間的關係是實現婚姻永久承諾的關鍵。情緒本身太過不穩定，不是可以建立永久關係的基礎，因此基督徒必須交出感受或馴服感受，好讓感受遵循心智的指引。年輕生意人萊斯・紐曼（Les Newman）是福音派教會的活躍成員，結婚不過幾年已育有二子。在描述他的婚姻時，他說：「以前我以為都是用心，都是憑感覺。現在我知道心動的感覺可能是個不錯的起點，可是唯一能讓心動變成持久真愛，變成足以踏進一段婚姻的那種愛，是你想要強迫這份彼此動心的感覺延續下去的心理決定。我認為在真愛之中，既有那份怦然心動，也有兩個人有意識地要為彼此一起變好而努力的心理決定，而不是只為自己一個人好。」有意識的選擇可以維持情感，甚至創造情感。於是，對此「心理決定」的依靠保證了關係的持久性或穩定性，而這是單憑感覺不可能實現的。

科學家霍華・克羅斯蘭（Howard Crossland）出身農村，也是貝克特主持的福音派基督教會的活躍成員，他提出了調解感受與義務的問題。情感與道德的自我控制是霍華個人愛情理論的核心。儘管他認為自己和結縭十多年的妻子婚姻美滿，他說若不是有基督教信仰，他「現在可能已經離婚了」。唯有在基督教信仰中，承諾「至死不渝」才「合乎邏輯」。否則，「如果關係讓你感到痛苦，單純透過法律途徑解決，然後恢復單身，可能還比較容易，好過花五年的時間嘗試解決一個問題，只為了讓關係延續。」困難的是，關係一定都會有遇到危機的時候，而基督教信仰讓你能夠「禁受風暴的襲擊，直到再度風平浪靜。如果你能從邏輯上把問題想通，然後把情緒往後擺，我想愛的確一直都在。只是它有時會被掩蓋。」

雖然當一個人撐過艱難的時期，溫暖、自在舒適的愛的感覺通常會再次出現，可是這些情感反應本身並不構成愛。相反的，愛是願意為他人犧牲自己。「我的臥房掛著一個標語：『愛發生在另一半的需求比你的需求更重要時。』我想那可能是個線索吧。那是我在某趟旅行中為我太太買的。我覺得這話說得很貼切。」對他的妻子，霍華試圖在任何可能的情況下，「想辦法表達我的愛」。他說這句話的意思是，他會盡可能做一些他知道她想要的事，即使那不是他個人偏好的事。這些都是很微不足道的事，像是偶爾不帶孩子出門約會，「即使預算有限，即使這是個通貨膨脹的世界。」「愛」是「在所有可能的情況下，表達你是我的優先考量，甚至比我更優先。」

因此，就福音派基督教徒的觀點而言，愛是將責任與義務置於情緒的潮起潮落之上，最終在主動為他人犧牲自己的利益中找到自由。根據這個婚姻的觀點，接受社會角色能提供實現天長地久與承諾的額外幫助。稍早介紹過的年輕生意人紐曼強調婚姻是永久的結合，但它建立在履行社會角色的基礎之上。他對婚姻的唯一期望是「你和另一個人結為連理，然後共度一生」。但共度一生也意味著人們可以依靠自己的伴侶。「我想最重要的是，婚姻是兩個人之間的永久關係，他們一輩子相互扶持，像個團隊一樣合作。」紐曼和妻子在「婚姻中各有各的角色」。他負責的角色是「賺錢養家和立下父親的榜樣」以及「家庭精神領袖」。他的妻子蘇珊（Susan）負責的角色是「家庭主婦，以及照顧家裡的大小事」。在這個觀點中，角色不是干擾親密關係的人為社會約束，角色自然而然地將人們團結在一起，並且定義他們的關係。這位年輕的基督徒堅稱：「在我看來，一對已婚夫婦在某種意義上就是一個個體，任何影響其中一人的好事壞事，都會同時影響到你們倆。兩人合而為一會讓你們能更輕鬆地應付世界與任何狀況，並且做到那些你應該做的事。」這番話肯定會使偏好心理治療的人感到厭惡。

最後，這些基督徒強調，基督教信仰是永久婚姻承諾的唯一基礎，至少在現代社會是如此。福音派牧師貝克特振振有詞地指出：世上唯一不會改變，可以作為生命「基礎」的就是「精神生活」，因為「上帝不會改變，耶穌基督不會改變」。人們試圖用來奠定婚姻基礎的其他價值很脆弱：「無論是職業，還是家庭，還是以浪漫主義為中心，我認為這些東西天生就受到限制，而且它們會衰退。它們總會有改變的一天，或是不再有趣，或是逐漸消失。如果上帝是中心，祂是不變的，祂是永恆的，事實上，祂是我們的泉源，也是我們的創造者，那麼根據祂的身分定義，祂不會有改變的一天。所以說，以上帝為中心會使家庭獲得穩定性。也就是說，這個家庭可以說，好吧，我們現在厭倦了眼前的家庭生活，可是單單感到厭倦本身還不構成說我不再愛你的理由，還不構成扔白毛巾棄權的理由。」在平凡的戀愛關係及其善變的感受不足以維繫感情時，信仰可以幫助人們度過難關。年輕生意人紐曼還堅信，扎根在基督教信仰之中的婚姻，比沒有基督教信仰的婚姻更有意義，更令人滿意。「社會上有很多人顯然有美滿的婚姻，彼此相處得很融洽。我會說，最大的差別在於他們的婚姻有什麼目的，我的意思是，他們和彼此結婚當然是因為他們彼此相愛，可是話說回來，你們為什麼要結婚呢？你們所過的生活背後有什麼意義？我認識的很多不是基督徒的夫婦，他們活在世上是為了共度美好時光，享受彼此的陪伴。可是蘇珊和我，我們的首要任務是以一對夫妻的身分，按照我們認為上帝對我們的期待同心協力，這為我們的生活和我們的關係指引了方向，這是我認為其他夫妻所沒有的。」

在實踐者的觀點中，基督徒的愛是以軍人特質構成的，而不是個人的幸福或享受。首先，這是一種承諾，是一種對上帝聖言的順服。此外，愛比較不是基於感覺，而是基於決定和行動更多。真愛有時甚至需要情感上的自我克制，忍住感受以實現自己的承諾。戀愛中最關鍵的是對自己的義務範圍有堅定看法，而且願意透過行動履行這些義務，不受個人感情起伏的影響。毫無疑問的，這些基督徒在婚姻中也尋求對多數美國人而言構成愛的分享、溝通和親密等特質。可是他們很清楚，這些是他們在具有約束力的承諾框架內尋求的美好事物，而不是他們遵守承諾的理由。他們堅持，唯有肩負起對個人喜好與成就之外的義務，一個人才可能實現一段地久天長的戀愛關係。

相較於許多其他受訪者，福音派基督徒似乎致力於一種比較古老的婚姻觀念。儘管他們也承受婦女平權的壓力，可是他們仍然接受男人領域與女人領域的某種傳統區分。他們甚至捍衛偏好心理治療者拒絕接受的婚姻「角色」。他們相信婚姻中的親密感和共同感受，可是他們也相信感覺是不夠的。意願和意圖也是必要的。從他們的宗教觀點來看，他們很清楚功利及表現個人主義對家庭的危害，也想要抵抗這些危害。究竟他們在理解自己傳統上的局限是否會降低抵抗的成效，我們將在第九章加以討論。不過，在某種程度上，托克維爾對宗教、家庭和民德的連接似乎仍適用於福音派基督徒。

溝通

多數美國人渴望堅定、持久的愛，但是很少有人願意單憑聖經的權威接受不可解除的婚姻。與其做出一個永久的選擇，然後才發現愛的感覺來了又走，美國人傾向假設愛是由感受定義的，而且唯有對自己的感受有像樣的清晰、誠實和坦白，才可能實現承諾。在福音派基督教的對立面，有種我們可以稱之為心理治療態度的東西，它是建立在自知之明和自我實現之上。它在許多治療師及個案的意識形態中有最充分的展現，但在美國中產階級之間有更廣泛的共鳴。

我們在第三章看到，這種心理治療態度以自我為起點，而不是一系列外部義務。個人必須找到並堅持展現他或她的真實自我，因為這個自我是和他人建立真誠關係的唯一泉源。外部義務，無論來自宗教、父母或社會慣例，都只會干擾人們愛人和感受歸屬的能力。唯有透過認識、然後最終接受一個人的自我，我們才會和他人進入一段有意義的關係。

在回答為什麼接受治療的問題時，一名女子概述出了治療師及其個案反覆提到的主題：「我無法與人建立親密關係，我不喜歡自己，我不愛自己，我不愛別人。」在治療的意識形態裡，這種能力的缺乏又與未能完全地接受自己和愛自己的自我有關。

治療師瑪格麗特說，許多來向她求助的中上階級專業人士，既沮喪又孤獨，他們都在尋求「不切實際的重要關係——一個屬於自己的完美對象」，他們想要「一個不再讓他們感到孤單的人」。但是這種完美關係的追尋不會成功，因為追求這種完美關係的自我，是一個不完整的、無法自我延續的自我。對歸屬的渴望其實反映了不完整，反映一個人依賴別人的需要。

一個人在能愛別人之前必須學會愛自己。治療師可以藉由提供無條件的接納，教導個案學會愛自己。誠如一名羅傑斯派（Carl Rogers）治療師所說：「一離開父母之後，再沒有人會無條件的說，無論你做什麼，我們都覺得你很好。」他繼續說：「我願意做一個母親的角色，至少對他們個性的某些部分，對他們呈現給我的部分自己，表示認可。」另一名比較傾向行為主義的治療師也同意，他說自己的方式是「給他們很多正面的強化，讓他們對自我更有信心；不斷地指出他們的優點，把優點當養分般反覆餵給他們。」因此，要培養一個健康、自主的自我，其初始成分可能是來自理想的、善解人意的治療師（父母／情人／朋友代理人）的愛。然而，與情人和朋友的愛不同，治療師的愛不是為了創造一段持久的相互承諾關係，而是要使人們擺脫他們的依賴，好讓他們最終能夠學會愛自己。

成為更加自主的人，意味著學習自我接納。儘管另一個人的愛與認可會有幫助，但一個人要成為有堅定自主性的個體，最終務必不受到其他人的影響。要能夠享受一段戀愛關係的所有好處，人必須停止想靠著另一個人的愛讓自己完整。一名住在加州的四十多歲治療師說：「我想人們得感覺自己還算完整，這包括去喜歡自己（也許是恨自己，那某一部分的自己），接受自己的樣子，感覺自己不需要伴侶也能在這個世界過得好。如果一段關係的意義是你可以仰賴某人，有時你可以說我需要你，可是我認為，除非你感覺自己沒有那個人也可以，不然你不能說我需要你。如果你說的我需要你向來都是一種替代，因為你不認為你可以自己過活，你可就麻煩了。」

透過反覆申明他們原本的樣子就值得被接納，心理治療可以幫助個人變得自主。但治療師的接納的終極目標，也就是後佛洛伊德式心理治療的「沒有條件的正面看待」，是幫助心理治療個案學會不受其他人的標準影響。另一位治療師評論道：「我認為人們說穿了是想知道他們是好的，於是他們想找到某個人這樣告訴他們，可是我想他們最需要的是能夠讓自己說出：我，理查，是好的。人們真正需要的是自我認可，而且一旦他們能夠承認自己是好的，跟自己說雖然我有缺點，但誰沒有缺點呢？一旦他們能夠勇於承認說：好吧，我不完美，但我真的沒問題，他們就會莫名地變好了。」因此，治療的理想假設一個人應該要能夠為自己制訂個人標準，能夠在尋求他人的愛之前先愛自己，而且仰賴自己的判斷而不是凡事聽從他人。需要他人認可才感覺自己「沒問題」，是心理治療打算治癒的一個根本弊病。

探索自身感受使一個人能拉近與他人的距離。一名行為主義治療師描述他透過提供正面反饋，教導個案逐漸變得更隨興自發的過程，他會對個案說：「你今天和上一次有很大的不同喔。你顯得比較自在；你把你的感受告訴我；你放聲大笑；你露出笑容。」當他們放鬆時，他「便讚美他們，然後藉機教導他們分享個人感受是可以的。」這個分享感受的能力於是會被從心理治療帶到其他關係中。他接著說：「那就是你和別人拉近距離的方式，因為你放鬆，你變得自然隨興，你表現出自己的樣子，於是你向某人敞開了心房，並且和某人分享了那些親密，而他也給予你類似的回應。」因此，許多真誠、善於表現且習氣相近的自我，那種不需要他人就能感覺完整，也不仰賴他人替自己定義標準或渴望的自我，就能跟彼此分享感受，成了治療式理想愛情的基礎。

心理治療不僅教人們透過克服過度依賴或是對戀人不切實際的要求，避免戀愛關係中的問題，它也改變了愛的理想本身。當新婚不久的梅琳達擔心她「正在失去自我」時，她去找了婚姻諮商師，諮商師叫她要堅持自己想要的東西，而不是總是聽從先生的喜好。她發現唯有透過變得更獨立，她才真的能夠愛她的先生，也被她先生所愛。對梅琳達而言，愛的理想從自我犧牲變成了自我肯定（self-assertion）。「我對自己感覺愈好，就覺得自己有很多東西能夠給湯瑪斯，相較於把他當作我的偶像，這麼做更能展現我對他的重視。去愛和你不相上下的人比較容易。你可能『愛上』被你視為偶像的人，但你不可能和被你視為偶像的人『相愛』。」因此，除非她成為能投入一段關係的獨立個體，而不只是做些「我認為他想要的事」，否則她無法愛人。愛一個人暗示著一個主動的、自由的關係，和「墜入情網」無助的束縛狀態並不相容。

重視心理治療的人之間的這種平等的愛，也與自我犧牲不相容。它必須以兩個獨立個體的自主需求為基礎，而這些需求可能彼此衝突。梅琳達說：「相愛有一天會等於自私。我的意思是，只為自己付出，我從沒想過可以只為自己，卻仍然愛人。」被要求舉個例子時，她回答說：「譬如我想著自己的事，然後就向湯瑪斯說，而沒去想剛回家的他今天過得如何。他一進門，我就說我有話跟他說，要他坐下來，然後開始交談，這是以前的我絕對不可能做的事。有時我甚至根本不去想他過得如何，但我仍然可以愛他。」從治療的角度來看，愛必須要有某種自私。

心理治療還重新定義了理想的戀愛關係。事實上，心理治療在某種程度上已成為建立良好關係的典範，因此真正鶼鰈情深的配偶或伴侶為彼此做的事，類似治療師為其個案所做的事。如今正接受諮商師培訓的梅琳達，稍微描述了這種治療式的婚姻理想。一段「好的關係」需要底下的東西，「首先，兩個人必須能在不同的時候強弱互補。隨著我變得更強，我們的關係、我們的婚姻發生了變化。這讓湯瑪斯能在回到家時說：『今天我的工作真糟糕』，或『我真的很沮喪』，或『我又陷入會讓我焦慮的情況了』。這讓湯瑪斯能夠變弱，也讓我可以變強，於是我們之間更加平衡。」戀愛中的雙方成為彼此互惠的治療師，每一方都願意傾聽、理解、接受另一方的弱點，而且也準備好分享自己的焦慮和恐懼。

最純粹的心理治療態度拒絕所有形式的義務與承諾，代之以自我實現的人（self-actualized individual）之間全面、開放而誠實的溝通原則。就像個案對治療師的義務，情人只要對另一半毫不保留地分享他的感覺，就符合心理治療態度對解放的定義。一名從事社福行政的離婚女性對「愛」這字眼很感冒，她說：「我因愛成婚，我認為我會為這個人付出一切，而我也的確付出很多。我放棄了很多，賺錢讓他完成學業，然後我才發現，我沒有得到任何回報。」愛允諾的義務和自我犧牲最後被證明是無法保障安全的虛假承諾和危險幻想，誘使她放棄保護自己本身的利益。如今她更重視平衡的關係，在這樣的關係中，如果她付出很多，也會得到很多。被問及一段關係裡最糟糕的是什麼，她說：「如果我感覺溝通不再可能，關係就結束了。如果我感覺我不是真的能說出自己的感受。如果我不在乎他對事物的感受，關係就完了。缺乏溝通，我想那就是盡頭。」在人與人之間沒有必然義務的獨立個體的世界裡，個體間的需要不一定彼此契合，愛最重要的美德就是溝通，且事實上，溝通有時甚至取代了愛的理想。

對接受心理治療態度解放的個人而言，任何種類的義務在關係中都會造成問題。一名主持離婚婦女心理治療團體的諮商師，試著幫助離婚婦女感覺更獨立，她想要她們享受為自己和團裡其他成員做事，並培養她們對獨自生活能力的自信。當伴侶們「不只是依賴自己或彼此」，關係往往會比較好。被逼著考慮關係中的義務時，她回答道：「假如真的有人欠任何人什麼的話，我想應該是讓彼此知道他們對彼此感覺的那份誠實，還有如果感覺變了，他們能夠說開來並坦然接受，接受那些改變，要知道在關係中的人不是水泥。」

心理治療態度透過幫助個人了解自身需要與利益解放了他們，他們不再受到社會角色的人為限制束縛，不再受到父母和其他權威用內疚感綁架的束縛，也不再受到諸如愛之類的虛幻理想的虛假承諾束縛。同樣重要的是，心理治療態度重新定義了真正的自我。金錢、工作和社會地位對真情流露的自我並不重要，這樣的自我是由經驗和感受表達構成的。對這種表現型的自我而言，愛意味著真我之間毫不保留的感受交流，而不是以有約束力的義務為基礎的永久承諾。

意識形態混淆

儘管我們把（源於真正的自知之明概念的）心理治療態度，和（出現在某些福音派基督徒身上）基於絕對與客觀道德義務的倫理，描繪得對比鮮明，多數美國人其實被夾在義務與自由的兩種理想之間。

心理治療態度的語言和一些假設，至少已深入滲透到中產階級主流文化。年輕基督教生意人紐曼即使熱切談論應當以更崇高的宗教真理為婚姻基礎，他在回答關於一段好的關係不可或缺的元素時也說：「我會說，最重要的一部分就是能夠理解、支持與同情彼此的問題。能夠和對方交談並分享彼此的問題，稍微給彼此一些建議。就是幫助彼此和這個世界打交道。」在這裡，相互扶持的理想融合了比較偏向治療概念的同理心與心理解釋，成為配偶能提供給彼此的重要資產。

然而，儘管心理治療態度不斷擴散，它卻遭遇到許多美國人想為永久關係及能夠維持永久關係的義務辯護的抗衡願望，有時甚至和這樣的願望相融合。就拿梅琳達來說，她對治療式理想愛情的熱切擁抱，主要是扎根在婚姻應該恆久的想法之中。她和丈夫在婚姻諮詢中努力培養更豐富、更平等的溝通，是為了實現對婚姻不離不棄，而非一遇到困難就逃跑的辦法。「我嫁給他時，我對自己說，就是這個人了，不是說我得生生世世和他在一起，但至少我會做出某種社會承諾，我對自己說，我會嘗試和這個人好好相處，和他組成一個家庭，和他成為一家人。如果我們沒有結婚，我沒想過我會嘗試諮商，不管是婚姻諮商或伴侶諮商。」在心理治療倫理的條款之上，梅琳達做出承諾的原因源自傳統的婚姻約束，她想要和丈夫成為「一家人」，而且她對信守承諾感到自豪。心理治療教會梅琳達「自私」也是一種愛人的方式，但心理治療也幫助她在婚姻初次觸礁時找到度過困難的方法。然而，她還是沒辦法為自己想努力維持一段持久婚姻的意願找到合理解釋。她提到童年時期「家庭被視為重要價值」，可是她卻對於這個價值是否有客觀重要性拿不定主意，不確定這價值是否適用於每個人。被問及人們應不應該和同一個人一輩子相守，她回說：「不是每個人吧……我覺得如果有人想要改變，我們沒理由阻止。我想很多離婚的人就是因為關係中有了這些變化。你們不再『相愛』，而『相愛』對每個人似乎都非常重要。當關係走到不再『相愛』的時候，他們不知道還剩下些什麼，自然會覺得放下這段關係，再找別人『相愛』是最容易的事。」不斷尋找新的人「相愛」讓梅琳達感覺不切實際，顯得不成熟，但她在婚姻中尋找更多可能性的選擇，歸根究柢其實是個人偏好，出於她本身的獨特背景。心理治療態度給了她一個在婚姻中加深連結的方法，縱然在她的世界觀中，人確實會變，關係很容易結束，而且自我終究是孤單的。

儘管心理治療態度拒絕以社會義務作為關係的基礎，它透過讓人們理解自己與他人之間的連結，豐富了心理治療語言。受到心理治療態度影響的人，通常對義務和自我犧牲的理想展現出非常矛盾的心態，這點在他們思考自己雙親的婚姻時尤其明顯。他們渴望雙親之間擁有的那種絕對承諾，可是又排斥他們所觀察到的缺乏溝通、壓抑問題，以及這種承諾暗示的無奈宿命論。這些受訪者既羨慕自己的雙親，又發誓絕不要變得像父母一樣。

有一種有時會取代婚姻的社會義務的認知是，關係可以不僅建立在個人充分滿足自身利益並忠於自己的真實感受之上，也建立在使兩人因為一起經歷了種種而相結合的共同歷史之上。儘管他們沒有「墜入愛河」，但梅琳達描述她感覺她的雙親「很愛彼此，他們的愛有自己的意義」。梅琳達又提到：「我直到去年才懂，在我和湯瑪斯經歷了諮商和其他種種之後才懂。我們有很多共同的經驗。那和相愛不是同一件事。那很不一樣，因為我們共享很多東西，時間和經驗，人生中的一切。」對梅琳達和其他像她一樣的人而言，心理治療態度仔細地描述戀愛中的自我，以及這種自我能夠分享的真實感受，使人們有共同經歷的感受變得立體，即便這些經歷是關於私人的情感掙扎，和任何記憶或意義的社會共同體都無關。

心理治療態度強化美國文化的傳統個人主義，其中包括功利的人把自我利益最大化的概念，但也重視表現的人把內在精神資產最大化的概念。梅琳達能夠把因為自己在充滿愛的傳統大家庭長大所產生的承諾，和心理治療態度對自我肯定及溝通的重視融合起來，從而更完整地參與了自己的婚姻。但就連第三章簡短介紹過的成功導向年輕律師泰德，也利用表現個人主義文化的一些面向，超越他自己以功利為中心的世界觀。把生活形容為「一個大型彈珠台」的人就是泰德，為了從中「得到樂趣」，你必須「能夠調整自己適應不同情況」，並且「意識到多數事情都不是絕對的」。他拋棄了原生家庭的傳統新教主義，而且對個人幸福之外的任何理想或行為標準都不為所動，但這位已結婚十多年的心理導向實用主義者認為他娶到了適合他的「特別的人」。他承認，理性來說，「很多人的婚姻都是成功的」，而「巧合不可能老是發生」。但他內心的浪漫想法堅持認為，即使世上「特別的人不只一個」，抑或「可以用不同方式讓你感到一樣高興的人不在少數，你還是得從那群特別的人當中找到一個。」

像梅琳達一樣，泰德也認為溝通和情感分享是美滿婚姻的核心。關係需要付出。「如果不付出大量心血，不可能擁有像愛情這樣美好的東西。愛情是一件美妙的事，但它不會只因為很美妙就自行延續。只因為你找到了特別的人，不代表那個人永遠都會在。」但泰德在描述他為什麼想要持久的關係時，並未像梅琳達一樣援引家庭成長經歷或婚姻的公共責任作為解釋。用他功利的個人主義詞彙來說的話，根本原因就是他找到了最好的伴侶，一個會為他帶來最大幸福的伴侶。他其實不確定自己對婚姻或維持婚姻是否有義務，他之所以還在同一段關係中，只是因為他依然認為妻子比其他選擇都好。被明確問及義務時，他很快又重彈起功利的老調子：「我認為有一部分，一小部分的義務。但我想最主要只是因為這個人真的很好。關係到目前為止都很不錯，而且還會繼續這樣下去，因為你這樣期待著，大體上也確實是如此。」結束他的婚姻是「不對的」，但他所謂的「不對」意思是，首先，他會覺得「自己在維繫關係方面的努力失敗了，因為我知道關係是必須努力的」，其次，他們的孩子「不能在一個家庭中成長」也是「不對的」。儘管泰德開口閉口都是功利語言，但他其實非常重視持久的婚姻。在我們的追問下，他終於可以說出同時超越浪漫想法（妻子黛比很「特別」）和務實擔憂（離婚令人感到不舒服）的原因。他接下來的回答非常仰賴共同經歷的觀點。當被問到如果一個人厭倦了自己的配偶或發現有別人更教人心動時，為什麼不該脫離一段關係進入另一段關係？泰德先是又以自己的偏好作為回應，但不久後就開始討論起分享的美德：「我對（變換關係）不感興趣。我已經看到我們從一種好的關係，也就是會和彼此分享的那種關係，發展成一種更為深刻的關係。沒錯，我們的關係還是有起有落，但這是一個更深、更深的關係。」這種「更深」的分享又暗示了兩人共同享有的生活的價值，暗示一種歷史連續性，暗示一個共同的回憶。泰德繼續說：「你無法在短時間內建立這種深刻的關係，而且我認為和新的人發展關係在目前這個生命階段，可能比較困難。和某人在二十多歲一起成長是件好事。諸如首次迎接新生命之類的種種經驗，你絕對不可能和別人再來一次。」他的結論就是，他從認為生活因與人共享更美好，進展到認為唯有共同的經歷才使生活有意義。「和黛比經歷人生的所有這些階段，一起成長，令我感到心滿意足。就是這點讓一切變得非常有趣。它使生活有意義並讓我有機會與某人分享，可以想像成擁有一個精神支柱，而不會迷失自己。對我來說，這才稱得上是一段真正的關係。」

在這裡，分享的理想（部分源自產生「更深刻關係」的心理治療）至少在某種程度上填補了泰德以功利為主的道德語言中的空白。有時，他似乎只是在說，持久的婚姻適合他，因為這讓他自己感到非常心滿意足，可是他也發展出一個獨特的生命歷程論點，最終涉及更高層次的人生目的與方向，藉此解釋為什麼一段天長地久的婚姻，其價值甚至勝過和他結婚的是個「特別的人」的美德。泰德機靈地找到方法說明為什麼對他而言，一段永久的關係是一種好的生活方式，這不僅有務實意義的好，也就是合他的意，而且考慮到人類及充實生活的本質，永久的關係在道德上也是高尚的。然而，他的每個論點都很容易淪為一己之見，彷彿只是單方面宣稱，因為他的個人背景或個人心理性格，這種生活方式就是比較適合他。他的治療倫理部分解釋了他與妻子的紐帶為什麼能超越迫切的個人利益。但由於欠缺普遍的義務與承諾語言，他無法為他認為持久關係不僅僅是個人喜好問題的看法提出合理解釋。

我們現在可以短暫回頭看本章稍早介紹的瑪姬和弗雷德．羅文，他們是已結婚多年的高中情侶檔，他們的例子闡明了把治療世界觀融合講究承諾與義務的倫理之後會產生的力量及混淆。

瑪姬和弗雷德自認是一對傳統的夫婦，對他們來說，生活的中心圍繞著婚姻和家庭，借用瑪姬的話，他們倆「不是搭噴射機到處跑的那種類型，而是一對宅男宅女」。他們的愛情「是一種生活方式，是我們本來的樣子」。和很多治療文化的參與者不一樣，他們並不堅持以自我為優先，而且的確享受某種對家與家庭的老派專注。瑪姬說：「我認為我們的關係一直是我所做的每件事的基礎。如果一個人出門太久，有時我幾乎感到內疚。」但羅文夫婦因為瑪姬和弗雷德先後參與了ＥＳＴ訓練（Erhard Seminar Training），確實經歷了進入治療文化的過程。以瑪姬來說，她得「發現那件小事——我很棒」，才能在婚姻及婚姻之外的世界徹底維護自己的存在。她和梅琳達有所共鳴，堅信肯定自己使她更加投入婚姻。瑪姬和弗雷德都強調上ＥＳＴ課程為他們婚姻帶來更深的溝通。弗雷德描述在他與瑪姬處理了婚姻中的重大問題後，他感受到一種全新意義的安全感：「感覺比以前更安全。我覺得在關係中更踏實了，感覺就像這段關係為我個人提供了更多的支持。」

一如達席爾瓦夫婦（梅琳達）及歐斯特夫婦（泰德），羅文夫婦已找到方法把對自我及關係的治療解釋（堅信人一定要知道他或她「很棒」，然後才可能全心全意投入和另一個人的關係），拿來跟頗為傳統的愛與婚姻觀點結合。對羅文夫婦而言，自我發現和恢復對他們關係的承諾密不可分。心理治療語言肯定他們自高中起在彼此身上感受到的「合適性」（rightness）。然而，即便是這對穩定、忠誠的夫婦，強調開放、自我發展和改變的心理治療語言都動搖了更廣泛的承諾語言。弗雷德強調參與人類潛能運動（human potential movement）為他們的婚姻帶來的刺激。「我想要我們的關係不斷變化。我不想要它一成不變。即便有些時候我覺得我們的關係真是太好了，我也不想要永遠是那個樣子。我想要不同。我不想要關係變得停滯或無趣。」瑪姬和弗雷德期待他們的「關係永遠不結束」，但他們拒絕把天長地久扎根在婚姻關係提供的滿足感中。在討論令他感到興奮的改變有可能不利於他們的關係時，弗雷德說：「理智上，我想我理解改變有可能是危險的，可是我對我們的關係很有安全感，而且如果那些改變當中有什麼會終結我們的關係，我們的關係大概也無論如何都正朝著那個方向去。如果不幸結束了，那是因為我們的關係少了什麼。」瑪姬接著他的思維說：「或者和少了什麼無關，純粹是這段關係前進的方向。」

對羅文夫婦和很多人而言，採用心理治療語言造成了一個矛盾。他們求助於人類潛能運動為婚姻重新注入活力並解決問題。他們藉由表現得像個典型的美國人（雙方都作為單獨的個體，根據更貼近自我的真實感受做更完整、更自由的選擇），讓婚姻變得更加堅定。弗雷德和瑪姬都需要知道自己「很棒」，才能對兩人的關係做出真誠的允諾，這是因為對他們而言，一如對多數美國人而言，唯有以真實自我的自由選擇為基礎的社會紐帶才是真的。

對典型的功利個人主義者而言，個人根據自我利益協商出來的契約是唯一有效力的契約。對表現個人主義者而言，一段關係是因真誠且毫不隱瞞地分享而存在。但無論是針對一份契約的討價還價，或是熟悉心理治療態度的戀人的自發性分享，其原理基本上相同。任何約束性義務和任何更廣泛的社會解釋，都不是維持一段關係的正當理由。關係只能是關係中自在自我的選擇展現。因此一旦不再符合他們的需要，關係就必須結束。

愛與個人主義

美國人對愛的想法，對我們看待個人生命在社會中的意義至關重要。對多數人而言，和配偶及孩子的紐帶是我們最根本的社會連結。因此支配親密關係的習慣和思考模式，是我們能藉以理解遭遇現代社會生活挑戰的文化遺產的核心之一。然而，儘管愛相當重要，它也帶來愈來愈多的不安全感、困惑和不確定感。[16]我們在思考愛時遇到的問題，體現了我們對一般社會依附的難以想像。

很多對愛的當代理解，背後都藏著根深柢固的個人主義。社會普遍認為人有責任決定自己想要什麼，然後去尋找符合其需求的關係。根據這個有些灰暗的功利主義，個人可能想要持久的關係，可是這樣的關係唯有在滿足關係雙方需求的前提下才可能。人們能做的只有清楚說明自己的需要，同時避免不切實際的期待，像是一個付出完全不求回報的情人。

這樣的功利態度對處於離婚煎熬中，或試圖建立短期關係的單身之人而言貌似合理。在不具體的期望可能導致失望或使人容易受剝削的世界中，這是一個解決自我保護困難的方法。於是，愛變成只是一種交換，除了開誠布公的溝通義務之外，沒有任何具約束力的規則。一段關係應該給予身處其中的雙方想從關係中得到的東西，倘若關係結束，至少雙方的投入都會得到合理回報。

儘管功利個人主義對心理治療態度有所貢獻，治療式世界觀的完整意義卻是保存在表現個人主義之中，那是關於自我本性與可能性的擴張觀點。愛於是變成戀人互相探索無比豐富、複雜又令人興奮的自我。很多受訪者強調他們自己的關係遠比過去他們父母的婚姻關係更好。比起他們的雙親，他們堅持更親密地互動，和彼此分享感受，而且願意「一起解決」問題。

我們訪問的福音派基督徒，以及和某宗教傳統保持連續性的其他人，諸如開明的新教傳統、天主教傳統，還有猶太傳統，都的確認為伴侶共享一套更廣泛的人生目標與意義能夠深化他們的關係。紐曼和克羅斯蘭說他們的婚姻很穩固，因為他們和太太都同樣信守他們所屬教會的宗教信念。

在接受我們訪問的人當中，僅少數人把宗教權威當作解決個人生活不確定性與兩難的一種辦法，把自我實現擺在對他人情感依附之上的極端心理治療態度也同樣不尋常。但我們發現心理治療語言相當流行於美國主流的中產階級成員之間，就連還依附思考與體驗世界的其他模式的人也常使用心理治療語言。治療的解釋符合傳統美國個人主義的很多面向，特別是它對社會紐帶要穩固唯有基於個人之自由、自利選擇的假設。因此，即便不追求自我實現的美國人，都覺得不顧社會約束的愛（而不是出於社會約束的愛）很吸引人。

整體來說，即使婚姻關係最美滿、最穩固的受訪者，都難以用既有語言解釋為什麼他們要做超越自我的承諾。這些困惑在他們討論犧牲與義務造成的問題時尤其明顯。雖然他們想要維持長久不斷的關係，但他們拒絕接受這樣的關係可能涉及超越伴侶意願的義務。他們只是堅持伴侶有「義務」誠實溝通其心願與感受，以及試圖處理關係中的問題。他們對於關係雙方會發展出怎樣的重大義務沒有太多想法。泰德在談論和某人一起生活，擁有共同的經歷，會讓你們產生超越當下感受的連結時，算是間接談到了。他似乎是想要表達在一段持久的關係中，利益、乃至伴侶彼此的自我，已不再是可以徹底分離的，可是他的功利個人主義語言一直絆住他。最後，他只是不斷在兩個想法之間擺盪，一下說拋家棄子在高於個人的意義上可能是錯的，一下又說是他和黛比因為太適合彼此所以將白頭偕老。

依此類推，儘管福音派基督徒認為犧牲是基督徒愛的表現，很多人對這樣的觀念卻感到不自在。他們並非不願意為自己的配偶妥協或犧牲，令他們糾結不已的是「犧牲」一詞暗示的自我克制原則。他們說，如果你真的想為你愛的人做些什麼，那就不算是犧牲。既然好壞的標準全是自己，真的讓自己感到有負擔的東西，不可能是愛的一部分。相反的，假如一個人明白自己真實的感受，他只會在自己想要的時候為心愛的人付出，因此這樣的付出不可能是犧牲。在欠缺更廣泛的文化傳統的前提下，人們找不到方法說明為什麼對他人發自內心的情感依附，可能得承受傷害、損失或犧牲的風險。他們緊抓著一個樂觀的觀點，在這個觀點中，愛也許需要辛苦付出，但卻永遠不會給自我帶來真正的報償。他們反而往往相信對自我所下的治療工夫，可以將被某些人視為犧牲的東西，變成自由選擇的益處。最令我們的受訪者感到難以表述的事情，以及在整體美國文化中始終最為棘手的難題，是可以抑制自我與他人之間尖銳區別的理解世界的方式。

婚姻與民德

我們看到婚姻和家庭對美國人仍然很重要——在某些方面，甚至比以往任何時候都重要。我們看到人們對婚姻與家庭生活愈來愈滿意，不過作為社會制度，婚姻與家庭變得比較脆弱，而且更難維持。我們會主張家庭並沒有「衰退」太多（誠如某些人所言），只是變了。

儘管婚姻和家庭依然可取，它們現在在很多意義上是可有可無的。《美國人的內心》（*The Inner American*）作者群把美國社會在一九五七至一九七六年間，「對拒絕婚姻之人的包容」視為最驚人的發現。三十年前，多數美國人相信保持獨身是「病態的」、「精神有毛病的」或「墮落的」，可是到了七〇年代晚期，不贊成獨身的人只剩三分之一，還有百分之十五偏好獨身，多數人則認為結不結婚是每個人的決定。[17]結婚、生小孩和維繫婚姻如今都是個人的選擇，不被視為理所當然，這為婚姻創造出一個新的氣氛，也為家庭生活創造了一個新的意義。在這寬容的氣氛中，長期不被認可的非傳統穩定關係獲得社會愈來愈廣泛的接受，譬如同性間的伴侶關係。現在看來，由於這個新氣氛創造出更敏感、更開放、更熱切，更充滿愛的關係，它是值得美國人感到驕傲的成就。[18]但在某種程度上，新氣氛使婚姻關係變得脆弱且易受影響，也可能會破壞那些成就本身。

上述一切意味著，婚姻和家庭在提供「鬆散的、持久的團結」和「無條件接受」方面，可能會被認為無法通過考驗。從托克維爾的角度來看，比起他那個時代的家庭，今天的家庭大概更沒辦法把個人牢固地安置於持續的社會秩序中。雖然從很多方面來看，我們今日的家庭只不過是他當初觀察到的趨勢的進階展現——也就是隨著遵從和形式的衰退，「自然感受」日漸增加。[19]

妻子和母親如今也比較難成為令托克維爾對美國女性刮目相看的那種道德模範。所有研究一致同意，女人對家庭生活的滿意度低於男人。[20]愈來愈多女人成為勞動人口，因此今天多數已婚女性和母親是有工作的。她們進到職場一部分是為了展現她們看重自己，而且渴望公共參與，一部分是因為今天很多家庭沒有雙薪會活不下去，還有一部分是因為她們不能確定婚姻不會結束。丈夫作為固定飯票的日子已經過去了，多數女人都知道這個事實，無論她們對「女性的解放」有什麼看法。然而，女性的工作大部分地位低下，而且男女性薪資差距顯著，不過愈來愈多女性打破藩籬，從事過去被視為男性專屬的職業。除了有失尊嚴的工作和低薪，職業婦女回到家後，男人仍舊期待她們負責大部分的家務和育兒工作。這方面的期待已經有相當大的改變，但實際行為卻沒有真的跟著改變。女人對婚姻比男人有更多不滿是情有可原的。倘若女性在照顧他人方面做得比較多，可能不是因為她們享受照顧人，而是因為習俗和家庭內的權力使她們不得不成為照顧者。我們不該排除女性可能發展出了對社會有很大貢獻的特定性別道德悟性。卡羅．吉利根（Carol Gilligan）和莎拉．魯迪克（Sara Ruddick）及其他人都提出了這樣的主張。[21]可是女人今天開始質疑，利他主義應該是她們的獨家領域嗎？

解決辦法之一是看清傳統上與「女人的領域」有關的義務，其實是男人和女人應共同承擔的人類義務。有些反對女性主義的人感到焦慮，他們擔心女性平權可能導致一向和「女人的領域」有關的人類特質會徹底喪失，這樣的焦慮不是全無根據。誠如我們所見，美國個人主義當前的意識形態對於男人和女人為什麼應該為彼此付出仍提不出合理解釋。傳統上，女人從事思考的出發點經常是關係，而不是獨立的個人。如今每個人都應該專注於我們充滿自信的自我。再挪用一種語言讓所有人不分男女都看到依賴和獨立是密切相關的，都看到我們可以成為獨立的人而不用否認你我彼此需要，這是一項才剛開始的任務。

托克維爾可能會對今日美國感到最困惑煩心的事實是，家庭不再是將個人與社區、教會和國家綁在一起的整體道德生態不可或缺的一部分。家庭是私領域的重心，而私領域的目標不是連結個人和公共世界，而是盡可能地避免這樣的連結。在我們的商業文化裡，消費主義和電視聯手增強這個趨勢，前者靠的是挾帶誘惑，後者則是透過媒體示範。美國人自私的程度鮮少達到治療文化對人們的期待。但他們認真的利他主義經常不超過家庭圈子。美國個人主義將使「每個公民傾向讓自己與國人同胞疏離，退縮至親朋好友圈」的趨勢，當初教托克維爾擔心不已，如今似乎也確實成真了。「照顧自己人」是令人讚許的動機。但當它結合了對公共世界的懷疑及退出時，就成了托克維爾不樂見的專制統治的條件之一。

第五章　溝通交流

把焦點從愛和婚姻，轉移到美國人在面對面接觸時通常如何交流後，我們發現許多在前一章已經遇過的相同問題。當美國人在婚姻這類傳統人際關係內遇到困難時，他們愈來愈常求助於心理治療。本章講述心理治療作為一種對生活的整體觀點的重要性。在過去幾十年間，心理治療已經從知識菁英的小圈圈，蔓延到美國生活的中產階級主流圈。[1] 我們把心理治療當作一種有趣的文化現象研究，而不是對心理治療這個臨床技術感興趣——我們把心理治療視為一種「思考方式」，而不是一種治癒精神失調的方式。

今天，我們不僅很容易從心理治療的角度看待婚姻，還會從心理治療的角度檢視我們的家庭、工作、社區和社會。比起一個世代前，現在人們愈來愈少把生活的快樂與深層意義，乃至生活的困難，歸因於物質條件，也愈來愈少用傳統的道德標準去詮釋生活的種種。今天，「人際往來」似乎是生活中很多事情的關鍵。理解心理治療作為思考自我與社會的主要方法為何興起，是本書想要達成的目的之一。

不過，如果能夠先回顧一些更傳統的與他人交流的方式，並回顧最初促成心理治療興起的條件，我們會對心理治療的模式有更好的理解。

傳統的關係

親族關係在所有社會都是一個重要的關係模式，在美國社會也不例外。然而，在比較簡單的社會中，親族關係支配了一切其他的人際交往。在比較複雜而且依舊傳統的社會中，親族關係可以提供豐富的關係詞彙，用在彼此沒有親戚關係的人身上。在這樣的社會裡，年輕人稱呼沒有親戚關係的長輩為「叔叔」或「阿姨」並不失禮。這種親族用語建立起可預料的互動模式，即便只是很短暫的偶遇。在我們的社會，特別是廣大中產階級之間，延伸的親族關係不是核心的互動模式。然而，有些想像的親族用語就連對我們美國人也很重要，例如喬稱呼塞福克為「家」就是一例。

親族關係的好處，以及（在某些情況下）親族關係的責任，在於它們不受個人意志的影響，而且在很大程度上可以被視為理所當然。它們既支持也限制個人。在美國的個人主義社會裡，我們對親族關係的態度很矛盾。我們傾向重視家，因為家是一個人可以近乎無條件地依賴他人的少數環境之一。（誠如羅伯特·佛洛斯特〔Robert Frost〕所言：「家這地方，只要你有需要，它說什麼也得接受你。」）[2] 然而，我們對於親族牽連所暗示的對個人決定的限制始終保持戒心。因此我們往往會挑選想要特別培養的關係，即便在有血緣關係的人當中亦然。毫無疑問的，親族關係以及關於親族的想像語言（fictive language of kinship）在提供人際關係一個基本的模式方面，其重要性在美國殖民時期勝過今日，但美國社會從來不是以親族導向為主的社會。譬如代表繼承地位的家系在美國從來不被看重。把英國貴族模式引進美國的努力，向來都是以失敗收場。相應的，美國人過去從不是歐洲所謂的小農（peasants），他們是農夫——也就是獨立的小地主。佃租始終被認為只是暫時的情況，而不是一種世襲的附屬地位。

除了親族關係，對宗教信仰的投入也為社會凝聚力提供了另一個基礎。溫斯羅普在〈基督徒慈善的典範〉中指出，團結在基督聖體底下可以樹立一個社群的典範，藉由在新世界的互相扶持把個人編織在一起。親族關係是宗教社群構思概念的重要意象。民眾是「天父上帝」的「孩子」，以及「基督裡的兄弟姐妹」。然而，基督教社群以對他人展現愛與關懷的普世義務為根基，這個義務可以被普及到超越實際的親族義務、乃至優先於實際的親族義務。我們將在第九章看到，宗教一直是美國社會關係的重要框架，也為思考整體社會以及它在世界上的位置提供象徵資源。然而，宗教作為人與人交流的基本模式，無疑不再像美國早期歷史上那樣重要。

公民傳統也是思考美國人與人關係的重要資源。公民的身分本身就包含了權利與責任的概念、相互尊重與義務的概念，一直以來，它在各式各樣的脈絡中影響著美國人如何和彼此交流。我們將在第七章和第八章看到，美國人至今仍相當努力地「積極參與」公民社團和公民團體。他們重視從這些活動衍生而來的關係與友誼，不過今天他們對這些關係過去曾被賦予的道德意義，可說是一知半解。

好幾世紀以來被放在基督教的位格性（personhood）脈絡中理解的朋友概念，最早由亞里斯多德提出，後經西塞羅進一步闡述[3]，這個概念對生活在殖民時期與共和國早期的美國人而言並不陌生。由於當代的友誼觀念受治療的態度大量影響，讀者應該要知道傳統的友誼觀念有三大不可或缺元素：朋友必須享受彼此的陪伴，朋友必須對彼此有用，而且朋友必須對良善有共同的承諾。今天，我們多數時候傾向根據第一個元素定義友誼：朋友就是那些相處起來會令我們感到快樂的人。對我們而言，在一段應該要自由隨興的關係中，談有沒有用處這個問題顯得有點突兀，不過我們很清楚，對可能有利於自己的人

「友善」是很重要的。我們最難以理解的是第三個元素，對良善的共同承諾在我們看來和友誼觀念似乎無關。在受到表現與功利個人主義支配的文化裡，我們很容易理解快樂與用處這兩個元素，可是我們看不出為什麼要根據共同的道德承諾來思考友誼關係。對亞里斯多德和追隨其思想者而言，恰恰是友誼的道德元素，使友誼成為一個良善社會必備的根基。因為朋友最主要的責任之一就是幫助彼此成為更好的人：人必須為自己的朋友樹立一個標準，而且能指望真正的朋友會為他做同樣的事。傳統意義上，朋友的反面是討好者，這種人只說別人想聽的話，而不會對別人說實話。這個深刻的友誼概念認為一個人愛他的朋友，但最重要的是愛朋友的善，這個概念也包含了對夫妻友誼的理解。理當和真愛與友誼並存的「無條件接受」不代表放棄道德標準，即便在最親密的關係當中亦然。人有責任原諒，而且寬恕（特別是基督教脈絡中的寬恕）的確是真愛與友誼的正字標記。然而，原諒他人不等於替他人找理由。寬恕和努力實現善的掙扎是密切相關的。

傳統上，對「心的習慣」最重要的是和友誼無法切割的那些美德。傳統的看法也認為，友誼及其美德不僅僅是私人的事：它們具有公共性，甚至帶有政治性，因為公民秩序、一座「城市」，說穿了就是朋友交織成的網絡。城市少了公民友誼將陷入不同利益團體之間的鬥爭，不見任何公共凝聚力介入調解。

比起我們今天的社會，古典的友誼觀念用在美國早期社會典型的面對面接觸小規模社區更合理。在這樣的小社區裡，人們顯然不僅互相幫助，享受彼此的陪伴，而且也參與會促進共善的事業。對他們來說，古典意義的友誼概念明白易懂，儘管實現它絕非易事。

在早期的美國社會裡，友誼絕不僅限於地方社區。特別是在共同理想的凝聚下，背景迥異的人也會成為朋友。儘管有對立、敵意和競爭，對抗英國的革命鬥爭及新國家的創建，使殖民地各地的人團結在一起，並創造出一些令人稱道的友誼。亞當斯和傑佛遜的友誼大概就是經典中的經典，記錄在他們有生之年魚雁往返的一系列書信裡。兩人在一七八〇年代相當頻繁地通信，但到了一七九〇年代因為雙方分據共和國內政黨鬥爭的對立陣營而逐漸減少。經過一八〇〇年的激烈選舉，傑佛遜擊敗了競選連任的亞當斯，從此兩人徹底斷絕通信。經過朋友們居間協調和解，兩人才在一八一二年恢復通信，而且數量愈來愈多，幾乎是直到他們雙雙過世的那天才停止——也就是美國建國五十週年的一八二六年七月四日。在激烈絕交一段時間之後和解，說明他們有能力把對公共利益的共同關懷，擺在個人的黨派分歧之前。當他們都成了老耄之人時，傑佛遜在一八二〇年給亞當斯的一封信中，說明了他們的友誼基礎：「我們不曾主動傷害過任何人；並為我們的國家做了好事；至少與我們被賦予的能力相稱……。同時，願我們最後的情誼和我們最初的情誼一樣誠摯。」4

美國式焦慮

到了一八三〇年代時，托克維爾注意到，某些美國生活特色會危害傳統的關係，無論是傳統的親族、宗教關係，抑或是傳統的公民友誼關係。他寫道：「民主不會使人與人產生強烈的情感依附，但確實使他們的日常關係變得簡單。」托克維爾主張在古老的社會裡，人們知道自己之於他人的相對位置，因為社會裡存在一個由既定地位與角色組成的網絡，每個地位和角色都暗示著一種適當的依附形式。在流動又平等的美國社會裡，人們見面比較容易，同時比較開放地往來，但他們之間的紐帶通常淺薄而短暫。關於這種淺薄性和短暫性的進一步解釋，與托克維爾所謂美國人「在欣欣向榮中焦躁不安」有關。他說：「我在美國看到了最自由且擁有最良好教育的人們，生活在世上最幸福的情況下；可是在我看來，他們的眉頭老是深鎖；而且即便在享樂的當下，看起來也一臉嚴肅悲傷。」因為他們「不停地想著自己還沒得到的好東西」。托克維爾說這份源自追求美好生活的焦躁不安和悲傷，又因「全民競爭」而更加強烈。在美國，貴族的少數特權被全民競爭取代了。因此，美國人的努力和快樂比傳統社會更有活力，但他們的希望與渴望破滅時也更激烈，而且他們的「心思更焦慮而急切」。像這樣一群躁動、好勝又焦慮的人，「他們什麼都要抓住，卻什麼也不抓緊」，怎麼可能維繫持續不斷的關係呢？[5]

托克維爾在同時代教育程度較高的城市美國人身上注意到的東西，在十九世紀最後幾十年引起了公眾的廣泛關注。喬治・比爾德（George M. Beard）的《美國式焦慮》（*American Nervousness*, 1881）使「神經衰弱」（neurasthenia）一詞普及化。神經衰弱在當時是一種影響了許多「文明、優雅和受過教育的」美國人的全身性不適。比爾德和其他人把新國民病的出現，怪罪給像是鐵路旅行與電報、勞累過度，還有更專門化的職業、觀念變化迅速等各式現象，但他們傾向把種種原因用「現代文明」四個字一次囊括。神經疲勞「隨著文明的進步、文化的發展而形成、加劇，然後久久不退，而且……神經疲勞較常見於城市勝過鄉村，在辦公室、講道壇和帳房比商店或農場更為明顯，發生率更頻繁。」[6]因此，比爾德對病因的譴責有多強烈，他對這個只「影響演化程度最高的人」的現代疾病就有多驕傲。無論其醫學基礎是什麼，一八八〇至一九二〇年這段期間的美國名人傳記，充分記錄了「神經衰弱」的嚴重影響。像是亨利・亞當斯（Henry Adams）、查爾斯・艾伍士（Charles Ives）、威廉・詹姆斯（William James）、珍・亞當斯（Jane Addams）、尤金・德布斯（Eugene Debs）和伍卓・威爾遜（Woodrow Wilson）人等。在美國人對心理健康關注第一次大覺醒的社會背景中，我們可以看出人際關係本質的一個關鍵變化。比爾德指出「無論出生時的地位如何，美國人擁有擺脫原生地位向上爬，並追求最終極財富與榮耀的自由，同時也受到刺激這麼做」，而這就是導致美國式焦慮的背後原因，他也指出「每個階級內都存在持續不斷的摩擦與不安——痛苦掙扎只為看看誰能站上最高的位置」的事實。[7]

確實，在這個被「美國式焦慮」占據全部心思的時期，國家市場剝奪了小鎮和地區城市的實際獨立性，把愈來愈多美國人投入到奠基於教育、流動性及競爭能力的全國性職業世界裡。個人主義在這個世界逐漸發展進入全盛期，而來自聖經及共和傳統的限制則愈來愈弱。對個人而言，這個巨大的社會變革意味著，他們得面對自己還沒準備好要面對的挑戰與不確定性。他們愈來愈不能夠寄望在與他人交流時，只是靠著親族關係、地方社區或繼承地位這些傳統的基礎。在具有流動性的新興中產階級世界裡，自主的人必須與其他自主的人打交道，這些時候，一個人的自尊和前途，取決於他在別人心中留下印象和協商談判的能力。在這些情況下的社交互動往往強度很高，可是也相當有限而短暫。「友善」幾乎成為一種強制義務，被當作緩解這些互動障礙的一種方法，而古典意義的友誼變得愈來愈難以建立。人們可以彼此利用，且事實上，人們必須彼此利用。他們也可以享受彼此的陪伴。可是，在眾人只追求一己私利或其雇用單位之利益的世界裡，關係為共善付出的概念愈來愈難具體說明。隨著她們進入職業世界，無論多麼短暫，隨著她們擔心丈夫和孩子在外競爭的成功，女人也開始為「現代焦慮」所苦。

由於新世界強度高但有限的人際關係需要大量精力來建立與維護，加上過去被視為理所當然的傳統支持關係衰落，個人承受著巨大壓力，而這種種也是在世紀之交前後頻繁困擾中產階級美國人的焦慮形成的主因之一。我們應該在這個脈絡下詮釋治療文化的出現，以及和治療關係在二十世紀漸增的重要性。這樣的心理治療應該被視為給承受空前心理壓力之人的支持，而不是治療新的精神疾病的方法。

針對我們正在描述的轉變，另一個角度是把它看作和現代中產階級的出現有關。「中產階級」（middle class）一詞直到十九世紀最後幾十年才出現，而且具備一個新的文化與社會含義，是值得深思的一件事。在十八世紀，常見的表述是「中等條件」（middling condition）、「中等利益」（middling interest）和「中等層級」（middling rank）。中等條件大抵是富裕與貧困之間的中間點，即均衡的條件。

十八世紀的美國人知道，在這片土地上，中等條件之人占多數，而且並沒有真正的貴族和貧窮的大眾，是對我們的社會有重大影響的事實。他們像亞里斯多德一樣地推論：中等條件的人最容易成為支持共和制度的公民，同時反對君主制與獨裁專制。

但十九世紀的「中產階級」已不再是一個有節制、均衡的階級，也不是巨富和赤貧的中間點。中產階級被認為是由「攻於心計」、「野心勃勃」的蓄勢待發之人所組成。中產階級以及愈來愈受到它形塑的社會，被認為正無止境地爬升至新的富裕與進步水準。從這個新興中產階級的觀點來看，固定在某種均衡狀態的上層及下層階級是不合理的，而且至多只會維持一段時間。認為向上提升的過程最終將囊括社會上所有人的中產階級概念，是我們對美國社會的核心想像，而且我們對此幾乎深信不疑。[8]

中產階級的新觀念對個人的意義，可以概括成另一個直到十九世紀中後段才廣為流通的新用語：事業（career），意思是「使人發跡或擁有名聲的一段職業生活或就業過程」。職業（profession）是個古老的單字，它在和「使命」的觀念脫鉤後有了新的含義，然後被用來表達事業這樣的新概念。在使命的脈絡中，進入某個職業意味著在一個社群裡肩負起特定功能，並且在該社群的公民與世俗秩序中運作。被當作事業的職業不再為人與人關係密切的小規模社區服務，而是為客觀中立的優異標準而生，在一個遍及全國的職業體系的脈絡中運作著。從事某個職業其實就是指「向上移動，然後脫離」，而不是扎根於某個社區。職業的目標不再是實現一種廣為理解的生活方式，而是取得「成功」，而成功的吸引力本身就取決於它的不確定性、開放性，以及無論一個人取得了怎樣的「成功」，總是能再更上一層樓。[9]

十九世紀的美國人逐漸看到，在職場向上爬的生活一點也不容易。他們不僅愈來愈找不到願意「無條件接受」自己的人，而且每個人都得自律、好勝、能夠回應迅速變化的情況與需要，能夠離家念書，追逐職業發展的機會。就是在這樣的條件下，擔心心理健康成為美國人心思的頭號焦點，五花八門的治療萬靈丹也隨之出現。

就算美國人發現了他們是「人類史上最焦慮的民族」，誠如比爾德所言，他們還沒準備放棄從古老的道德告誡中尋求答案，不過這些告誡帶有愈來愈多科學與心理的色彩。威廉・詹姆斯相信習慣和意志力經過適當耕耘，能夠解決我們多數的問題。詹姆斯以那個時代的陽剛氣息寫道：「沒有比焦慮的多愁善感者和夢想家更可鄙的人格類型，這種人一輩子在澎湃的感性和情感汪洋中度過，從沒做過有男子氣概的具體行為。」具體來說，他敦促讀者「在不是很必要的事情上，有計畫性地苦行或展現英勇，每天或每兩天做些若是有得選擇你寧願不做的事。」他認為，苦行的意志力可透過習慣性動作把神經系統變成品格的工具。不過，到了一八九〇年代時，詹姆斯開始意識到僅靠意志的正面攻擊可能效果不彰，因此提倡起「放鬆的準則」（The Gospel of Relaxation）。一九〇二年，他在《宗教經歷之種種》（*The Varieties of Religious Experience*）描述了更廣泛的潛意識自我，他將這個潛意識自我的強大源頭稱為「民德」。交出自我似乎是掌握自我的必要前提。詹姆斯只是流行心理學與模糊宗教信仰相結合的高雅範例，從瑪麗・埃迪①到諾曼・皮爾②，許許多多的美國人都將這樣的組合視為獲得幸福和健康的關鍵。[10]

不過，無論提供的治療是增強的意志力、休息治療，或仰賴宗教的無限力量，治療的對象是焦慮的中產階級，對他們而言，親族關係、宗教團契和公民友誼的紐帶已不再、或不再足以提供心理上的支持。新制度如今填補了傳統關係不再能夠充分提供給負擔過重之人的支持。等到佛洛伊德於一九〇九年

① 編按：瑪麗・埃迪（Mary Baker Eddy），十九世紀美國宗教領袖和作家，《科學與健康附聖經之鑰匙》（*Science and Health with Key to the Scriptures*）是她的代表作，截至本世紀銷量已超過一千萬本。

② 編按：諾曼・皮爾（Norman Vincent Peale），二十世紀美國牧師、作家。

訪問美國時，美國已經發表了約九十篇談論「心理治療」（psychotherapy）的醫學文章，而且「心理治療」已在官方醫學索引中被指定為一個獨立主題。心理治療在二十世紀的美國有各種形式，有些源自醫學，有些源自宗教，有些源自大眾心理學。不過，無論涉及哪種理論，多數形式的載體都是一位病患（或個案）與一位專業治療師之間的關係。實際上，這個關係本身就是治療的主要手段。《美國心理健康》（*Mental Health in America*）的作者群描述這個治療關係的獨特特徵：

現代人尋找自我的方式是透過在一段契約關係中追憶經驗，根據定義，一段契約關係是脫離「現實生活」且人為的，因為它所包含的感受與情緒不是原生自這段關係，而是屬於在現實世界中的其他主要關係……。心理分析（和精神病學）是唯一試圖透過把人們從社會與關係中分離出來以治癒其心靈的治療形式。其他形式，諸如薩滿教、信仰治療、禱告則是把社群帶進療程，把病患與他人的相互依賴當作治療過程的核心機制。現代精神病學使心煩意亂的個人從情感相互依賴的潮流中脫離，然後透過與問題保持距離，並透過知識／口語的討論、詮釋與分析來控制問題，進而解決問題。[11]

雖然沒有關於二十世紀使用心理治療的美國人數量的精確統計，但我們有理由相信這個數字一直穩定增加，特別是自從二戰之後。今天尋求「心理健康專業人士」的人比起二十年前多了三倍。住在都市、受過良好教育的年輕專業人士，是最可能實際尋求專業心理治療幫助的人口，不過到了一九七六年時，社會上所有部門的人都更頻繁地尋求專業心理照護的幫助。[12]

心理治療作為一種模範關係

心理治療是一種特殊的關係。唯有了解其特色，我們才會看出它為什麼成為被所有關係參考的模範。治療師伊莉莎白·舒林（Elizabeth Shulin）在思考心理治療和愛或友誼的差別時主張，心理治療是一種親密與疏離的特別組合。「焦點都放在一個人身上，而且雙方在這個受到約束的關係之外是沒有關聯的。同時它是本質上非常狹隘但也非常非常深刻的關係。所以關係當中存在一種坦率，而那是在有既得利益的情況下看不到的。不過，恰恰是因為有距離，才能夠揭露這麼……這麼多。總之這是個混合工作與親密的有趣組合。它為人們提供一個很特別的地方，可以在安全、自由的環境中檢視自己，不受其他人的影響。」儘管有情感真摯的內容、親密性和坦誠的溝通，治療關係非常的有距離、受約束，而且不對稱。多數時候，一個人說話，另一個人聽。個案幾乎總是在談論自己，而治療師幾乎從不談論自己。個案付錢使用治療師提供的專業服務，使關係成為一種經濟交易：個案用金錢換取治療師的時間。「生意般的」程序規定嚴格地限制了治療關係，程序規定決定費用的數目，界定諮商時間為五十分鐘，控制會談時間的安排，同時排除了性行為或一起吃飯這種朋友間的交流。狹隘的聚焦，是為了使心理治療的洞察能夠有「深度」。治療師的權威似乎是源自心理學知識和臨床能力，而非道德的價值。治療師的功能不是代為判斷，而是幫助個案變得有能力自己做評斷。儘管如此，治療師成為個案仿效的模範，就連他的不加以評斷也是。

心理治療既是聚焦在某人身上的私密對話，又是需要付費的專業服務，兼具親密與工具性。「我付錢接受服務，」一位中年社工強調，「那可不是兩人之間的相互分享，也絕對不會變成那樣。我去那裡是為了我自己，不是為了治療師。他在那裡是為了幫助我達到目的，做好他的份內工作。他可能透露私人的經驗，不過純粹是因為他認為那能促進我的成長。」不對稱性使人把治療關係視為他們達成目的的一種手段，而不是他們和別人共同努力的一個目標，或把許多目標統合為一體的一套長期練習。這位社工表示她「深深愛上」她的治療師，不過她說：「那不是愛（但那個經驗感覺起來像愛），那絕對是移情作用。」治療關係強調現實的互為主體性。它提醒參與者注意，個人會因為各不相同的過往而對情況做出不一致的定義。它告誡他們不要投射自己的感覺到他人身上，也不要過度概化他們對兩人關係的個人看法。

在傳統家庭、教會或城鎮裡，成員們一生中會有很多共同經驗，相較之下，治療關係使我們除了溝通，幾乎沒太多能一**起做**的事，一起做事的時間更是少之又少。就這點來看，治療關係就像這個術業有專攻的複雜社會中的許多其他關係，特別是專業人士與經理人生活裡的關係。我們經常得和其他人簡短、明確且時而激烈地溝通，因此如果我們要有效地協調自己與他人的行動，我們確實需要在這些時候成為「更好的溝通者」——過程力求真確，情緒協調，而且深諳互為主體性。多樣、快速變化且往往要求很高的人與人互動，需要我們能夠明確地表達自己，而治療關係算是提供了某種表達訓練。

心理治療與工作

由於自我實現及同理溝通的心理治療態度，適合今日社會愈來愈強調人際關係的工作，心理治療的相關性也跟著提高。[13]隨著經濟的管理及服務部門逐漸吸收愈來愈多的美國勞動力，我們當中有更多人從事的工作是以心理治療為榜樣，而不是和心理治療形成對比。

心理治療是工作，但我們的工作很多時候也是一種治療。人類潛能治療師普雷斯頓（Preston）描述他工作前的準備過程：「百分之九十的溝通是身體、語氣和臉部表情。重點是展現自己，還有你怎麼回應他人。所以當我準備團體治療時，我和我的共同治療師會在每次團體治療前一起晚餐。我們共進一個半小時的晚餐。我們坐下來之後不會談論個案，直到最後幾分鐘才開始計畫，然後討論療程的策略。我們談論彼此。我們抱怨，我們互相給予治療，我們梳理彼此的感受。我們重新愛上彼此。我們需要這麼做，因為那是我們唯一會和彼此相處的時候。等到進行團體治療時，我們是相愛的。這是我們需要做的基本工作，因為這樣我們進到房裡時，我們就是一體的。」同一種人際交流主宰了從工作到戀愛的全部領域。同事們「互相給予治療」以鞏固團隊合作。只在工作時見面的人把親密當成一種手段，用以提高在工作時成為「一體」的效率。他們善解人意又充滿關愛的對話不是工作中的休息，而是工作的一部分。相反的，心理治療拿錢交換服務及其嚴格的程序規定（早幾分鐘或晚幾分鐘、錯過約會或忘記付款，都會產生要由個人承擔的後果），把心理治療納入了整個社會的官僚與經濟結構。心理治療在強調個人自主之前，已經先預設了對制度的遵從。現代自我的表現自由和現代世界的工具性控制齊頭並進。

心理治療態度形塑自己，以便符合創業和大企業的工作輪廓。它鼓勵對這種工作的調適，無論是熱情積極的調適，或抱持懷疑的調適。在光譜上的創業與熱情積極這端，心理治療態度的效果基本上就像一位三十五歲保險經紀人所稱讚的，他在描述離婚後為期一年的治療對他的意義時說：「心理治療讓我變得更有紀律。當我感到沮喪、焦慮之類的時候，我更有能力處理自己的感覺。治療也幫助我更懂得處理人際關係。從個人的角度來看對我有好處，同時對我的工作也有好處。」被問到為什麼對工作也有好處時，他解釋說：「我現在更常分享自己的事。我分享的愈多，愈常出門見人，我的工作表現就愈好。當我和別人分享的時候，他們知道我會照顧他們的生意，也會照顧他們的利益。一旦他們認識我，他們就會關心真正的我。我不會保有祕密。」心理治療使我們能更有效地「處理」我們的感受，從而在商業與社交生活中更成功地管理他人對我們的反應。愈是細膩的自我表現，會創造出愈有效的自我肯定。「感性讓你更強大，而不是更脆弱。」保險經紀人肯定地說。但同時，心理治療態度重申了一個意味深長的原則，亦即這樣的接受與成功，是自我揭露這項美德帶來的結果。我成功是因為別人認識並關心「真正的」我，不只是因為我比以前冷靜自持

在規模更大的官僚環境底下，心理治療最大的野心是試圖把大企業變得人性化，進而透過人性化提高企業生產力。類似工業管理的人際關係方法，治療師證明同事之間進行感性且有同情心的溝通能創造很顯著的效果。[14]有個治療師解釋某個個案（電話公司的資料處理經理）如何把他們「像蠢蛋般告訴人們該怎麼做，並確保他們照著做的一般規定」轉換為治療的說法：「她面對每個人的時候都極富洞察力。她組內有四到五個人，每個人都非常不一樣。她以截然不同的方式對待每個人，把那組人從組織內最沒有生產力的團隊，變成最有生產力的團隊。」承認每個個體的獨特性，在這裡似乎本身就是個表現目的，同時也是提高人力資源效率的方法。

更微妙的是，即便在自我表現受組織的「底線」目標控制時，監控自身及他人之回應的治療習慣也會進到官僚工作中。舉例來說，國家社會福利機構的郡立主管解釋她如何仰賴治療式的洞察，使辦公室持續「專注在問題上，並（持續）解決問題」：「我已學會聆聽自己和聆聽其他人的聲音，站在他們的立場，從他們的角度想事情。我也學會不要過度同情，因為那會妨礙我做好主管的工作。」舉個例子，她認為「衝突就是一個有人試圖讓你生氣的情況」。身為既感性又有效率的主管，「你必須知道衝突發生了，但表現得好像沒那回事。不要提高音量，不要強壓他們。不要失去控制。控制好你的情感投射，也讓他們為自己的情感投射負責。不要上了他們的鉤。」溝通和同情不能讓官僚工作的世界徹底人性

化，但能把它變得比較宜人且樂於合作。溝通和同情可以透過消除人與人之間的衝突，並幫助他們走過必經的規範管道來完成工作，同時確保他們不至於受到傷害。「工作場所是個弱肉強食的叢林，你**的確**得替自己多留心，」社會福利機構的主管坦承，「可是在保護自己的同時，你可以不傷害其他人，也不創造出更多弱肉強食的叢林。」

一旦個人真實性和職場成就可以完美相符的信念開始消退，心理治療就會對工作世界採取比較不樂觀的另一種立場。有位人本心理學家經常輔導壓力過大的中階主管、銷售經理和律師，他以懷疑的態度把這些工作定位為，若想謀生就得自我隱藏（self-concealment）的一場「遊戲」。她建議他們「在必要時跟著玩，但心裡要清楚知道這只是一場遊戲。不要傻傻買帳了。選擇你跟著玩遊戲的時間和地點。」她認為自己幫助個案做關於「取捨」的人生決定，在儘管不如己意但不得不做的工作帶來的「金錢、權力和華麗成果」，和婚姻生活、休閒生活及居家生活帶來的真實快樂之間做取捨。

為自主但一成不變的官僚生活模式套上治療觀點，能減少大企業環境散發的冷漠，但不會消除以人為本和以人為手段達到組織目的這兩個概念之間的摩擦。因此，前面那位捍衛自己的治療管理風格的社福機構主管，也會在她善於利用心理操弄的上司使用類似方法時加以批評：「她會帶自製餅乾和布置辦公桌的鮮花給你，然後一邊無所不用其極的想辦法得到她要的組織成果，以便讓她的事業更上一層樓。」社福機構主管回想起某個委託人自殺的案子，她的上司只想知道「我們在法律上有沒有破綻」。然後，她認為自己感到不滿歸根究柢是因為，身為一個注重心理治療的個體，她卻在一個官僚的世界裡工作：「對我而言最挫折的是公私混淆，沒辦法分清楚。有種受到誘惑又害怕自己會被利用的感覺。」用在工作關係中的治療技巧和習慣，和心理治療本身的正規理念不相符，但和個案們身處的官僚機構是一致的。「在我工作的體系裡，」社福機構主管說，「我們的座右銘可以是『只要你不需要通報，事情就沒有發生』。重要的只是表面觀感和法規！」她大聲說道。「和法律無關的事都沒意義。這貶低了人類眼前現實的價值，也就是人與人之間的關聯性。」組織目標和官僚防禦之間的衝突，在國家機構雇用的專業人士當中可能異常地尖銳。可是我們很多人都抱持同一種文化信念，也就是，生活的意義和規範我們的規章制度是分離的。儘管無處不在，但規章制度純粹是程序問題，而且會因機構不同而有變化，它們在迫使我們遵守的同時，並沒有在更高層次的美好願景中扼殺我們的精神。透過這種手段實現社會整合，仍是自我整合之外的戰術性嘗試。

作為回應，我們可能會在工作中尋找友誼，不受操縱的友誼。我們可能會半開玩笑地扮演我們的工作角色，做此取捨，交換在家中或休閒時保有真實的自己。但同時處理許多角色和人際關係，會使我們覺得真實的自我在這一切之外。普雷斯頓用一種大家都不陌生的感受，鼓勵個案「平衡你的種種活動，透過調整自己的步調完成更多目標」，並把健康的人想像成一株不斷生長的植物：「想像健康的人是一株植物，而且永遠都不會停止生長。多數人都不需要番茄棚架。我們基本上是好的，所以只要有充足的陽光和水就會長得漂亮。你可以朝任何方向生長，這會增加世界的多樣性。這和美國的清教主義面完全是背道而馳，清教主義認為世上只有一種生活方式，而你無論如何都會融入其中。心理治療就像美國的民主面。倘若你成為一個獨特的人，朝不一樣的方向生長，這對你、對每個人，以及對整個社會，都是有幫助的。」這樣的理想自我從受角色約束的活動中得到滋養，進而超越角色。相信個人會無止境地成長，而且可能朝向任何方向，凸顯這個後佛洛伊德治療觀點中的有機隱喻，根本上是無目的性的。不受質疑的是制度性背景。一個人的「成長」是全然私人的事。它可能涉及在官僚規則與角色的結構中謹慎操縱、換工作，甚至在必要時換配偶。但這個社會缺少的是某種集體環境，讓人們有可能以參與者的角色，改變令人沮喪和處處限制人的制度性結構。心理治療的「民主面」欠缺任何公共的論壇。它的自由更接近於市場經濟的自由選擇，而不是一個共和國內的自由公民提出的共同主張與行動。

誠如我們在第三章看到的，治療型自我的樣貌是由它本身的需要和滿足來勾勒，是成本效益計算協調出的成果。它的社會美德主要局限於有同理溝通、說實話，以及公平談判。普雷斯頓引用美國民主的舉動提醒我們，這些治療的人際美德和存在已久的現代自由主義社會美德有多麼類似，在現代自由主義中，一個同時標舉個人主義與平等主義的社會強調每個人的權利與自由，透過契約談判和互惠交換保持平衡。民主的類比也提醒我們，我們的個性取決於差異化社會允許我們在工作、教育、信仰、居住和生活型態方面能有「不同方向」的選擇。它也取決於社會透過協調制度複雜性的那些規定（從交通法規與證照到上班時間與程序）加諸於我們身上的統一順從。

心理治療幫助我們把自己的社會經歷轉譯成屬於個人的意義，然後再從個人意義轉化為社會行動。心理治療態度在尋求重新凝聚自我的過程中，讓我們和特定的社會角色、關係和實踐保持距離；使我們遠離伴隨它們而來的權威、責任和美德標準。儘管如此，心理治療本身是一個規範嚴格且經過精心平衡的關係。它把社會契約刻進我們的親密關係。為了獲得能換取私人享受的實用功利，它在我們心中迴盪起「委曲求全」和他人進行程序上受規範的合作的想法[15]。

心理治療造成的問題不是親密關係霸占了太多的公共生活。[16]而是太多經濟與官僚世界的純粹契約結構，正逐漸變成私人生活的意識形態模型。[17]我們的親身經驗很符合這個模型，為人際情感在管理經濟與個人服務經濟中發揮了愈來愈大的面對面接觸作用。契約式親密關係和程序式合作，從董事會會議室被帶到臥室，然後又再回到董事會席間，其盛行可能同時淹沒個人美德和公共利益的理想。當心理治療態度超越私人自我時，它認同福利國家的價值。但除了通達事理的自利、社會契約和不傷害他人的基本義務，心理治療態度對私人或公共生活的本質與意義，幾乎沒有評論可言。

心理治療契約論

當心理治療從業人員形容，心理治療是根據個人選擇及人際協議來詮釋承諾的自我清明（self-clarification）過程，他們強調的是「了解你有什麼感覺」的重要性。就像我們在第三章看到的，使個人能夠實現自我，並與他人有效交流的自我認同工作，取決於這個自我清明的第一步。現年四十五歲的新佛洛伊德學派治療師愛倫・施耐德（Ellen Schneider）解釋說：「我使用心理治療的方式，和一個人健康地運作的方式是同一件事。你必須清楚知道你對情況的感覺。你必須知道自己在乎的價值，以及這些感覺確實和那些價值有關，無論你是否想要有這樣的感覺。但接著你必須根據這些價值和感受，思考自己的優先事項。而且有能力為自己創造很多可行的替代選擇。很多人會莫名執著於特定目標，他們會想說：『要是升官不成，我乾脆自殺。』他們看不到兩者之間的其他替代選擇。然後，如果可以的話，你還必須能夠在那一刻為自己選擇最好、最具建設性的替代選擇，並且堅持到底。」一個心理健康的人發現感覺後，就會開始定義價值，一旦根據價值設定優先事項後，就會開始制定實現某優先事項的替代策略，一旦選定了其中一個策略後，就會堅定執行到底：這些步驟就像一份進度清單，有助執行以自我實現為目標的戰略行動。「健康的」人就是這樣生活，言下之意，這就是我們應該生活的方式。這一切，聽起來和管理學院標準的決策教學，簡直大同小異。

不去質疑每個人在乎的價值，或覺得每個人的價值應該由自己說了算，治療師似乎沒有做任何道德的評斷。「生活有高低起伏，」施耐德指出。「它不是有人跟你說『看清楚這些遊戲規則，乖乖照著玩』這樣僵硬的東西。思考生活的樂趣在於一切都變化無常，這讓你對做心理治療這件事有耐心。」在第三章中，我們看到採取相對主義立場的人還是能獲得一個「平衡的」或「有重心的」自我，適應自己「真實的」而不是「官能的」的需求，以確保自我的合理性。然而，它最顯而易見的後果就是，產生一個以契約交易為中心的人際關係觀點，在溝通與談判中實踐，單單以每個人對自己的終極責任為基礎。

這個心理治療觀點不僅拒絕採取道德立場，它甚至不信任「道德」，而是把心理治療契約論當作更適合理解人類行動的框架。有一名完形心理學派（Gestalt Psychology）治療師概述了從「道德」到由心理治療繼承「道德」地位的轉變過程。道德的起點是「從父母、權威人物，從教會和學校的『重要他人』，從法律或風俗或其他地方，接收種種價值。」接著它「把這些價值和我應有的樣子融為一體，據此運作，查看結果是否符合那些期望。」然後，可能會出現一個轉折點：「如果或每當期望沒有實現的時候，他們就會開始問說：『怎麼回事？結果為什麼不如預期？為什麼我沒有因為表現好而獲得橙花和玫瑰花？』」心理治療把這種提問往前再推一步，它幫助個案以不同的角度重構觀點：「於是，他們開始根據自己的願望和需求形成價值，他們願意付出什麼作為交換，以及不願意付出什麼作為交換。建立一個扣合實際情況（而不是理想情況）的世界觀，同時做一些基本的實驗。」他們提問從「這是對的還是錯的？」變成「這對現在的我有用嗎？」每個人務必根據自身的需求作答。看待世界運轉最好的角度，是根據它需要的成本以及它產生的滿足感。我們每個人在犧牲其他需求以滿足某些需求時，都必須做出成本效益的「取捨」。

這種交換模型強調「價值的差異」，因為這些最不容易被理性解釋，最需要交感直覺的元素。這些對他人「價值」的直觀感受，經過心理治療的釐清後，就可以被放到把行為當作最低底線的人際算式中，「你會變得善於體察自己的作為，將對他人產生什麼影響，然後開始預測如果我這樣做，他就會那樣做，」施耐德解釋說，「然後你必須判斷相對的孰優孰劣。為了在這段關係中完成一些重要的事，值得讓他生氣嗎？還是不值得？這樣一來，人們就會從客觀的角度理解到，沒道理為了誰該去倒垃圾生氣，但為了帶孩子去看醫生這種事生氣是合理的。」理論上，每個人應該決定做什麼事之於和另一方的關係是「重要的」，同時根據另一方的反應「判斷行動的相對優點」。每個人都必須參考自己設定的價值，並接受「你只能對你自己的行為負責」。正是這些任務使注重心理治療的個人，過著宛如苦行僧的道德生活。事實上，心理治療契約對如此敏銳的人際洞察、同情和計算的要求，以及如此嚴格的自我核算（self-accounting），通常會因為他們對於應該滿足的常見「人類需求」、應該避免的傷害、應該負起的責任（像是帶生病的孩子去看醫生）有相同看法而減輕。

按照它本身的邏輯來看，一個純粹契約性的道德準則，使所有承諾都變得不穩定。契約中的各方仍保有選擇的自由，因此能自由地重新提出或違背任何承諾，只要他們願意負起這麼做的代價。[18]「信守承諾需要努力，而我們都厭倦了努力，」年輕的治療師亞歷克（Alec）嘆氣道，「所以我們下班回到家，最不想要做的事就是有人坐下來，對我說：『一起坐下來，用心經營我們的關係吧。讓我們好好談一談。』我們是該談，可是我今天工作了八個半小時，我們何不坐下來看看電視就好。」他的抗議以一段懺悔畫下句點：「就是你時不時會問自己，『這值得我努力嗎？用這個換那個真的值得嗎？』」持續不斷地被要求在關係及工作方面下工夫，導致獨立而平等的人，質疑起他們對彼此立下的契約承諾：他們的需求有被滿足嗎？他們的付出與收穫一樣多嗎？和他們在其他地方得到的一樣多嗎？如果不是，他們就會被誘惑從關係中退縮，然後在其他地方尋找滿足。心理治療專家可能會對他們建議說，持久的承諾對自我實現是必要的。但在這個「付出—獲得」（giving-getting）的模型裡面，個人務必用親身經驗測試這個說法，然後根據他們自己的「價值」做個別的評斷。由於每個人的感受和價值都是主觀的，釐清底線，然後得體的和他人互動的難度令人望而生畏，足以使「長期關係」的實際前途極不穩定，就好像維持「長期關係」的心理治療需求極難應付一樣。儘管契約模型在專業人士與管理主義工作的脈絡中適得其所，但也許不足以支撐歷久不衰的承諾。

心理治療與政治

把政治當作「可能性的藝術」（the art of the possible）這個常見的定義，把政治視為一種尋求妥協的方法，目的是為了讓一群相互競爭的個人、團體和社群得以和彼此共存。我們可以預料治療師會從他們自己對人類互動的解釋（包括前面剛提到的「心理治療契約論」）和這種政治之間，看出某種密切關係，因而表達對這種政治的信任。但實際情況往往不是如此。相反的，他們對政治感到挫折、失望和幻滅。事實上，對很多治療師來說，懷疑政治等於認為政治不可能合乎道德。探究為什麼心理治療態度和我們的經濟與職業生活很多方面都合得來，卻和我們的政治生活格格不入，將使我們從中獲得啟發。

治療師懷疑政治的其中一個原因，和道德相對性（moral relativity）的問題有關，這問題在一對一的關係中就已經很困難了，一旦牽涉到一大群人之後，更是一發不可收拾。在前文中強調人際承諾需要努力付出的亞歷克，向我們解釋，為什麼對公民權的承諾帶來了更令人洩氣的要求：「如果大眾無法就哪些東西有益或無益達成共識，那就很難相信任何事情，或單方面決定任何事情。拿墮胎來說，有一邊的人認為：我們能控制自己的身體很重要。另一邊的人認為：我們在生命還沒有能力保護自己的時候就終結它，很糟糕。每個人眼中正確的事、正確又有益的事，都不一樣，因此這一切說穿了，就好像政治的目標只是要想辦法讓辯論畫下句點。但終結辯論是不可能的。因此，政治本質上就是個死胡同。」如果你對上述意見提出反對，主張政治並不追求這種最終解脫，而是以在辯論進行的過程中做出合理與實際的決定為目標，等於沒看見治療師抱怨中更深層的意義。因為認可從事這種政治辯論意味著，人們針對自我的本質，以及怎麼樣才是公平對待每個人等問題，有某種接近根本的道德共識的東西存在，而不只是將偏好像流水帳一樣記下來。但治療師不相信有這樣的道德共識存在。即便在兩個人之間，唯有透過細心培養的當面對話同理心才能取得這樣的共識。對很多人而言，這絕對是不可能發生的。

由於抱持這樣的信念，治療師鮮少認為道德論點有任何政治說服力，道德論點經常被貶斥為「純理性探討」，因此含糊不清，甚至被鄙視為一種強迫的企圖。但治療師通常會發現，他們本身訓練有素的同理心與人際關係敏感性，在政治領域中發揮不了作用。施耐德長期參與郡立機構的心理健康與受虐兒計畫，她難以用言語解釋為什麼政治如此「教人沮喪」，以及為什麼她覺得自己對政治「完全無法產生影響」。「令我震驚的是它的複雜性。」她驚嘆道，「一個情況需要考慮的面向多到令人不知所措，可是連一個解決方案都沒有。我通常能夠了解對立陣營各自的立場。但在某些議題上又不行，譬如墮胎的問題——我對墮胎有強烈的看法。但我大致可以理解為什麼其他人覺得有必要反對，像社會福利的問題。我猜世界上的確有人會作弊。我自己不會那樣想，但你可以理解，人們不想浪費他們的納稅錢。而且從他們的角度，他們看不到我工作上見到的人，因此他們當然會有這種感覺。」她氣惱地搖頭。「所以很難，好像瞎子摸象，你很想說：『可不可以給我完整的情況，讓我們有相同的資訊能做判斷！』」當被問及這樣的全貌是否真有可能出現在任何過程中，施耐德回答：「不，有時我相信那絕對不可能發生。我這麼認為是因為我們很多工作都是靠補助金，而且我在受虐兒的領域很活躍。受虐兒大概是最具政治性的一個領域，各州、地方、國家花在探聽別人正在做什麼的時間簡直不可思議……。只能用瘋狂來形容！」對個人感受、價值及其優先順序的強調，更是增加墮胎、社會福利和兒童虐待等議題的複雜性。由於議題的客觀複雜性，以及對議題相互衝突的主觀反應造成的混亂，心理治療採用的當面溝通沒辦法有太多進展。它無法跨越公共生活的巨大社會規模與官僚密度和心理治療一對一情境之間的差距。儘管理想上，教育程度高且敏感細膩的人應該可以坐下來，用說話的方式解決問題，但有能力這麼做的經理人與專業人士，早已因為勞累過度、職業承諾和家庭義務「瀕臨倦怠」。施耐德不把她盡可能減少政治參與的決定，當作選擇自我利益勝過公共利益，而是當作一種讓心理生存的必要措施。

客觀和主觀複雜性的實際困難，因為缺乏時間與同理能力達成協議而惡化，導致治療師的政治觀點陷入更深的僵局：政治既不真實，又不可避免。伊莉莎白說明了導致她做出這個結論的一些經驗。雙親分別是化學教授和社工，她回憶自己在一所學生運動盛行的開明大學就讀時，對政治日漸感到失望的過程。「政治變得太僵固。」她直白地說。社會運動參與者對福利經濟和軍事國防之類的複雜問題採取明確的、說教的立場，但她覺得當中還有很多有待釐清之處。激進的組織把僵化的規則強加到個人感受之上——他們甚至制訂出「會議上有人哭了該怎麼做的規則」。這些是一個更大的問題導致的種種症狀，亦即無論由激進分子或總統指揮，政治無法尊重生活的易變性（life's fluidity）。「我認為生活中沒有答案，」伊莉莎白總結道，「我認為我們只能尋求很好的對話。」被問及公共生活的對話大概是什麼樣子時，她回覆說，「沒有任何正確方法」的對話就是好的對話。然而，就伊莉莎白看來，政治不是這樣運作的，而且大概也無法這樣運作：「我的意思是，我認為政治行動**非得靠著**深信有一個正確方法的人才會發生。我不認為政治還有其他的運作方式。而且事實上，假如參與其中的人總是在對話，效果不會太好。我的意思是，參與政治就是得根據自己相信的事積極改變世界。這點我實在做不到。」

這個討論的諷刺之處在於，政治在被批評為道德淪喪的同時，又被接受是實際上不可避免的事。除非政治是真正的公共對話否則不值得我們參與。可是，在現實中，政治的運作需要的不是這樣的對話，而是被伊莉莎白稱為「狂熱者」的絕對主義者與注重自利的內鬥者。對伊莉莎白和很多抱持心理治療思維的人而言，由於欠缺一個共同的道德論述語言，讓公共辯論偶爾可以據以達成共識，我們不是聽見真實但沒有實際影響力的無數個人聲音，就是聽見不真實但必要的對一個正確方法的主張。

並非所有偏好心理治療的人都對政治有這麼負面的看法。他們有些人相信把「溝通」引進政治中，也許會產生有益的結果。還有些人似乎把政治當作自我發展或自我表現的領域。誠如某位新墨西哥州社運分子在對羅伯特．寇斯（Robert Coles）闡述他的政治動機時所言：「我參與運動，因為它對我意義重大。這是我的歸屬。」[19]但當幻滅發生，就像伊莉莎白所經歷的那樣，這種熱情可能迅速變成抽離。

誠如我們所見，當代美國文化中相當顯著的「付出─獲得」模型在維繫兩個人之間持續的承諾方面遇到困難，在尋找可維繫持續政治承諾的公民友誼的代替品方面更是不知所措。事實上，在理想的心理治療世界裡，客觀中立的官僚規則能保證人們擁有取用市場選擇的自由，以及在開放而深刻的人際關係中進行同理溝通的機會。那是個沒有政治的世界，而且幾乎不存在社群。可是心理治療觀點不能忽視社群，因為社群是和心理治療最重要的溝通本身相連的一個正面觀念。儘管如此，心理治療關係的本質，可以用來說明一個注定停留在理想層面多過現實的社群。

心理治療對社群的追求

心理治療的社群概念源於一支古老的美國文化傳統，它把社會生活視為滿足個人需要的一種安排。在「利益社群」（community of interest）中，自利的人聚集在一起將個人好處最大化。戴爾．卡內基（Dale Carnegie）關於「如何交朋友並影響他人」的建議，是二十世紀早期的社群功利概念實例。卡內基把推銷員當作社交生活的有效模型，並把經濟成功視為推銷員的目標，他毫不掩飾地敦促學員「反覆再三地告訴自己，我的人氣、我的成功和我的收入，在很大程度上取決於我與人相處的能力。」對卡內基而言，友誼是企業家的一項職業工具，是在帶有競爭本質的社會中的一項意志工具。[20]

與善於察言觀色而事業成功的經理人和專業人士談話後，治療師今天提出了另一種不同的友誼關係。它讓秉性良善之人在協調有序（但往往寂寞）的社會世界裡得到自我實現，並提供他們一種自我價值感。「假如人們能夠維繫友誼，然後和他人相處，會覺得比較不憂鬱。」施耐德說。友誼「和良好的情緒調整呈正相關。一個人在社會上愈孤立愈容易擁有更多情緒問題。」無論在早期或近期的版本中，友誼都因為它的功能性而獲得人類賞識，只不過現在心理的效益取代了經濟的效益。生活中構成「美好生活」的好東西依然重要，但它們在今天的重要性，比不上構成自我價值感的主觀幸福狀態。

許多類似變化出現在對更大社群的心理治療描繪裡。複雜利益和互惠交換的社團模型，透過被視為「個人支持網絡」的朋友圈，從親密關係向外擴大。為了「滿足他們的需要，並使自我獲得認可」，許多個體串連起來交換「支持」。有位治療師鼓勵他的個案們參與社群，他說因為「社群對他們很有用處，而且會支持他們。」當我們請他舉例時，他回答：「我輔導很多成癮者，匿名戒酒會（ＡＡ）是絕對無可取代的支持團體。對很多正在生活中力爭上游的年輕人而言，學校是不可或缺的。這些利益社群。它們非常寶貴。」在這樣的社群思考中，我們最容易想到的就是幫助個人的心理治療組織、教育組織和社會服務組織，它們彷彿是一條充滿機會的大道，一個交易買賣的市場，或一個讓沒有人可以依靠的個人聚會的場所。

有些治療師指出，我們相當重視的流動性、隱私和都市生活，剝奪了我們「在輕鬆、非受迫的情況下，以合理的親密程度去認識彼此」的機會。因此，治療師建議尋找朋友、戀人或配偶的個案，利用社群團體來尋覓這些重要他人。「參加某個團隊，參加某個政治組織，加入某個教會。」一名治療師對單身者和離婚的年輕人說。「回到校園，哪怕你什麼也不想學。」「你需要去認識人。」這些治療師如此奉勸道，因為「人際關係好的」人會活得比較健康長壽。因此，基於人際關係開明的自我利益，這些治療師鼓吹「愛與親密」，排拒把不切實際的自給自足觀念，當作個人主義之基礎的治療師鼓勵的「漠不關心的自我實現追求」。對照之下，這些比較「社群導向」的治療師訴求建立「關懷網絡，由家庭、朋友、親密關係和社群相互連結而成的一個系統，藉此恢復與維繫那些如今消失的歸屬感。」

儘管強調連結性和社群，表面上似乎比「漠不關心的自我實現」有所進步，但我們還是得問：沒完沒了的強調自利，難道不會令人懷疑轉變是否真的發生了。一個人為了增進健康而結交的朋友，真的足以增進健康嗎？心理治療的流行語言是如此的強調個人，即便發現「自給自足」的不足後，也無法想像出一個替代的語言。我們很偶爾才會遇到治療師認為，社群不是一群追逐私利的人，不是像「單親家長非營利組織」（Parents Without Partners）那樣的暫時解藥，一旦找到另一半就能迅速拋棄，而是自我可以形成個人認同的環境，在社群中，表達流暢的自我感會順著公共對話的流動成為公共對話一部分。一名治療師把被社會孤立的個案看作「人類空白」，她強調「每個人都需要屬於一個團體」，因為「每個人都需要擁有一個身分認同」。這種團體不會直接給人們一個身分認同，但也不會像社團模型那樣，直接對加入團體的人妄下評斷。人從來不是與他人全然分開的這種另類認同感，在家庭中最為明顯。在這個環境中，身分認同的形成，一部分是透過與其他成員產生共鳴，以及結合其他成員的種種面向。當治療師不僅將家庭（特別是家庭裡的親子關係）視為外部標準被加諸到兒童身上的環境，也將它視為一個人成形並產生性格的環境時，就有資源能更深入地理解成為團體的一分子基本上是什麼意思。

面對中產階級生活在承諾方面的脆弱性，有些治療師開始思考情感依附能有多深，又能維持多久。「我成天都在看婚姻破碎。」一名在城市裡執業的治療師哀嘆，而來找她的未婚個案大部分都在說：「要是我有找到對象的話，要是我有結婚的話，我就再也不用一個人了。」儘管他們的抱怨與願望都能視為心理治療契約論的「付出—獲得」模型，有些治療師主張，唯有把人置於社會與歷史之中理解才有可能糾正這情況。心理治療通常藉由拆解一個人的生活史，以便將我們從中「解放」；另一方面，它也可以幫助我們重新獲得生活的敘事統一性，我們經由家庭紐帶，被編織到存在特定時間、地點與文化中的社群社交網。除了致力於把自我與原生家庭區分開來之後，心理治療還有把自我重新整合到更廣泛脈絡中的功能。一旦心理治療揭露我們的身分認同和我們的歷史密不可分，而且我們的個人歷史基本上具有社會性，它等於是把獨立的自我再次放回到具有實際意義的社群。「我都是根據兒童早期經歷和婚姻這方面的事情做觀察。」分析學派的家庭治療師露絲．利維（Ruth Levy）說。「我也喜歡把一個人的歷史，當作所有作用力量的總和。不光是做媽媽—爸爸—小孩的例行分析，而是把整個生命史都攤開來看。」這種個人歷史的治療作文，可透過敘事發揮記憶力和想像力，將個人的人生故事與社群的美好生活理念融為一體。

然而，即便有這些洞察，使用流行治療語言的資源，對社會與歷史脈絡提出完整描述往往不容易。非常在乎人生誠信及其潛在威脅的治療師，經常只能用很貧瘠的語言來思考這些問題。被問到會損害個人品格的工作，像是企業賄賂，一名治療師以功利風格回答說，我們必須「想想那會讓我們付出多少代價」。接著她補充說，這些代價是「會累積的」。「你絕不是只做一次，然後就不做了；你會再做一次，然後又說不做了，」她說道，「因為做過的事是擺脫不掉的，你會記得那些事，十二歲做是一回事，二十歲做是另一回事，三十五歲做又是截然不同的一回事。」她的重點是：「回顧三十五年的人生，你會看到更多。我每次都出賣了一點自己，我得停下來跟自己說，等等，這麼做現在對我有利嗎？等到我八十歲的時候回顧一生時，我會變得多麼渺小，我還有自尊嗎？」儘管竭盡所能地以它的邏輯追蹤一個人一生的道德軌跡，成本效益語言只能給我們一張薄薄的量化複本。判斷錯誤的取捨會造成自我總量的「減少」，彷彿我們的品格整體性和個人歷史的長度，不過是一道加減法問題。把品格當「自尊」，以及把行動當成什麼「現在對我有利」的評斷方式，只能隱約勾勒出工作表現卓越、家庭幸福美滿和人生有成的意義，彷彿所有判斷都只是主觀感受的問題。

注重個人歷史的利維了解人生不只是成本會計。她相信「重新連結個人與家」是一個重要的治療目標，同時，考慮到傳統家庭的脆弱性，因此「家不一定要有血緣關係」。但她認為光是各自獨立的家是不夠的。唯有透過比過去更有自覺地利用社群及其次文化世界，人們才能「自力創造家庭」並滋養家庭。利維想到她重新投入地方的猶太會堂，指出「兩個人不足以」照顧小孩，甚至不足以照顧彼此。「你得加入一個大家庭。你要在有需要時出現。你要出於禮貌、出於同情去拜訪慰問，你要幫忙送食物。但另一方面，當你分身乏術需要有人陪你的孩子玩，或是遇到大災難的時候，你也會因此受惠，你會有後備支援。在割禮或婚禮這些歡樂的場合上，你也有人可以分享喜悅。這些都是美好的事。當其他人也和你一樣開心，而你也會參與其他人的慶祝時，美好的感受會被放大。」在這段話中，我們聽到了熟悉的交換與支持的語言，但我們還聽到了其他東西——意義會因與他人分享而「被放大」。

利維向我們解釋，為什麼她和先生在離開原生家庭自立後，首次決定遵守猶太潔食規定：「我遵守潔食是為了擁有結構條理，因為我記得大概十二年前左右，我開始思考，宇宙是混亂的，世界發生很多事，很多動盪，唯一能給人帶來意義的不是某種外部源頭——不是上帝，不是共產黨，不是任何人，這些都不是生命意義的源頭。」若沒有一些實際儀式和道德「架構」為我們的自由帶來秩序，把我們的選擇約束成某種心的習慣，我們無法認識自己。不過，我們也聽到心理治療態度對於讓外部權威為我們的生活強加意義一貫的敵意，從而看到心理治療態度在整體上的模稜兩可。因為如果我們的行動沒有現實基礎，我們只能為了它們對個人的好處，為了它們發揮的社會、情感和文化職能，包括托兒的幫助，增強快樂的感受，在動盪宇宙中提供心靈結構的寄託，推薦集體公共關係和宗教承諾。無論陳述的多麼巧妙，這個觀念把我們帶回到社會基於個人利益與感受的契約式突發狀況。

也許那就是心理治療的社群概念的極限，以及為什麼對偏好心理治療的人而言，社群是他們期待、渴望擁有但多數時候不幸並未擁有的東西，而且即便找到了，就像利維一樣，也無法用心理治療語言去理解。我們在第四章看到長年的婚姻關係，產生了超越婚姻伴侶受心理治療局限的語言所能理解的承諾；同樣的，在利維的故事中，我們也看到超越她預設立場的讚揚：「我女兒小時候的保母是希臘籍猶太人。戰爭爆發的時候她還很小，大概九、十、十一歲，美國軍隊在火化室的門口地上找到她。所以她手臂上有個數字刺青。每當她用手臂環抱我的孩子，露出數字刺青時，我的心總會揪一下。」被共同的愛與苦難緊緊包圍，我們不再處於「付出—獲得」模式。我們看到自己的社會自我，我們是父母和孩子，我們是某個民族的成員，我們繼承了共同的歷史與文化，應該透過記憶和希望滋養這些歷史和文化。

傳統形式的堅持不懈

我們在本章討論了很多治療的交流模式。這是因為過去幾年和我們談話的多數人，特別是經濟較富裕且教育程度較高的人，都使用一種受心理治療影響的語言來闡述他們對人際關係的看法。這一點在中產階級當道的美國社會並不教人意外，個人承受著必須有所成就和脫穎而出的巨大壓力，卻沒有太多能無條件仰賴的社會支持。

我們看到心理治療發展出對於監管內在感受的莫大關注，同時重視在公開透明的溝通中表達那些感受。心理治療因而延續了本書稍早提到的表現個人主義傳統。但我們也看到治療語言有多麼專注於成本效益的策略考量，因此也結合了許多我們所謂的功利個人主義。實際上，在當代的治療語言中，管理模式和治療模式似乎因為我們的職業與經濟生活涉及愈來愈多微妙的人際交流形式，而逐漸合併在一起。我們看到對互動的治療解釋，在個人面臨壓力且需要精確協調其活動的官僚與市場情境中最有說服力。

心理治療在我們生活中重要性漸增的益處是顯著的。今天的美國人比較「了解自己的感受」，特別是（但不僅止於）中產階級美國人，比較能夠表達這些感受，而且比較能夠在關係中追求他們想要的東西。心理成熟度的增加顯然帶來了個人幸福感的提高。[21]

但這是有代價的。今天的美國人對重要而長久的關係有更多（而不是更少）的焦慮與不確定性。治療師愈來愈擔心現代人的生活中欠缺「社群」，於是常建議人們需要和家人「重新連接」、加入教會，或開始參與政治活動，就像我們討論「心理治療對社群的追求」這節時所看到的。這些勸告暗示，心理治療無法真的取代舊的關係形式，而必須以某種方式設法為這些關係灌注新的活力。然而，我們已經看到了，治療關係的語言本身，似乎削弱了自利關係以外的可能性。

我們所描述的矛盾讓我們納悶，難道說心理成熟是以道德貧窮的代價換來的。理想的治療關係似乎需要一切都有意識的進行，而且各方都知道自己的感覺與需要。任何「應當」或「應該」進到關係中，都會被當作外部的、脅迫的威權主義入侵而拒絕。唯一可接受的道德規範，是關係中各方達成的純粹契約協議：只要是他們達成的共識，就是正確的事。但就像一個絕對自由的自我，會導致絕對空洞的自我理解，徹底的心理契約論會導致絕對空洞的關係概念。而這空虛的關係絕無可能維繫偏好心理治療者最想要的豐富與連續性，就像他們想要豐富且連貫的、而不是空洞的自我一樣。

我們不是暗示心理治療的生活觀念，有自我放縱以及鼓勵自戀的問題。在某種程度上，我們的看法幾乎相反：對意識（consciousness）沒完沒了的堅持，以及永無休止地掃描自己與他人的感受，加上時時刻刻算計不斷變動的成本／效益平衡，簡直是有如苦行般難以忍受的要求。關係的道德內涵使婚姻、家庭和社群能夠帶著某種確定性持續存在，確定有個公認是非標準可以依靠，而且這標準不需要反覆再三的重新協商。恰恰是古典友誼觀念的第三個元素，也就是對良善的共同承諾，使傳統關係在「付出—獲得」的平衡出現變動後（這是無可避免的），依舊能夠前後連貫地持續下去。

在某種意義上，對傳統關係及其道德基礎的治療批評是合理的。倘若是非標準以武斷的確定性提出而且不容討論，或者更糟，倘若這些標準僅表達了關係中強者的利益，並以道德語言包覆這些利益，那麼批評毫無疑問是成立的。不幸的是，在所有的現行社會中，傳統的社會實踐及支配它們的道德標準，都可能遭受上述這些扭曲。但偏好心理治療的人認為道德本身就是元凶，道德標準的本質就是專制，是為統治服務的工具，這些想法都是錯的。偏好心理治療的人懼怕在發表任何是非陳述之前，沒有以「我認為」或「我覺得」之類的主觀免責聲明當開頭，因為他們相信道德判斷建立在全然主觀的感覺之上，因此無法有意義的被拿來討論。他們可以理解人與人透過協商試圖最大化自身的正面感受，卻對給予理由的道德論點退避三舍，認為它注定會導致衝突或脅迫。

傳統的道德論述，雖然在某些情況下會出現偏好心理治療者害怕的扭曲，卻不是他們想像的那種外部權威與脅迫的巨獸。無論從哲學或神學的角度出發，傳統的倫理反思賴以為基礎的理解是，原則與範例務必先加以詮釋才能應用，而人們可能對特定問題有不同的看法。即便如此，人們有信心會達成一個粗略的共識，這麼一來就可以對道德義務有共同的理解。並非每件事情都有待決定，不過原則上沒有任何事情是禁止討論的。在社會變遷迅速的時期，當道德標準正在崩解，相對主義無所不在，有些人的確會忍不住提出一個簡單而絕對的道德規範，然後在某些情況下，強迫他們的鄰居接受。這些人儘管試圖擁抱傳統，卻是深深誤解了傳統的含義。他們捍衛的不是傳統，而是傳統主義，誠如雅羅斯拉夫．帕利坎（Jaroslav Pelikan）所言，傳統是亡者的不死信仰，而傳統主義是生者的過時信仰。[22]一個活的傳統從來不是實施自動道德評斷的程式。活的傳統總是處於一個再詮釋與再挪用的持續過程中。然而，這樣的過程假定傳統有足夠的權威，讓追尋傳統時下的意義，成為受眾人公開追求的共同目標。

那才是偏好心理治療的表現與功利個人主義捍衛者不願接受的假設。由於堅持激進的多元主義，以及強調每個個體的獨特性，他們得出的結論是，道德的共同基礎並不存在，因此道德規範在最低限度程序規則與不傷害他人的義務範圍外，沒有任何公共的實用性可言。在這樣做的同時，他們沒有意識到，他們本身的個人主義在多大程度上變成了共同的文化創造。偏好心理治療者最相似的時候，就是他們堅持自己的獨一無二性的時候。[23]當他們以為自己在追求理性和個人真實性的過程中，擺脫了傳統的束縛，他們不了解他們的觀點在很大程度上其實是傳統的。就連反傳統都是個人主義傳統的一部分。他們也沒意識到，他們對正義和公平的最根本底線和對個體的尊重，其實根植於宗教與公民哲學傳統，對相同事物更有內涵的捍衛。事實上，由於看不到自身信仰屬於一個普遍的共同文化，他們有可能會做出昔日道德傳統被他們攻擊不該做的事——也就是，把區區的文化慣例奉為圭臬，然後拒絕開放討論。由於他們的觀點在他們看來是如此的不言而喻，他們有時甚至會忍不住把這些觀點強加於他人。

然而，不管治療和現代的個人主義觀點在美國社會變得多麼有影響力，我們已經看到了，他們始終無法取代根植於過去觀點的社會實踐和承諾。傳統的交流模式，諸如家庭模式、宗教模式和公民模式持續存在美國社會，不會完全受到治療改造。縱然被斷言是不可能的事，對共同的道德理解的追尋還是繼續。我們將在接下來幾章中，回頭討論各種傳統關係與道德論述的持續活力。現在，讓我們直接面對盛行的個人主義意識形態，理解其根源與種種傾向，進而看清，它真正的抱負或許比其支持者的想像更接近過往宗教及政治傳統的面向。事實上，或許唯有從那些舊傳統的角度思考，才能挽救我們個人主義及其抱負的深層含義。

第六章　個人主義

個人主義的不明確性

個人主義是美國文化的核心。我們個別提出的四個傳統，每個在深層意義上都是個人主義的傳統。有聖經個人主義和公民個人主義，也有功利和表現的個人主義。無論這些傳統之間有什麼分歧，又因而對個人主義的理解有什麼分歧，它們還是有一些共通點，而這些東西就是美國認同的基礎。我們相信個體是尊貴的，甚至說是神聖的也不為過。我們有權利獨立思考，獨立判斷，為自己做決定，過著我們自認適合的生活，對這些權利的任何侵犯不只是不道德而已，而是一種褻瀆。可以說，我們至高無上的抱負，不只為我們自己，更是為我們關心的人，為我們的社會和這個世界，與個人主義是密不可分的。然而，誠如我們在書中反覆提出的主張，美國人最深層的一些問題，無論是個人層面或社會層面的問題，也是和我們的個人主義密不可分。我們不主張美國人應該放棄個人主義，因為那等於是要我們拋棄身為美國人最深刻的身分認同。可是個人主義逐漸衍生出各種不同的意涵，而且包含許多的衝突與矛盾，即便捍衛個人主義都需要我們先以批判的眼光分析它，需要我們務必思考那些可能從內部摧毀個人主義的種種傾向。

現代個人主義是從對抗君主與貴族權威的鬥爭中誕生的，因為在那些打算維護其自治權利的公民眼中，君主制和貴族制專橫而暴虐。古典政治哲學和聖經宗教在這個鬥爭中是重要的文化資源。古典共和主義召喚一個公民積極創造公共利益的理想，而基督教改革教派（包括清教徒與其他教派）激發出以個人自願參與為基礎的政府觀念。可是這兩個傳統都把個人自主放在一個道德與宗教義務的脈絡中，在某些情況下，同時為服從與自由提供了正當的理由。

對個人權利的激進哲學捍衛出現在十七世紀的英格蘭，而這個立場幾乎與古典或聖經傳統都無關。它有意識地從「自然狀態」（state of nature）的生物個體出發，然後從這類個體的行動中衍生出社會秩序，首先是之於自然的社會秩序，然後是之於彼此。洛克就是那個關鍵人物，而且在美國有極大的影響力。洛克式立場的精髓，是一種近乎本體論的個人主義。個人優先於社會，若不是個人主動締結契約試圖將他們的自我利益最大化，社會根本不會出現。功利個人主義的傳統就是衍生自這個立場。不過，由於一個人唯有參照自己的渴望與情感才能知道什麼對自己有用，這個立場最終也成了表現個人主義傳統的源頭。

現代個人主義一直以來都和古典共和主義與聖經宗教共存。它們在基礎假設方面的衝突，最初因為它們都以在美國最普遍的形式強調個人的尊嚴與自主，而顯得不那麼明顯。但隨著現代個人主義在美國變得更具主導性，而古典共和主義和聖經宗教相形見絀，現代個人主義中的一些問題開始浮出表面。受到我們大量關注的治療價值理念說明了這些困難，因為它是當代美國人用以實踐現代個人主義信條的方式。羅伯特·寇斯寫道，對心理學而言，自我是「現實唯一或主要的形式」。[1]

問題是一個把自我變成主要現實的個人主義，真的可以持續存在嗎？問題不在於獨立自主的個人會不會退出公共領域去追求全然私人的目的，而是這樣的個人有沒有能力維繫無論是公共或私人的生活。倘若有這樣的危險，或許唯有公民與聖經形式的個人主義（指看到個人和某個社區或某個傳統這些更大的整體之間的關係），有辦法維繫真正的個體性並滋養公私生活。

現代個人主義日漸強大之所以會損害公民與聖經的傳統，有意識形態和社會學兩方面的原因。現代個人主義不斷在新領域中追求個人權利和個人自主性。在這麼做的同時，它與接受（夫妻、主僕、領袖與追隨者、富人與窮人）不平等權利和義務的那些聖經及共和思想面向發生衝突。當基於絕對承諾個人尊嚴而去譴責那些不平等時，似乎也使聖經及共和傳統失去有效性。一旦破壞了這些傳統，個人主義也削弱了使個人尊嚴理想擁有實質內涵的那份意義。

於是我們面對一個極大的僵局。現代個人主義似乎產生了一種生活方式，它在個人和社會層面都不可行，但重返傳統的生活形式，不啻是重返令人無法忍受的歧視與壓迫。所以真正應該問的是，過去的公民與聖經傳統有沒有辦法在重新塑造自己的同時，忠於它們最深刻的洞察。

很多美國人不想和我們一樣把這僵局看得這麼對立。從哲學觀點捍衛現代個人主義的人，經常為個人預設某個社會與文化的脈絡，卻無法用他們的理論為這個預設辯解，不然就是增補一些臨時論點，讓他們的理論模型看起來沒那麼粗糙。就像我們在第五章看到的，治療師看到他們不能真正理解的一種對社會關係的需要，而他們迫切需要的恰恰是被他們的道德邏輯削弱的社群。父母主張要給他們的孩子「價值」，即便他們不知道那些「價值」是什麼。這讓我們看到，在美國，最善於表達的個人主義捍衛者對個人主義抱有極大的矛盾心態。這種矛盾心態在美國文學與大眾文化的神話裡尤為明顯。在其中，我們看到人們懼怕社會可能會吞沒個人，而且除非個人起身反抗，否則沒有任何自主的機會；但同時也承認個人唯有在與社會有關係的情況下才能實現自我，如果與社會的決裂太激進，生活將失去一切意義。

虛構的個人主義

美國文學有個深刻而持續的主題，故事主角一定要離開社會，有時是獨自一人，有時在幾個人的陪伴下，然後到荒野裡、到海上，或在定居社會的邊緣，實現道德之善。有時候主角從社會退縮時會對社會有所貢獻，像是詹姆斯．庫柏（James Fenimore Cooper）的《獵鹿人》（*The Deerslayer*）。有時候，新的邊緣社區實現了在主流社會被視為不可能的道德目標，就像《頑童歷險記》裡哈克貝利．費恩和吉姆之間的種族和諧。有時候從社會逃離純粹是一個瘋狂的舉動，最終以災難收場，就像《白鯨記》（*Moby Dick*）。當道德之善不是在社會裡實現，也不是透過社會實現，而是藉由逃離社會而實現，譬如梅爾維爾（Melville）筆下的船長亞哈，道德英雄主義和瘋狂之間的界線就消失了，同時揭露出一個徹底反社會的個人主義所蘊藏的破壞性潛力。

美國人也發明了最神話的個人英雄「牛仔」（cowboy），這個英雄一次次地拯救一個他永遠無法完全融入的社會。牛仔擁有一項特殊的才能，像是他開槍的準度和速度總是勝過其他男人，以及一種特別的正義感。但這些特徵把他變得太過獨特，以至於他永遠無法真正成為社會的一分子。捍衛社會但永遠不真正進到社會是他的命運。他會像《原野奇俠》（*Shane*）的主角尚恩獨自騎向暮色，或是像《獨行俠》（*The Lone Ranger*）裡的主角在印第安人同伴的陪伴下繼續上路。不過，牛仔的重要性不在於他的離群索居或反社會。他的意義其實是來自他獨特的個人美德和特殊技能，正是因為他有這些特質，所以社會需要他、也歡迎他。畢竟，尚恩最初是個不被社會接受的局外人，但最後卻得到了社區的感謝，以及一位女子和一名男孩的愛。雖然獨行俠不曾安頓下來娶當地老師為妻，他總是帶著受他幫助的人的愛慕與感激離開。這神話彷彿是在說，你可以是一個很好的人，值得他人的欣賞與愛，但你必須抗拒加入人群的誘惑。但摩擦有時也會導致無法彌補的決裂。《日正當中》（*High Noon*）的主角威爾・肯恩被懦弱的鎮民拋棄，他拯救鎮民不受一個猖狂殺手的傷害，但最後把他的警長徽章丟進沙塵裡，帶著他的新娘離開，走進沙漠。觀眾不禁猜想他們之後會去哪裡，因為他已經不再和任何城鎮有關聯了。

道德勇氣和孤單個人主義在另一個更現代的美國英雄形象裡，有更緊密的連結，也就是冷硬派偵探。從山姆・史貝德到薩皮科，偵探總是獨來獨往。在常人眼中，他通常不太成功，在一個不曾有人來電的破爛辦公室裡工作。他雖然剛強、睿智、老謀深算，卻不受世人欣賞。但他的邊緣性也是他的力量所在。當菲力普・馬羅、陸・亞傑和崔維斯・麥基終於接到一點工作時，他們執著地追查。為了追尋正義，幫助不受保護的人，他們不惜動搖社會結構。實際上，美國偵探故事中最引人注目的不是它的主角，而是它對罪行的想像。當偵探剛開始探案時，案情往往看似個別事件。但隨著主角抽絲剝繭，他會發現原來案件和社會上的權貴人士有關。社會極其腐敗，上流社會更是墮落。直視社會核心，然後發現它的腐敗，這才是美國偵探故事的基本劇情。偵探必須揭露的不是某個個人的疑案，而是社會的疑案。[2]

在一個墮落的社會裡追求正義，美國偵探必須是個狠角色，更重要的是，他必須是個獨來獨往的人。他在一般的事業與家庭布爾喬亞模式之外過活。當他的調查開始遠離原始案件，引領他踏進社會光鮮亮麗的權力核心時，這些社會上的領導者會試圖收買偵探，用金錢、權力或性的誘惑使他墮落。與罪行逐步揭露並進的是偵探為保有自己正直而戰的劇情，他最終拒絕有權有勢者的金錢，並回絕試圖勾引他的美麗女人（有時甚至讓她坐牢，或親手殺死她）。冷硬派偵探儘管可能渴望愛情和成功，可能想要在社會上有立足之地，最終被迫獨自生活，不受社會奉承的誘惑，孤獨地踏上伸張正義之路。有時，墮落的力量極為強大且徹底，以至於正直的偵探不再有立足之地，就像電影《唐人街》（*Chinatown*）的故事，傳達一種憤世嫉俗的訊息。

牛仔和冷硬派偵探都讓我們看到美國個人主義的一個重點。牛仔對社會有價值，是因為他和偵探一樣，都是完全自主的個體，不屬於社會。一個人要為社會服務，就必須能夠忍受孤獨，不需要他人，不受他們的評斷影響，而且不向他們的願望低頭。可是這個個人主義不是自私的。事實上，它是一種英雄式的無私。一個人為了守護人群的價值，接受獨自一人的必要性。這個孤獨的義務是美國道德想像的一個重要關鍵。但美國個人主義神話不可或缺的模稜兩可就是，它的道德英雄主義總是和絕望只差一步。對亞哈船長這樣的人而言，回到社會是不可能的，道德救贖也不存在，有時對牛仔或偵探的角色也是如此。英雄孤獨的卓越道德追尋，最終會通往絕對的虛無主義。[3]

當我們把注意力從虛構的神話英雄轉移到一位神祕的真實歷史英雄身上，我們或許能看出若要避免虛無主義的情況，應該確保哪些必要條件。在很多方面，林肯完全符合孤獨的個人主義英雄原型。他白手起家，從來不習慣東部上層階級的社會。他對保護北方州聯邦（the Union）和對「人生而平等」信仰的雙重道德承諾，同時激起廢奴主義者和南方同情者的敵意。在戰爭期間，他愈來愈孤立，不被國會和顧問團理解，而且家庭生活也不快樂。林肯面對幾乎無所不在的不信任，還是完成了他期許自己藉由重創國家的戰爭團結全國人民的任務，同時宣揚彼此和解，最後卻因一名刺客的子彈而倒下。林肯沒有陷入虛無主義是因為他心中有個大我，那讓他覺得生命有意義，而且值得為它而死。沒有人比林肯更懂共和國的意義，以及共和國相當不完美地體現的自由和民主。但賦予他生命價值的不僅是公民共和主義。萊因霍爾德．尼布爾（Reinhold Niebuhr）曾說，林肯對內戰的聖經解釋比任何當代神學家都還要深刻。林肯為了讓蓋茨堡之役戰死者（在他眼中，蓋茨堡之役是一場無謂又邪惡的戰爭）的犧牲變得有意義，而援引的死亡與重生象徵，最終彌補了他自己被刺殺的無謂死亡。透過對一群人和一個傳統的認同，林肯真正成為一個堅定的、典型的美國人。[4]

矛盾的社會因素

誠如我們在第二章看到的，個人主義深深植根於美國的社會歷史。在美國的土地上，奴隸成為自由人，佃租戶成為小地主，富蘭克林口中自重的「中等」條件之人成為常態。然而，殖民時代的早期「獨立公民」身處於一個凝聚力強的社區，即宛如「和平王國」的各個殖民城鎮，在那裡，人和家庭、教堂的關係還很緊密，而且還很尊重社區「理所當然的領袖」。[5]儘管洛克關於個人自主的觀念眾所周知，深植於殖民生活的公民和與宗教結構的個人主義尚未有專屬的名稱。新國家的地理和經濟擴張，特別是一八〇〇年後的那幾年，導致人們焦躁不安地追求改善物質條件，爾後托克維爾用「個人主義」來形容他在美國所看到的現象。[6]新的社會與經濟條件並未創造現代個人主義意識形態，現代個人主義的大部分元素早在十九世紀前就已存在，但那些條件的確讓我們所謂的功利個人主義，以及後來的表現個人主義，能稍微從公民與宗教生活中獨立出來，發展它們專屬的內在傾向，儘管公民與宗教生活仍然重要。

托克維爾迅速指出新興個人主義其中一個模糊之處，即它莫名地和墨守成規兼容。他形容美國人堅持人一定要仰賴自己的判斷，而不是公認的權威，慢慢去形成他的個人意見，然後堅守自己的個人意見。在前面幾章記錄的對話裡，我們已經聽到很多展現這個態度的例子，譬如主張與他人妥協是可取的，但絕不能犧牲自己的「價值」。可是托克維爾評論說，當一個人不再能仰賴傳統或權威，他難免會尋求他人來確認自己的個人判斷。事實證明，拒絕接受毋庸置疑的意見和焦慮地遵從同儕的意見，其實是同一件事的兩面。[7]

美國個人主義者逃離家庭與家人，拋棄社區和傳統的價值，內心卻其實是個墨守成規的從眾主義者，是美國社會中存在已久的一份焦慮。馬克・吐溫透過講述一群男孩追求自由不成的冒險故事，描繪十九世紀中葉他度過成長歲月的小鎮令人停滯不前的從眾環境。一九二〇年代，辛克萊・路易士（Sinclair Lewis）創作出經典的美國人《巴比特》（*Babbitt*），小鎮商人巴比特因為太過懼怕鄰居與家人的譴責，而不敢擁有自己的政治信念，也不敢在愛情中追求屬於自己的幸福。巴比特希望兒子不要重蹈自己覆轍的勸告很經典：「不要害怕家人。不要怕齊尼斯鎮上的任何人，也不要怕你自己，不要像我一樣。」

個人主義及其模糊之處在過去一百年裡，一直是和中產階級緊密相連的。就像第五章所說的，在十九世紀下半葉開始形成的「中產階級」，和過去的「中等條件」之人不一樣。真正說來，要成為中產階級不僅要渴望更好的物質條件，還必須有意識且慎重地攀爬成功的階梯。大衛・史奈德和雷蒙・史密斯提出了很有用的定義，他們說中產階級是一個「廣泛但並非不可區分的分類，包括對地位流動性抱持特定態度、抱負和期望的人，並以此為他們的行為根據。」地位流動性愈來愈取決於高等教育，以及需要專業知識的經理人與專業人士職場能力。對中產階級的美國人而言，做教育與職業選擇的審慎態度向來都是必要的，而且經常會影響到選擇配偶、朋友和參與社團的決定標準。從下層階級美國人的角度來看，這些思考不必然是一個人自然會在乎的事。譬如史奈德和史密斯的其中一位受訪者就說：「當個拘謹的人可不容易呢。」[8]

對於主要追求向上流動性、追求「成功」的人而言，美國社會的主要特色似乎是「個人成就運作的正常結果」。在他們的理解中，不受家庭或其他團體約束的個人獲得了充分表達自己的機會，雖說機會平等至關重要，結果的不平等實屬自然。但中產階級的個人主義模稜兩可，恰恰是因為他們不確定表達什麼樣的自己才算「充分」。史奈德和史密斯指出：「沒有固定的行為標準能夠表示地位的高低，唯一能夠清楚測量地位的確切文化標準就是總收入、總消費，以及遵守達到目的的合理程序。」中產階級個人因而受到激勵，高度自主且嚴以律己地追求起個人成就，而且不再擁有任何可以用來測量成就的標準，只好參考鄰居的收入與消費水準。自主性與從眾性之間的衝突再次顯現，而這似乎就是美國個人主義的命運。[9]

但也許史奈德和史密斯的第三個文化標準「達到目的的合理程序」，提供了一個維護個人自主性的方法，而不用焦慮地偷看鄰居。以中產階級的專業人士為例，他們的職業涉及應用技術理性於解決新問題，而問題的正確解決方法，甚至是創新解決方法，提供了本身就具有正當性的「成功」證據。只要用這樣的能力為公共利益服務（就像行醫最好的一面），它便展現出有社會價值的個人主義，又沒有處處因循守舊。[10]

可是由於技術能力在很大程度上被包含在我們稱為「事業」的生活模式中，對理性問題解決的關注（更別說社會貢獻了），從屬於只看收入與消費的成功標準。一旦發生這種情況，人們會開始懷疑工作是否有內在的價值，醫生、律師和其他專業人士經常如此。這些懷疑往往又因為專業人士不得不在更大的公共或私人官僚體系環境內運作，而變得更加揮之不去，在這樣的環境裡，很多聰明才智都得花費在操弄官僚規則與角色之上，而不是花在解決外部問題，這既是為了做事，也是為了推進事業。關於「組織人」（organization man）能否成為一個真實個體的焦慮，早在威廉·懷特（William H. Whyte）的名著《組織人》（*The Organization Man*）出版之前就存在了。[11]在商業大公司成為美國生活的重點機構之際，牛仔和偵探以廣受歡迎的英雄姿態登場。對沒有任何道德瑕疵的孤獨英雄的幻想，回應了人們對自我完整性在現代官僚組織中的懷疑。

今日中產階級美國個人主義的諷刺之處在於，儘管個人仍然必須展現高度的個人主動性、能力和合理性，可是成功人士的自主性、乃至「成功」的含義卻愈來愈受到質疑。就好像強調手段的合理性和個人需求的重要性，也就是功利和表現個人主義的首要重點，和對生活目的與意義的理解脫勾了。在過去，生活目的與意義主要是源自聖經和共和傳統。對這個情況的回應之一是想辦法取得職業成就，中產階級個人主義長久以來的首要焦點，本身已不再是個目的，而僅僅是實現某種私人生活型態（也許在一個生活型態飛地裡）的一項工具。然而，誠如我們在第三章與第五章所見，這個解決方法令人質疑。導致職業成功無法被視為人生目標的內在矛盾，同時也會在除了個人滿足、不再有與他人互動的需要時，剝奪私人生活的意義。

美國個人主義的模糊性與矛盾性，源自文化和社會的雙重矛盾。我們可能比以往任何時候更堅決地尋找那個不受任何文化與社會影響的真我，只為那個自己負責，而且把實現真我視為生命的意義。結果，我們多數時候都在龐大的官僚機構中尋找方向，這些機構包括綜合型大學、大企業、政府單位，而不停地操弄他人或被他人操弄。在描述這種情況時，阿拉斯戴爾・麥金泰爾（Alasdair MacIntyre）談到了「官僚個人主義」，也就是以經理人和治療師為代表的生活方式。[12]個人主義的種種不明確和矛盾之處，在官僚個人主義中驚人地暴露了出來，因為把多數公共決定交給官僚經理人和專家的代價，就是我們將失去做私人決定的自由。一個讓公民同意（consent，這是現代開明個人主義的第一個要求）喪失一切內涵徒留形式的官僚個人主義，說明了個人主義有破壞自身存在條件的傾向。

不過在我們的訪問中，雖然我們看到官僚個人主義的傾向，但我們不會說它已經占據主導地位。事實上，我們發現所有美國個人主義的經典對立都還在運作中：強烈渴望自主性和自力更生，同時又深信生命的意義在於和他人在社區裡一起生活；主張每個人有與生俱來的同等尊嚴，但也努力地為獎勵的不平等辯護，儘管在極端情況下，這可能使人失去尊嚴；堅持認為生活需要實用的效力和「現實主義／務實性」，但覺得妥協會對道德造成致命傷害。美國個人主義的內在摩擦加總起來就是矛盾的經典案例。我們極力維護自力更生和自主性的價值。我深深感受到不投入社會的生活有多麼空虛。然而，我們對於表達自己的感受有所遲疑，也就是我們需要彼此的程度，和我們需要獨立運作一樣多，害怕倘若說出口，就會完全失去獨立性。要是我們實際上沒有實踐一些不斷限制孤立個人主義影響的作為，我們生活的摩擦會更大，雖然說我們對那些實踐的說明，遠不如對追求自主性的說明那樣清晰。

個人主義的限制

我們已經指出美國的中產階級生活和個人主義之間有獨特的共鳴。我們也強調過中產階級的特殊本質，它不是「階層體系」裡的「一層」，而是一群人試圖在持續進步的過程中體現美國任務所代表的意義。而在很大的程度上，它的確實現了這個抱負。中產階級強而有力地主宰著美國文化，誠如史奈德和史密斯所言：「中產階級價值可以說同時涵括了下層與上層階級的價值。」這對下層階級而言是真的，因為他們不僅理解並尊重中產階級的價值，而且「下層階級的人會以阻止他們表現得像個中產階級的客觀環境，來解釋自己的劣勢。」上層階級有時在它特別的家庭與傳統看法中尋求慰藉，但它不想用自己的價值去取代主流價值。相反的，上層階級的成員讚揚中產階級的合理性與成就，認為那是美國社會的基礎，縱然他們自己並不遵循那些價值。[13]

當我們把中產階級個人主義拿來和下層階級與上層階級的文化做對照，中產階級個人主義的本質就變得更清晰了。史奈德和史密斯意有所指地描述這個對比，他們說，中產階級認為「個人與社會的行為，主要由把技術規則套用在任何出現的情況決定」，下層階級（值得注意的是，還有上層階級）則抱持比較「戲劇論的社會行動觀點」（dramaturgical view of social action）。①他們所謂比較「戲劇論」是指行動因為特定的人際關係歷史而具有意義。抽象規則的重要性，比不上個人樹立的榜樣。舉例來說，史奈德和史密斯主張，族裔這個具體的文化生活模式，在下層階級的美國社會裡存活下來，而隨著個人進入中產階級，即便其象徵意義被強調，族裔還是失去了獨特的社會內涵。[14]這不代表下層階級和上層階級的美國人不是個人主義者，而是他們的個人主義深埋在具體的關係與團結的模式中，這些模式能緩和朝中產階級生活中的空洞自我及空洞關係發展的趨勢。而當中產階級對存在下層階級、族裔團體，或是（往往是歐洲人的）貴族之間的那種「有意義的社群」產生羨慕幻想時，他們自己就展現了這樣的對比。

雖然我們一直在做的區分很重要，我們也不該過度強調合理性和技術規則對中產階級生活的控制。抽象的禁令不能使孩子成長。他們與父母產生共鳴，他們透過好榜樣學習，而且他們受到所屬家庭、教會和地方社區的特定歷史影響。對技術教育、官僚職業階級和市場經濟的中產階級傾向，才是他們愈來愈強調普世規則與技術理性的原因。上層和下層階級可以保持更高的文化特異性（但這份特異性在美國相對有限），因為他們比較不適應這些合理化的制度。

由於中產階級同樣深根在家庭、教會和地方社區之中，他們也感受到偏理性與偏戲劇的兩種生活領域之間的衝突。把中產階級和其他美國人區分開來的對立，也存在中產階級自己人之間。關於美國生活的文化多樣性和多元主義，我們已經說了很多。但也許分裂美國人的主要因素並不是多樣性，而是技術及官僚理性的單一文化（monoculture）和我們具體承諾的明確性（specificity）之間的衝突。[15]

記憶社群

我們在第三章詳細描述對自力更生的注重，如何導致人們把自我的精髓看作純粹的、未定的選擇，完全不受傳統、義務或承諾的影響。我們指出這個「無拘無束的」自我的空洞性，妨礙了激進的個人主義者想要與他人「重新連結」的真誠渴望。現在讓我們來看看不空洞的自我是什麼樣子——一個構成的自我，而不是無拘無束的自我，我們就直說吧，這是一個帶著累贅的自我，但累贅使和他人連結變得更容易且更自然。就像空洞的自我在某個特定的制度環境中是有道理的，譬如中產階級在向上流動的環境裡必須離開家和教會，才能在不講人情的理性、競爭世界裡成功，同樣的，構成的自我從另一個制度環境的角度來看也有它的道理。我們稱這個制度環境為社區，意義最完整的社區。

所有社區都有歷史，特別是我們所指的那種意義的社區（社區基本上是由社區的過去所構成），基於這個原因，我們可以將真正的社區稱為「記憶社群」，它不會忘記自己的過去。為了不忘記那段過往，社區會需要重述自己的故事、自己的組成敘事，在這麼做時，它提供了許多具體實現社區意義，而且可以代表社區意義的男女典範。這些集體歷史與模範個人的故事是傳統很重要的一部分，而傳統就是一個記憶社群的核心。[16]

構成傳統的故事包含對品格的理解，對一個好人有哪些特質的理解，以及對決定這個品格的種種美

① 譯注：高夫曼於一九五九年出版的《日常生活中的自我呈現》中提出「戲劇理論」，又稱「擬劇論」，該研究指出，人在不同場合會基於文化價值觀、社會禮儀，以及人們對彼此的預期，而做出類似於戲劇表演的不同行為。

德的理解。不過，這些故事並非都是模範故事，也不全都是關於成功和成就。一個不折不扣的記憶社群也會講述共同傷口的痛苦故事，有時這種故事會產生比成功故事更深刻的認同感。誠如我們所見，治療師利維從保母手臂上的數字，看見了自己對一個共享愛與苦難的社群的身分認同。一個社群夠誠實的話，它不僅會記得自己承受過的苦難，還會記得它加諸於人的苦難，像是危險的記憶，因為前者會召喚社群改正古時候的惡。記憶社群使我們和過去產生連結，也帶我們面向未來，成為有希望的社區。它們帶有意義的脈絡，使我們能把自己與最親近之人的抱負，和一個更大的整體的抱負相連，同時把我們的努力一部分看作是對共善的貢獻。[17]

這種貨真價實的社區在美國並不難找到範例。我們有少數族裔和不同種族的社區，個個都有自己的故事和專屬的男女主角。我們有宗教社區，他們年復一年地回憶並再現自己的故事，記住那些賦予他們身分認同的聖經故事，也不忘記界定其身分認同的聖徒和烈士。我們有國家共同體，由美國歷史和從溫斯羅普到金恩博士的美國代表性領袖所定義。美國人認同他們的全國性社區一方面是因為我們幾乎沒有共同點，另一方面是因為美國歷史實現了世界各地普遍的渴望：一個尊重所有公民的理想社會，無論他們彼此之間多麼不同，並且允許每個人實現自我。但有些美國人也記得有苦難的歷史，以及願景與實現之間的差距（這向來是一道鴻溝）。鄰里、地方和區域在某些時候都是美國的社區，可是那些社區在躁動的流動社會裡很難維持。家庭可以是社區，記住家庭的過去，向孩子講述父母和祖父母的人生故事，使他們對未來抱持希望，但若是少了一個更大的社區作為脈絡，那種家的感覺很難維繫。在歷史與希望被遺忘而且社區充其量只是同類相聚的地方，社區將退化為生活型態飛地。這種轉變的誘惑在美國很普遍，不過大多都停留在過渡階段。

在記憶社群成長的人不僅會聽到故事述說社區如何形成，它有什麼願景與恐懼，它的理想如何在傑出的男女身上實現；他們也參與讓社區被視為一種生活方式的實踐，其中有儀式的、美學的、倫理的實踐。我們稱這些為「責任實踐」（practices of commitment），因為它們定義了使社區保有活力的忠誠和義務模式。如果自力更生的個人語言是美國道德生活的第一語言，記憶社群的傳統和承諾的語言就是多數美國人也會說的「第二語言」，他們在全然獨立的自我的語言顯得不足時使用這個第二語言。

我們在第三章說過，空洞的自我是一個分析概念，是我們傾向趨近的一個極限，不是一個具體現實。一個完全空洞的自我只可能存在激進個人主義的理論中。它在理論上可以想像，但不可能實際執行。構成的自我也是一個分析概念，是我們從來不曾達到的一個極限。事實是，每個人都是父母的孩子，生在特定的地方，繼承了一群人的歷史，而且都是這個國家的公民。這一切在很大程度上訴說了我們的身分。可是，我們生活的美國社會鼓勵人們和過去一刀兩斷，自己定義自己，選擇我們想要認同的團體。沒有任何傳統和社區在美國是不受批評的，而批評者測試的重點，通常是看社區或傳統對個人的實現有多少幫助。所以在現實生活中，我們介於空洞的與構成的自我之間的某處。

這對立可能使人振奮，同時幫助個人和社區保持活力，持續自我批評。可是對立也令人焦慮，而且有時會導致我們先前提到的技術理性和具體承諾之間的潛在爆炸性衝突。本身致力於個體自由的自由派知識分子，有時會挖苦諷刺地方團體或宗教團體，覺得他們的傳統與社區蒙昧無知，而且有專制的潛在危險。由於自由派知識分子可透過訴訟與立法對公共政策發揮相當大的影響力，他們有時把自己的開明觀點強加在其他公民身上。另一方面，有些保守派團體因為對迅速的社會變遷和激進個人主義的社會結果感到沮喪，於是以基要主義的僵固來簡化與具體化他們的傳統，然後譴責與他們持不同觀點的公民同胞，有時還加入政治行動委員會，試圖將他們的堅定信念變成法律。我們在用語上使用「自由派」與「保守派」，因為它們是這個脈絡下的常見用法，可是它們並不適任。這衝突發生在文化中，而不完全是在政治上，不過它確實會造成嚴重的政治後果。描述這些與彼此為敵的人的另一種說法，是稱呼他們為「現代主義者」和「反現代主義者」，但這用語的實用性也很有限。與其依賴過分簡單的標籤，我們應該認識到美國人最深刻的一些文化衝突，是源自對我們共有的個人主義的不同理解。

長久以來，即便在快速變化的時期，美國社會被相當開明的新教文化中心凝聚在一起，這個文化中心試圖調解社區和個體的需要。這個文化中心的代表人物，既不接受混亂的開放，也不接受威權的封閉，他們捍衛傳統（指某種公民共和傳統和聖經傳統）而不是傳統主義。他們試圖從今日的角度再挪用歷史，留意那些破壞每個傳統的過去的扭曲。我們將在接下來幾章看到，這項任務變得愈發困難，可是它絕對還沒被拋棄。在這章接下來的篇幅中，我們將討論幾個案例，它們試圖在記憶社群及其第二語言與責任實踐的脈絡裡，明確地表達一個有社會責任感的個人主義。我們將看到，在融合功利與表現元素的現代個人主義第一語言，及其隨之而來的分離實踐如此強大，以至於其他選項難以被理解的社會裡，這絕非簡單的任務。不過，如同我們在本章一再看到的矛盾心態所示，就連幾乎是被第一語言壟斷的那些人，似乎都不滿足於現代個人主義。

社區、承諾和個體性

不折不扣的中產階級美國人萊斯・紐曼在教會裡找到了歸屬，教會代表的家，使他能夠批判自己所處的社會。他說：「美國社會變得非常自我導向，也可以說是非常個人導向，例如說：（這社會）跟我有什麼關係，我可以從中得到多少，我有沒有得到生活中我應得的一切？這導向摧毀了很多正確的國家大事。人們不在乎個人行動對世界帶來的間接後果。」

對這個在南方州長大，剛從知名商學院畢業，現正在加州郊區的公司擔任主的福音派浸禮會教友而言，這籠統的批評在描述他的校友時變得具體了起來。他們多數人「覺得他們不需要上帝，不需要宗教。商學院給人一種很強烈的印象，白手起家的人，只要肯做、肯思考就能夠凡事都靠自己達成，而完全不需要依賴其他人。」正因這樣的白手起家者沒意識到他們需要上帝，因此他們不了解他們需要其他人，紐曼如此評論道。他在積極參與所屬教會會眾的生活時體會到兩種需要。他的教友和把禮拜當儀式而非一種生活方式的「禮拜天早上就要上教堂的人」不一樣。對他們而言，宗教不只是「這裡有一套值得遵循的道德觀，這位兩千多年前的人就是典範」。他們共享的生活和教義的核心是「耶穌基督是個人。他今天還活著，他的教導今天仍受用。他今天在你的生活中佈道，而你每天都可以在禱告中和他說話。」因此，這群信徒的教會「不僅僅是一個場所，而是一個家」，這個大家庭給了他最要好的一些朋友。儘管離開原生家庭，搬到加州，而且進到充滿競爭的商業世界，紐曼找到了宛如家庭般的新精神支柱，他透過與眾人一起讚揚「和耶穌基督的個人關係」，而跟他人產生新的連結。

在這個傳統基督教的觀點中，兩個客觀事實使一個人和另一個人產生了連結，一是他們都是上帝之子，二是上帝透過耶穌基督之身繼續存在世上。這是一個人們根據自由意志接受的現實，也就是說，它在確認個人身分認同的同時，也建立了基督徒會眾的關係紐帶。在思索這個自我融入的過程中，這位浸禮會生意人信誓旦旦地說：「我和耶穌建立了個人的基督教關係，自此之後，那段關係持續把許多不同的人事物編織在一起。和耶穌的關係算是改變了我對世界的看法。耶穌是讓我的情緒穩定下來的人。以前，我的情緒算是不太穩定，我曾經有過不少嚴重的低潮，現在我完全不會這樣了。這段關係強化了我對婚姻的投入感，而且大大地影響了我在工作場合與人交流的方式。我的生活充斥著一個個不連貫的事件。我童年時期老是在搬家。」藉由搭起與基督的連結，即便在社交流離失所和文化衝突這樣不連貫的過程中，他感受到了自我的完整性。

教會社區幫助紐曼找到一種語言和一套做法，不僅鞏固他的婚姻，幫助他應付工作，讓他對自我有更前後連貫的看法，而且使他和所處的社會保持重要距離。在第四章登場的泰德．歐斯特沒有這樣的社區，而且似乎對現代個人主義第一語言感到比較自在，他用這個語言解釋自己的人生。可是，當被要求進一步解釋自己忠於一段長久婚姻的原因，他多次嘗試從成本效益角度解釋，但最終還是失敗了。他和太太在一起的幸福，來自「經歷人生的所有這些階段……。它使生活有意義並讓我有機會與某人分享，可以想像成有一個精神支柱，而不會迷失自己。對我來說，這才稱得上是一段真正的關係。」在這段話裡，泰德似乎在摸索遣詞用字，傳達他的婚姻就是一個記憶與希望的社區，在其中，他不是空洞的，但他本質上確實是空洞的。這感覺就好像，他必須拿平常使用的第一語言的失敗碎片，發明出一個第二語言。

儘管我們在泰德的例子中沒看到，在紐曼的例子中也只是短暫看到，記憶社群（雖然往往鑲嵌在家庭經驗裡）是個人被帶進公共生活的一個重要入口。事業有成的小生意人安傑洛．多納泰羅（Angelo Donatello）如今已成為波士頓郊區的公民領袖，他講述他對家庭根深柢固的族裔遺產的被動擔憂，最終引領他進入公共生活：「過去的我對自己感到很困惑，那是我從政的一個重要原因。我來自東波士頓一個非常傳統的義大利家族。我們在家中說雙語，不過，我比我的兄弟姐妹都更美國化一點，應該可以這麼說。我們漸漸忘記了我們的文化傳統——那意味著變得更自由、更開明，能夠用不同的方式表現自我。十三、四年前，鎮上有一群人在討論要成立「義大利之子」（Sons of Italy，按：全名為在美義大利之子組織〔Order Sons of Italy In America〕）的地方分會。我絕對不會是做這種提議的人。我太太是愛爾蘭人，我是我們家第一個和非義大利裔結婚的人。但我出席了這些會議。在我加入義大利之子地方分會的籌辦以前，我已經忘記了自己出身的文化傳統。」當這群人試圖替義大利之子分會的會堂購地時，他們遇到了意料之外的偏見，這點促使了多納泰羅的參與。在對抗反對聲音時（反對的主要原因似乎是外界普遍認為義大利人愛喝酒鬧事），多納泰羅於是跟鎮公所打起交道。重新想起他的文化傳統需要他接受自己的出身，包括他早年努力「美國化」時試圖否認的偏見與歧視帶來的糟糕回憶。

族裔偏見的經驗使多納泰羅看到，生活中有比把過去放下、靠自己出人頭地，以及自由地展現自我更重要的事。不過，隨著他和他過去想要忘記的社區關係愈來愈深刻，他在義大利之子中也變得更活躍。被選為市鎮管理委員的他認為自己有責任為義裔美國人和整個城鎮的福祉發聲。拋棄原先的那種個人主義，他被引導走向公民個人主義，使他從狹義與廣義的角度關心他所屬社區的事務。放下「美國化」，使他成為了美國人。

瑪拉・詹姆斯（Marra James）是多納泰羅的有趣對比。她出生在西維吉尼亞州一個小鎮，定居南加州郊區已經有好幾年了，她在這裡積極參與各式各樣與環保議題有關的社會運動，像是拯救荒野不被開發。瑪拉從小上的是天主教教會，初到加州時，她在自己的堂區很活躍。她現在不再上教堂，因為她已經超越她所謂的「結構性宗教」（structural religion）。不過她帶著對儀式的敏感性從事新的志業。

她把自己參與環保運動的第一次經驗，追溯到在當地一所大學舉辦的第一個地球日慶祝活動，她接受我們的訪問時，距離當初已經過了約十年，而她正積極籌劃當地的十週年慶祝活動。

瑪拉深刻而清楚地理解社區的重要性：「很多人感到空虛，而且不知道他們為什麼感到空虛。這是因為我們每個人都是社會動物，必須在社區裡與他人一起生活交流、一起合作才會感到滿足。」但她看到社區的實現在美國有很多重大阻礙：「大部分的人都被我們的體制欺騙了。我稱之為三C，也就是金錢、便利和消費主義（cash, convenience, consumerism）。情況愈來愈糟糕。你不覺得自己是社會的一部分，因為沒有哪個人是。孤獨的感受遍布全國。」可是瑪拉意識到這點之後的反應並不是絕望。她極度活躍，無論勝負總是重返戰場奮鬥。她在擔任市議會議員和郡計畫委員會主席期間遭受了許多挫敗。「有時我形容自己像顆皮球，」她說，「我有時候被壓到幾乎要扁掉，可是我向來都能夠再彈回來。」對瑪拉而言，政治是值得付出的教育活動，無論輸贏，又或許在輸的時候更應該付出。

瑪拉在社區的定義這方面值得一提：「我覺得自己是整體的一分子，是歷史的一部分。我生活在一個光譜中，它涵蓋了整個世界。我屬於這個整體。因為我做的事會影響整體。因此，如果我浪費、濫用資源，這將會影響整個世界。」瑪拉稱自己是溫和的共和黨人，不過她的政治觀點超越了任何制式標籤。對她而言，「整個世界」是一個記憶與希望的社區，並且需要她堅持不懈地履行各種責任實踐。毫無疑問，這一路上，她被捲入許多社區，每個都對構成她這個人有重要的影響，諸如她的家庭、教會、她的環保運動同志網絡。透過把她的社區定義為整個世界，來賦予目前仍在願景階段的抱負一些現實根據，她有可能和任何具體的記憶社群變得疏離。

最後，我們來看希西利亞·道爾蒂（Cecilia Dougherty）的例子，在希西利亞的生活中，一系列的記憶社群共同促成了她目前的政治承諾，那其中的關聯遠比瑪拉的例子更加明確。希西利亞住在放眼望去都是遮蔭樹木、學校和教堂的聖塔莫尼卡一隅。她和韋恩·鮑爾一樣，也是經濟民主運動的活躍成員。目前，她替一名發揚進步理念的地方律師工作，此外還擔任市政府的民選官員。儘管做出如此艱巨的承諾，希西利亞還是四個青少年的單親媽媽，她的丈夫在幾年前過世，而丈夫的死既為她帶來創傷，也帶來蛻變。

在丈夫去世導致生活嚴重停擺後，四十多歲的希西利亞投入政治活動。最初她替一位地方候選人競選國會議員，一部分因為他的對手支持很多她反對的事，不過也是想試試自己有沒有能力參政。希西利亞在丈夫還在世時，就已開始考慮往公共倡議發展。

認識她先生的同事是關鍵事件，這位和他們同齡的同事告訴希西利亞，自從聽她先生說她的好之後，一直很想更認識她。希西利亞於是開始跟對方自我介紹：「我有四個孩子……」但這名女同事說：「等等。我不是要認識妳的孩子。我要認識的人是**妳**。妳是哪裡人？」這讓希西利亞感到震驚。「我的意思是，我是個家庭主婦，我不是很了解她到底在說什麼。」然後這位女同事告訴她：「我想認識的不是身為葛雷格太太的妳。我感興趣的是妳的人，作為獨立個體的妳，作為一個女性的妳。」她邀請希西利亞加入一個意識覺醒團體，「我人生的轉捩點，真正改變了我。」

加入意識覺醒團體後，希西利亞覺得自己彷彿大夢初醒，重拾成為人妻、人母之前的希望與抱負。希西利亞重新意識到自己一直想當老師，本來考慮回到學校實現這個夢想。可是，她已經在一個勞動工會擔任職員，於是她決定為此調整自己的教書夢。「我決定運用自己已經有的能力。」在喚醒意識過程中發現的任何早期「直覺」，像是她決定以過去、以她「已經有的能力」為發展的基礎，都是她根據對自由與效能的新看法所採取的行動。

事實上，接觸女性主義意識覺醒，以及發現她「作為獨立個體」的身分，儘管都是重要的催化劑，卻不是希西利亞成為社會運動者的決定因素。她描述說，她從意識覺醒過程中學到的效能感，使她重拾年輕時的承諾，以及深植於她家庭經歷中對勞動者尊嚴理念的認同。她從政的使命感不只是以激進的個人主義為基礎，而是扎根於世代連續性之中：「我想要看到窮人的力量和他們的數量成比例，我還想要保護我孩子與孫子的未來。我對於繼續為進步理念服務，有一種帶有歷史意義的家庭職責。」

當希西利亞被要求解釋為什麼投入社會運動時，她以典型的方式回應，講述家庭經歷如何幫助她發展出自我的理想。也就是說，她採用了一種「第二語言」，這語言組織生活的依據是某些理想品格（譬如勇氣和榮譽這類的美德），以及投入被認為體現了那些價值的機構。舉例來說，希西利亞的女性主義可說是在不同的環境裡仿效她的母親。她的母親是義大利移民，十八歲結婚，沒有上大學，可是成為郡裡當選民主黨中央委員會州主席的第一個女性。「所以，」希西利亞評論道，「她讓我在年紀很小的時候就懂得實現承諾。八歲時，我在黨總部工作，負責貼郵票和接電話。」

但促使希西利亞對勞工運動，以及勞工運動理想的公正兼容社會產生深刻認同的重要事件，是和她父親有關的事件。希西利亞十四歲時，她在能源公司工作的愛爾蘭天主教移民父親加入罷工。希西利亞對罷工那幾週的回憶歷歷在目，尤其是幫助家庭度過罷工的工會團結一心。她回憶說：「我們每晚都去工會禮堂所在的城鎮，在救濟廚房裡吃晚餐，我媽媽會幫忙做飯。」然而，決定性事件發生在罷工的第六週，她的父親因朝罷工破壞者投擲石塊而被捕。

令人難以接受的是，希西利亞的父親「向來是個好公民。是相信美國之道的認真老實人」不僅被捕，而且還在法庭上被攻擊是共產分子和鬧事者。看到公司律師的下流手段，對她產生了深遠的影響，導致一種持續框架她政治關懷的道德憤慨。父親在「衣冠楚楚的公司律師」攻擊下展現的勇氣與榮譽感，也令人她印象深刻。最重要的是，她對勞工運動的團結力量印象深刻。「那時我意識到了工會的價值，以及我們的生計完全仰賴工會。」

因此，當希西利亞回到民主黨內，當她決定全心投入地方社會運動時，她能夠（也確實）利用一個相當豐富的家族傳統。她描述自己從賢妻良母過渡到更投入公共事務的現在，其實不太算是一種選擇（因為選擇比較像是你想學畫畫還是學打保齡球），而是對她某部分身分認同的一種回應，是履行她的人生、家族傳統和信念要求她負起的責任。

當她被問及自己的社會運動有什麼目標，希西利亞回覆說，她希望「使人們不要只是關心自己的生活，而是承擔起遠遠超越個人的更大的責任。這聽起來很偉大！我真正能做到的，最多大概就是在聖塔莫尼卡維持與建立更好的社區，而這絕對是一生的工作。」希西利亞罷工故事內隱含的社區形象，截然不同於其他受訪者倡導的由志同道合者組成的社團。

希西利亞的自我理解和現代個人主義第一語言之間的根本對比可以歸結為以下三點。首先，希西利亞表述自我感時，提到的是一段說明長期承諾的敘事，而不是她個人的渴望與感受。儘管她把在一定程度上和自己的過去分手視為關鍵的人生「轉捩點」，她也把隨之而來的自由視為做出新承諾的機會，她常用的說法是「運用自己已經有的能力」。因此，不同於為了成為自由的自我而離家的激進個人主義對生命歷程的理解，希西利亞的自我意象扎根在能夠創造高尚生活的美德概念裡，尤其是她父母的人生具體體現的那些美德。第二個對比是，她的自我感扎根在定義有價值人生的美德之中，而且被擁有相同傳統的其他人傳承和仿效，而不是扎根在藉由拋棄具體承諾而獲得的毫無內涵的自由之中。

希西利亞「第二語言」的第三個特色是，她認為社區意味著以關懷他人的責任為基礎的團結，因為那是美好生活不可或缺的元素。她把自己和勞工與「窮人」的團結描述成對人類尊嚴的關懷，她第一次對濫用權力發怒就是因為看到人的尊嚴被侵犯。這種社區團結一心的感覺，讓人想起經典的公民對比，一邊是總把自己擺在最優先的私人公民，另一邊是自認參與了某種生活的公民，他透過這種生活方式滿足自己的認同。這種公民想像截然不同於一群志同道合的個人，全然因為他們自發的興趣而結合。確實，這個對比大致上證實了托克維爾的主張，即公共秩序和信任不能單單源自個人的自發性，而是需要唯有活躍的公民生活才能提供的養成。

我們不難發現公民語言在希西利亞生命中的源頭，是她和她父母對勞工運動的終生承諾。她和父母與丈夫也都重視天主教的團結，可能進一步強化了這個源頭。她把這擴大成對「經濟民主」的普遍關懷。18

這是希西利亞和稍早介紹的其他人的特徵，他們透過對各種社區的承諾來定義自己，而不是透過追求激進的自主性。然而，就像其他人一樣，希西利亞展現高度自決和高效能。她代表著一種在社區中實現、而不是反對社區的個人主義。對希西利亞與其他人而言，美國個人主義的剋星順從主義（Conformism）似乎不是問題。他們因為從事責任實踐而能夠抗拒從眾的壓力。有時候，他們在抗拒從眾的過程中展現出了不起的適應力，就好像當瑪拉在被「壓扁」後還能反彈回來。托克維爾認為孤立才會引發順從主義和更大的專制操縱危機，而不是社會參與，根據我們舉的幾個例子來看，托克維爾大概是對的。

美國有許多專制團體，有時被用來從事破壞性目的。它們與真正社區的不同之處在於，它們的記憶膚淺又扭曲，而且它們想要的東西很狹隘。極端孤立的個人主義無法防禦這種脅迫團體，相反的，孤立產生的孤獨可能會引發餵養這類團體的「對權威的渴望」。

私人與公共

有時候，美國人把私人生活與公共生活驟然二分。認為一個人的主要任務是在自主的自力更生之中「找自己」，不僅和父母分離，也和構成過去的社區與傳統分離，這導致人們認為只能在自己身上，以及和幾個親密他人的關係中，找到滿足。這種個人主義常常帶有對公共生活的負面看法。

個人會需要不受經濟和政治世界冷漠力量傷害的保護。根據這個觀點，就連過去對美國人身分認同至關重要的職業，也變成工具性的，而這不是件好事。根據我們對美國中產階級生活的觀察，對純粹私人滿足的追求看來是虛幻的，它最終往往只是讓人感到空虛。另一方面，我們也發現對很多人而言（其中有些就是本章稍早介紹的人），私人滿足和公眾參與不是對立的。這些人展現一種不空洞的個人主義，充滿了來自積極認同社區和傳統的內容。也許，把私人生活和公共生活解讀為彼此不合是錯誤的。也許他們彼此的關係之深刻，以至於一方面的貧困，必然導致另一方面的貧困。帕克．帕爾默（Parker Palmer）可能是對的，他說：「在一個健康的社會中，公與私不是互斥的，也不是相互競爭的。相反的，它們是一個整體的兩半，一個悖論的兩個極點。它們辯證地合作，幫助創造與滋養彼此。」[19]

在公共生活淪為暴力和恐懼的地方，這種辯證關係再清楚不過了。人不能在圍困狀態下過著富足的私人生活，對所有陌生人都不信任，然後把自己的住家變成武裝軍營。最基本的公共行為準則與禮貌，是美好私人生活的一個先決條件。另一方面，公眾參與往往困難又費力。若想成功投入公共世界，一個人需要個人力量，以及家人朋友的支持。有意義的私人生活，是健康的公共生活的先決條件之一。

儘管有這麼多對公共領域的懷疑，但和多數工業國家的公民相比，美國人對志願社團和公民組織的參與度更高。儘管困難重重，許多美國人認為他們必須「參與其中」。我們在公共生活和私人生活中，都能發現維繫個人主義及承諾的心的習慣，也能看出是什麼讓它們出了問題。

第二部

公共生活

PUBLIC LIFE

第七章　主動參與

「關於如何做一個盡責的公民這方面，你希望我怎麼跟學生們說？」我們當中有位研究人員總是在訪談的最後這樣問社區領導人。典型的美國式回答幾乎都是：「告訴他們要主動參與！」美國是個參與者的國度。[1]近期研究證實了托克維爾一百五十年前說的話：

> 不分年齡層、社會地位、興趣愛好，美國人從不停止組成社團。不僅有人人都能參加的工商社團，還有上千種其他類型的社團，有宗教的、道德的、嚴肅的、徒勞無功的、加入門檻很低的和很高的、規模極大和極小的……舉凡任何新的任務，在法國肯定是政府跑在最前頭，在英國是大地主，而在美國，就一定是社團。[2]

對「主動參與」的愛好蘊藏了美國人對自我和社會之關係獨一無二的理解。社會期望個人**主動**參與，即自己選擇加入社會團體。他們不是必然會捲入社會關係，承擔起不是出於他們自願的義務，而且社會機構若不是出於個人自願選擇而來的成果，會被視為不合法的社會機構。多數人都說，他們主動參與社會機構是為了實現自利，或是因為他們覺得深受特定他人的吸引。[3]考慮到這個關於個人參與社團目的的假設，人們對公共利益的想像又是什麼呢？什麼東西能夠促使這樣的美國人為公共利益犧牲他們的自我利益，並且有意識地把他們的命運與祖先、當代人和後代子孫的命運連結起來呢？

自由獨立的小鎮

托克維爾認為，主動參與地方民間公民社團的經驗本身，就足以產生一種照顧公共利益的責任感。他認為他在新英格蘭小鎮看到了上述過程的生動實例。起初，是個人的自利使這些小鎮居民主動參與地方公民社團。但地方自治的經驗改變了他們，他們因而認識到超越個人自利的公共責任，並且變成「守秩序，懂得適可而止，溫和不冒進，而且有自制力的公民。」托克維爾說，新英格蘭人「把他們的野心和未來」都投注到自己的小鎮上。「他在能力可及的有限範圍內，學習治理社會；他開始認識可以不用透過革命推進民主的種種繁文縟節，被它們的精神感染，培養出對秩序的喜愛，了解權力和諧的真諦，然後終於對他職責的本質和權利的範圍積累了清晰、務實的想法。」[4]但主動參與小鎮的公民社團，究竟是如何將自利動機轉變成公共責任心的呢？此外，美國人今天主動參與大城市的志願社團也會有相同的效果嗎？在我們試著回答這些問題之前，首先讓我們聽聽麻州塞福克（第一章介紹過的喬．高爾曼的家鄉）幾位公民領袖的聲音，這個小鎮和托克維爾拜訪的那些小鎮，有著很類似的過去。

塞福克最初是在一七三〇年由麻州中央大法院根據居民請願准予成立的一個志願社團。居民提出的請願動機是想要建立一個獨立的公理會（Congregational Church），因為鄰近教會和鎮上的交通距離都太遠了，民眾參加禮拜多有不便。打從一開始，小鎮就是由一個任何登記選民都有資格參與的公開會議負責治理。會議每年舉行一次，並根據需要在一年當中的任何時候召開，小鎮會議就像某種立法機構，有權力就更改章程和預算進行討論與投票。小鎮會議的議程叫做「議事狀」，特殊的議程項目叫做「議條」（和公理會在年度管理集會上使用的術語相同）。小鎮行政部門由鎮上選民選出的委員會組成，包括市鎮管理五人委員會、財政委員會和學校董事會。這些委員會的委員都是無給職制。上述政治機構都很像托克維爾過去研究的機構。[5]只不過，不同於托克維爾的時代，現在小鎮事務的日常管理，都是由對相關行政委員會負責的給薪管理者來執行。

傳統的小鎮機構展現了一個經典的想像，關於這種社會應有樣貌，以及它應當持續努力變成的樣貌：由生活在自力更生的家庭中的自力更生個體創造並維護的一群自力更生的會眾。同時，我們看到襯托這個志願理想的褪色背景，也就是人們把小鎮理解為一個記憶社群，由記憶把小鎮公民的命運和他們的祖先與後代連結起來。今天，帶有尖頂的、粉刷過的公理會教堂仍矗立在塞福克公地旁，和原始教堂最初的所在位置只有幾百英尺距離。教堂對面是鎮務廳。鎮務廳是一棟約二百年歷史的小型粉刷樓房。市政廳後方則是鎮立墓園。早期先民的墓碑今天都還在那裡，而且每個居民至今都能免費葬在此墓園。許多地方公民領袖還是可以藉由吹噓家族有多少代人居住在這個小鎮，成功提高其社會地位。就像第一章所呈現的，在我們描述當地人對建鎮二百五十年紀念活動的反應時，很多鎮民都對他們繼承著一個古老但仍健在的傳統感到自豪。

在美國早年的歷史中，這種小鎮最常見的公民是商品和服務的自營供應者，像是家庭農場主、自營工匠、獨立零售商。對這些人而言，工作、家庭和社區參與的需求，都在小鎮脈絡裡匯聚。十八世紀和十九世紀初期，鎮上居民多數都是這樣的人，當時對社區生活本質的古典理想，可能確實和小鎮的主要經濟和社會關係的現實相吻合。[6]但商品和服務的自營供應商，也就是這個理想的主要承載者，今天大致上都已消失了。直到一九五〇年代，鎮上還能看到一些家庭經營的農場，可是今天所有農場都被賣掉了，他們的土地不是變成工業園區，就是被再分割為住宅開發。留下的自營工匠少之又少。可是很多居民還在使用社區生活的古典理想為自己的人生賦予意義，喬就是一例。他們會出現在鎮上的扶輪社、獅子會和同濟會（Kiwanis）聚會；他們屬於地方商會；而且他們當中有些人是地方公民用來治理鎮務的董事會和委員會上的成員。這些人通常被稱為「小鎮長老」。①

小鎮長老

小鎮長老可以被想像成理想的獨立公民性格的當代化身，誠如我們所見，在托克維爾的眼中，這個性格集十九世紀美國精神於一身。當代的小鎮長老以獨立公民代表的公共生活理想為依歸，可是必須和獨立公民區分開來，因為他並不是真正的獨立。不同於符合托克維爾精神的獨立公民，小鎮長老提倡的理想，最終無法指引他們走出決定他們社會世界的經濟相互依存與政治衝突的迷宮。

在十九世紀獨立公民生活的社區裡，工作、家庭和敦親睦鄰的需求彼此交錯。在當代小鎮長老生活的社區裡，這些需求匯聚的程度，依然足以為曾經由獨立公民賦予生命的公共責任觀點提供表面上的合理性。[7]因此，喬能藉由為他們一家人生活、多數親戚朋友至今仍定居的小鎮效勞，進而認為自己為公司做了成功的公關。然而，只要他仍是一間全國性企業的一分子，而這間大企業對塞福克的責任感仰賴當地工廠的獲利與否，喬有一天就可能會被迫在事業成就和為塞福克「大家庭」效勞之間做選擇。事實上，在喬效力的這種企業裡，有能力如此緊密地參與家鄉生活的員工非常少。多數支持喬小鎮長老理想的人，都不是領大企業薪水的人，而是擁有自營事業的生意人，是顧客群主要來自小鎮當地和鄰近地區的中小企業主。他們自然比喬更注重他們社區參與的經濟「底線」。就像構成托克維爾認定的獨立公民群體的自耕農和自營工匠，這些小生意人比喬更明確地覺得他們對社區的愛，和托克維爾所說的「正確理解的自利」相互交織。[8]

把為社區服務視為明智的自利行為，這樣的觀點在我們和霍華・牛頓（Howard Newton）的訪談中可以看到。牛頓在塞福克擁有一間克萊斯勒汽車的經銷店，這是他父親在一九三〇年代創立的家業。牛頓的長子——小霍華（Howard Jr.）就在經銷店裡上班，看來注定要繼承衣缽。牛頓在鎮上的主要商業競爭對手是塞福克雪佛蘭，這間經銷店的規模比牛頓的店大很多，而且因為打廣告在整個波士頓地區小有知名度。牛頓在談論他的競爭對手時，幾乎毫不掩飾語氣中的道德反感：「塞福克雪佛蘭在我們鎮上只不過二十年的時間。經營者根本不住在這裡。他們的規模和銷量都比我們大。我們就住在鎮上，經營的策略也不一樣。我們做的是跟人搏感情的生意。」在訪談對話的前段，牛頓對照了「跟人搏感情的生意」和只在乎將利潤最大化。「有些人做什麼都沒辦法感到滿足。做生意也一樣。做生意可以有不同的

① 作者注：「小鎮長老」（town fathers），顧名思義是男性的性格類型。部分原因在於男人主宰了小鎮的地方商業勢力，不過這也反應了地方小生意人在思考如何調和追求個人成功和對社區的關懷時，指引他們的道德情感模式。傳統美國家庭的理想，提供了組織那些情感的基本比喻：丈夫進到公共世界，妻子則專攻當「家庭主婦」。在家庭內部，丈夫提供權威，妻子提供情感支持。小鎮長老在社區裡扮演的角色，就是模仿這種道德和情感的分工。小鎮長老為社區服務的方式不是透過公開地展現他對社區的關愛（這樣會被認為太過「善感」），而是透過增進社區的經濟福祉和提供權威領導，他們的妻子則藉由加入俱樂部來幫忙。此外，俱樂部使用小鎮長老的「服務社」（service club）籌集的資金，為社區裡「真正有需要的人」（通常是老人和小孩）提供個別的慈善幫助。

方式。我們做生意的方式就是跟人搏感情。」

「跟人搏感情」的經營方式需要注重「基本功」：「了解你的顧客，對你的顧客好。」從訪談對話中可以看出來，牛頓應該會把對待顧客完全誠實放進他的做生意「基本功」。他「跟人搏感情的生意」還包括一種對待他或其他人工作應得之報償的態度。他強烈認為，應該單純且直接地根據人們對有益社會的任務所做的貢獻給予報酬。因此，他堅定地認為按件計酬有它的道德價值和實用性。「工作必須要有誘因，我店裡的技工是我用過最棒的技工。他有十二個家人要養，而且是從波士頓通勤來上班。我給他工資的方式，讓他有特別的誘因盡快在兩個小時內完成工作。如果他在兩小時內做完，他會拿到額外獎勵。所以他工作的時候，如果他說兩個小時內能完成，就一定能完成。不過，還有其他技工是按時計酬的。你不能指望他們會像波士頓來的技工一樣，兩個小時內完工。這是我們這行的問題。人們沒有積極工作的誘因。他們上班八小時，做不做事都能領錢。」「當你給別人的東西，不是他們投入心血應得的，」牛頓說，「那絕不是一件好事。」

這個做生意「講人味」的方式，也延伸到牛頓對親身參與小鎮生活的價值觀。「有些人，像是在加州這樣的地方，平均每五年搬家一次，人們總是想要搬到不一樣的地方，更好的地方。」他對這種蠢蠢欲動的批評，和他看不慣生意人為了追求不斷增加的利潤，可以冷漠不帶感情地操弄顧客是一致的。除了兩年的軍旅時光，牛頓這輩子都住在塞福克。「我愛塞福克。我喜歡塞福克的人。我每個禮拜一早上去郵局辦事，總是會遇到熟面孔，總是會有人和你站在一起聊天。生活在小鎮有很多好處：生活的連續性，每個人都認識彼此，我的孩子也了解這個社區，參與社區事務。譬如我十五歲大的女兒參加籃球隊、女童軍和一些學校的活動。主動參與在小鎮是可以做到的事。這樣的參與能夠給人大大的滿足。你在參與之中得到很多樂趣。簡言之，你做的事既是為了這個鎮，也是為了你自己。舉例來說，扶輪社是個服務性的組織，總是在為社團本身和這個小鎮做事。除了扶輪社，獅子會和同濟會也很活躍。這些服務性的組織在很多小地方上都貢獻許多，積少成多。像是幫忙長青公民中心，幫忙育樂活動等等。哥倫布騎士會（Knights of Columbus）和共濟會也貢獻良多。在塞福克這樣的小鎮，人們會主動參與，而且他們樂在其中。這是很有趣的事。參與不會得到金錢報償。可是你會因為付出而感到滿足。」

牛頓因而看到自我利益和社區公共利益之間有一份自然的和諧。長遠來看，他個人的成功，取決於整個社區的繁榮。藉由對社區成員的需要盡一份心力，他值得分享社區的繁榮。他靠著直接提供社區居民重要的服務——賣價格公道的好車，來維持家庭生計。他和領時薪卻不覺得有責任付出等值勞動的技工是不一樣的人。他相信他顧客的利益就是他的利益，不單單是因為他認為客觀市場有「看不見的手」，而是因為他對許多感到心滿意足的顧客是有個人感情的。他在這個有人味的商業關係之上，勾勒出他和整體小鎮關係的大致樣貌。他生意上的成功仰賴社區對他的支持。但社區不是平白無故地支持他。社區對他的支持，是他透過提供社區成員慈善幫忙掙來的。他和其他地方商人的慈善主要是以「服務社團」為管道，像是鎮上的扶輪社。這些慈善義舉「在很多小地方上都貢獻許多，積少成多」，是對老人小孩這些個體的個人善心之舉，他們明顯需要幫助，但又無力自助，因此不用負擔道德上的責任。

牛頓自認為是一個自力更生的個體，他把明智的自我利益和他的社區利益巧妙結合成一體。他對於個人和社區利益彼此和諧的想法，流向了他對小鎮政治的理解。小鎮的政府理當提供一個有效率的架構，讓自力更生的個人在這個架構裡，能透過提供對社區成員有用的服務或商品維持生計。塞福克的政府大抵上做的「還不錯。政府做了很多不居功的事。一些公民義務之類的事。政府或許有人力過剩的問題，但政府單位普遍都是如此。也許我們不需要這麼多人，也許我們可以精簡冗員。」在這樣的道德詞彙中，最崇高的公民義務是「不居功的事」。而在政治上最不負責的事，就是為了你根本未做的事居功，就像據稱在「人力過剩」的政府裡占著涼缺的那些人。

牛頓表示，時下小鎮政治最大的問題之一，就是「特別利益團體」在小鎮會議上有太大的影響力。這些團體「只對單一事務感興趣。他們自己組織起來，一起出席大會。竭力推動單一事務。」這樣做的人通常都是「鎮上新來的人」，他們試圖使用政治組織手段，從鎮上獲取並非他們努力付出應得的利益。學校老師就是代表特別利益團體的一個很好例子，他們經常呼朋引伴參加鎮務大會，強推提高學校預算，要鎮民買單一些鎮上不需要的教育服務。牛頓呼應喬的論調，他說：「今天在學校體系裡，有許許多多高級專業人士（有各式各樣的專家）想要教各式各樣的特別課程。人們老是說，這些都是很棒的人，可是我不認為花錢請他們是值得的。我覺得學校教育應該回歸基本。」牛頓會說，商會這樣的團體透過積極組織，在鎮務大會強推有助人們在鎮上做生意的決定，是天經地義的事。這類政策僅僅是保障小鎮的規章制度架構，讓個別企業能夠在提供每個社區居民所需的商品或工作機會的同時，為社區做出貢獻。如果個別企業不能提供人們想要的產品，它們將面臨倒閉。然而，學校老師這樣的團體卻是利用學校的組織，為他們一直以來沒有改變的工作爭取更高的薪資，或創造新的工作機會，提供小鎮本來其實不需要的服務——只有博學多聞的專家才懂得欣賞其價值的服務。這就是他們被當作「特別利益團體」，而不是「社區服務組織」的原因。

牛頓在總結他的政治觀點時，如此宣稱：「當你給別人的東西，不是他們投入心血應得的，那絕不是一件好事。人們不知道向政府拿錢意味著什麼。舉例來說，有一次我坐在波士頓的州議會大廈，參加一場關於汽車產業的聽證會，一名助手走到其中一位參議員的跟前，然後我聽到他說：『不好意思，參議員，我們應該投票讓這項議案通過。這不會花到我們的錢，因為經費來自聯邦政府。』但聯邦政府，不就是我們這些坐在家裡，乖乖繳稅的每個人。」

在小鎮長老的語彙裡，公共利益的定義是看每個人在長時間裡是否能按照他們的付出，得到不多不少的回報。一個人對社區的貢獻（無論是付出時間或繳稅）不被認為是一項職責，而是一種自願投資。因此，社區面對的最重要的問題之一，就是「坐享其成者」（free riders）[9]的問題，坐享其成者拿走的比貢獻的還要多，使優良公民的投資沒能創造出應有的報酬。托克維爾認為這種建立在明智的自我利益之上的公共利益願景，「在所有哲學理論中，最適合我們這時代的人類需求。」它並「沒有啟發人們做出極大的犧牲，但每一天都促使人們做些小小的犧牲；這個願景本身並不能把人變得高尚，但它的紀律塑造出許多守秩序，懂得適可而止，溫和不冒進，而且有自制力的公民。」[10]不難想像，他們是很像喬和牛頓的公民。不過，誠如托克維爾指出的，這樣的公民美德不純粹是簡單的利益盤算的產物。明智的自我利益培養出一個「下意識」讓意志朝美德前進的「習慣」。「起初，人們照顧公共利益是出於必須，後來則是出於自己的選擇。當初的利益盤算變成了本能。個人透過為他的公民同胞謀福祉，後來養成了為他人服務的習慣和喜好。」[11]我們可以在牛頓的意識中，看到這個「習慣和喜好」的效果，在喬身上更是明顯。在他們的個人自利語言中，藏著我們所謂的社會承諾第二語言。牛頓覺得參與小鎮事務很有「樂趣」，儘管他沒有得到「金錢報償」。喬為小鎮的週年慶典全力付出，因為塞福克就像他的大家庭，而且「我很高興成為這個家的一分子」。生活在塞福克這種社區的「自然公民」，不覺得自我利益和社區公共利益之間有太大衝突，恰恰是因為長期參與社區事務，使他們以社區為依據，決定他們的身分認同。只要一個人認為他是小鎮的「自然公民」，傷害這個鎮，就等於傷害他本人。

然而，在二十世紀，這個道德認同的過程，也就是對社區利益的概念形塑一個人的自我利益概念的過程，其社會基礎是脆弱的。當代的小鎮長老已經不住在托克維爾筆下那種同質性高且融為一體的小鎮。誠如在第一章指出的，塞福克今天是波士頓的郊區，是大都會社交生活和全國與國際市場經濟生活的一部分。為了保持他們的道德平衡，小鎮長老必須假裝他們生活在某個不復存在的社區。

牛頓在一九八一年塞福克扶輪社大會上發表的激情演說，為聯邦政府給陷入經濟危難的克萊斯勒汽車十二億擔保貸款，出手解救該企業的舉動辯護。這是個生動的例子，說明全國和國際政治體系的多樣性和相互依賴，強加在當代小鎮長老身上的衝突。

牛頓在演說前先從口袋掏出了一面小國旗，朝著觀眾揮舞。「會議期間已經有很多人撻伐政府給這筆貸款的決定，現在我想發表一下我對這件事的看法。」他告訴他的扶輪社友，克萊斯勒在一九二〇年代和三〇年代，靠著接二連三的工程突破成為一間了不起的企業，像是浮動引擎、液壓煞車等等。他的言下之意是，這家公司的聲譽是自己爭取來的。

在一九五〇年代，當牛頓還只是他兒子那個年紀的時候，曾經去過底特律，並實地參觀了克萊斯勒的其中一間工廠。「我不是反對工會的人，但那裡的工人並沒有做足全天的工作量，他們想要拿薪水但不做事。到最後他們對自己的工作完全不感到自豪。甚至不會想要購買自己親手打造的車。有人說，今天你去克萊斯勒的停車場，會看到有一半的車都是外國車。工會有錢，所以你不僅是工作的時候拿薪水，就連你不工作也能拿薪水。想當然耳，克萊斯勒現在赤字數十億，福特也赤字，就連通用汽車也缺錢。」

接著來到他演講中最激昂的段落。「現在，如果政府不提供這筆貸款，像我這樣一輩子苦幹實幹的人將會失業，我們公司雇用的六十名員工也會失業，全國各地還有成千上萬人都會失業。而你知道照顧這些人會花社會福利和失業救濟多少錢嗎？一百二十億美元！」他最後強調說，如果這樣的悲劇發生了，工會強迫企業發薪水給不工作的工人，難辭其咎，該負責的還有「勞夫．納德（Ralph Nader）和其他幫倒忙的人」，因為他們堅持要求政府通過浪費錢的法規。他再度揮舞美國國旗：「我請求各位以你的國家為榮。愛用國貨。以身為美國人為榮，以你所製造的產品為榮。」

扶輪社員給了牛頓一個非常禮貌的回應。很明顯的，他們多數人打從心底尊敬他這個人。可是很多人仍對政府貸款給克萊斯勒抱持懷疑態度。他們心想，假如一間公司因為自己的問題，生產不出大眾想要購買的產品而倒閉，它不應該期望政府出手幫忙；而且和牛頓不一樣的是，他們似乎覺得要為這間企業遇到難關負責的不只有它的工人，克萊斯勒的管理階層也有責任。

我們可以合理地懷疑，如果牛頓是通用汽車的經銷商，他也會同意其他扶輪社員認為政府不該出手解救克萊斯勒的看法。他認為職場成敗是個人責任的想法，和他的扶輪社友的想法是完全一致的，也和塞福克商會代表的多數地方小型企業的想法一致。有鑑於這些人的想法如此，要牛頓主張支持克萊斯勒的貸款，他的思想肯定是轉了一大個圈。但這並不是說，他認為政府應該大力搶救一個搖搖欲墜的產業的新想法，單純是他在為自己的經濟利益做辯解。這些想法是衝突的結果，衝突源自他被迫承認自己仰賴一個複雜的全國與國際政治經濟。多數時候，塞福克小生意人的日常工作不受外頭的龐大體系影響。他們不受影響的程度，讓他們把自己銷售商品帶來的穩定生活視為理所當然，他們在商業上的成功彷彿取決於個人的推銷技巧，而推銷的能力又取決於他們願意為工作付出多少努力，以及他們在社區中受人信賴的程度。他們出於最實際的目的，生活在過去殘留下來的地方經濟世界裡。他們對工作、家庭和社區的道德意義的看法，把生活在那個歷史殘跡裡的生活模式變得可以理解。可是，每當他們被迫像牛頓一樣直接面對今日更為複雜的現實，這個看法就會遇上引發痛苦的異常。老實生意人辛勤經營為社區服務的公司行號，不該因為一間總部設在遠處的大企業破產而頓失工作。人們遇到不可解釋的異常時，最常見的反應就是不去理會它。這正是和牛頓一樣的多數小企業主偏好採取的態度。若不是牛頓有承擔不起不予理會的難處，他自己很可能也會傾向視而不見。

從小鎮到大城

小鎮長老的道德語言，是托克維爾刻劃的十八世紀和十九世紀初的主導語言，在那個時代，滋養美國人道德想像的，是在「強壯獨立」小鎮環環相扣的社會、經濟、政治生活中的責任實踐。當代小鎮長老的語言仍然至關重要，是因為它還是深深烙印在曾經形塑過往時代社會樣貌的緊密扣合的工作、家庭和社區的在地模式殘跡裡。可是美國社會的樣貌自十九世紀末起，就被都市化和工業化永遠地改變了。

雖然都市美國人仍主動參與各式各樣的志願社團，現代大城市的社團生活並沒有產生我們在「強壯而獨立的小鎮」的社團生活中看到的，對公共利益有社會責任和致力實踐公共利益的第二語言。在大都會世界裡，工作家庭和社區的需求各自獨立，而且經常彼此矛盾，這是一個由往往立場相對的不同團體構成的世界，這些團體相互依賴的方式太過複雜，超越任何個人的理解能力。和小鎮長老不一樣，大都會的居民往往是在大型私人企業工作，這些企業生產的商品會賣到全國乃至國際市場，或者他們也可能在大型政府官僚體系內工作，提供各種行政服務來回應衝突利益團體造成的壓力。都市人的家庭和社區關係，在個人的同質性圈子裡繼續進行，這個圈子讓他們感到親近，因為他們共享類似的信仰、價值和生活方式。工作世界和家庭與社區世界之間的分離，在現實中經常表現為，在工廠或辦公室和住宅區之間通勤。

在這種情況下，公領域生活對私領域個人有什麼正面的意義呢？一個人對他工作的長期社會影響有什麼責任呢？一個人對圍繞他所屬家人朋友圈的一大團匿名個體有什麼義務呢？冷漠的大都會有可能變成一個記憶社群嗎？

托克維爾曾預測人們對大都會生活的規模和複雜度的典型反應是：「隨著政治社會的範圍擴張，可以預料私生活的領域一定會收縮。我完全不認為新社會的成員終將在公領域中生活，反而比較害怕他們到頭來只會形成很小的小集團。」[12]借用羅伯特．帕克（Robert Parker）的話，屆時的社會樣貌「將由彼此相鄰但互不滲透的小小世界來組成」。[13]

泰德．歐斯特（有時會把人生形容成一個「彈珠台遊戲」的那位加州律師）的人生歷程，就是說明這個私人化過程的絕佳例子。大學時的他是學生會會長，也是非常關心美國中南半島戰爭政策的政治行動分子。就在他結婚前，他在學校領導了一次反對美國入侵柬埔寨的學生罷課。然而，自從結婚並成為律師之後，他就「不再碰那種事情了。我現在不覺得需要那麼做。」他的律師工作給他許多滿足感，但他必須投入工作的時數，使他「非常非常重視能和家人相處的時間」。如今他的朋友圈不如他在當學生領袖時期那麼廣，不過卻是一個「往來更緊密的朋友圈，也許我從和朋友的相處還有受朋友愛戴之中，得到很大的滿足感，所以數量就變得不那麼重要了。」隨著他的朋友圈變小，他的政治觀點也跟著改變。他變成了正式入黨的共和黨人，堅決反對政府干預自由企業，而且非常擔心社會福利系統的詐騙和浪費，這是「十年前大概會令我非常震驚」的政治觀點。然而，這個政治意識形態的改變，「和我對人的看法完全沒有任何關係。換言之，只因為我是有黨籍的共和黨人，不代表我不認為社會上的每個人都應該對彼此負責，而且應該照顧彼此。我對我的同胞們還是有看法的，在我眼中，他們是慷慨的好人，大致是這個方向。」可是，被問到行使他的社會責任意識意味著什麼時，他卻談到要「和我的孩子一起（變成）童子軍團長」。他對動用大量精力主動參與全國性的政治理念並不感興趣。「我沒辦法和千百萬的任何東西產生共鳴——不管是人，是花，是車，還是里程。我身邊的人就是我的社區。」

每當想起上帝祈使眾生「愛你的鄰舍」，很多像泰德這樣的城市美國人會覺得，他們已經履行這個責任了，因為他們愛自己刻意選擇的氣味相投的鄰居，愛同住在一個生活型態飛地的其他成員，儘管他們放任其餘的世界繼續混亂地、神祕地運作。

城市地方主義

那些鄰居到底是誰，他們彼此又多處得來，不僅取決於社會階層的動態，也取決於個人出於己願的選擇。經濟能力許可的話，人們通常傾向搬到飛地，讓自己被氣味相投的人團團包圍。南加州聖歐拉利婭（Santa Eulalia）的社區就是一個極端的例子。這裡有起伏的丘陵、優雅的尤加利樹、茂密的花卉灌木叢和豪華別墅。在保全系統森嚴的大宅，住著好幾家全國最大企業的領導者。可是這個社區卻絲毫不見公司董事會特有的忙亂和爭搶活動。這個社區只注重放鬆的交際——男人成群在高爾夫球場上友善地相互調侃，或是在球場餐廳裡一起輕鬆地享用午餐；女人則是在籌辦慈善募款的社交俱樂部裡忙著做各個活動。這裡的房子沒有門牌號碼，彷彿被簡化郵政服務官僚寄送系統編制的數字，是對居民尊嚴的一大侮辱。聖歐拉利婭的一切都在對居民保證他們是獨特的個體，和社區裡其他獨特的個體親自交朋友，而不是彼此不公開姓名地相互競爭。住在這種富裕南加州飛地的居民常說，他們已經徹底履行了自己的社會責任，因為他們總是大方出席社區內俱樂部舉辦的各式各樣慈善活動——晚餐舞會、時尚秀、藝術展覽等等，同時在商場上坦然地拿出一種「大眾去死吧」的立場。因此，聖歐拉利婭交際圈最活躍的成員之一房地產投資商湯姆．克雷（Tom Clay），曾驕傲地承認：「我這輩子賺了很多錢，而我所做的一切，都是為了我自己的自尊。」

接受我們訪問的人當中，很少有人能負擔住在聖歐拉利婭這種高級住宅社區的生活，但他們往往會為了逃離充斥「不受歡迎之人」的市區地段做極大的財務犧牲，然後搬到「體面的」郊區，再從郊區通勤到市中心工作。就像住在聖歐拉利婭附近中產階級郊區的市立高中老師史蒂夫．強生（Steve Johnson），他們覺得選擇郊區生活既是出於道德考量，也是出於實際考量。「住在城裡的時候，我們感覺受到限制。海邊總是滿滿人潮。三教九流。我不想要醉醺醺的司機在我家門前的街上橫衝直撞。那裡實在太擁擠、太吵鬧了。我們想要不被大樓遮擋的天空、安靜的社區，還有寬敞的空間。」

寧靜郊區環境和市中心快步調生活的區別之處在它的指導倫理：「這裡和市區不一樣。這裡有一種社區感。我們不會在街上賺錢、拉生意、賣東西、買東西。我們在街上為社區付出。**我們也在街上認識人**（很明顯的強調語氣）。」根據強生表示，這樣的一種社區感「造就一種特別的個性——冷靜、穩重」。這種個性的特徵不是它有多少能量，而是那股能量背後的意圖。這種能量的目標是透過與他人的交流來表達自己，而不是將他人當作實現其個人目標的手段。它是一種受表達倫理而非功利倫理指揮的個性。郊區生活讓人有機會遠離工作的功利世界，進到一個友善社區的表達世界。「我在工作中保持緊繃地和人接觸五個小時。這已經是我的極限了。我有很多情感能量，但我被榨得一乾二淨。」強生說。

然而，對許多郊區人而言，利用住宅流動性尋找不受公共世界問題打擾的私生活避風港，可能性愈來愈小。他們當中有很多人擔心他們的社區地段素質正在惡化。有些人試圖搬到更「高級」的地段，以便逃離墮落的社區，但房價飆漲和運輸系統的局限，讓逃離變得愈來愈困難。同時，州政府和聯邦政府試圖對郊區居民課徵更多的稅，來支付市區的設施維護和市區所需的社會服務——這樣的做法往往令郊區居民反感。因此，強生和他太太竭盡全力地試圖減慢他們的市郊社區的發展速度，「以免它變得像洛杉磯」。

「如果事情可以由我決定的話，」強生在這場地方戰役中的戰友說，「我想要這地方變成一九五九年的樣子，即便這表示我們根本還沒搬來。我希望我們那時候就買下二十畝的偏遠土地，然後在四周蓋護城河，在護城河裡養鱷魚。一個好的社區什麼都要有，有足夠的商店滿足居民的需求，但不要那種會把外地人吸引到社區來的大型購物中心。我希望看到我們的社區像個小島一樣發展。」

關切的公民

當他們的私人庇護所受到威脅，這樣的人往往會覺得有必要主動參與政治。不同於小鎮長老，他們參與政治不是出於例行性的公民責任履行，而是作為一種英勇的作為。他們經常是在惶恐中開啟政治生涯，他們害怕公開發表言論，害怕被占據遠方市政廳的官員羞辱。他們用自我犧牲的角度看待自己的參與，他們覺得自己放棄了真正的美好生活之樂——待在家裡，和家人鄰居朋友和睦相處的樂趣。他們經常自稱是「關切的公民」。②這個名稱裡隱含了一個觀念，也就是人們可以透過消極遵守法紀成為一個好公民，而且人們唯有在關切他個人和所屬社區之利益所受到的威脅時，才需要更積極地參與公共議題。

強生和他在南加州受困的許多鄰居，自認為是關切的公民；不過我們認為這個典型性格的最佳代表是退休技師麥克．康利（Mike Conley），而康利恰巧和喬與牛頓一樣住在麻州塞福克。康利屬於二戰前開始從市區朝向塞福克並且延續至今的遷徙潮。遷徙者多為藍領工人，有一位小鎮官員這樣形容他們：「來自薩莫維爾（Somerville）和雀爾西（Chelsea）之類的地方，那裡的居民密度相當高，有三層公寓等等。他們來這裡做最後的一搏，他們把所有資源都用在離開薩莫維爾和雀爾西，他們沒有地方可去了。」康利和他的藍領朋友鄰居最關心的一件事，就是不容許任何事物破壞他們試圖在這個單戶住宅裡創造的生活。

康利和一些鄰居聯合起來向政府請願修繕社區人行道，由此參與了地方政治。和許多參與政治的公民一樣，他的公共生活初體驗很嚇人。「當我要在參與鎮務大會的鎮民面前說話時，我的舌頭就開始打結，因為在公共場合講話讓我渾身不自在。」但他逼自己學習，在社區學校上演講和公共行政的夜間課程。最終他蛻變成一個熟練的演講者，一個不可忽視的地方領袖。他最近被一個名叫「塞福克的關切公民」的團體推舉為領袖。

這個團體的組成是為了阻擋住房與城市發展部出資的一項專案，為鎮上老年人和（大概是黑人和西班牙裔為主的）波士頓低收入家庭提供住房。康利明顯不喜歡這個住房專案對社區可能造成的影響。「你們也知道廉價住房是什麼樣子。你蓋那麼多房子，然後讓那些所謂的貧戶住進去，不要一年，他們就會把壁紙都撕下來。他們會把銅管拆去賣錢，拿去買酒，然後一旦靠近這些住宅方圓一英里，你可能被他們搶、被他們打、被他們強暴。這些人毫無價值觀。你只要給錢，他們會跟任何人回家睡。他們只在乎有酒喝。我沒說他們不對——但我不想要他們住在我附近，給我麻煩。」

然而，不道德的不只是社會地位比他低的人。地位在他之上的人也一樣壞，只不過他們主要的罪行是貪婪，不是淫欲和酗酒。「因為我親眼看過，我不覺得受教育的人值得尊敬」，尤其是鑽法律漏洞為富人利益服務的律師。大商人也一樣壞。「石油公司壟斷市場。這些大公司的頭全都是一夥的，他們會不斷提高價格。我同意雷根的看法——必須撤銷管制。但如今這些石油公司一定會和彼此聯手，確保原油價格居高不下。日子會愈來愈難過。」他往往不信任地方的小生意人，因為他們贊成招攬更多工業和

② 作者注：不同於小鎮長老，關切的公民（concerned citizen）可以是男人，也可以是女人。在某些情況下，甚至更可能是女人，因為家庭主婦比起要上班的丈夫，有更多自由時間參與政治行動主義。

公寓大樓到鎮上發展。「從規劃的角度來看，我一向反對引進公寓大樓到塞福克。我來自薩莫維爾。我來到這裡，我父親來到這裡，因為我們想要單戶住宅的住家環境。」他也不信任多數政治人物，無論是全國的、麻州的，還是地方上的政治人物。「看看埃及的那些金字塔。看看他們犧牲了數量多麼龐大的人口去蓋那些東西。那就是政治的真面目。今天的政治也一樣，只不過他們搞政治的方法更複雜了。看看羅馬帝國，羅馬帝國會垮台就是因為淫欲和酒精。我們今天的政治又是如何，有比羅馬帝國好嗎？這一切之中，有基督教精神可言嗎？」

這個國家殘存的「基督教精神」似乎被認為等同於康利及其鄰居這樣善良且重視家庭的人——這些人有時候太害怕家裡遭人打劫或蓄意破壞，「禮拜天早上你們不能一起去望彌撒，必須留一個人看家，不然的話，等到你們回家時，家裡早就被闖空門了。」我們無法透過康利對宗教的討論，清楚窺探支配這些好人之社會關係的道德理想，而必須透過他對最愛的娛樂「方塊舞」的敘述。康利和太太參加了一間在整個新英格蘭都有分會的方塊舞俱樂部。他們喜愛跳方塊舞。根據康利表示，舞伴會在舞蹈進行時更換，你會和其他女人，也就是其他人的太太牽手——不過「都是非常乾淨的樂趣」。過去四年的每個夏天，康利夫婦都在家裡舉辦盛大聚會，邀請方塊舞俱樂部的每個人參加。大約一百人在他們偌大的後院一起野餐，即便停車位不多，他們還是能停得又整齊又不影響他人用路。方塊舞者都帶著他們的孩子來野餐。康利認為這很重要。聚會開始時，每家人各自坐在自家的野餐墊上，但後來就開始四處走動，把他們的食物和飲料分享給別人，玩在一起。這是很棒的活動。康利對方塊舞的想法，似乎呼應著他對好社區生活的觀念。每個家都應該獨立自主。康利自己在大蕭條時代長大，「我們家每個人都工作到累得像狗，可是我們不曾拿過任何人一分錢。而且我們挺過來了。」這種自力更生不該讓一個人變得討厭交際。家庭應該主動和其他家庭往來，一起分享生活的樂趣。但這種社交性一定要有秩序，而且要「乾淨」。為此，社交生活的個別參與者必當要自力更生並懂得自制。

根據上文的分析，一個善良的社會因此取決於個人的美德，而不是健全的制度或公正的法律。相應的，康利相信人不能依賴法律系統能為他這樣的正派之人主持公道，因為法律太容易被自私的富人操弄，而且不道德的窮人經常能違法卻不受懲罰。真正的公道是給予每個人他們應得的；至於什麼是他們應得的，則要由好人用常理來判斷。

一貫的，康利以提供一系列具體實例的方式說明這些想法，而不是籠統地構思。他述說了他被選舉出任小鎮官職後發現的兩個裙帶關係實例。他用第一個例子強調政治公允的重要性。某地方官員之子因為父親的影響力，在小鎮政務廳得到一份不必要的冗職。「我說：『立刻開除他。我不想要任何人用靠山得到工作。』不久後，我接到助理鎮長的電話。他說，那個人還沒走。他說要告鎮務廳違背了和他簽的工作合約。我說：『我不知道』，而且我也不在乎。」最後，那個年輕人被解雇，我們也沒遇到法律問題。

對同情心的呼籲在第二個例子中，取代了對公正的要求。康利說完開除年輕人的故事後，緊接著講起另一個裙帶關係的例子，他對這個裙帶關係抱持比較正面的態度。這個故事的主角也是某地方官員之子，一個「才華洋溢的孩子」，但不幸有酗酒問題和婚姻方面的困難。在他父親的幫忙下，他得以在鎮務廳謀得一份工作。康利同情這個孩子是因為工作給了這個年輕人穩定性，讓他有機會解決自己的一些問題。因此他沒有對這個任命案大驚小怪。

但人們怎麼知道什麼時候應該用同情心修正對公正的承諾？康利沒有用絕對的原則回答這個問題，而是訴諸於他的性格特質。「我告訴你這些，」他說，「因為你可以從中看出我是什麼樣的人。我有一套堅定的信念，而且我勇於說出自己的想法。我懂得妥協。事實上，當你早上起床，做完晨間禱告後，你就已經開始妥協了。但對於完全背離我價值觀的部分，我就不會妥協。」康利深信，他是個勇敢正直的人，因此他的行動是正確的，即便這些行動可能是出於相互矛盾的原則，誠如他對上述兩個裙帶關係例子的反應所示。

可是，我們到底要怎麼判斷一個人是否既有勇氣又正直呢？康利最終還是訴諸對「正派之人」的常理，也就是英勇抗拒腐敗社會花言巧語，勤奮自制的清寒子弟。這種信念在美國文化中無疑能引起很大的共鳴。最受大眾歡迎的文學體裁一再重申這些信念，例如堅毅勇敢的牛仔和冷酷廉潔的警探。拿一九八二年最受歡迎的其中一部電影《判決》（*Verdict*）為例。電影裡的主角是波士頓律師，因運氣不佳被排擠到法律編制的邊緣。他為一起醫療事故訴訟的受害者辯護，然後隨著劇情開展，他發現城裡的主要機構充斥貪腐問題，諸如醫院、天主教各階層人員和法庭，全都被一群操弄法律條文為自己謀利的無恥之徒控制了。儘管沒有掌握太多資訊，他憑著自己的智謀與勇氣，承受住這些機構領導者摧毀他和他當事人的一連串嘗試。當他終於要取得勝利時，他的對手試圖靠援引技術性法律條文，搶走他即將到手的勝利。但他成功說服陪審團，一群和他一樣的正派公民，他說服他們不該死死地遵守法律條文，而應該聽從自身分辨是非的本能。

但如果社會上的主要宗教和法律機構都這麼不可信賴，正派老百姓要從哪裡獲得是非觀念，獲得對公共利益的理解呢？無論是《判決》這樣的流行虛構故事，或康利這種人的信仰，都不構成足以服人的答案。他們認為，一個人要培養公共美德，唯有退縮到私人生活中，和那些與他們有相同正派標準的人來往，親近還沒被公共世界汙染的人。人們主動參與公共生活，只是為了保護他的家庭生活、他的正派朋友鄰居，不受到可疑的、邪惡的且墮落的陌生人組成的複雜社會侵害。他們不認為有任何理由發展公共機構包容一個龐大的異質社會的多樣性，並在社會成員之間養成共同的正義和禮貌標準。

城市的世界主義

毫無疑問，很多城市美國人會拒絕接受康利的道德標準，批評這樣的標準太粗糙原始。他們很多人反而會認同布萊恩．帕默的看法：「如果你有錢，只要不破壞其他人的財產，或吵到別人睡覺，或侵犯他人隱私，你想做什麼都可以。」他們會說，成熟的人應該懂得包容，並且以正面的態度享受多樣性，然後用理性而不是滿腔熱血去解決與他人的衝突。比牛頓和康利享有更多社會流動性機會的人，自然會支持導向這種結論的推理方式，他們較高的社會流動性來自家庭背景、教育程度和好運氣——他們通常是住在大都會的專業人士，而不是地方商家或領工資的勞工。

現代專業人士的認同，與擁有由全國性教育制度和專業協會系統培養、認證和評估的特定專業技能有關。運用這些技能一般需要唯有大規模組織才能提供的資源，而且會使個人踏上一條不斷換工作及工作地點的職業道路。專業人士必須準備好搬遷到任何能提供其職業前途最佳機會的地方。被特定地點的特定工作綁著，無異於停滯不前，困在原地，喪失實現個人成就的機會。就像某個我們認識的人所言，你必須不斷準備好「落地生根」。因此，專業人士的生活條件，促使他們用不同於小鎮商人和在地受薪者的眼光，看待對個人抱負和個人在社區中尋求快樂的需要之間的調解。專業人士認為當他們把那些能帶給他們成就的事情做好，他們就為他人提供了某種服務。因此，以醫生為例，醫生能夠看到他們在職業上取得的個人成功，因為他們已經對醫療品質做出了普遍貢獻。

如果一個人為社區福祉貢獻的唯一方式，是透過運用自己的專業技能，那麼他會變得孤獨。家人和朋友的陪伴始終很重要。雖然美國境內流動的專業人士確實會讓自己變成某個錯綜複雜的親密關係網的一部分，這些人際網絡通常不局限在特定地方。他們可能和分散在全國各地的許多朋友維持親密友誼。此外，這些「輻射狀」友誼網絡的成員傾向包含非常多元化的個體。專業人士在工作上結交的朋友，可能截然不同於他參加娛樂性社團或上教會結交到的朋友，而且這兩群朋友不太可能認識彼此。事實上，專業人士往往認為能夠結交擁有不同價值觀和生活方式的形形色色朋友，是他們的一大美德。[14]

但這樣的道德寬容，經常使專業人士難以認同為公共福祉犧牲私人利益的辯解。這個難題生動地體現在第五章介紹的很多治療師身上，這些治療師利用治療的自我感，實現房屋所有權滿足康利的部分功能：應付發生在嚴酷冷漠的公共世界的種種衝突，並提供由志同道合朋友組成的社區的庇護。治療師「符合他個人愛好的朋友圈」，擁有靈活性遠勝城市或市郊社區飛地的優勢。這樣的朋友圈不局限於某個特定空間，而且不是以僵硬的生活型態相似點為基礎，而是建立在經過協商的感覺性需求（felt needs）的兼容性之上。它傾向形成一系列在自身和許多他人之間的廣泛對偶關係，當中有很多他人是互不相識的。由於這樣的朋友圈沒有固定價值觀，因此不會憤而將其價值觀強加於整個世界。相反的，它在面對現代政治的問題時會產生困惑。治療師施耐德表示：「那複雜性令我震驚。一個情況的面向多到讓人難以招架，卻沒有一個解決之道。」

心理治療價值理念不是現代城市人思考公共利益的唯一方式。自從這個世紀（按：指二十世紀）開始，專業人士就積極地投入「好政府」（good government）的改革運動。儘管這些有公民意識的專業人士的道德推理，推動的公共福祉關切遠大於治療師的論述，它和治療師卻擁有共同的根本弱點：它把道德關切視為個人偏好的問題，因此無法就公共利益提出任何實質的定義。

有公民意識的專業人士

以耶魯大學公共行政學院的畢業生愛蓮諾・瑪克林（Eleanor Macklin）為例，她的工作和心理治療及管理都有關，她是一間心理健康中心的經理，投入很多休閒時間在婦女選民聯盟。她剛好也是塞福克鎮的居民，並就康利及其關切公民的夥伴們擔心的議題發表了她的看法。不過，瑪克林以非常不一樣的框架描述那些問題。她在康利看到邪惡腐敗的地方，看到了價值、利益與看法的分歧。康利可能會指責他人的時候，她選擇教育他人。康利可能會與人爭鬥的時候，她選擇調節。舉例來說，關於塞福克住房當局和鎮民之間，就公共住宅可能把貧窮的黑人和西班牙裔美國人帶進社區的爭論，她表示說：「住房當局應該說：我們需要提供住房給民眾，即便這些民眾可能是一些從波士頓來的窮人。這樣做才符合人道主義。住房當局大可這樣說，然後著手和居民一起商量具體該如何實踐的共同想法。但他們沒有這樣做，他們自顧自地規劃起來，然後試圖逼迫每個人接受他們的規劃。我樂於看到他們在社區內各處購買一些住房，然後提供補貼，讓低收入的民眾能住進去，而沒有大聲嚷嚷這些人是低收入戶。住房與城市發展部和聯邦政府的問題在於，他們強迫你接受某些事情，不接受拉倒。因此，我支持組建塞福克的關切公民。我支持他們表達反對立場的權利。但這不代表我支持他們說的每句話。可是他們應當擁有公開表達他們的擔憂的機會。當局必須處理這些人的擔憂。」小鎮因此陷入分化，「一旦事情變得兩極，人人都是輸家。」

這個具有公民意識的專業人士提出的論述，不認為在多數情況下，人們可以有效地就不同的人生目標觀念，做出相對正當性的公開判斷。私底下，人們可能不同意藍領白人把貧窮黑人和西班牙裔阻擋在社區之外的要求，可是他們必須尊重這些人公開表達立場的權利。然而，這個論述假定相互競爭的主張，可以透過創造超越辯論的中立技術解決方案來和平解決。瑪克林回憶說：「在耶魯的某堂討論課上，我們針對教授認為企業和政府應該聯合起來的論點，做了很長的討論。有個人舉手問：『要是他們聯合起來了，那誰來保護公共利益？』那是個重要的問題。地方商會以及這個小鎮和全國各地的其他團體，對社區事務擁有偌大的控制權，並且為社區帶來了傷害。問題是政府官員不在乎公共利益。從去年關於老人／低收入家庭住宅爭議中的敵對關係，可以看到其中一個問題。我認為我們應該採用我一位大學教授所提倡的方法，作為解決這類問題的正確途徑。他說，在民主社會裡，唯一的辦法就是邀請不同團體參與，然後找個誠實可靠的中間人居間協調；然後讓所有團體都加入對問題的全面研究，無論是經濟問題、社會問題，還是政治觀點問題。」

公共福祉因此被用功利個人主義的語言定義，不同於小鎮長老的功利主義，因為前者不同意對社區有感情的地方商人會因為在乎社會觀感，修正個別的自我利益，進而自發地在相互影響中自然而然地創造公共福祉——彷彿背後有一雙看不見的手。具有公民意識的專業人士的功利主義斷言，在今天這個複雜的世界，個人唯有透過仔細研究不同行動方案可能帶來的結果，才能了解他們的長遠利益。「一旦掌握了所有的事實，就能做出一個好的決定。」來自南加州、具有公民意識的專業人士哈里．雷諾斯（Harry Reynolds）如此相信。為了獲得資訊，做出對各方最有利的決定，廣泛的公民參與是可取的方法。理想來說，政治領袖不應該是以康利想要的那種道德楷模為主，而應該是受過良好教育的專家：「比一般民眾更聰明，教育程度更高，而且更有決心。」這種領袖會提出綜觀全局的方案，讓個人能夠實事求是地在社區裡追求他們各自的利益。「一個好的領袖必須擁有基本的正義感。」雷諾斯說。這份正義感本身並不被當作一種美德，而是一種有效動員選民的手段：「在某種程度上，你想要爭取選區內最多選民的支持。而唯有連社會邊緣的人都認為你是一個公平、誠實和正直的人，這個目標才可能實現。」

然而，對於透過中立的技術解決方案實現社區和平的希望，是建立在一個有問題的隱藏假設之上。首先，我們必須假設，長遠來看政治衝突各方的利益並非根本上不相容的，因此某個競爭團體不需要為其他團體或整體社會的利益，永遠地犧牲它的福祉。這個假設可能成立的前提是，如果政治在經濟穩定擴張的脈絡下進行，這代表只要社會總體來說和平且和諧，所有人都能定期提升其生活水準。但在停滯的「零和」的經濟中，這個假設顯然就會喪失其可信度，就像當前美國經濟的趨勢，我們看到某群人財富愈來愈多，是以另一群人變得愈來愈貧窮為代價。即使在穩定擴張的經濟中，唯有當所有的競爭利益本質上都是基於經濟考量，而不是根據道德價值觀的矛盾信仰，譬如關於墮胎的辯論，我們才可能假設長遠利益在根本上是相容的。

其次，具有公民意識的專業人士對於用技術解決方案處理政治衝突的寄望，假設技術專業無可爭議地使人有資格成為領袖（這裡的專業指執行關於「無論是經濟問題、社會問題，還是政治觀點問題」的全面研究的能力）。這樣的假設也許能成立，倘若社會科學家用於收集數據的技術非常可靠，而且他們分析數據的公認程序通常會產生明確的結論，此外再加上，如果我們普遍能相信專家都是如此公正，以至於他們的工作從未受到個人野心或貪念的影響。但實際上，社會科學期刊上充斥關於各種研究的正當性的辯論，而且像康利這樣的人總是對專家動機抱持合理的懷疑。因此，具有公民意識的專業人士所提出的論點，往往被置若罔聞也就不令人意外了。

我們不妨看看瑪克林參與某次鎮務會議的方式。這次會議是為了投票表決康利及其他關切公民激烈反對的公共住宅提案而召開的。在幾位發言者大力抨擊ＨＵＤ（住房與城市發展部）贊助的公共住宅後（「ＨＵＤ是一個鼓吹革命的社會主義政府組織，它想要顛覆這個國家和國內各城鎮的結構。如果把國家交給ＨＵＤ治理，我們就要和蘇聯以及卡斯楚變成盟友了」），瑪克林起身發言。她只是提出一個簡單的程序問題：長青住宅計畫和低收入家庭計畫，一定只能按照ＨＵＤ的提議一併照單全收嗎？有沒有可能把兩個計畫分開？這個問題試圖提出各方可能都認為符合其最佳利益的某種妥協。但官方的回答是：「不可能」，ＨＵＤ目前的規定不允許做這種安排。與會者的情緒基調也傳達出響亮的「不可能」訊息，憂心忡忡的憤怒白人對於他們的安全可能受到威脅，他們的家庭可能被貧窮的少數族裔的陌生習俗汙染，充滿了恐懼。這場一面倒的辯論最終得到了憤怒的結論。

職業社會運動分子

具有公民意識的專業人士，為城市美國人提供了思考公共責任的主要語言。然而，這個語言發展出一種方言，我們可以在投入更激進社會改變的城市人當中聽到這種方言：職業社會運動者的語言。我們和第一章介紹的「經濟民主運動」社運分子韋恩．鮑爾的訪談，就是這種語言的絕佳範例。

瑪克林這類具有公民意識的專業人士的思維，肯定會被韋恩批評為，對協商妥協的可能性過度樂觀，而且對強權政治的嚴酷太過無知。他會說，他們忽略了人們的利益有可能打從根本相互衝突的事實，根本不可能協商出各方都能接受的妥協方案。他們也忽略了窮人和弱勢者，總是在這些安排中淪為最大輸家。因此，當務之急是為窮人充權，讓他們有能力為自己爭取應得的利益。那就是他從事組織租戶工作的宗旨：「我組織租戶來解決他們眼前的迫切危機。但我真正在做的，其實是讓他們感覺自己有控制人生的力量。」可是，一旦得到力量後，他們會怎麼做呢？他們將能夠實際參與具有公民意識的專業人士提到的那種協商過程──權力相等的公民在這個過程中，針對他們該如何在特定情況下實現各自利益，達成合理的妥協。

因此，職業社會運動者的語言和具有公民意識的專業人士的語言，不僅有相同的基礎結構，還有相同的基本不足之處：需要和想要都是相對的，而正義是滿足個人欲望的一個公平機會。兩個語言的唯一差別是，職業社會運動者堅持，唯有所有團體皆擁有相等的力量時，才有公平的機會可言，但他們深信當前社會的情況並非如此。可是，職業社會運動者的語言也有它自相矛盾之處：它無法解釋他們行為背後的道德責任感。只要一個人有能力滿足自己的欲望，他為什麼要在乎沒有能力滿足個人欲望的其他人？犧牲奉獻的職業社會運動者，基於什麼理由要面對從事運動的艱辛與挫折呢？我們訪問的許多職業社會運動者所使用的道德相對主義語言，沒辦法真正的回答這些問題。有時候，他們單純是以個人喜好的角度來談論責任感；對其他人而言，政治是一種熱血澎湃的遊戲，他們在權力鬥爭的激情之中測試自己的能耐。但我們經常在職業社會運動者的人生裡，以及具有公民意識的專業人士的人生裡，感受到對公共利益更根深柢固且更有正面意義的責任感，那是超越他們的語言所能闡述的一種責任感。

「主動參與」對我們在本章已經介紹過的多數人而言，有兩個基本的含義。首先，它表達一個人對在地社區發自內心的關懷，這種關懷的實際表現為努力改善社區事務和照顧社區內需要幫助的人。這種主動參與的形式意味著擴展家庭的概念，把在地社區也包含在內，就像是當喬稱呼塞福克是「一個大家庭」。主動參與的第二個含義和保護個人的利益有關，它在關切公民的意識中是如此清晰，但也從來不曾遠離小鎮長老的意識。

具有公民意識的專業人士和職業社會運動者經常是受到社區關懷的驅動，但他們基本上是把社區當作自我利益各不相同的許多個人與團體。無論他們彼此有什麼分歧，他們都傾向把社區當作各種利益都應該在其中被表達與裁決的一個背景。對接受我們採訪的人而言，表達既不是基於延伸親屬關係的隱喻，也不是基於利益衝突的一種公民語言，似乎特別困難。他們很難設想有一種共善或公共利益既承認人與人之間的經濟、社會和文化差異，又將所有人皆視為他們賴以生存的單一社會的一部分。然而，我們發現了不只一個例子，證明主動參與可能使人更深刻理解社會，以及公民在社會中的角色。

從義工到公民

我們在第六章見過多納泰羅，他是義裔美籍的關切公民，他先是被引導重新建立對他自己的傳統社區的認同，進而開始參與和整個小鎮福祉有關的政治。我們也認識職業社會運動者道爾蒂，她想要創造一個願意真誠接納窮人的社會，而這份關懷是源自她在原生家庭成長過程中體驗過的工會運動。

在我們和加州濱海委員會（California Coastal Commission）的瑪麗．泰勒（Mary Taylor）的對話中，我們遇到了一個具有公民意識的專業人士，她能夠從相對寬容的世界主義價值觀，轉而擁抱確保社區完整性所必須的對共善的責任感。泰勒的先生是文學教授，身為家庭主婦的她透過在婦女選民聯盟做義工開始參與政治，此後繼而在幾個關心加州環境議題的組織工作，特別是地球之友（Friends of the Earth）。泰勒的思想和其他具有公民意識的專業人士是一致的，她特別強調，我們必須容忍不同的人會有非常不一樣的利益和觀點，她也強調，我們必須建立公平的程序規則，讓這些人能透過程序規則解決彼此的分歧。「認識到其他人有不同的價值觀非常重要，而且我們應該尊重那些價值觀。那就是自由的真諦。」

對泰勒而言，「自由的真諦」在於社會中的成員懂得相互尊重。但對他人價值觀的尊重，並不代表所有價值觀都一樣好；事實上，它假定尊重他人的尊嚴和關心整個社會的福祉，比自私的利益更重要。

「我對政府官員感到最憤怒的事情是，他們沒有為公共福祉著想。他們得到公眾的信任。可是他們卻只知道動人民錢包的歪腦筋。只要我們還會對此感到生氣，我們就可以有健全的社會。我反抗一切政府為自己謀利的事。」泰勒說。個人無法光靠為自己奮鬥獲得成功或幸福，「人人都要過得幸福快樂才是重點。要實現這點，首先必須承認你對這個社會有所虧欠。」這份對社會的責任感，她是從祖父那裡學來的。泰勒的祖父是社會主義組織「世界產業工人」（Wobblies）和天主教勞工運動的成員。認識自己對社會有所虧欠，代表承認我們必須限制自己的欲望。「我覺得人們絕對不應該太有錢。財富如果多過維持舒適生活的程度，對人們是危險的。我們每個人都必須了解：社會是個大餅，一個有限的大餅，當你把每塊餅都拿走，社會就消失了。決策者應該謹記他們對未來子孫的責任。」

但那些責任確切來說是什麼呢？公共利益的內涵是什麼？「我不會假裝我知道什麼是公共利益。如果我假裝自己知道，那我一定是超級自負的人。」但這個不可知論的表白不代表泰勒對公共利益完全沒有任何實質概念。在她的言論背後，我們可以看到，公共利益是建立在一代人對下一代人的責任之上，而且意識到這種責任是理解公共利益的必要條件（sine qua non）。「為了釐清公共利益，我會試著提問，試想今天的決定對二十五年後的社區會有什麼影響。而不是去思考，這些規定會不會影響到別人的錢包。所有政府領域最大的問題是，人們只在乎眼前近利，而不在乎對未來的影響。為什麼？因為我們是人。我們是偉大的攪局者（spoiler）。這就是美國傳統，不是嗎？」

儘管泰勒不認為判定長遠的公共利益是件容易的事，也沒有宣稱對公共利益的內涵有把握，但她的政治經驗使她深信，我們必須設法找出什麼是長遠的公共利益。追求近利恰恰是我們的致命傷。在成為加州濱海委員會成員後，她說：「我逐漸了解，我們在處理的不只是整個加州的事，而是整個北美大陸。我們究竟該怎麼辦才好？」泰勒在履行責任時採取比較強硬的立場，因而樹立了一些敵人。她執意在濱海地區執行提供混合收入住房的法律，尤其令她的對手感到惱怒。一直以來，她對她所謂的政府領導人和經濟利益集團之間的「亂倫關係」感到不滿。為經常被排除在外日無法參與的那些人，提供參與公共程序的管道，是她長期關切的事。她和多數美國人一樣，不喜歡採取強硬立場時隨之而來的衝突。她甚至不喜歡說服他人接受她的觀點是正確的，但這卻是她政治工作的日常面向。然而，儘管她擁有強烈的公共責任感，但泰勒不是烈士，也不認為人人都該從事政治工作，除非你能從中得到滿足。歸根究柢，她對更長遠未來和更廣闊視野的責任感，是她堅持從事社運的原因。

也就是說，泰勒反對的是美國文化遺產中，被托克維爾指出會讓人「忘記他們的祖先……遮蔽他們對後代的看法，而且把自己和同時代的人隔絕開來」的那部分。但她是從哪裡得到自己屬於一個更大的社會和歷史整體的意識呢？這有一部分可能來自宗教——她祖父參與天主教勞工運動的榜樣。但至少在她看來，宗教對她已經不重要了。儘管她跟隨家裡成為天主教徒，她現在已經不上教堂了，因為她認為宗教「太感情用事」。她社會責任感的主要來源，似乎是她在擔任義工時照顧人和被照顧的經驗。「我所做的工作會造成多大影響，我不知道。但它是很重要的一部分……它對我本身的生活造成很大的影響。我這樣做不只是出於知識上的理由，也是為了其中的情感紐帶。我和全國各地很多人都有深厚的感情。我認為我是某種關懷網絡的一部分，這個關懷網絡遍布全國。但要成為這個網絡的一部分，你必須願意付出。」然而，一個人不只是為了得到而付出。這種給予的獎勵不單純是感覺良好，不單純是志同道合朋友的陪伴。這是一種包含大量痛苦、挫折和孤獨感的經驗，同時讓這一切在某種程度上變得有意義。「我當然感到孤獨。如果我說我不孤獨，那我就是在撒謊。願意去愛的人總是會感到孤獨，這是你必須面對的課題。我一直都感到孤獨。這是可以預期的。我先生感覺孤獨。我們互相支持，即使這代表我們要和彼此分享孤獨的感覺。我們是非常親密、相互支持的那種家庭，對某些事情比較少去談。但這種相互支持的能力是我、我的丈夫、我的孩子，以及我認識的其他少數人所具備的，這是一種慷慨的胸襟，使你願意將情感投入到其他人和其他事情上。很多人沒辦法過這樣的生活。但這不代表我不尊重他們，或不那麼愛他們。你會在多數參與社區工作的人，以及一些政治家身上發現這種精神。」

因此，慷慨的胸襟等同於承認無論願不願意接受，社會上就是存在將人們和其他人綁在一起的相互連結性（interconnectedness），也就是個人「對社會的虧欠」。它也等同於照顧他人，進而培養這個相互連結性。每個人都應該努力培養這樣的美德，儘管很少人有這樣的胸襟——這種美德的實踐為政治工作的挫折，以及獨立自我不可避免的孤獨，賦予了意義。這個美德指引人們投入社區工作和政治，也因為人們的參與得到力量。誠如泰勒所認為的，這個美德在很大程度上違反美國的文化傳統。（「我們是偉大的攪局者。這就是美國傳統，不是嗎？」）然而，它依然是傳統中很強大的一個元素，儘管多數時候，它只是出現在具有公民意識的專業人士的第二語言中，傳達朋友在追求共善時相互支撐的公民理想。

泰勒非凡的力量，包括她的勇氣、遠見和責任感，讓我們看到一種至今還存在美國的公民權概念。但我們沒有訪問到太多像泰勒這樣的人。在下一章，我們將探討在闡明公民權的語言時遭遇的一些困難，以及為什麼政治領域令多數美國人卻步。

第八章　公民權

成功和快樂

南加州銀行經理吉姆·雷克特（Jim Reichert）在回顧主動為基督教青年會（YMCA）地方分會籌款的往事時，他說那是「一大樂事，是追求成功之樂」。緊密交織的成功與喜樂，說明他的工作生活和他的社區參與逐漸融為一體。在銀行升遷為高階主管的個人成功，讓他在基督教青年會募款中成為肩負重任的關鍵人物，這筆款項將用在許多新娛樂設施上，主要是為了讓社區內人數不斷成長的墨西哥裔美國青年的精力，能有一個建設性的出口。

這個慈善工作對雷克特是全新的挑戰，他需要以個人名義去懇求他所在地的潛在捐款者，他一直擔心自己沒有足夠能力迎接挑戰。成功提高了他的自信心，但他的喜樂更多是來自，他覺得自己為社區做了真正有價值的無私貢獻。

幾乎所有接受我們訪問的人都會同意雷克特的觀點，也就是美好生活最基本的兩個要素，分別是工作上的成功，以及為社區服務帶來的喜樂。而且他們往往也都認同，由於這兩個要素非常緊密地交織在一起，人們不太可能擁有其中一個要素，而沒有另一個。「我工作很努力，」這位加州的銀行主管在總結對美好生活的描述時說，「我沒有迴避我的雇主，我沒有迴避我的社區。」

然而，對雷克特和多數接受訪問的人而言，事業成功和樂在服務社區同時發生的幸運巧合是很脆弱的。這兩個美好生活的要素不必然團結一致，而是處於持續的緊張狀態，隨時都有可能分崩離析。「我想要承擔責任的想望已經不如從前。」雷克特在年近四十時有了這種感觸。他的態度受到老闆提議他重返校園攻讀碩士學位的影響。「我覺得，這對我的職業生涯會有很大幫助。我現在很胖、很笨、很開心。我現在的工作很輕鬆。當初學的時候很難，但過了一段時間就變得很容易了。工作對我來說不再有挑戰性。我已經感到厭煩。但現在，如果我去拿一個學位，我就有機會升職了。可是我其實哪都不想去。那代表我得拔掉在這裡十一年的根……但我要是不動，我害怕我會在這裡消沉墮落，對我的事業不利。所以我覺得我的確應該走。這不完全是為了錢，不過如果不往上爬，晉升為主管，我肯定會對薪水凍結很有感。」

對中產階級專業人士而言，「離家」不是一勞永逸的事，它是一個永遠存在的可能性。因此，在職涯中不斷向上爬的壓力，經常迫使中產階級的人打破和社區締結的承諾紐帶，無論他們是多麼的不情願。在前一章登場的生態社會運動者瑪麗．泰勒似乎不受這些壓力的影響。作為家庭主婦，她對政治的關懷不會受到事業的挑戰；或者我們可以說，政治已經成為她的事業。但其實影響雷克特的壓力，也很容易對她造成影響。我們可以想像，她先生的職涯變遷可能會把她從社區連根拔起。個人取得事業成功的需要，從而成為他需要在為他人服務中找到工作意義的敵人。正是這樣的經驗讓雷克特痛心地表示：

「我擔心，我們如今正在變成一個自私的國家。我們所有的思考過程，都在支持我們不斷地追求經濟活力。」工作不會把人們整合到公共的大家庭，反而是使人們和公共疏遠。在工作上繳出好成績，同時成為一個好公民，變成了一件難事。

除了表示若要追求在銀行裡更高的職位就必須離開社區的壓力，導致他的社會責任感正在喪失，雷克特也懷疑，他的責任感喪失「或許是因為政府管太多。政府就像個控制欲強的母親。政府讓人民變得一點也不積極，想幫人民打理一切。你也知道那種一輩子被強勢母親支配的小孩會怎樣。他們變得像植物人一樣。政府也是這樣。」雷克特在職場的經驗是美國中產階級很典型的經驗，那和他對政府的態度相互關聯。公共領域中被他批評的家長作風和「不斷追求經濟活力」的壓力，恰恰是他自己在工作生活中被迫拋棄對社區責任的親身經歷，儘管那份責任對他有深刻的意義。

美國人是根據個人在開放市場上自由競爭的結果來定義成功，在公平競賽中脫穎而出者就算成功。多數接受我們訪問的人都強調，他們是透過自己的努力才得到現在的身分地位，卻很少提到他們的家庭、學校教育或隨著中產階級出身而來的優勢，在整個過程中扮演的角色。這不是說他們會否認其他人對他們的人生成就所做的貢獻，他們否認的是那些貢獻的道德重要性。唯有能夠宣稱成功是**出於他們自己的努力**，他們才會覺得那是自己應得的成就。

幸福或喜悅若不是來自工於算計的競爭，而是來自奉獻自己為他人服務，完全不計較付出，則是一種和成功截然不同的成就。想要享受這種喜樂，個人必須發自內心自願「主動參與」。但對多數美國人而言，不幸福最大的一個源頭就是非自願的參與，也就是一種「受困」、受約束的社會關係。接受我們訪問的人往往認為，唯有當他們給出承諾不是因為他們必須這麼做時才值得喜樂。因此，當牛頓提到喜樂來自透過扶輪社幫助鎮上有需要的人時，他沒有考慮到以下這個事實：基於各種務實考量，住在美國小鎮的成功商人**非得**加入幾個像這樣的「服務社團」。個人自由地加入這樣的組織，接受組織的紀律，並參與其慈善工作，讓人得到了幸福、滿足和喜樂。每個人得到的喜樂，是根據他的個人付出。

雖然根據這個觀點，唯有透過個人付出才能正當地獲得成功和喜樂。對成功和喜樂的追求，實際上體現了兩種截然不同的個人主義類型。當接受我們訪問的人想像一個由專注追求成功的個人組成的世界，他們很自然地想到一個由生產者和消費者組成的功利市場體系：買賣雙方為了共同利益，交換商品和服務。相較之下，他們傾向在想到快樂時，聯想起同類因為愛而被自然地結合在一起的理想：一個存在希望王國中，而不是日常現實裡的和睦世界。個人主義競爭的世界每天都在上演，而社會上存在和諧共識的世界，只在團結友愛偶然閃現時才會充分實現，讓我們一瞥如果人們願意合作，而且他們的目標相得益彰，而不是彼此削弱，會得到什麼結果。[1]

因此成功和喜樂既相互補充，又相互抵消。兩者若缺其一就沒有意義了，而且在很多人眼中，若在其中一方面沒有些許成果，也根本不可能在另一方面有太多斬獲。我行我素追求成功需要的自利，需要透過自願關心他人加以平衡。若沒有在充滿關懷的社區中得到支持的快樂經驗，人們會覺得靠努力成功是一件難事，即便成功，也很可能讓人感到失望。另一方面，若沒有個人名義的成功，人們也沒辦法主動為所屬的社區做出太多貢獻。

所以說，在追逐個人成功和獲得參與社區及公共事務之樂的自利和社會關懷間找到平衡點，絕不是一項簡單的任務。有個根本的問題是，美國人傳統上用來塑造他們最豐沛的衝動，並為它們找到出口的觀念，已經不足以在控制追求經濟成功的破壞性後果方面為他們指點迷津。儘管最近有許多社會評論家聲稱，今天的美國人不如過去那麼慷慨，但事實並非如此。幾乎所有和我們進行訪談的人都深信，至少在理論上深信，一個自私追求純粹個人成功的人，不可能過著美好、幸福、快樂的生活。但在思考可能彌補自私追求經濟成功的慷慨之舉時，他們往往會想到自願參與地方性的小規模活動，例如在家庭、俱樂部或理想社區中，使個別倡議相互關聯，進而改善所有人的生活。他們很難把這種理想的想像，和形塑他們生活的大規模影響和制度聯繫起來。這就是上一章關於工作、家庭、社區和政治的許多對話流露感傷基調的原因。和我們交談的許多人都表達了這樣的感覺：有時，他們為自己的最高理想付出最大努力，似乎是毫無意義的一件事。

當然，有些人，特別是社會運動者，只是偶爾認為他們參與政治及社會運動是毫無意義的，而其他人，通常是專業人士和經理人，對社區參與的努力為什麼終究令人感到沮喪有著明確想法。「主動參與」鮮少被視為毫無意義的道德行為。事實上，麻煩和政治領域有關。對接受我們訪問的許多人而言，政治等同道德上令人討厭的東西，彷彿自願參與一旦進入涉及擔任公職、競選宣傳和有組織談判的領域後，就不再是值得稱道和令人滿足的行為。只要公共參與和責任超越在地事務的界線，他們對公共參與和責任的看法就會轉為負面。

三種政治類型

就像美國道德論述中的其他重要概念，**政治和公民權**有各式各樣的含義，並非每個含義都彼此兼容。從訪問中，我們至少看到三種不同的政治概念，以及伴隨而來的公民權含義。這些看法，既提供人們行動的方向，也能說明他們的行動。對某些人而言，其中一種或多種看法是他們有意識的概念，但在其他人身上，這些看法似乎只是內含在他們的生活方式裡。這三種看法截然不同，但實際上，人們往往同時抱持三者。

第一種看法認為，政治是透過自由的面對面討論，使社區的道德共識發揮實際作用。在美國，達成這種共識的過程是**民主**的核心含義之一。這種看法把不帶敵意的個人主義標舉為理想。公民權幾乎就等同於為社區利益「主動參與」鄰里事務。多數時候，美國人根本不會覺得這個過程是「政治」。但這個過程在傳奇新英格蘭小鎮被視為一種政治，就是被托克維爾公開指名而且依舊被當作理想典範的自治小鎮。我們把上述介紹的第一類政治，稱為「社區政治」（the politics of community）。

第二種看法和共識社區的形象形成鮮明對比，這種看法認為，政治意味著根據眾人一致同意的中立規則，各自追求不同的利益。這是利益相似團體相互結盟，利益對立團體相互衝突，以及利益調解人和掮客（職業政治家）的領域。我們把這裡介紹的第二類政治稱為「利益政治」（politics of interest）。政治學家有時稱頌這是「多元主義」（pluralism），可是對一般的美國人而言，利益政治往往帶有負面的含義。在一個龐大又多元的社會裡，利益政治經常被視為一種必要之惡，一個次於共識民主的不情願約定。

人們基於實用原因踏入利益政治，以獲得個人或群體需要或想要的東西，而不是因為他們和自己感覺親近的他人有自發性的牽連。在很大程度上，我們的許多受訪者**都把政治看作利益政治**，他們認為利益政治在道德上不完全站得住腳。因此，政治人物作為美國生活中的一個角色，評價普遍低落。和市場相比，政治的形象不佳。市場的正當性大致建立在以下信念之上：市場在公平競爭的基礎上，公正地獎勵個人。相較之下，在地方層級、州層級和聯邦層級的政治協商儘管也有市場的功利主義態度，但往往暴露出團體之間的競爭，而且權力、影響力和道德正直的不平等，很明顯是競爭結果的決定因素。同時，利益政治除了利益的衝突和妥協之外，沒有為問題討論提供架構。主要由職業政治家經營的利益政治例行活動，顯然獎勵各種內部聯繫，而且偏袒強者、犧牲弱者，因而顯得像是對虔誠個人主義和公正的冒犯。

比起社區共識的理想，第二類政治看法中的公民權，對個人顯得比較困難且不和諧。這代表從事複雜、專業但高度個人化的敵對鬥爭、盟友經營和利益談判的業務。它需要和來自大不相同的共識社區的其他人打交道。對多數人而言，除非迫切利益受到威脅，否則它缺乏日常參與的即時性。多數人認為，投票支持候選人就是這個政治看法的典型表現，也就是與政治保持一定距離。

然而，在利益衝突和重疊的瘋狂拼貼裡，美國人總是能透過他們的立法者和民選官員，在橫跨區域、階級、宗教、種族和性別的種種不連續中，發現夠多的共同利益，從而指揮和規範一個龐大工業社會的事務。這項任務的主要工具是國家政黨，一個關注同盟利益勝過意識形態的政黨，不像在歐洲，由扮演利益掮客相當熟練能夠成為總統候選人的人領導。然而，身為職業政治家的該黨候選人，一旦當選，至少在大眾心目中會部分轉變成非常不一樣的人物，例如像總統，是國家團結的象徵和實際推動者。在某種程度上，美國參議院和最高法院的成員也扮演這種角色，他們不是派系的代表，而是國家秩序和宗旨的代表。他們成為備受尊敬的憲法的模範。

於是出現我們稱之為「國家政治」（the politics of the nation）的第三種看法，它將政治提升到治理國務的境界，認為國家生活的高級事務超越了特定利益。如果說社區政治被視為「自然」參與的領域，然後利益政治被視為不完全正當的討價還價的領域，國家政治則是屬於依法公正治理的領域，更是團結迥異之人採取行動發揮「領導才能」的領域。如果說在第二種看法裡，政治是「可能的藝術」（art of possible），但國家政治有時可以用一種非常不同的語言來表達，即「國家目的」（national purpose）的語言。

儘管對政府機構的公共信任消蝕已經持續了二十年，美國人表現出的愛國程度，相較多數其他工業社會依然引人注目。[2]同一期間，不與任何政黨結盟的「獨立」選民人數的增加，表明政黨從事的利益政治比國家政治，遭受更嚴重「合理化危機」。[3]比起前兩種公民權，伴隨第三類政治的公民權，在日常生活中的具體實踐較少，比較是一種象徵意義。在各種公共儀式中，在外交關係中，尤其是在戰爭中，屬於某個活著的國家共同體的感覺，為生活的意義增添了色彩。

國家政治在多數公民心目中的形象是正面的。這個概念透過訴諸第一類政治的正當性，亦即社區之間具有共識且關係和睦的願景，來避開功利主義的利益談判現實。但就好像塞福克公民不自在地意識到，即使在第一類政治、即社區政治的真實情況中，當地方學校董事會在課綱內容方面遇到分歧時，或鎮議會必須對核發許可證給開發商做出決定時，浮上檯面的就是利益政治。正是在這樣的情況下，即便地方官員都可能被指控「搞政治那套」，這裡的言下之意就是根據利益行事勝過共識。特別能夠拉攏董事會、官員和立法機構的團體，經常被貼上「特殊利益」的標籤。也許這標籤貼得不冤枉，但這樣的標籤使用讓「利益」或「利益政治」的概念徹底被汙名化。事實上，諸如總統等國家政治人物可能從政敵方面得到的最糟糕罵名之一，就是指控他純粹是在搞「黨派政治」（partisan politics），意思是被指控者正在利用官職特權促進他所屬政黨的利益，沒有為了追求整體利益而「超越政治」。

但每隔一段時間，還是會出現幾位總統被認為超越了政治，並且展現出一種國家共同體的意識，例如聯合政治大師小羅斯福在回應經濟大蕭條和二次大戰的挑戰時，出色地體現了一種國家使命感。把國家政治看作一種共識社區政治的概念，有助於了解美國人納稅和從軍的普遍意願。不過，也正是這種對國家政治的理解，說明為什麼推崇新公共道德水準的社會運動在美國反覆發生。從廢奴、民權到反越戰，重大社會運動的訴求取得了不小的成果，人們因而相信正義和共善可以放在國家共識的層面來處理。可是，社會運動一旦被認為是特定族群的訴求，便會喪失其道德鋒芒，像是民權運動變成「黑人權力」運動，就立刻回到只有不完全正當性的利益政治領域。

在美國政治類型一分為三的局面中，自相矛盾的是，在高度重視多樣性和「多元主義」的個人主義文化中，受到人們欣賞的是共識，遭人質疑的是利益衝突。分裂我們的實際差異令人感到有點困惑與不安，我們需要進一步探索為什麼會這樣。

政治和個人主義文化

在第五章，我們看到偏好心理治療的人相信，「價值」不同的人之間的討論往往是無效的。當道德觀點被視為完全是建立在主觀選擇之上，除了透過脅迫或操縱，根本不可能在不同的道德觀點之間做出決定。即便是不偏好心理治療的人，也只願意相信曾為了追求互惠明確協商而產生的責任和協議，或源於根深柢固個人價值結合的責任和協議。在這個文化背景下，政治雖然還不至於陷入癱瘓，不過影響範圍的確嚴重受限。令人擔心的是，政治牽涉的利益彼此不能相比，因此幾乎不可能裁決，利益政治必然淪為脅迫或欺詐。這可能會導致以下結論：唯一有道德正當性和價值的是第一類型政治，即共識社區政治。如果能用理想化的地方共識政治類推來理解，那麼正當性也可以延伸到國家政治、也就是第三類型的某些特徵。但第二類政治代表「價值觀」和生活方式大相徑庭的不同群體之間的衝突，由於在個人主義的文化裡，沒辦法討論或評估價值觀和生活方式的相對優點，因此依賴嚴格遵守程序規則的概括性寬容，已經是這種政治最好的呈現了。但儘管寬容有其優點，但仍不足以應付複雜社會中不同群體間的衝突和相互依賴。

個人主義政治觀最不能解釋的是利益衝突本身的源頭。關於地區、職業族群、種族、宗教群體和性別的不同利益究竟如何產生，或為什麼它們以權力不平等的較量實現其意志，還沒有普遍理解的解釋。

利益政治領域似乎飄在半空中，和利益來源分離。分歧只要可以被解釋為個人能動性的結果，在道德上就成立。鑑於這種文化背景，自由個人主義把自由市場視為理想是可以理解的，因為每個人的經濟地位，理論上，被認為來自他或她為了在開放市場上競爭投入的努力。

許多美國人對我們經濟和社會組織運作的理解程度，受到他們主要道德語言理解人類互動的能力限制。個人主義設下的限制很清楚：凡是超出個人選擇和意志控制的事件，無法被連貫地包含在道德計算中。這代表相互依賴的美國政治經濟運作——個人透過這樣的運作獲得或被分派到他們在社會上的位子和相對力量——有那麼多，甚至是多數都沒辦法被人從具有連貫道德感的角度去理解。它進一步說明為什麼許多人為了盡可能減少「認知失調」（cognitive dissonance），傾向不面對一個自稱有道德平等的文化內部，有著根深柢固的權力、特權和社會尊重的不平等。

因為缺乏有效處理美國社會大規模組織和制度結構的能力，很多我們的受訪者不僅將小鎮視為理想，而且將小鎮視為解決我們當前政治難題的方法。無論政治觀點如何，人們普遍懷念小鎮，而且很常在政治討論中使用其形象。許多投票給共和黨的人想「擺脫政府對我們嘮叨」的一個主因是，如果「大政府」的規模縮小，而且減少對我們生活的打擾，那麼更健康的面對面接觸社區自願參與就可能會回歸，再次成為我們政治生活最重要的模式。此外那些想要「去中心化」和「公民參與」的左派人士之所以想要「去中心化」和「公民參與」，也是基於大致相同的原因。

對塞福克的小鎮長老牛頓而言，小鎮的理想無論變得多麼微弱，氣息尚存，仍需要有人來保護。當牛頓說社區生活的習俗應該促進人們產生強烈欲望，讓人想要謀求自尊和工作中的一點成就，並產生對他人的關懷與憐憫之情，他代表的不只是其他小生意人，而是許許多多的美國人。中產階級（和美國人）普遍認為，人們透過工作獲得自尊，以及控制自己環境的能力，至少能控制一部分。根據這個看法，憐憫之情實際化為「幫助他人自助」。但牛頓的小鎮理想在兩方面很脆弱。誠如我們所見，小鎮理想除了總結失敗是因為員工缺乏小鎮美德，並沒有辦法幫助牛頓理解影響他個人生計的克萊斯勒公司為何腳步踉蹌。他不僅缺乏理解我國政治經濟變遷的資源，也無法解釋為什麼有這麼多美國人不像他一樣，擁有經濟地位和社區紐帶結合帶來的快樂，讓他的生活富有意義。[4]就像克萊斯勒公司的例子，他只能將他人的相對失敗，解釋為缺乏自我紀律和不努力工作，因為他始終無法理解影響個人成敗的結構性因素。

對欠缺牛頓那種堅定的安全感和自信的關切公民而言，小鎮作為一種共同體的存續比較不穩定，自然也比較珍貴，譬如像康利這一類的人。對康利而言，在小鎮這種地方，善良、純潔、勤奮的人，「在同一艘船上」的人，可以照顧他們自身和他們的喜好，過上體面的生活。對康利來說，小鎮作為美好社區的可行性面臨來自兩方面的威脅，一邊是不懂得自我節制的窮人，另一邊是會為了自身利益犧牲康利這種人的自私權勢階級。康利也覺得小鎮理想沒有提供任何資源，幫助人們思索整體社會，以及他眼中威脅小鎮生存的勢力，只是提供了非常個人化和說教式的辭令，對理解大規模結構和制度毫無頭緒。

但即便愛蓮諾．瑪克林這種擁有公共行政學位，對全國社會和經濟的認識比牛頓或康利更深刻的具有公民意識的專業人士，都對理想小鎮抱有強烈的懷舊之情。她想要塞福克再次變得像老派的新英格蘭小鎮，在塞福克，人們根據「老派的愛國者價值觀」和諧地一起打拚。但她所想的價值觀，不是那種由單一宗教信仰和統一政治理念支配的死板小鎮價值觀。她忽略過去的這些面向，專注在她（違背許多歷史證據）假定這種社區無所不在的溫暖友誼。她覺得傳統的新英格蘭小鎮，就像中產階級專業人士間常見的大範圍鬆散友誼網絡的在地版本。這樣的小鎮將由自願選擇的朋友組成，他們雖然在許多方面有所不同，但同享特定的利益或經歷，透過大量和彼此的個人對話相互理解、相互欣賞。瑪克林比牛頓和康利更了解階級和種族的結構性因素，這些因素阻止許多美國人在生活中取得和她一樣的地位，或加入她心目中理想小鎮的公民行列。但她對較大問題的解決辦法，也有它的個人主義和局限之處，跟牛頓和康利的方法一樣。她主張挹注教育資源給相對弱勢的團體，並且保護他們的個別權利。這將使他們能晉升到中產階級，變得更像她，進而有資格成為她理想小鎮中的一員。

我們也不清楚，職業社會運動者之間是否有根本上的差異。「經濟民主運動」對整體社會需要的制度變革有個概念，但誠如第一章訪問所呈現的，韋恩並不是很清楚更全面的觀點。他把創造力投入組織租戶的工作中，主要致力於幫助諸如墨西哥裔美國人等民眾成為自主、有影響力的政治個體，能夠跟地主及政府行政程序打交道。因此，在很大程度上，他正在教育他們學習中產階級的技能。同一組織的成員道爾蒂，儘管視野開闊，卻把自己的任務定義為「在聖塔莫尼卡維持和建立更好的社區」。無論是韋恩或道爾蒂，激發他們政治責任感的都是地方社區的有形存在。而他們把社區視為自主個體主動聚集的概念，和前文討論過的其他人的觀點並沒有根本不同。

由自主但基本上類似的個人組成的共識社區，似乎是美國人思考政治時感覺最自在的切入角度，因此他們向這樣的概念尋求幫助，希望治癒當前社會的病。儘管口頭上非常尊重文化差異，但美國人似乎沒有足夠的知識才智思考在文化、社會或經濟上截然不同的群體之間的關係。墨西哥詩人奧克塔維奧·帕茲（Octavio Paz）在非常不一樣的文化背景裡寫作，他指出階級社會在將不同文化群體納入共同道德秩序方面，通常比平等主義社會做得更好，因為他們可以接受不同層級和程度的財富和權力，並賦予道德意義。[5]有些群體既窮又弱，但所有群體都包含在一個共同的社會主體之中，強者和富者有照顧其他群體的特別義務。當然，這種觀點經常被用來合理化剝削和壓迫。但個人主義社會的激進平等主義也有它的問題，因為這樣的社會實際上只由自主的中產階級個體構成。無論出於何種原因不符合正式會員資格的人，全都被以一種未知於階級社會的方式遺留在外。有不符合社會參與資格標準的群體存在，本身就是異常的事，而這樣的群體不應該存在。他們的存在一定是某人的錯，要不是他們自己的錯（也許是他們的文化有缺陷，而且他們缺乏「工作倫理」，或者他們的家庭系統有問題），就是其他人的錯，例如說經濟或政治菁英也許壓迫他們，並阻止他們充分參與。無論人們接受何種解釋，都很難為根本上不正當的差異賦予道德意義。

如果說個人主義文化難以接受真正的文化差異或社會差異，它更難以接受大型的非個人的組織和機構。政治人物總是傾向把複雜的問題，變得關乎個人和道德說教。媒體對政治人物的魅力，還有他們之間的戲劇性衝突更感興趣，而不是他們在政策問題上的立場。理解一個複雜的現代社會確實不容易，尤其是當我們無法將其問題與直接的生活經驗聯繫起來時。

無形的複雜性

二十世紀社會科學的長足進展，特別是經濟學和社會學，證明各界想要理解現代社會關係的複雜性。無論社會科學取得多少成就（畢竟這是一個「專家」的地盤），和我們訪談的美國人確實在拼湊整體社會的全貌，和他們如何理解這個全貌有很大的困難。我們稱這是無形複雜性（invisible complexity）的問題。

由於我們欠缺從道德意義理解不同群體在文化、社會和經濟上顯著差異的方法，如上所見，我們也欠缺評估群體提出的不同主張的方法。當我們不知道如何評估利益時，利益衝突便令人困擾。在這個道德真空中，將群體主張和利益翻譯成個人權利的語言一直很誘人，這是一種對美國強勢的個人主義意識形態而言有意義的語言。但如果有大量的個人、團體或某幾類人開始像近幾年這樣，堅持他們有權享有某些好處、援助或優先照顧，這些主張就不會被人們視為攸關正義的問題欣然接受，反而會被當作只是相互競爭的需求之一。而既然需求無法根據個人主義意識形態來評估，政治鬥爭結果就總是被人從權力的角度來解讀。需求不是根據正義與否得到滿足，而是看需求者的力量大小。太多的要求甚至開始威脅個人權利邏輯的正當性，而個人權利邏輯是在美國社會提出具有道德正當性的要求時，為數不多的基礎之一。理解整體社會由截然不同但相互依存的群體組成，可能會產生一種共同利益的語言，可以在相互衝突的需求和利益之間進行裁決，從而減輕個人權利邏輯不堪負荷的壓力。但這個概念要存在，首先需要接受美國人寧願避免的無形複雜性。

前文已經提過，社會作為地位大致平等的競爭者從事公平競爭的交流場所，對於理解整體社會，是一個非常吸引人的方案，而且能補足具有共識的志願社區的道德平衡。但儘管這個模型持續擁有廣泛的吸引力，但多數美國人知道它完全不足以描述實際情況。多數人在某種程度上都察覺到有些東西並不符合市場模式：諸如支配整個市場的大企業，大規模透過廣告影響消費者選擇，補貼農業等部門的政府計畫，不受準確成本會計約束的國防工業契約，擴大並強化財務、生產和行銷集中控制的科技等等。

美國人對這些事實長期以來的一個反應，就是懷疑有足夠力量擺脫自由市場運作的所有團體。在過去的二十年裡，公眾不僅開始對大政府，還對大企業和大工會逐漸失去信心。[6]這些團體為了特殊利益以某種方式，對市場機制干預「過了頭」。但同時，很多美國人意識到大規模組織無論多令人反感，都是二十世紀晚期社會現實的一部分，而摧毀信任、摧毀工會和廢除政府監管機構，並不是很明智。這個意識加深了困境，並導致許多人相信唯有佐以技術專長的有效「領導」，在技術專長的幫助下，才能解決我們的無形複雜性問題。

公民權和專業理性

如果說無形複雜性的成長使試圖理解它的特殊職業出現，負責管理它的特殊職業也隨之而生，這包括行政官員、經理人和各種技術專家與應用科學家。從十九世紀早期開始，管理專家和技術專家的出現，無論對抱持希望或恐懼的人而言，都是具有重大政治影響的事，這些人要麼開啟一種全新的政治，要麼導致啟蒙管理全面取代政治。聖西門（Claude Saint-Simon）和孔德（Auguste Comte）曾經期待由經理人科學家管理的社會，能夠比被利益衝突蹂躪的社會更有效率、更富同情心，而且更加和諧。但托克維爾率先發出警告，表示這個解決之道可能很危險。

托克維爾認為「行政專制」（administrative despotism，他有時候會矛盾地稱之為「民主專制」〔democratic despotism〕）的崛起，有可能是現代社會失去其自由的一種方式。他定義行政專制是一種「有秩序、溫和、和平的奴隸制，它……可以輕易地和一些自由的外在形式相結合，比一般認為的還要容易，而且……甚至有可能在人民主權的影子下，讓自己得到認可。」托克維爾害怕大規模政府固有的中央集權傾向，以及大規模工業的出現，可能會導致行政專制，特別是在公民因為個人主義物質利益追求而四分五裂的地方。他強調這種專制統治的相對仁慈。這種政府形式為其公民樹立起「巨大的保護力，獨自負責確保他們的快樂，看顧他們的命運。」這樣的政府「不會破壞人們的意志，而是去軟化、彎曲與引導人們的意志；它鮮少命令人們採取行動，但經常阻礙人們採取行動；它不破壞任何東西，而只是去阻止很多東西的誕生；它一點也不殘暴，但它極盡阻擋、限制、削弱、扼殺及愚弄之能事。」托克維爾又寫說：「我不認為這種政府的領袖會是暴君，我覺得他們更像是校長。」這樣的系統也不會廢除選舉，「在這個系統下，公民才剛離開從屬狀態就立刻選擇了他們的主人，然後又回到從屬狀態。」[7]

儘管托克維爾闡述的恐懼其實並非深埋在美國人心裡，而是在靠近表面的地方徘徊，但我們應該記住一點：托克維爾口中存在當時美國的小規模、去中心化的政府，事實上一直延續到二十世紀。由職業行政官員主掌國家規劃的早期倡導者，試圖整治在軟弱中央政府保護底下發生的快速工業化和城市化亂局。這些人主要是二十世紀初的新教中產階級改革者，被稱為進步派（Progressives）。面對階級衝突、移民問題造成的緊張，以及源自集團工業經濟發展的騷亂，進步派藉由消除利益衝突的壓力，試圖以「好政府」改革，實現一個更有同情心的公共生活。他們試圖透過運用專業技術性知識，減少利益政治的摩擦，創造一個井然有序的社會。

規劃的理想在「新政」（The New Deal）時代得到一次大力推動，當時另一個更具有集體意識的專家群體，試圖透過建立大型國家行政機關，修復混亂集團企業經濟的摧殘，這個國家行政機關將首次負起為經濟生活大規模挹注一定秩序和同情心的責任，但這個努力只算成功一部分。值得注意的是，進步派和新政擁護者都曾多次使用公民或宗教的「第二語言」，並且希望透過把政治變得更理性，提升實現民主的公民權的可能性。但他們從未能構想出一種國家政體願景，使他們的努力能從共善的道德論述角度獲得正當性，並為個人主義文化提供替代方案。行政集權的後續倡導者選擇了一個野心比較小的戰略，辯稱他們的責任僅僅是執行公共命令。這種策略也有它的危險之處。

行政集權現在是美國生活不可或缺的一部分，而且在可預見的未來無疑也將維持原狀。對很多受過高等教育的專業人士而言，行政集權不只是應該的，更是理所當然的。這些人的社區經驗主要不是來自地方，而且他們的公民權意識與市鎮沒有連結。他們擁有大都會的觀點，這種觀點受到高等教育的影響，而且和有類似培訓和技能的其他人，或朋友網絡中通常散落在世界各處但品味相似的人相連。他們跟企業及政府世界的優先事項密切相連，在這個世界中，他們的專業知識必須努力掌握和協調相互競爭的目標，同時在個人生活中，他們主要接觸的是在工作和收入允許他們在消費和休閒等私事上擁有大量個人選擇的那些人。在因為流動容易所產生的寬容氛圍中，應用精心設計的專家解決方案，似乎是使每個人生活更美好的自然方式。

空洞的專業精神在美國社會的上層之間廣泛流傳，因為在追求卓越的鬥爭中，分離實踐似乎往往會贏過責任實踐。這其中的危險在於，這些專業經理人和專家可能在無意之間，成為托克維爾口中行政專制統治的仁慈「校長」。即便在他們自己的眼中，他們顯然是在回應例行全民選舉總結出的民眾「需要」，但事實上，他們準備插手管理我們廣大人口的生活大小事。如果生產力「回報」足夠，他們就不用思考社會上巨大的財富和權力差距，也無需思考記憶社群在培養合乎道德的個體和公民權方面投入的努力。專業觀點傾向假設用工作的功利主義效率，交換私人生活型態飛地裡的個人表達自由，是具有正當性的。他們因而採取的政策就成為一個自圓其說的預言。更諷刺的是，很多美國人如果聽托克維爾用自己的話描述行政專制統治，應該會嚇到向後退，但實際上，他們正在為「自由社會」貢獻的幻覺下實現著行政專制。但對托克維爾來說，以公共專制為代價換來的私人自由根本就不是自由，這點是不言而喻的。因此，我們要保護自己不被美國社會已經很發達的專制統治控制，第一步就是分析和評論一直以來發生在我們身上的事情。但下一步不是下意識「擺脫大政府對我們的騷擾」或「將我們的經濟去中心化」，在任何絕對意義上，這兩者都不會發生。根據托克維爾的論點，我們必須做的是加強公民用來影響和節制政府權力的所有社團和運動，從而振興一種可以抵抗行政專制統治拉力的政治。（我們將在本章最後一部分說明該策略。）我們不能只是把「大政府」視為敵人。我們可以在務實的情況下，盡可能試著酌情削弱大政府的權力，並分散其政治和經濟權威。但唯有成功轉變中央集權管理的精神，才能長遠地保證公民社團和運動的有效力。

國家的轉型，無論過程多麼複雜，應該專注於把公民權意識挹注到政府運作中。這種精神在今天並非完全不存在，但它被嚴重削弱，一方面是因為對政府和政治的懷疑，另一方面是因為客觀有效管理的觀念。為了限制行政專制的危險，我們需要提高政府的威望，而不是貶低它。[8]這種聲望應該以實質承諾為基礎，而不是形式上的效率。我們需要討論政府的正面用途和目標，來貼合我們心目中理想公民的那種政府。此外，我們需要再挪用專業主義（professionalism）的道德意義，不只是從技能的角度去看待它，也要納入專業人士對複雜社會的道德貢獻的角度。毫無疑問，我們有很多要向進步派和早期新政設計者學習的地方，他們在某種程度上仍從天職倫理的角度思考專業主義。將政府的概念從科學管理，變成由合乎道德的義務和關係構成的中心，是我們任務的一部分。

無論使我們感到多麼不舒服，現代世界的每個人為了在經濟上存活，同時避免核心毀滅，全都相互依賴。這個脆弱的依賴由不會消失的強大政府居間調解。我們要不是把政府變得人性化，就是被政府以暴政統治。公民的行動仍然有可能決定，我們將得到行政專制統治，或是一個負責任且懂得回應民意的國家。

公民權的幾種形式

托克維爾在持續尋找能控制和限制行政專制傾向的社會力量時，對以公民積極參與填補個人和國家之間鴻溝的一切感興趣，其中包括家庭、宗教團體和各種社團。他認為這些東西，一方面節制了私人抱負的孤立傾向，另一方面限制了政府的專制傾向。本書已經對這類中間群體有很多討論。我們尤其關注能夠引起深刻而持久的責任感的那些團體，就是我們所謂的記憶社群，我們將在下一章討論宗教時，對這些團體做更多說明。我們已經介紹過地方社區，以及它們如何讓民眾參與團體活動。我們已經提過志願社團作為公民生活焦點的重要性。強健的公民權仰賴成熟團體和機構的存在，包括舉凡家庭到政黨的一切，以及對特定歷史情況做出反應的新組織、運動和聯盟。社會運動作為一種公民權的形式在美國具有相當的重要性。

在國家困難時期，當現有秩序似乎無法應付它所遭遇的挑戰時，美國人經常會尋求新的社會生活願景。但當新的願景出現時，它們通常不是透過政黨，不像在許多歐洲社會那樣，而是以社會運動的形式。社會運動在美國有著悠久的歷史，可以一路追溯到美國為爭取獨立的政治鼓動。作為政治參與和公民權的一種表現，它在介於市場私人力量和政府公共力量之間的模糊中間地帶運作。美國社會運動的類型五花八門，從廢奴到禁酒，從組織勞工到爭取民權，不一而足。它們在結構相對凌亂的公共空間發展，形成公共輿論，但經常從教會和其他知名團體取得領導和支持。充滿活力的社會運動經常導致新的公共制度誕生，有時甚至大力扭轉國民生活的進程。

考慮到國家目前面臨的困難，社會運動史上有一個分支值得特別關注。作為一個國家，它可能是我們唯一擁有的或可能會發現的替代方案，可以取代商業領袖或技術專家的支配。這個分支就是為回應新興工業資本主義秩序而出現的民主改革的傳統。這股改革衝動以各種具體化身，在本世紀初的劇烈過渡期蓬勃發展。這些民主改革運動的原動力，是一種本質上相似的政治看法。它激發了中西部和西南地區的農業民粹主義、東部產業工人和西部勞工的社會主義、進步主義的某些部分，以及產業工會主義在一九三〇年代高漲。這些運動既不信任削弱獨立公民權基礎的龐大私人力量，也不信任不受大眾控制的政府，試圖利用各級政府為新技術和它所產生的財富添加一定程度的公共責任。他們努力讓傑佛遜共和黨傳統的民主公民意識適應二十世紀的情況。[9]在政治上，這些運動充其量只是給私人力量的行使添加了限制（往往很脆弱的限制）。但他們留下了由經驗、各種符號，以及模範運動組織者組成的可觀遺產。

這些早期民主改革運動的政治遺產，在一九五〇和六〇年代的民權運動中再次被復興。就像這些早期的運動一樣，爭取公民權利的鬥爭不只是為某個特殊利益團體的遊說。在金恩博士的帶領下，它明確表示以擴大和加強全國社會的有效成員資格為目標，援引聖經與共和主題，站在國際以及全國的高度，強調完整公民權的經濟和社會內容。這股運動的力量足以激發廣泛的政治行動，特別是在大學青年之間，為社會各界推動改革。

民權運動的影響及其隨之而來的政治高潮尚未消失。隨著一九六〇年代的意識形態和政治騷動消退，以地方民主改革為目標的新型政治活動在一九七〇年代出現，很多都是由受六〇年代洗禮的社會運動者所發起。由於當代運動主要以地方為焦點，而且地理上分散，它並沒有展現出早期類似宗旨的運動特有的大規模聯繫，將地方關切和全國關切連在一起。[10]然而，它可以提供我們一些有用的例子，說明如何在全國實現民主的公民權的延續。從實驗的角度來看，加州「經濟民主運動」和賓州「公民價值觀研究中心」的努力，說明了開發能培養實際共善感的制度、實踐和理解會遇到的問題。

公民運動的實例

在和韋恩與道爾蒂的對話中，我們已經看到「經濟民主運動」嘗試將著眼租金管制具體議題的地方組織，和公民參與經濟控制的宏觀理想相結合。在費城，公民價值觀研究中心自一九七三年起，便試圖對類似問題找到有效務實的解答，不是著眼在租金控制，而是重建蕭條社區的經濟生活，並提出其他更大的問題。兩個團體都試圖利用民眾對社區政治和國家政治代表的第一及第三類政治的正面理解，為利益政治代表的第二類政治，增添一種明確的負責任的公民意識。但兩個團體都發現，這不是一項簡單的任務。

不同於「經濟民主運動」，公民價值觀研究中心以對美國公民權的聖經與共和傳統的明確認識，作為從事地方組織和政治教育的基礎。它的計畫傳達的正義概念不僅注重程序，而且擁有實質內容。值得注意的是，它還得到來自教會與工會，以及其他知名社區團體的領導和支持。

愛德華・史瓦茲（Edward Schwartz）十年來一直是公民價值觀研究中心的實際領袖，以及他所謂「公民教育」（citizen education）的全國倡導者。一九八三年秋天，他當選費城市議會的不分區議員。史瓦茲認為，在被他稱為「反政治系統」（antipolitical system）的當前危機期間，提倡公民權的扎實教育，對美國民主社會的存續可以說是空前的重要。他的「反政治系統」是指「控制國家大部分財富、雇用相當比例國人，但貶低政治，並試圖使自己免受政府控制的大企業網絡。」史瓦茲自六〇年代擔任學運領袖時，就開始批評政治的私有化。他認為儘管有一些學生領袖的做法可能太過頭，走偏了路，但當年對企業霸權的控訴基本上是正確的。

「這種反政治系統，」史瓦茲說，「將追求財富和權力的個人成就，看得比社區決定共同命運的集體努力重要。然而，恰恰是這種反政治系統為我們決定了最重要的事——我們在哪工作，我們可以在哪生活，甚至我們如何生活，並且和政黨與政府本身爭奪我們的效忠和支持。」對史瓦茲而言，從事政治組織的重點不只為個人或團體賦權，使個人或團體在日益殘酷的競爭中取得好的成果。而是因為政治在特定的背景下，會創造特定的性格。

公民價值觀研究中心，顧名思義，是為了促進公民對政治的認識。實際上，該研究中心一直想為

「經濟民主運動」和整體公民運動面對的問題，找到一個令人信服的答案：賦權的目的是什麼？被索爾・阿林斯基（Saul Alinsky）組織學派奉為信條的基層政治組織萬年理論主張，人們參與政治是為了推動特定的利益，然後從這種本質上工具性的參與之中，就算不是立即，至少在壓迫性條件被消除後，就會產生一種公民意識。該研究中心的特別貢獻是去質疑這個政治組織的古老公理，辯稱組織工作務必從一開始就抱持對政治更正面的理解。

該研究中心試圖在基層培養一種新的公民政治表達的背景，在許多方面都和塞福克或聖塔莫尼卡等市郊化城市大不相同。費城是承受數十年產業衰退的大都會中心，正在向商業服務經濟轉型，飽受嚴重的種族對立和分裂困擾。一如許多東北部和中西部的城市，大規模的經濟和社會趨勢，包括黑人社區在費城成為主要選舉力量，使過去的政治安排失去平衡，同時使費城對國內外經濟變化的依賴變得極其明顯。因此，該研究中心以「公民價值觀」為基礎組織政治參與的努力，自一九七三年成立後未見起色，反而帶來了收縮的陣痛，以及種族、鄰里社區和職業團體之間爭奪私人或政府資源命脈的激烈競爭。

一直以來，該研究中心力求為基層政治行動提供研究和公民理解。它先從需要政治和技術能力的社區組織項目著手，和關注費城社區衰退的勞工教育計畫、教會團體，及大專院校教師建立聯繫。隨著工業出走，不斷擴大的商業服務經濟仰賴教育程度更高、大抵分布在郊區的勞動力，該研究中心支持成立一個代表全市社區鄰里組織的理事會，擔任城市服務和聯邦援助的倡導者。同時，研究中心開創了一個在地經營的信用合作社計畫，以刺激整個城市的住房復興和地方經濟活動。雖然在許多方面都很成功，但信用合作社和技術援助計畫說明了公民運動的政治困難。

在以貧困工人階級為主的社區建立地方自助機構，不僅把過去未參與的公民拉進社區政治，還拉進更大的利益政治舞台，範圍遍及全市，甚至再向外延伸。它確實在某種程度上賦權於民。研究中心在當地的組織工作負責人是史瓦茲的同事兼妻子珍・舒爾（Jane Shull）。她對這些成果的評估，超出了對組織戰略和戰術的常見討論。舒爾說：「人們開始參與是因為機構真的在做事，使他們能改善生活。在這點上，傳統組織是正確的。」但「事實上，經濟能力和懂得如何有效地組織和遊說，並不會直接使公民開始相互合作。如果你不從像公平這類的事情著手，永遠不會實現理想。而那就是我們中心的重點。」對舒爾而言，人民從實踐經驗中發展出的整體政治理解和道德品性，決定了他們參與政治的能力。

就像史瓦茲在西岸和社運人士談話時所說的，將利益政治轉變為一種公民政治，等同於不以對權力的渴望為出發點，而是從「對安全、對正義和對友誼的關切」做起。史瓦茲認為，建立一個制度或養成一個習慣的目的，決定了它的結果。基於這個原因，他和舒爾一樣，認為政治組織不僅是達到權力目的的功利主義手段。從事政治組織也從背後滋養了民主的自治依賴的一種道德發展，也就是公民權的實踐。

但史瓦茲也堅信真正的公民政治必須是「思辨的」，他的意思是，人們可以透過參與，思考他們的生活和地方及全國社會整體福祉的關係。他認為公民政治透過「挖掘出自利語言背後，以個人尊嚴為核心的人民利益的具體內容」，找到它的基礎。但唯有成為靠互信凝聚在一起的社區裡受人尊敬的一員，才能獲得尊嚴。史瓦茲認為公民意義的正義，就是透過公民參與社經生活及政治，保護公民的尊嚴。「進步的聯盟比自利有更廣泛和更持久的基礎，是有依據的，」史瓦茲主張，「那個依據就是，美國的教會、勞工和鄰里社區組織，因為美國的公民傳統，確實有很多共同之處。這是不爭的歷史事實。」對史瓦茲來說，這個共同的基礎就是正義是公民權的指導原則。

從他們自己的目標來看，史瓦茲、舒爾和同事們的成就儘管有限，但還是令人佩服。研究中心成功為許多不同族裔的公民賦權，因而得以在費城的政經生活中創造一個實質有效的「社區勢力」（neighborhood presence），這股勢力反映在史瓦茲最近的選舉勝利中。研究中心的成員使地方的政治討論變得相當有能見度，而且相當成熟。研究中心一直努力建立論壇和制度環境，試圖在其中塑造比眼前利益更宏大的政治觀點。儘管障礙重重，研究中心仍然經常提出政治行動與合作之目的的根本問題，並主張正義才是政治真正的目的，而非權力。

一九八〇年的一起事件生動地說明了這個過程。史瓦茲的組織舉辦了一場論壇，討論公私部門嘗試在費城貧困社區從事經濟開發的市政計畫。市府的立場由一位被譽為改革派自由主義商人的官員提出。他認為私營企業部門和政府社會服務部門，在「兌現公共服務」方面有許多類似的問題，而這些問題可以透過為貧窮社區「創造工作機會」的經濟承諾大幅改善。

史瓦茲反對市府的計畫把重點放在「工作機會」上，完全不在乎工作的性質、工作組織的細節，以及由誰完成的問題。這個城市等於心照不宣地將經濟發展導向朝純粹個人成功的渠道，實際促進了長期以來忽視城市貧窮社區需求的「反政治系統」，也就是企業經濟的霸權。史瓦茲主張「人民的政治發展——他們組織共同生活的能力，既是目的、也是手段。它從根本上決定了人民參與其他發展的能力，包括經濟發展。」工作機會應該由地方的合作組織創造，例如社區發展機構「以及不是企業主導的計畫區」，既「創造就業機會滿足社區的需求，又幫助社區滿足社會的需求。這是正義問題。」

但有關工作的正義，以及更廣義的分配正義，會因為人們對工作（和政治）的觀點不同而有不同的意義，端看他們是像功利個人主義以工具性觀點看待工作（和政治），或是像公民共和傳統一樣，把工作（和政治）視為道德生活的合作形式。事實上，史瓦茲主張美國生活中有不止一個、而是三個關於工作的正義概念，彼此競爭。「第一個是企業資本主義的觀點，私部門特有的觀點。這個觀點認為，工作機會完全取決於市場的承受能力。工作的目的是消費和私人滿足。」第二個正義概念是由福利自由主義所提倡，以後來的新政、社會安全福利和大社會計畫（Great Society programs）為代表，體現在平權行動和政府對私人經濟的各種援助計畫裡，其目標不是挑戰或取代個人主義觀點，而是利用政府機構使人人都能以大致相等的成功機會競爭，並幫助那些失去機會的人。史瓦茲將第三種「公民的—宗教的正義觀」（civic-religious conception of justice）和上述兩種概念區別開來，指出它把工作「視為一種使命」，透過公開討論不同群體間的經濟和社會相互關係，來「為共善做出貢獻，並在他人的需求被理解時，回應這些需求。」

明顯感到猝不及防的市府代表，在反對史瓦茲透過在地合作組織從事開發的計畫時露出了真面目。市府代表說，這種多元化發展將會是一場「行政噩夢」，而且在風險投資回報方面，可能比企業策略「更沒效率」。就這樣，在那一刻，問題的癥結再明顯不過了。兩種美國生活的概念和彼此正面衝突：以私人成就和私人消費有效組織起來的社會，對上把工作當成使命和為社區貢獻心力，將個人團結在共同生活之中的公民觀點。

從公民運動誕生的公民政治完整概念，建議把地方參與和全國對話連結起來。在這樣的觀點中，政治扮演一個論壇，把社區政治、利益政治和國家政治都放進一個有更多和解與創新可能性的新環境。這種政治觀點仰賴截然不同於功利個人主義觀點的社區和公民權概念。它試圖說服我們，在透過公共對話組織起來的社會裡，人們的自我在與他人的關係中得到滿足。唯有記憶社群能進行必要的公共對話，無論是宗教的還是公民的記憶社群，雖然我們的確看到了更大的影響，但這種願景的實踐仍舊零星，而且大抵局限於地方層級，這就是美國社會現狀的病徵。然而，這些地方倡議有可能是社會運動的先驅，再次創造讓我們反思、參與和改變美國制度的機會。

第九章　宗教

宗教是美國人「主動參與」其社區和社會最重要的眾多方式之一。美國人捐給宗教團體與宗教相關組織的金錢和時間，比其他志願社團的全部加總還多。[1]約百分之四十的美國人每週至少參與宗教活動一次（遠遠高過西歐或加拿大的數字），而且教會成員約占總人口的百分之六十。[2]

在我們的研究中，我們不是單獨對宗教感興趣，而是把宗教看作美國公私生活紋理的一部分。儘管我們鮮少具體提問宗教相關問題，但宗教在對話中一再出現，似乎對我們的受訪者相當重要，根據剛剛引用的全國數據大概也料想得到。

對一些人而言，宗教主要是和家庭與地方會眾有關的事。對其他人而言，宗教有它私人的一面，但也是表達對國家乃至全球關懷的主要工具。雖然美國人壓倒性地接受政教分離的原則，多數美國人一直以來都相信，宗教在公共領域有重要的作用。但就像其他重要機構，隨著時間推移，宗教在美國社會的位置已發生巨大變化。

美國歷史上的宗教

打從一開始，殖民地定居者就覺得「美國」帶有宗教意義。[3]宗教改革與發現和殖民新世界的結合，給早期殖民地定居者留下了深刻的印象。他們認為在北美殖民的任務是上帝賜予的，是一趟「前進曠野的任務」，一場基督教生活的實驗，要建立一座「山上的城」。[4]很多早期殖民地移民是在英格蘭受到迫害的難民。他們尋求宗教自由，不是我們今天以為的那種宗教自由，而是逃離一個他們不同意的宗教機構，建立一個新的教會。他們尋求的是宗教統一，不是宗教多元性。當然，即便在十七世紀，社會上就存在我們比較熟悉的宗教自由觀念，而且在那之後的幾百年，美國一直是移民的「應許地」，這有一部分是因為美國讓他們能夠以自己的方式實踐宗教信仰。但在西方世界漫長的歷史上，宗教向來是公共秩序的一部分，早期殖民者不可能那麼迅速或輕易地放棄正統宗教的觀念。

事實上，在多數北美殖民地歷史上都可以看到一種權威模式。即便其他教會被容許存在，但總有一個獲得公共支持的教會。在某些州，正統宗教在革命後仍繼續存在（憲法第一修正案僅禁止聯邦層級建立正統宗教），麻州直到一八三三年才將正統宗教的最後殘餘全都放棄。宗教的正統地位被廢除後，往往會成為「私領域」的一部分，而私有化正是美國宗教故事的一個元素。然而，宗教，特別是聖經宗教，關照整體生活的每個面向——不僅是社會、經濟和政治事務，還包括私生活和個人事務。不僅聖經語言依然是美國公共與政治論述的一部分，教會也持續影響公共生活直到現在。

在殖民時代的新英格蘭，基督教徒和公民的角色雖然不是融為一體，但關係也非常緊密。牧師是由全體鎮民、而非只是教徒所推舉的公共官員。儘管異議逐漸得到包容，正統的公理會是社區生活的重心，也是凝聚社區的機構。每年選舉日都會有佈道演說。人們口中的新英格蘭「宗教社群主義」（communalism）尊崇秩序、和諧與服從權威，這些價值觀集中體現在「專任牧師」（settled minister）①的形象之中。專任牧師「維護並傳播公共文化，定義社會共同體的基本準則和價值觀的主體，同時執行延續公共文化的個人價值觀和禮儀。」[5]

今天宗教在美國私人化和多樣化的程度，可比殖民時代新英格蘭宗教的公共性和統一性。我們甚至有一位受訪者以自己的名字為她的宗教（她稱之為她的「信仰」）命名。這代表從邏輯上來看，美國至多可能有二億二千萬種宗教。年輕護士希拉·拉森（Sheila Larson）接受許多心理治療，她形容自己的信仰為「希拉主義」。「我相信上帝。我不是宗教狂熱分子。我不記得最後一次上教會是什麼時候了。我的信仰給我很大的幫助。我的信仰是希拉主義。就是我自己小小的聲音。」希拉的信仰有一些超越信仰上帝的信條，雖然不算多。在定義「我自己的希拉主義時」，她說：「就是要學著愛自己，對自己溫柔一點。我想，就是說，我們要互相照顧。我覺得祂會希望人與人互相照顧。」就和很多人一樣，希拉會願意支持一些更具體的禁令。我們稍後會再回來談希拉，因為她的經驗和信念在某方面相當具有代表性。但首先我們必須先了解，為什麼「希拉主義」似乎是當前美國宗教生活非常自然的一種表現，這對宗教在今日美國的角色又透露了什麼。從安娜·哈欽森（Anna Hutchinson，她同十七世紀的希拉）被麻薩諸塞灣殖民地驅逐，到哈欽森被視為近乎常態，我們的美國社會是怎麼走到這一步的？

① 譯注：採行會眾制（Congregationalism）的基督教宗派地方教會牧師職位，由地方會眾直接選任，職務通常沒有終止期限。公理會、浸信會、門諾會等都屬會眾制教會，其最大特徵是每個地方教會各自獨立，互不控制，沒有母會和子會的架構。與之相對的是主教制和長老制。

早期新英格蘭宗教和公共生活緊密連結的「常態」，早在美國獨立革命之前就遭受挑戰，不過它在整個十八世紀以非凡的韌性持續存在地方上。宗教團體十足的多樣性，恪守原則的異議分子的存在，以及即便相信有正統宗教的人也發現自己在殖民地屬於異議分子，全都是對政教合一的阻礙。分散在殖民地各處、人數不多但頗具影響力的自然神論者和理性主義者，又加劇了意見的多樣性。如果我們把這些人當作無神論者，那就錯了，因為他們幾乎全都相信上帝，只不過他們當中有些人不接受聖經啟示的權威，而且相信人們的宗教觀點只能來自理性。有些異議分子出於原則反對政教合一，相信宗教是人與上帝之間的直接關係，政治權威無從涉入。很多自然神論者則認為宗教雖有益私德，但容易產生狂熱，應該被排除在公共領域之外，除非宗教跟以理性為基礎的信念交會，例如「人生而平等」的信念。毫無疑問，來自擁有大量追隨者的許多反對教派的壓力，再加上來自教育程度高且在政治上活躍的大批啟蒙菁英的壓力，最終導致了美國宗教的政教分離。然而，人民並沒有立即感受到政教分離的全面衝擊。在共和國建立的最初幾十年，美國社會保持穩定且階級分明，特別是在小城鎮，宗教持續發揮它團結社會的公共角色。無論華盛頓私底下的信仰是什麼，他都是聖公會的支柱。他經常參加禮拜並長期擔任教區代表，儘管從未有人看過他領聖餐。當他在告別演說中表示「宗教和道德」是「政治繁榮不可或缺的支柱」時，他想到的是宗教作為公共秩序的一部分。他懷疑「沒有宗教還能維持道德規範」，並認為這兩者是「公共幸福的偉大基礎」，也是「人類和公民義務最牢固的支柱」。

傳統的地方自治和階級社會在十九世紀早期時，因為面臨日漸加劇的經濟和政治競爭而迅速崩毀，於是宗教改變隨社會改變而來。即便在移民歷史較長的地區，牧師也不能再指望民眾尊重他們天經地義的菁英地位，而且這種階級社會從未出現在比較年輕且發展迅速的西岸各州。隨著浸信會和衛理會迅速壯大，宗教多樣性變得空前顯著。到了一八五〇年代時，宗教生活出現了一種新的模式，和殖民時期相比已顯著私人化，不過仍具有重要的公共職能。

在上一章，我們談到地方共識政治的重要性，不過也指出共識往往部分遮蓋了不和諧與相互矛盾的現實。十九世紀中葉的城鎮，儘管遠比今天的市郊城鎮更有共識，不過仍然跟殖民時代的城鎮相當不一樣。這時候城鎮的公共生活變得更加平等，不再圍繞某位「至仁至善」的菁英以達成宗教與政治上的統一。因為宗教以尊重和服從外部權威的舊時代意義去強調公共秩序，已經變得沒有道理。宗教沒有停止對道德秩序的關切，而是以新的方式運作，轉而強調個人和志願社團。道德教育開始強調自我控制，而不是遵從。它訓練個人在危險和競爭激烈的世界中維護自尊並建立合乎道德的承諾，而不是讓自己融入一個有機社區的穩定和諧之中。[6]宗教成員不再統一。即使在小規模的社區裡，宗教也高度分化。

傳統城鎮尋求的團結，如今被視為不同流派組成的教會群體的特性，因此在很大程度上私人化了。隨教會分裂而來的是領域之間更清晰的區別。過去在殖民時期曾緊密交織的宗教和世俗領域，如今被更加明確地區分開來。教會不再由整個社區組成，而是意見相同的人，與其說教會是公共秩序的支柱，不如說它是「虔信者受到保護的離群孤島」。佈道演講轉而談起基督之愛，而不是上帝的命令。[7]他們變得不那麼教條化，而是更加感情豐沛且善感。到十九世紀中葉，安・道格拉斯（Ann Douglas）描述的美國宗教「女性化」已完全顯現。宗教在這個頗為嚴酷且競爭激烈的社會中，是個充滿愛與接納的地方，和家庭一樣。[8]

托克維爾在一八三〇年代觀察到的，主要就是這種新的、分化的和私人化的宗教。如果說華盛頓的宗教分析緬懷舊時代階級社會，托克維爾的分析看到宗教在新的個人主義社會中的價值。托克維爾主要視宗教為對個人性格與行動的強大影響力。他認為「道德領域的一切都是確定的、固定的」，因為「基督教得到全民認同，獨霸一方」的事實，抵消了美國社會的政經起伏和變化莫測。托克維爾充分意識到並讚揚政教分離，然而，儘管他承認宗教「從未直接干預美國社會的政府」，但他仍然把宗教當作「他們的第一個政治機構」。[9]宗教的政治功能不是直接干預，而是支持使民主成為可能的道德規範。特別是，宗教有限制功利個人主義的作用，以對他人的關心對沖自利。托克維爾說，宗教的「主要職責」是「淨化、控制和抑制（美國社會相當普遍的）對幸福快樂過分專注的追求。」

托克維爾認為宗教可以加強自我控制和維持道德標準，但也表達了和爭強好勝個人主義相對立的仁慈和自我犧牲。他說基督教教導「我們必須善待我們的同胞，出於對上帝的愛。有句話令人讚嘆：人的心裡充滿了對上帝意念的理解；他看出秩序是上帝的計畫，自願為這個偉大的設計努力，不斷為了這個奇妙的秩序犧牲自己的私人利益，只是享受著凝視上帝計畫的快樂，而不期望獲得任何其他回報。」托克維爾在這裡表達希望可以用普遍的仁慈來對抗功利個人主義的破壞性，這種仁慈植根於「埋藏在天性中」的崇高情感[10]，也就是埋藏在表現個人主義中。他對宗教的概括分析，使他沒有注意到某些宗教傳統中其實有那種「第二語言」，就是被我們認為比起光是表現個人主義本身，更能提供功利個人主義替代方案的第二語言。但托克維爾在第二語言方面幾乎沒有給我們什麼指導。他比較擅長提出個人主義的問題，然後告訴我們到哪裡尋找替代方案，而不是仔細分析替代方案本身。

聖經本身以及源自聖經的現實生活傳統，向來是美國宗教第二語言的寶庫。然而，政教分離後，被降級到私人領域的宗教，往往用一種模糊籠統的善良慈悲，來代替那些第二語言的明確性。私人化把宗教連同家庭放到一個被證明充滿愛的支持的分割領域，但無法再挑戰功利主義價值觀在整個社會中的主導地位。事實上，就私人化成功的程度，宗教有可能淪為「無情世界的避風港」，像家庭一樣，這個避風港照顧無情世界裡受傷的人，但反而更加鞏固了那個世界，而不是挑戰它的假設。從這個角度來看，宗教是實用管理主義社會的心理治療前身。

然而，從道德詭辯（casuistry）轉向諮商的心理治療私人化，並非宗教故事的全貌。在地方教會成為「受到保護的離群孤島」的時期，新教福音派繁衍出將對公共生活產生重大影響的大批機構和組織。十九世紀初，隨著教區牧師以外的許多新職位出現，新教神職人員數目大幅增加。新的教育機構，包括學院和神學院，是這一波廣泛影響的核心。作為教授的神職人員不僅在課堂上，也在巡迴演講、期刊和書籍中發揮影響力。民間成立許多協會，它們發送聖經和小冊子，在國內外開展傳教活動，為戒酒和守安息日而存在，以及對抗奴隸制。這些協會每個都籌集資金，雇用職員，出版刊物，並向全國觀眾談論基督教理想的公共意義。十九世紀早期，在戒酒和奴隸問題上發生激烈紛爭後，多數地方會眾選擇團結與和諧，若不是排除持不同看法的人，就是壓住有爭議的問題。但這不僅僅是私人化，它還涉及分工。基督教神職人員和平信徒可以透過協會與志願社團，向其他公民同胞提出他們對戒酒和奴隸制的擔憂，或對其他任何事情表達關切，而不會破壞當地會眾彼此間的親密與和諧。

教會在十九世紀對宗教語言的壟斷也絕對沒超過十八世紀。眾所周知，林肯對教會宗教抱持著懷疑態度，但他卻在聖經語言中，找到了表達十九世紀美國最深刻道德願景的方式。林肯以無與倫比的散文深度，闡明奴隸解放的道德依據，還有和解的理由，文中不僅利用許多聖經象徵，還效仿《欽定版聖經》（*Authorized Version*）的韻律。從他的作品中，我們可以看到聖經語言的含義，始終是公共且有政治訴求的。

宗教多元主義

事實證明，美國將宗教私有化，同時允許宗教保有一些公共功能的模式，這跟美國自殖民時期開始展現，並且愈來愈明顯的宗教多元主義特徵，高度兼容。如果宗教對社會的主要貢獻是透過公民的性格和行為，則任何宗教無論規模大小，無論令人熟悉或陌生，都可以和任何其他宗教有相等的價值。多數美國宗教都是聖經宗教，而且多數（當然不是全部）美國人都能對「上帝」一詞達成共識，無疑有助於減少宗教對抗。多樣性的實踐被視為合法，因為美國人將宗教理解為一種個人選擇，但其中隱含的條件是，實踐本身要符合公共禮儀，而且信徒該遵守社區的道德標準。

在美國的條件下，宗教多元主義並沒有產生全然隨機的各色宗教團體。某些相當明確的劃分原則，像是族裔、區域、階級，在宗教群體間產生了一種明白易懂的社會劃分模式，儘管當中仍存在很大的流動性。多數美國社區裡會有各種教會，而且社區愈大，種類就愈多。在較小的城鎮和較老的郊區，教堂建築受到極大的公共關注。它們聚集在城鎮廣場四周，或令人印象深刻地矗立在主要街道上。地方居民非常清楚哪些人屬於哪個教會：愛爾蘭人和義大利人上天主堂，小商人上衛理會教堂，地方菁英則上長老會教堂和聖公會教堂，而且選擇聖公會的菁英應該比長老會多。

艾維．瓦雷納精采地描述了威斯康辛州南部某小鎮的模式。每個教會都強調自己的文化風格，經常帶有社會階層的暗示。儘管新教教會往往會被成員的富裕程度和影響力來分類，但瓦雷納發現賦予教會特定認同的只是一個規模不大的核心群體，而教會的實際成員往往是很多樣化的。小規模的基本教義宗派吸引了最窮和最邊緣的鎮民，天主教會則擁有階級最多樣化的成員。瓦雷納在下面這段引文舉例說明「阿普爾頓」（Appleton）的宗教社會劃分：

> 很多阿普爾頓人認為，長老會應該是「知識分子」和「見多識廣」的人的教會；衛理會是鎮上老一輩長青小農和年輕一輩「嶄露頭角」的商人的教會。確實，長老會主要吸引專業人士和高層公

務員，衛理會則是主要吸引商人。學校董事會由長老會主導，鎮議會由衛理會主導。阿普爾頓最重要的兩個教會之間顯然存在一種競爭感。目前看來，長老會似乎握有坐上教會排名系統最高位的優勢。[11]

在我們研究過的社區中（全都比阿普爾頓大），教會與社會結構的關係更加鬆散，但仍適用相同的一般區分原則。

多數美國人將宗教視為個人的東西，然後才是組織的參與。對很多人而言，譬如護士希拉，宗教依舊是全然個人的東西。如果涉及對組織的責任感時，主要都是在地方教會的脈絡下。更大的對教會的忠誠並沒有消失，但最近一項研究顯示，即便是預設教會有超越個人層面之意義的美國天主教徒，主要也是透過家庭與當地教區發生的事來確定他們的信仰，並且在宗教上受到主教聲明、甚至教宗學說的影響，比受到家庭成員和地方神父的影響小得多。[12]

然而，儘管地方教會對許多美國人很重要，它也並不等同於人們所理解的宗教，宗教具有超越個人和地方會眾的意義。它是現代生活被劃分成的諸多不同領域之一，並且在很大程度上交給了自稱理解它的「專家」。我們已經提過十九世紀一個宗教專家機構超越地方教區的發展。今天，不僅有宗派的官僚體制和神職人員等級制度，各式各樣的教育和慈善宗教機構，以及眾多關注社會和政治行動的宗教組織，還有贏得部分公眾關注的宗教知識分子，更別提電子教會創造的媒體明星。無論宗教在個人與地方教會的層面是多麼私人的事，在這第三個層面，或稱為文化層面，宗教是公共生活的一部分，即使它進入公共領域的方式，以及其公共訊息的適當內容可能產生爭議。

地方教會

我們可以從觀察傳統上具有一定優先權的地方教會，開始更仔細地研究宗教在我們受訪者的生活中如何運作。地方教堂是擁有其所屬教會特徵的敬拜共同體，只不過強度比較弱，而且在一些新教傳統中可以有自主性地存在。地方教會作為一個敬拜共同體是改編自猶太會堂的傳統。猶太人和基督徒都認為他們的社區存在於和上帝的聖約關係之中，而圍繞安息日崇拜的宗教生活是對那份約定的頌揚。敬拜讓人想起社區與上帝的故事：上帝將祂的選民帶出埃及，或為拯救人類而讓出祂的獨子。敬拜也重申了社區承擔的義務，包括聖經對正義和公義的堅持，對愛上帝和愛鄰舍的堅持，以及使社區對未來充滿希望的上帝應許。雖然敬拜儀式有特殊的時間和地點，主要是在神的殿的安息日，它卻成了所有人生活的榜樣。透過提醒人們不要忘記他們與上帝的關係，敬拜建立了各種品格與美德的榜樣，這些榜樣理應在經濟生活、政治生活，以及敬拜的脈絡中發揮作用。社區把自己變成一個記憶共同體，而不同宗教傳統各有一些不同的回憶。

美國宗教生活的自由、開放和多元，讓美國人難以理解這種傳統模式，像是傳統模式假定宗教社區比個人更重要。社區在個人出生之前就存在，而且在他或她死後還會繼續存在。一個人和上帝的關係終究是個人的，但由宗教社區生活的整體榜樣居間調解。社區和傳統的存在是理所當然的。它們通常不是個人可以隨自己喜好做選擇的。

對美國人而言，個人與宗教社區之間的傳統關係在某種程度上被逆轉了。根據我們所做的訪問，我們並不意外得知有一份一九七八年的蓋洛普民調發現，百分之八十的美國人同意「一個人應該不受任何教會或猶太會堂的影響，獨立選擇他或她自己的宗教信仰。」[13]從傳統的角度來看，這是一種奇怪的說法，因為正是在教會或猶太會堂內，人們才獲得自己的宗教信仰，但對今天許多美國人而言，蓋洛普的民調才是常態。

楠・芙奧茲從小在嚴格的浸信會家庭長大，現在是聖荷西附近長老會會眾的活躍成員。她的教會成員身分給她有一種社區參與感，一種同時處理社會問題和道德問題的感覺。她談到她對教會的「責任」，因此作為一個教會成員意味著願意為它所代表的社區及其更高宗旨付出時間、金錢和關懷。然而，她和許多美國人一樣覺得她跟上帝的個人關係，超越她對任何特定教會的參與。事實上，她以幽默口吻輕蔑地談論「恪守信條的教會人士」，例如譴責他人違反外部規範的那些人。她說：「我相信我對上帝有超越教會的承諾。我覺得當我沒和教會一起的時候，我和上帝的關係還是不錯的。」

對芙奧茲來說，教會的價值主要在道德方面。「教會對我來說是一個社區，也是我所屬的組織。他們做很多好事。」她對教會的義務來自於她選擇加入教會的事實，而「就像你所屬的任何組織，加入教會不該只是在你的錢包裡多放一張卡片。」誠如同濟會或任何其他組織，「你有責任做點事，否則就不要加入」，貢獻你的時間和金錢，最重要的是「關心別人」。教會代表的正是這個充滿關愛的社區，勝過一切。「我真的很愛我的教會，還有他們為我做的一切，他們為其他人做的一切，還有教會所構成的社區。」作為由充滿愛心之人組成的社團，教會的價值來自「關心人。我喜歡我的教會是因為它構成的社區。」

這種把教會視為出於同理心共患難的社區的觀點，和芙奧茲思想的另一個方面有關。儘管從小接受基本教義的基督教教養，她的虔誠發展出一種神祕色彩。她認為基督教傳統只是人類和宇宙中神聖事物之間的關係的其中一種表達方式，甚至不是最好的一種。似乎正是這種神祕主義和她對他人的同理心，激發了芙奧茲廣泛的社會和政治責任感，而不是任何特定的基督教觀點，「我覺得我們對世界、對動物、對環境、對水、對一切都有責任。在我看來，一切都是上帝借給我們的管理權。美洲印第安人的宗教太棒了，我認為。那些揮舞聖經的人到來，說他們（印第安人）是異教徒，但其實他們對宗教意義才有更好的概念。」對芙奧茲而言，同理心創造了一種責任感，因為她覺得自己和世上每個人都是一家人，都是平等的，甚至可能覺得她和他們融為一體，因此為了他們的苦難感到痛苦。她的信條是：「我們都在這個地球上。就因為我幸運地生為美國白人，不代表我比出生在非洲的黑人更好。他們應該有飯可吃，就像我有飯可吃一樣。我的感覺和搭船來美國的越南難民一樣。既然感覺是一樣，我們怎能對他們說不呢？」

與芙奧茲同教會的牧師阿特・湯森（Art Townsend）交談時，我們發現牧師和她的觀點非常一致。湯森知道教會是一個記憶社群，儘管他隨時可能講起印度教摩訶利師或佛教禪宗文本的故事，就和講述《新約聖經》的故事一樣。但令他興奮的是人本身：「教會真的是我的一部分，我也是教會的一部分，我的職業轉變已經從『我如何能取悅他們，讓他們喜歡我，好讓我保住工作，得到升遷』，轉為『我如何能愛他們，我如何能幫助這些美麗、特別的人，讓他們知道他們是多麼美好。』」因此他的工作是「幫助他們看清情況，看到他們的光輝。」人與人之間的難處在於自我的誤解，但其實我們每個人根本上都是和諧的。如果對彼此生氣或失望或厭煩的夫婦真的分享他們的感受，「你會進入更深的層次，接著你們的感覺會相互靠近，然後你真的會對他人感同身受。一旦你能感同身受，轉變就出現了，你會有一種興奮感，就好像兩人合而為一了。」

對湯森來說，上帝保證他「生命的所有經歷，任何發生在我身上的事情，都是為了成就我的高我。」他樂觀的神祕主義排除了罪惡、邪惡或詛咒的任何可能性，因為「如果我把上帝想像成這樣，以為祂會因為人類所犯的錯而浪費一個靈魂，就有點太褊狹了。」湯森的哲學非常樂觀，和這種以表現為主的個人主義精神一致。悲劇和犧牲並非表面看起來的那樣。「問題成為了意識的遊樂場」，而且被當作成長的機會受到歡迎。

這種觀點合理化積極參與社會運動的行為，湯森的教會從事各種各樣的活動，像是以教會的身分志願照顧越南難民家庭，支持擴大對同性戀弱勢族群的理解，以及探訪教會裡的病人或不幸的人。像芙奧茲這樣的成員把責任感更進一步向外推，透過教會參與從環境保護到打擊跨國大企業在第三世界銷售嬰兒配方奶等各式各樣的活動。但她很清楚，湯森也很清楚，教會的終極意義在於實現表現個人主義。教會的價值是作為一個充滿愛的社區，讓個人在其中可以感覺到有所歸屬的快樂。誠如教會祕書所言：「我們做的所有事情毫無疑問都和用愛關心他人有關，至少我希望我們有做到這樣。」她言簡意賅地說：「在多數情況下，我認為這個社區對很多人來說是個安全的空間。」

湯森的長老會在神學上可以被視為自由開明的。檢視附近的一間保守教會，我們會發現兩者有許多不同之處，但也有許多相似之處。賴瑞．貝克特牧師描述他主持的是獨立、保守的福音派教會，既不自由開明，也不拘泥基本教義。乍看之下，這個保守的福音派教會比湯森的教會更明顯是一個記憶社群。貝克特指出，教會的中心信仰是基督的神性和聖經的權威。他們花大量的時間學習和闡釋經文。貝克特甚至提供《新約聖經》希臘文的簡要課程，好讓會眾可以在某種程度上理解原始文本。雖然貝克特堅信愛上帝和鄰居的偉大誡命，是聖經教導的精髓，他的教會盡可能試著遵守具體的誡命。舉例來說，他的教會強烈反對離婚，因為耶穌的禁令（《馬太福音》十九章六節）反對拆散神結合在一起的。對相信上帝和基督神性毫不動搖的堅持，以基督的行為為榜樣的重要性，以及盡可能應用具體的聖經禁令的嘗試，為該教會成員提供一個外部權威的結構，這樣的結構可能會讓湯森的教會成員感到不安。這個福音派教會在社會地位和職業上與附近的長老會沒有太大不同，也承受許多同樣的不安全感和緊張，但教會成員卻找到了一種牢固不變的信仰。就像貝克特所說的：「上帝不會改變。價值不會改變。耶穌基督不會改變。事實上，聖經說祂昨日、今日都是一樣的，直到永遠。生活的一切總是在變，但上帝不會變。」

儘管抱持宗教保守主義，貝克特在濃厚的聖經意象中摻入開明的人文主義心理學，他告訴教會成員，上帝的愛可以是「自我價值」的源泉。由於上帝按照祂的形象創造他們，因為祂愛他們，而且派祂的兒子來救贖他們，他們有無窮的價值。「世人無論表現如何，無論有多少朋友，無論長得美醜，無論有多少錢，他們都有一個無法被改變或更改的固有價值基礎。」但這種想要使人自我感覺良好的嘗試，只是說服人們進入基督教專屬社區的第一步。他不同意有一種觀點認為：「每個美國人和西方文化中的每個人，基本上都是基督徒。這不是福音派的意思。福音派的意思是，我以一種非常簡單的方式，從個人層面認同了耶穌基督這號歷史人物。我大概在十年前做了這樣的事，在那之前，我不是基督徒。」

貝克特的教會是一個溫暖且愛心滿溢的社區。教堂簡樸的廚房檯面上擺著新鮮現做的櫛瓜麵包，整個教會感覺就像一個大家庭。成員們在這裡實踐他們的聖經倫理美德，學習將他人的需要擺在自己之前。對貝克特和他的會眾而言，聖經的基督教精神，是這個世界功利個人主義價值觀之外的替代方案。但這個恰恰是因為「非常清楚」而引人入勝的替代方案，卻不太能夠幫助他們理解，他們和整個世界或和所處社會之間的關係。聖經對「愛、服從、信念、希望這類的根本問題」提供了明確的道德解答，譬如「殺戮或謀殺永遠是不對的。或是通姦，也就是婚姻之外的關係，永遠是不對的。聖經說得很明白」。「遵循聖經和耶穌的話」提供一種以家庭和個人生活為中心的道德規範，內容明確但狹隘。人們必須以個人的身分，親自抵制誘惑，將他人的福祉置於自己的福祉之上。基督徒的愛適用於一對一的關係，諸如我不能欺騙我的鄰居，不能剝削他，不能賣給他一些我知道他負擔不起的東西。但在個人道德規範的領域之外，福音派教會對規模更大的社會責任，卻幾乎是無話可說。事實上，該教派把和基督建立起個人關係的那些人，拉進一個特殊的愛的社區，雖然它迫不及待想要每個人都做出同樣的承諾，它卻切斷了成員對整體社會的忠誠。道德規範變成個人的道德規範，而不是整體社會的道德規範；道德規範成了私事，而非公眾之事。

貝克特的保守教會和湯森的自由教會都強調充滿愛的穩定關係，在這種關係中，照顧彼此的意圖遠比片刻感受的變動更重要，是婚姻、家庭和工作關係中的理想榜樣。因此，兩個教會都試圖對抗功利個人主義比較具有剝削性的傾向。但在兩個例子中，他們的宗教共同體意識，都難以超越個人主義道德規範的層次。在湯森的信仰中，我們看到一個具有鮮明宗教色彩的願景，已經被吸收到當代心理學的範疇中。在個體心理成長的需要之外，不存在任何有自主性的善惡標準。社區和依附並不是出於某個傳統的要求，而是來自許多心理協調的人之間具有同理心的情感分享。

相較之下，貝克特的福音派教會維持一種將教會成員凝聚起來的具體道德責任願景。但忠誠、幫助和責任的紐帶，仍然面向那些由「真正」基督徒組成的獨家教派。對聖經直接的依賴，提供了可用來抵抗「世界」誘惑的第二語言，但幾乎完全專注於聖經，特別是《新約聖經》，卻沒有更多關於歷史上基督徒如何應付世界的記憶，削弱了他們的第二語言在充分處理當前社會現實方面的能力。在許多福音派的圈子中，甚至可以看到一種趨勢是將關於罪與救贖的聖經語言，稀釋成耶穌只是那個幫助我們尋找幸福和自我實現的朋友。[14]除了透過傳教活動，福音派信仰社區對愛的強調，並沒有分享給這個世界。

美國有成千上萬的地方教會，代表著教義和崇拜方面的偌大變異範圍。然而，多數教會把自己定義為個人支持的社區。有一項近期研究表示天主教徒尋找的東西，和我們一直在討論的各類型新教徒的關切，其實沒有什麼不同。當被問及教會未來應該採取的方向時，天主教徒全國樣本最多人提到的兩件事，分別是「更平易近人的神父」和「更溫暖、更有人情味的教區」。[15]個人親密需求在美國宗教生活的顯著性，說明了為什麼地方教會和其他民間團體一樣，確實就像當代家庭一樣脆弱，需要花許多精力才能維持，而且當這些需求得不到滿足時，便無法堅守承諾。

宗教個人主義

從這些教會宗教例子中看到的宗教個人主義，深植美國人的心。即使在十七世紀的麻薩諸塞，個人救贖的親身經歷已是被接納為教會成員的先決條件。的確，當哈欽森從她的宗教經驗得出她自己的神學結論，並將不同於教會當局的結論傳授給他人時，她受到審判並被逐出麻薩諸塞。但透過美國特有的復興主義現象，對個人親身經驗的強調，最終將凌駕於教會維持紀律的一切努力之上。人們早在十八世紀就可以去尋找最適合他們喜好的宗教形式。到了十九世紀，宗教團體不得不在消費者市場上競爭，並隨著個人宗教品味的改變模式而興衰。但美國的宗教個人主義不能在教會內被抑制，無論美國的教會多麼多樣化。我們注意到即使在十八世紀，也有一些個人在宗教中找到了自己的路。傑佛遜說：「我自己就是一個教派」，湯瑪斯．潘恩（Thomas Paine）說：「我的心就是我的教會。」十九世紀美國文化最有影響力的許多人物，儘管被好幾種傳統的宗教教義吸引，卻無法在現有的宗教團體找到一個歸宿。這些人有愛默生、梭羅和惠特曼。

這些十九世紀的人物，很多都受到含糊不清的泛神論神祕主義吸引，傾向將神和高我劃上等號。到了現代，過去僅限於文化菁英的模式，已經擴散到大批受教育的中產階級族群。南加州「經濟民主運動」的年輕社會運動者提姆．艾歇爾伯格（Tim Eichelberger）是許多宗教個人主義者的典型代表，他說：「我在某種程度上是虔誠的。我不屬於任何教派或類似的東西。」他在一九七一年十七歲的時候，開始對佛教產生興趣。吸引他的是佛教讓他能夠「超越」個人處境的能力：「我總是喜歡改變和成長，改變那些先天的條件，我總是對如何不讓先天條件控制我感興趣。我想要決定我自己的樣子。」他的宗教興趣包含瑜伽練習，和認真實踐非暴力生活。「我熱衷這種宗教的純潔，我希望我周遭的大地是純淨的、非暴力的、非衝突的。和諧。與大地和諧。人與大地和諧相處；我與他人和諧相處。」他對非暴力的胸有成竹最終分崩離析，因為他不得不承認自己在一段戀愛關係中被拒絕後內心的憤怒。接受憤怒讓他明白，奮鬥是生活的一部分。最終，他發現參與「經濟民主運動」不僅能讓他表達自己的理想，也傳達了他認為生活即奮鬥的看法。他想要幫助人們獲得「自尊、自決、自我實現」的政治關懷，延續了他早前想要定義他的自我的宗教關切。但無論是他的宗教還是他的政治觀點，都沒有超越一種以「自我實現」為最高願望的個人主義。

聖地牙哥郊區志工卡希．克倫威爾的故事，顯示激進的宗教個人主義可以找到屬於自己的制度形式。克倫威爾比艾歇爾伯格大一輩，她在青春期加入一神普救派教會後找到了自己的宗教觀點。她簡短有力地總結她的信仰：「我是泛神論者。我相信大地和萬物生靈的『神聖』。我們是這個生命系統的產物，和系統的每個部分都密不可分地相連著。對待其他生靈不敬，就是對我們自己不敬。我們的生存取決於空氣『神』、水、陽光等等。」不令人意外的，她特別投入支持生態理念的工作。就像艾歇爾伯格，她起初對生命的看法很正面，然後不得不加以修正。「我以前相信人基本上是善良的，」她繼續陳述自己的哲學，「我不相信邪惡。我現在依然不知邪惡為何物，但我看到了貪婪、無知，對其他人和其他生物的冷漠，還有不負責任。」克倫威爾不像其他接受我們訪問的人，她主動對宗教做出價值評斷，公開批評基督教。她相信「基督教認為人類至高無上的觀念，使環境難以得到應有的關切。因為唯有人類擁有靈魂，所以地球上的一切都為人類的利益被殺戮、被改造。那是不對的。」

在宗教個人主義者之間，比起對宗教信仰的批評，我們更常聽到的是對制度性宗教，也就是教會本身的批評。「虛偽」是最常被拿來反對組織宗教的一項指控。上教堂的人並未實踐他們宣揚的教義。他們不是缺乏愛心，就是沒有實踐他們擁護的道德誡命。有一個人這樣說：「有朝一日會拯救你的不是你的宗教，也不是你選擇的教會。」而是你跟上帝的「私人關係」。若你誠心祈求，就算沒有教堂，基督也會「進到你的心裡」。[16]

在艾歇爾伯格和克倫威爾的例子中，我們看到神祕信念如何為個人提供參與世界的機會。即便如此，這些聯繫是脆弱的，而且在某種程度上純屬偶然。為了將邪惡和侵犯納入考慮，並為他們信仰的理念努力，他們兩個都不得不修正自己太過不著邊際的想像。「經濟民主運動」是艾歇爾伯格社會參與的焦點，就像生態運動之於克倫威爾一樣。但他們的根本看法是在那些活動脈絡之外形成的，他們和各自所屬團體的關係，始終是出於方便起見的關係，就連克倫威爾和一神普救派長久以來的連結都是如此。作為社會理想，無論「自我實現」或「生命系統」都無法給人實際的指引。事實上，雖然艾歇爾伯格和克倫威爾都重視「與大地的和諧」，但他們缺乏可以從中衍生任何明確社會規範的自然概念。然而，美國自然泛神論的傾向是從自我中想辦法構建出世界。（愛默生就是一個線索。）如果這個神祕探索探得夠深，它可能會展現自律、堅定實踐和社區的全新樣貌，就像佛教禪宗實踐者的情況。但通常採用東方靈性語言和美國自然主義泛神論語言的，是和任何特定宗教習俗或團體無關的人。

內在和外在的宗教

激進的個人主義宗教，特別是表現為信仰宇宙自我（cosmic selfhood）的那種個人主義宗教，看起來可能跟保守派或基本教義的宗教處於不同世界。但它們卻是組織絕大部分美國宗教生活的兩極。對前者而言，上帝純粹就是放大的自我；對後者而言，上帝從宇宙外部面對人類。一個尋求最終等同於世界的自我；另一個尋求能夠為世界提供秩序的外部上帝。兩者都把個人的親身宗教經驗，視為其信仰的基礎。從一個極端轉變到另一個極端的情況，並不如我們以為的那樣罕見。

希拉把自己從墨守成規的早期家庭生活中解放出來後，她在某種程度上試著從自己身上找到一個中心。她的「希拉主義」根植於將外部權威轉變成內在意義的努力。定義她信仰的兩次親身經驗以類似的形式發生。一次發生在她即將接受重大手術前夕。上帝對她說話，向她保證一切都會很好，但那聲音卻是她自己的聲音。另一次發生在她當護士的時候，當時她正在照顧一位瀕死婦人，因為婦人的先生無法應付殘酷的事實。在婦人臨終前接手照護，希拉有個感覺，「要是她照鏡子的話」，她「會看到耶穌基督」。愛歐爾伯格的神祕信仰及其瑜伽練習的「非限制」本質，使他能夠「超越」他的家庭和族裔文化，找到一個不受外在限制的自我。

相反的，宇宙神祕主義的威脅性和不確定性似乎太大，作為回應，人們可能會選擇外部權威的宗教。貝克特在他的反主流文化階段，受到印度教和佛教的吸引，可是又覺得它們太過雜亂了。他在《新約聖經》中看到的權威，提供他的人生一種向來欠缺的條理架構。[17]

我們在第四章介紹過的科學家克羅斯蘭是貝克特教會的會眾，他在自己的宗教裡找到了類似的安全感。他傾向把他的基督教信仰視為一種事實，而不是一種情感：「因為我得研讀聖經，這可不是靠你的情感可以做到的。聖經提出了許多具體的事實，然後你必須接受那些事實。」因此，克羅斯蘭很關心他個人的自我控制，也很尊敬他人的自我控制，就不令人意外了。他的人生不曾經歷反主流文化階段，但他的記憶裡始終有個飲酒過度的父親——為他示範了失去控制的下場。克羅斯蘭在他的婚姻中，在和孩子的相處中，以及和職場幾名下屬的互動中，都試著做個體貼的人，並把其他人的福祉擺在自己之前。在他看來，他能做到這些都是靠上帝和教會的幫助：「在教會其他教友的幫助下，以及聖靈給予的助力之中，首先你接受上帝，然後祂就會幫助你對同胞行善，遠離不道德的行為，遠離非法的勾當。」

第五章介紹過的亞特蘭大治療師利維，對她口中所謂的「重生的猶太人」（born-again Jews）發表了意見。「重生的猶太人」和重生的基督徒在很多方面都很類似。他們來自被同化的家庭，家族已經連續三代沒遵守猶太教規飲食，可是「令人不可思議的是，他們現在做著連我祖父母可能都不曾做過的一些事。」這些重生的猶太人正在做的，其實是「逐漸形成架構、紀律和意義。」他們開始覺得「享有為所欲為的自由並不夠。因為你根本沒有任何想做的事。」

由於這兩種類型的宗教，或稱之為兩種信教的方式，密切相關，如果我們的分析正確，它們之間的一些明顯對比，並不完全是表面上看起來的那個樣子。第一種風格確實強調內在自由，第二種則是強調外在控制，但我們不能因此就說，第一種宣揚解放，第二種強調權威，或是說第一種是個人主義的宗教，第二種是集體主義的宗教。第一種宗教確實需要那種傾向把自我提升到宇宙原則高度的激進個人主義，第二種宗教則是強調外在的權威和誡命。但第一種宗教認為真我是仁慈並且和自然及其他人類和諧共存的，因此和狹隘的追求自利格格不入。第二種宗教卻從外在權威與規定之中獲得令人感到無比自由的東西，那是一種不受內部和外部要求的混亂影響的保護，以及支撐真正的個人自主性的基礎。因此，儘管兩者在提到自由和個體性時意思不盡相同，但都標舉自由和個體性為核心價值。此外，儘管第一種宗教明顯比較注重表現型自由，第二種宗教也以自己的方式，透過愛和關心，為人們提供在參與性強的宗教服務中行使表現型自由的重要機會。最後，雖說保守派宗教確實具有威權主義的潛力，特別是當富有魅力的傳道者將過多權力掌握在自己手中時，但極端的宗教個人主義也不遑多讓。當一名大師或其他宗教老師被認為掌握了完美自我解放的祕密時，他或她可能會對追隨者行使過分的權力。

數以百萬計仍以某種形式困在這個二元性之中的美國人的局限之處在於，他們欠缺一種真正能夠在自我、社會、自然世界和終極現實之間進行調解的語言。總是在談論最重要的事情時，頻繁地使用抽象概念。他們強調「溝通」對人際關係是必不可少的，卻沒有充分思索有待溝通的內容。他們談論「人際關係」，卻不能指出賦予關係意義和價值的個人美德和文化規範。在具體說明內容方面，宗教保守派的確比我們討論過的其他人做的更多，但他們也滿常使用流行的心理治療語言，而且即便在使用具體的語言時，除了拿出未經思辨就接受的理想「傳統道德規範」，通常也沒有其他的可以依靠的東西了。

宗教中心

長期以來，被稱為「主流」（mainline）的新教教會一直試圖擺脫上述困境。他們提出一種對上帝的解釋，認為上帝既不是全然的他者，也不是一種高我，而是存在於時間長河和歷史之中。這些教會試著更全面地了解，在美國過符合聖經精神的生活是什麼意思。它們試圖成為記憶社群，透過一種受歷史和神學反思啟發的再挪用，來跟聖經文本和歷史傳統保持聯繫，而不是透過拘泥字面意義的順從。他們試圖把聖經信仰和實踐跟當代生活的方方面面——文化面、社會面、政治面、經濟面聯繫起來，而不僅僅是跟個人及家庭的道德規範有連結。他們試圖在與世界融為一體的神祕路線和從世界離開的宗派路線之間，開闢出一條中間路線。

從十九世紀一直到二十世紀，主流教派都很靠近美國文化的心臟。代表教會發聲的宗教知識分子，經常以對整體社會有廣泛影響力的方式闡述議題。但今天來自主流新教教會的宗教知識分子，已經變得和整體文化脫節有一個世代以上的時間了。這有部分是因為他們和其他學者一樣，已經成為只在專業領域裡與同儕交流的專家。他們的孤立也有部分源自，長期必須把透過科學獲得的有關「是怎樣」的知識，從透過宗教、道德與藝術獲得的有關「應該怎樣」的知識中分離出來。最後，宗教知識分子自己也失去了自信，變得容易受到曇花一現的流行影響。他們已經有好一段時間沒培養出可能成為成功爭議和討論中心的下一個田立克（Tillich）或尼布爾（Niebuhr）。少了有創造性的知識焦點的發酵，大部分主流新教教區承受超過一世紀的類心理治療枯燥，無法有效抵抗更有活力的激進宗教個人主義的競爭，他們對戲劇性自我實現的主張，也無法抵抗復興的宗教保守主義在愈來愈令人困惑的世界，提供人們明確的答案，儘管這答案過於簡單。[18]

但就在主流新教教派對美國文化的控制似乎明確減弱時，羅馬天主教會在梵諦岡第二屆大公會議（Vatican II）後，就進入一個非常活躍的全國參與階段。雖然天主教會從來不曾失去對美國社會的影響力，但過去它們一直比較關切天主教徒本身（很多都是移民）的福祉，勝過左右全國社會。[19]一九三〇至六〇年代期間，是天主教漫長的制度建設和自救過程的某種顛峰。天主教會仍屬少數族群，不過長期以來一直是規模最大的單一教派，它因為多數教會成員晉升為中產階級而信心大增。一群有學識且思考縝密的平信徒於是準備好迎接梵二會議在一九六〇年代早期開啟的諸多全新挑戰。天主教徒與新教徒和猶太人從民權運動時期到現在，在許多聯合活動方面前所未見的基督教派合一合作，為美國宗教生活創造了新的氛圍。[20]美國天主教主教群在一九八三年五月三日發表的教牧書信中談論核戰問題，從而使梵二會議的承諾開始實現。[21]天主教會朝美國公共生活的中心移動，並在這個過程中鼓舞了新教的各大教派。

有鑑於這個新的形勢，馬丁・馬蒂（Martin Marty）最近試圖把這個宗教中心描述為他所謂的「公共教會」（the public church）。[22]馬蒂所謂的公共教會包括傳統的主流新教教會、天主教會和主要的福音教會。它不是一個同質性的實體，而是一個「夥伴關係的共融」，在其中，每個教會即使看出自己和其他教會的共同點，仍維持自身傳統與實踐的完整性。公共教會在不喪失其基督教特性的情況下，歡迎和猶太人、其他非基督教和世俗的對應窗口展開對話的機會，以及開啟聯合行動的機會，尤其是攸關公共利益的問題。公共教會的態度並非洋洋得意（事實上它出現在基督教徒對自己的文化感到空前沒把握的時候），但它想要拿出公共責任感回應新形勢，而不是鼓勵個人或團體退出俗世。公共教會和非基督宗教界的公共教會對應物，為美國文化提供了在激進宗教個人主義和馬蒂口中「宗教部落主義」之外的主要替代方案。

我們可以將湯森的開明長老會會眾、貝克特的保守福音派教會，和利維的「扎根在猶太會堂裡的社區」，看作公共教會或類似公共教會的實例。它們全都拒絕功利個人主義激進的只求己利，而且都不滿足於只是當個熱情接納自己人的生活型態飛地。對這些人而言，宗教提供我們如何生活的概念，儘管是相當粗淺的概念。他們都認同，人對上帝的義務涉及他的工作生活與家庭生活，還有他是怎樣的公民，以及他如何對待朋友。然而，誠如我們所見，上述這些社區都在信仰和實踐方面，被心理治療在某種程度上削弱了，或是退縮到宗教界本身狹窄的天地裡，或是既動搖又退縮。因此，記憶社群的連續性和投身公共世界，對上述各個族群都有困難。

接下來，讓我們看看其他宗教社區，例如聖史蒂芬聖公會（St. Stephen's Episcopal Church）。儘管受到同樣的問題困擾，它似乎能夠結合過去的連續性和參與當前的公共世界。就像湯森和貝克特的教會，聖史蒂芬聖公會位於舊金山灣區，教友也是以中產階級為主。對一個僅有數百會眾的教會而言，圍繞聖史蒂芬聖公會的活動數量出人意料的多。聖史蒂芬聖公會有每週至少一次的禱告團和讀經團。還有協助教區牧師（教會裡唯一的全職神職人員）的教牧關懷小隊，負責探訪病人、無法離家外出者，還有住在復健中心的人等等的任務。許多人積極參與地方傳教任務，主要是在聖史蒂芬教會所在城市為飢民和無家可歸者提供食物、衣服和照顧。教會支持國際特赦組織，部分教友參與反核活動。聖史蒂芬教會加入一個締結庇護契約的地方教會聯盟，為薩爾瓦多難民提供庇護。

但儘管教區有許多活動，但敬拜生活才是它的中心。《公禱書》（*Book of Common Prayer*）提供和教會最初幾個世紀敬拜習俗一脈相承的禮拜儀式榜樣。聖餐禮每天舉行一次，週日舉行三次，教區一半以上的信徒每週至少參加一次。教會曆備受重視，其中又以四旬期和復活節季節最為突出。聖史蒂芬教會教區長保羅・莫里森（Paul Morrison）牧師認為，對於定期上教堂的人而言，敬拜「成為他們生活的泉源，使他們能專注於週間的事務。」教區長是個謙沖自牧、能言善道的五十歲男子，說起話來語氣堅定，也透露自我探索的氣息。他認為敬拜的效果不是來自講道，而是來自聖餐儀式，它「把人們齊聚一堂，然後以某種方式讓他們感受到蘊含在敬拜之中的生命泉源。」在執行聖禮時，他意識到自己必須保持一點疏離感，好讓他不至於被他熟知的所有個人生活的辛酸壓倒，不至於被他的會眾的苦楚淹沒，這些人「把他們的人生，他們的菁華帶進」領聖餐的長長隊伍，然後「他們藉此復元，得到安慰，在離開時感到煥然一新，活力恢復，能夠在頗為無情的世界裡再度過一週。」佈道在聖公會傳統的地位不如多數新教教派那麼重要，但莫里森牧師的佈道是對聖經解讀的有效說明（有時甚至令人動容），並將這些解讀應用在當代的個人或社會問題上。

當被問及他的教區居民是把教會看作他們信仰的必要條件，還是基督徒可以選擇的一個組織時，教區長回答說：「這是一場不曾停止的艱苦戰役。」他發現當代美國生活「將人們邊緣化、孤立無援，同時逼迫他們遠離社區，給民眾造成了巨大壓力」，這種壓力和聖經對生活的理解完全背道而馳。他說，一旦人們真的「聽到聖典的聲音」並「親身感受社區」，他們就會意識到教會是必需品，而不是一種選擇。相應的，莫里森牧師認為有效權威的概念得之不易：「在我們的文化中，某個社會族群可以設定標準、選擇價值觀、控制良知並對人類生活行使權威，不是顯而易見的概念，但若沒有這個概念，社會就會分崩離析。」當個體化比社區更重要時，「人與人的凝聚力不足夠，不能承擔起權威的責任。」他預見教會和國家的權威，可能在教區為薩爾瓦多難民提供庇護一事上發生衝突，他擔心人們會如何反應：「如果我們要生存下去，我們就得和一個非常緊密的社會結構團結在一起，而如果有人會因此坐牢，我們必須非常清楚地了解我們的想法和信念。」

儘管聖公會鬆綁對離婚的絕對禁令已經超過二十五年，莫里森牧師仍發現人們高度重視婚姻關係。嬰兒數量在過去三年也成長了一倍，而且還在持續倍增中，教區因而必須擴大托嬰中心的規模。他談到：「人們非常認真地對待婚姻和家庭，而且嘗試有意識地建立一個家庭榜樣。」他說來到他教區的年輕人「可能在外頭事先被篩選過了」，因為儘管離婚在美國社會相當普遍，但「他們對終身誓言的態度非常嚴肅」，而且有時候比前幾代人更真誠地準備締結終身誓言。

在「人口混雜的都市教區」中，教區長面臨的另一個挑戰是「如何處理男性和女性的同性婚姻」，以便在為這些婚姻承諾的基督教特質提供支持之際又忠於傳統。莫里森牧師說，這樣的婚姻「是所有教區不可分割的一部分，一直以來都是如此，只不過現在變得頗為公開了。」

他發現向他尋求婚姻諮詢的年輕人，儘管在各方面都相當成熟，都缺少了一個東西，那就是「意識到他們的幸福和滿足，取決於從滋養彼此，轉變成以夫妻的身分奉獻自我給周遭的人。我的意思是，我們有各式各樣為人服務的管道，供任何人用來超越自己，得到那種為他人奉獻的滿足，特別是已經在教會裡的年輕夫婦。」

在討論他的教區居民的職業參與時，莫里森牧師指出，最近一次教區評估對他的主要批評是，他可能太過不假思索地假設基督徒的承諾，意味著在教區內承擔一些組織或委員會的責任。「他們說，」他據實以告，「我們身處世界上困難的地方，而且我們認為我們應該在這裡。在我們所處的地方，支持我們。這就是他們對我的批評。我非常重視他們的批評。」他發現「強大的平信徒」在「銀行、大企業或大學工作，他們覺得在這些地方很難按照基督徒的方式生活，他們很孤單，他們不該如此。」教區長認為，今天常被輕視的「政治、法律和其他職業」是「潛在的基督教服務領域」，而且教會應該幫助教友「在這些領域有效且有尊嚴地履行他們的職業、使命和事工」。

但莫里森牧師相信，唯有心靈強壯的教區才能真正支撐個人從事困難的世俗職業。他們需要工作坊和討論會，但他們也需要內在的資源。教區長鼓勵在教區內開發個人與團體禱告、讀經班和冥想的活動，好讓近半數的教區會眾定期從事某種心靈鍛鍊。《公禱書》已經為平信徒調整並簡化了修道日課，教區也鼓勵信徒在四旬期和其他時候使用《公禱書》。

當被問到傳統的罪與贖罪基督教教誨，是否已被心理治療的自我實現取代，莫里森牧師笑著說：「我這才知道我們有多傳統。」沒錯，他說，每當有悲慘童年或「可能因為性傾向，而被迫相信自己低人一等（的人）……來到教會，然後會發現他們其實並沒有不如人，發現他們被人所愛，發現他們有無限潛力，這的確就很難再回去告訴自己：『我是個不幸的罪人』。」然而，他和向他尋求建議或向他懺悔的人之間的對話，還有四旬期及復活節前聖週的宗教儀式的參與者，讓他相信多數會眾了解罪和寬恕之間的關係，知道這個傳統教誨有兩個面向。

當被問到傳統上和美國社會權力核心關係緊密，而且試圖從內部影響權力結構的聖公會，是否應該繼續這樣的政策，還是改採和社會邊緣更親近的立場，向權力結構提出抗議，莫里森牧師回答：「我真希望我知道這個問題的答案。」他經常在佈道時提起生活在社會邊緣的人，不只是在美國，還有中美洲或南美洲，並且說教會務必和他們站在一起。他提醒他的會眾，基督教本身是從生活在羅馬帝國邊緣的一群農民之中起家。可是，他不想要「棄世，或削弱世俗使命」。他總結自己的觀點如下：「如果我們恢復對我們的人在世上從事俗職和神職的支持，也許我會有足夠的信心說：『沒錯，我們當然可以從內部擔起責任，因為我們最優秀的人在那裡，他們得到教會的滋養和幫助，也準備做好他們的份內工作。』現在，若掌權的聖公會信徒和福音之間有任何關係，似乎也是純屬偶然。」

教會、宗派和神祕主義

莫里森牧師在對教會和世俗權力關係的評論中，似乎在宗教社區的兩種概念之間猶豫不決，也就是恩斯特・特爾慈所謂的「教會」（church）和「宗派」（sect）。教會在文化面和社會面入世，是為了影響世界，宗派則遠離世俗世界，因為俗世在它眼中罪孽深重，除非從外部，否則無法影響。特爾慈的第三個分類，他稱為「神祕主義」（mysticism）或「宗教個人主義」（religious individualism），它的焦點是個人的心靈鍛鍊，無論他或她如何理解世界。[23]宗教組織對教會和宗派都很重要，但對神祕主義者或宗教個人主義者而言，組織可有可無，可以是隨興而短暫的。強調個人心靈鍛鍊的聖史蒂芬聖公會，似乎就含有一種神祕主義的要素，同時也有教會和宗派的要素。我們從這個例子得知，特爾慈的三大分類其實是基督教（很多時候也是非基督教）宗教社區的不同面向。個別教會或教派可能強調某個面向勝過另一個面向（以聖史蒂芬和聖公會為例，一般來說它們主要顯現出來的樣子是教會類型），但純粹屬於某個分類是非常罕見的。即便如此，透過特爾慈的分類檢視美國宗教，我們可以對宗教如何影響美國社會有更好的理解。

我們可以簡單地將「教會」類型，描述為宗教機構的有機概念，一個很重要的隱喻是保羅的基督身體想像。教會被視為基督在地球上的神聖存在，若借用卡爾．拉納（Karl Rahner）的話，教會是衍生所有聖禮的根本聖禮。[24]教會在現世和本體論上的重要性都優先於個人。教會裡有一種已知性，一種現實，讓個人可以依賴教會，樂觀地把教會視為理所當然。透過聖禮和聖言，教會接納社會上的所有人，並培養、教育和支持他們過他們能夠應付的基督徒生活，無論程度多寡。教會不可避免地在某個意義上是有階級的，甚至自視甚高，因為有些人被認為比其他人更博學，或擁有更高階的心靈。教會拿出許多模範榜樣，諸如聖徒、修士、牧師、老師，其他人有很多要和他們學習的地方。所有人在基督裡都是一樣的，但有機的隱喻允許功能的等級分化。所有人對基督都是一樣的，沒有分別，但有機的隱喻允許教會把社會功能區分為不同階級。伴隨這個有機模型而來的，是半推半就地接受世界本來的樣子，在基督教教育論方面和世界妥協，接近權力，希望能在某種程度上把權力基督教化。

教會在社會和文化方面往往是全面而靈活的，接受並試圖改變社會形式，還有藝術、科學和哲學。教會特有的扭曲一方面誘惑著專制主義，但另一方面也太容易和這個世界的權力妥協，甚至被收編。但當教會決定和世俗力量作對時，它可以動員巨大的反抗資源。

「教會」類型從歐洲人殖民之初就一直存在美國，但從未以純粹的形式成為主導。早期新英格蘭的清教主義大致體現了「教會」類型，但摻雜著強烈的宗派精神。早在十七世紀就已存在，並於十八世紀顯著發展的更純粹的不同宗派的新教，強烈影響後續美國文化的一切。即使在大規模移民使羅馬天主教會在美國成為一股重要力量之後，羅馬天主教會依舊是少數人的教會。隨著它吸收愈來愈多美國文化，它也受到宗派理想的影響。事實上，在美國，「教會」類型變得愈來愈難理解。我們本體論的個人主義難以理解教會的社會現實主義——即教會先於個人，而不僅僅是他們創造的產物的觀念。

「宗派」類型幾乎打一開始就在美國，包括人數最多的各種新教教派，而且在很多方面一直是美國基督教的主導模式。宗派主要把教會看作是一個由信徒組成的志願社團。個別信徒之於教會有一定的優先地位，因為從時間上來看，親身感受恩典的經驗是先於被接納為教友的，雖然說一旦加入教會，宗派內的集體紀律可能頗為強硬。宗派型教會把自己看作齊聚一堂的選民，並專注於教派內部的純潔，不像教派外部的人罪孽深重。當抱持共融理想的「教會」類型把每個人放進它分為許多等級的有機結構中，以純潔為理想的「宗派」類型則在教派內基本上平等的聖徒和教派外的混球之間，畫下一條清晰的線。[25]宗派強調唯意志論和信徒之間的平等（像是反對菁英主義，堅信所有信徒都是神職人員），這跟組織的民主形式及會眾自治在性質上是協調的。在「基督的律法」面前，恩典總是黯然失色，而聖禮總是不若近乎法律主義的道德主義來得重要。誠如特爾慈指出的，宗派團體經常出現在低收入和教育程度低的族群之間，特別是在它剛起步的時候。它忍不住想徹底從周遭社會退出，拒絕世俗的藝術、文化和科學。特爾慈也表示，「宗派」類型特別接近「對觀福音」（synoptic gospels，指《馬太福音》、《馬可福音》和《路加福音》）的精神。基督教起初是屬於沒受過良好教育的下層階級的宗教，儘管聖保羅在希臘羅馬城市建立的城市教會，在《新約聖經》時代已經有了「教會」類型的許多要素。[26]

在考察「宗派」類型發生扭曲的可能性時，我們可能會注意到宗派組織的脆弱。社會，尤其是宗教社會，從屬於個人，而且仰賴個人不變的純潔性和不斷努力維持純潔。對純潔的強調導致宗派跟被認為受到汙染的人分道揚鑣，而在「教會」類型中，對聖禮客觀性的強調，有助於在一個聯合組織裡維持純潔和不那麼純潔的統一。

儘管在其萌芽階段，甚至在萌芽之後，「宗派」有時展現出對世界毫不留情的批評態度，而且有時會實驗一些取代世界的烏托邦替代方案，例如再洗禮派（Anabaptists）和他們的諸多後繼者，可是它們也有自己和世界妥協的形式。溫和的宗派主義對世界漠不關心，卻還是能跟資本主義、自由主義和民主相當契合地共存。一直以來，結構嚴密的宗派把自主進取的能量釋放到世俗世界。儘管內部高度不寬容，而且總是迅速驅逐離經叛道者，但宗派的教徒經常和世俗的自由主義者合作，支持公民自由，對抗高壓教會的壓力。宗派也許在無意之間，成了自由主義運動將宗教私人化和去政治化的助力。

無論如何，宗派對美國社會造成了龐大的影響。它們是我們個人主義的主要來源，也是使美國人普遍認為所有社會群體都不堪一擊，需要不斷投入心血維持它們的主因。宗派精神和美國歷史上非常重要的功利個人主義之間，有一種深刻但同時很諷刺的關係。宗派今天覺得和它們格格不入的世界，有一部分是它們創造出來的。

「神祕主義」類型在美國也不是前所未見，例如我們之前提過的十七世紀哈欽森，十九世紀愛默生、梭羅和惠特曼，且神祕主義在二十世紀晚期已發展成一種重要的形式。特爾慈的「神祕主義」類型不必然是傳統意義上的神祕，不過這類型的美國人對東西方真正的神祕主義者的各種影響持開放態度。當代宗教個人主義者經常稱自己「相信靈性」而不是「相信宗教」，譬如「我不信教，但我非常相信靈性。」值得記住的是，特爾慈也把神祕主義（至少是溫和的神祕主義）視為扎根在《新約聖經》之中，尤其是《新約聖經》的約翰文書。

神祕主義有一種幾乎和宗派主義相反的社會吸引力，不過它也有和後者一樣的個人主義，事實上，它將這個個人主義變得更激進而絕對。因為神祕主義最常見於富裕、受過良好教育的族群之間，這也許是它盛行於美國這個富裕社會的原因之一。神祕主義缺乏任何實際的社會紀律，誠如我們先前指出的，「宗派」類型就有這種紀律。在接受我們訪問的人當中，神祕主義可能是最常見的宗教形式，還有很多坐在「教會」和「宗派」教堂長椅上的人，說穿了其實是宗教個人主義者，不過更多人根本不上教堂。

激進的宗教個人主義從一開始就對基督教民眾的生活發揮影響，至今仍有很多可以貢獻的。美國宗教的清新和活力很多都化為各式各樣的「新意識」，而它們不乏對社會的貢獻。[27] 一九六〇年代的文化革命有一部分是神祕主義宗教情緒的湧升，而我們當時覺得敏感的議題，例如生態、和平、反核武、國際主義、女性主義，今天仍是我們心目中的重要議題。然而，神祕主義類型容易出現的扭曲也非常顯而易見。這包括神祕主義的內在波動性和不連貫性，神祕主義在社會和政治組織方面的極大缺陷，以及最重要的，神祕主義和世界妥協的特殊形式——也就是它在追求以自我為中心的體驗時，和心理治療模式的密切關係，還有它接受社會忠誠和社會責任時會遇到障礙。

如果美國今天要有一個有效的公共教會，將聖經宗教的關切帶入有關美國社會本質和未來的共同討論，它大概必須是一個能讓「教會」、「宗派」和「神祕主義」特色都發揮重要作用的公共教會，好讓每個特色的優勢，可以彌補其他特色的不足。但我們不是在建議同質化，別擔心同質化會發生。各個宗教群體將繼續以自己的聲音發言，而且在某些方面會和其他群體相互排斥，無論是基督徒或非基督徒。堅決的分歧不會破壞有關我們共同未來的辯論，只要這些辯論是透過有禮貌的談話進行，而且我們要試著說服人，而不是脅迫其他公民的同胞。

教會觀念在今天能做出的重大貢獻是強調個體性和社會並非相互對立，而是相互需要。個人可能有必要在現代社會發展的某個階段，宣布他們獨立於教會、國家和家庭。但絕對獨立成了令托克維爾感到恐懼的社會原子論（Atomism）②，那是促成比過去更糟糕的新專制主義的一個條件。教會的觀念提醒

② 譯注：最早由古希臘哲學家德謨克利特（Democritus）和古羅馬哲學家盧克萊修（Lucretius）提出。主張社會由一群自利且基本上自給自足的個人組成，他們像獨立的原子般運作。因此，所有價值觀、制度、發展和社會程序，完全來自社會的個人利益和個人行動。

我們，我們在獨立中仍然依靠著他人，並幫助我們看到健康的、成熟的獨立，是懂得接受如何健康成熟地依賴他人。絕對獨立是一個虛幻的理想。絕對獨立沒有提供它承諾的自主權，而是讓人感到孤單又脆弱。相應的，教會的觀念也提醒我們，權威不必來自外部，也不必要壓迫。權威是我們可以參與的事情——就像莫里森牧師所說的，我們必須「團結到一個程度，一起承擔權威的責任。」一個能讓成員依靠又能依靠其成員的教會，可以成為重建美國社會基礎的一股力量源泉。這樣的教會也可以透過其社會見證，產生影響力，幫忙把我們的社會推往更健康的方向。然而，美國的教會傳統若要發揮實際作用，則必須認真看待宗派和神祕主義對它的批評，從而恢復自己的活力。

在最好的狀態下，宗派試圖藉由成為他們心目中最真誠的基督徒，把他們的見證帶給整體社會，以期能夠轉變它、改造它。舉例來說，貴格會和門諾會的教徒一直堅持維護一種明確的基督教和平主義，它以有別於以往的緊迫感在核子時代和我們的社會對話。宗派不願和世界妥協，有時使它們被邊緣化，甚至變得不負責任。但宗派對純潔性的堅持能為社會帶來重大貢獻，特別是在呼籲教會和神祕宗教仔細檢視它們和世界妥協的性質時，以及試著辨別他們的妥協有哪些是戰略性的撤退，哪些又是出賣了絕不能出賣的東西。

宗教個人主義在很多方面都適合我們這種社會。它不會離開我們，就像世俗個人主義一樣。我們活在一個需要人們堅強和獨立的社會。作為信徒，我們必須經常在格格不入的環境裡獨自行動，為此我們必須有內在的精神力量和紀律。宗教個人主義者出於反對其威權主義和家長作風，經常選擇離開成長時代所屬的教會或宗派。然而，這些人從他們原始社區獲得的個人力量，往往比他們以為的要多。在缺少這種社區的情況下，他們很難將自己的道德操守傳給下一代，而且當與志同道合者的短暫聯繫成為唯一的支持時，就連維持自己的道德觀念也是挑戰。和當權的宗教團體重新建立關係，似乎是一個有活力而持久的宗教個人主義唯一的生存之道。這種重新建立的關係需要雙方做出改變。教會和宗派必須了解，它們可以承受的自主性比它們以為的更大，宗教個人主義者必須了解，少了社區歸屬的獨處說穿了只是孤獨而已。

宗教和世界

綜觀本章，我們看到退縮到全然私人的心靈世界，和把宗教看作和整體生活有關的聖經動力之間的衝突，帕克．帕爾默認為這個表面的矛盾可以被克服：

> 在恢復公共生活時，教會能做的最重要的事工，大概是「矛盾事工」（ministry of paradox）：不要為了有效的公共行動，而抵抗美國心靈向內探索，而是要秉持信念深化、引導和鍛鍊那份內向性，直到上帝帶領我們重拾一個公共的理想，讓我們代表整體社會採取虔誠行動。[28]

帕爾默在宗教個人主義方面的主張，似乎和我們在第六章的論點類似，也就是說我們不該排拒美國個人主義，而是應該藉由重新和公共領域連結來改造個人主義。

在上一章即將結束時，我們把社會運動當作一種公民權來討論，並指出在美國歷史上，宗教頻繁地在這類運動中扮演重要角色。我們在歷史上一再看到有精神動機的個人和團體，覺得有必要對時下重大的道德和政治問題採取立場，在生活中展現他們心中的信仰。美國革命期間，教區神職人員對共和理念給予思想支持和道德鼓勵。基督教神職人員和平信徒是反奴隸制理念最熱情的支持者之一，就像基督徒參與社會福音運動（Social Gospel movement）及其後續發展，也大幅改善了早期工業資本主義最糟糕的放蕩不檢。當然，教會也產生對所有這些運動的反對者，因為美國宗教界從來不曾眾口齊聲。有時候，大批宗教界人士發起成功的聖戰，直到後來整個國家才覺得這是不明智的運動，例如說戒酒運動（Temperance movement），促成禁止在美國銷售酒精飲料的憲法修正案。但如果沒有教會的干預，我們許多重大問題會被忽略，社會亟需的改變會發生得更慢。

為了提醒我們社會運動的潛力，我們不妨回想近代最重要的社會運動之一，這是一場改變美國社會本質、由宗教人士擔任領導者的運動。在金恩博士的領導下，民權運動呼籲美國人改變他們的社會和經濟制度，期待建立一個尊重成員間分歧與相互依存的公正的全國性社會。民權運動成功做到這點，是因為它透過一種接納並改造個人主義文化的方式，將聖經和共和的主題結合在一起。

讓我們來看看金恩的〈我有一個夢想〉演說。他把聖經先知的詩意，「我夢想有一天，幽谷上升，高山下降」，和愛國頌歌的詞語並列在一起，「在自由到來的那一天，上帝的所有兒女們將以新的含義高唱這首歌：『我的祖國，美麗的自由之鄉，我為您歌唱。』」金恩的演說再挪用了那個經典的美國傳統，也就是理解自由真正的意義在於肯定我們有責任把社會上各式各樣的成員，全都團結在一個公正的社會秩序底下。「當我們讓自由之聲響起來，讓自由之聲從每一個大小村莊、每一個州和每一座城市響起來時，我們將能夠加速這一天的到來，那時，上帝的所有兒女，黑人和白人，猶太教徒和非猶太教徒，新教徒和天主教徒，都將手攜手，合唱一首古老的黑人靈歌：『終於自由啦！終於自由啦！感謝全能的上帝，我們終於自由啦！』」對金恩而言，爭取自由的鬥爭，變成在以美國作為記憶社群的願景中實踐承諾的過程。接下來我們需要看看國家共同體，了解我們對它在不同時期的理解，以及它的前景是什麼。

第十章　全國性社會

對公共秩序的理解

到目前為止，我們已經檢視美國中產階級用來理解並實現其個人與家庭生活參與、工作參與、宗教參與和政治參與的部分方式。現在，我們需要進一步檢視，我們從訪問和觀察中了解的情況，和我們從更廣泛美國社會看到的情況之間的關聯。由於對話如果跟過去與未來徹底斷裂必然會失去方向，因此我們想把書中講述的個人故事、歷久不衰的全國對話，以及仍繼續進行全國對話的公共聲音，三者重新連結在一起。

我們在訪問中逐漸看清，對於和我們交談的多數人而言，真理和善良的基石存在於個人經歷和親密關係裡。無論是中產階級生活的社會情況和日常生活語言的詞彙，都導致意義從私領域產生。我們也發現許多人強烈認同作為一個國家共同體的美國。然而，儘管國家被認為是好的，「政府」和「政治」卻經常帶有負面含義。美國人對公共生活的心態似乎真的非常矛盾，而這種矛盾使得解決我們整體美國人面臨的問題變得很困難。

如此無孔不入的困難，必然會牽涉到關於人們如何理解自己和社會的基本問題。誠如我們所見，在我們的社會中，個人主義的語言使人能夠在家庭、小社區、宗教團體，以及我們所謂的生活型態飛地的環境中，培養對他人的忠誠。即使在這些範圍相對不大的環境裡，相互的忠誠和理解也經常是不穩定的，而且難以維持。因此，很自然的，人們在地理、職業和政治上擁有的更大規模的相互依存關係，既不被清楚地理解，也不容易在實際生活中獲得同情。就像我們在第八章看到的，美國社會偌大的複雜性對我們多數人仍是難以捉摸，而且幾乎看不見。當人們確實以國家社會成員的身分表達對其他公民同胞的整體關懷時，通常是出於希望他們的個人道德看法可以被擴大到不折不扣的公共利益規模。

從談論公民權和宗教的前兩章，我們已經清楚看到在當代美國闡明公共利益的問題。在這方面，宗教生活似乎和政治生活極為相似。許多和我們交談的人都認為，他們從事的公民與宗教活動對他們的生活至關重要，讓他們能夠與人分享經常是被功利主義的工作世界抑制的愛與關懷之樂。然而，誠如我們所見，追求參與之樂總是一場不可靠的冒險之旅，可能會因為自願組成的表現型社區的脆弱，在挫折或「倦怠」（burnout）之中脫離正軌。推動個人成功理想的商業動力，也削弱了社區參與。加州銀行家雷克特發現他「想要承擔責任的想望」，隨著職涯晉升的可能性逼迫他遷居異地而逐漸衰退，這因此切斷了他和非營利民間組織的紐帶，而他曾在為組織服務的過程中獲得極大滿足。

因為擔心可能完全沒有辦法理解那些太過不一樣的人，美國人迫切需要尋找自發性的志同道合社區。這就是許多美國人對理想化的「小鎮」抱有無窮懷舊之情的原因。根據我們從各種消息來源聽到的聲音，人們想要一個和諧社區的願望，其實就是希望把在市場、法院和政府部門裡從事功利交易的粗暴，轉變為友善的安撫。但美國個人主義對經濟成功的強烈關注，使這份懷舊之情注定落空。競爭市場的規則才是生活真正的主宰者，而不是鎮民大會的慣例或教會的團契。

然而，即使困難重重，公共領域仍然持續把不同的人聯合在一起。在公民共和主義的傳統中，公共生活是建立在第二語言和形塑性格的責任實踐之上。這些語言和實踐藉由創造信任，讓人們與家人、朋友、社區和教會站在一塊，並讓每個人意識到自己對整體社會的依賴，建立起一個互聯網絡。這些語言和實踐形成了那些心的習慣，它們是一個道德生態的本體，一個政治體的連通組織。

有時，這樣的理解真的會成為全國性的理解。就像我們在上一章結尾看到的，金恩領導的民權運動展現了仍潛藏在美國人承繼的公共利益意識裡的力量和活力。金恩對美國歷史上聖經與共和傳統的闡述，使許多美國人，不分黑白，都能認識到他們超越差異的真正歸屬感。金恩把合法剝奪公民權、貧窮和失業描述為對個人尊嚴和社會參與的制度性否定，那是刺眼的集體國家責任失敗。金恩引發的強大迴響，超越了單純的功利主義算計，來自許多美國人重新覺醒後的體悟，他們意識到自己的自我感扎根在與他人的友誼中，這些人雖然不一定和他們相像，但和他們擁有共同的歷史，而且這些人對正義和團結的呼籲強力索討他們的忠誠。

在地方上，我們從一些訪談對象身上看到再挪用公共利益意識的類似想法。我們發現像希西利亞．道爾蒂、瑪麗．泰勒、愛德華．史瓦茲和保羅．莫里森這樣的人，他們的第二語言使他們能把自己的希望和痛苦，與更大的記憶社群連結在一起。從這些對話，我們了解到成為獨立自主的人，雖然總是有風險的艱巨挑戰，但確實會發生在忠於讓生活有意義的共同理想的社區中。分享扎根在宗教生活和公民組織之中的責任實踐，幫助我們認同和我們不一樣但又彼此相連的人，我們不僅彼此相互依賴，擁有共同命運，而且也被共同的目標凝聚在一起。因為我們有共同的傳統，有某些心的習慣，我們可以攜手建設一個共同的未來。然而，在目前的歷史情勢下，公共利益可能化為什麼樣的具體形式和方向，對多數美國人是難以想像的。即使是我們最口齒伶俐的受訪者，也覺得難以構想出一個能夠體現他們最深刻的道德承諾的社會願景。

公共利益：未完成的美國追求

尋找適當的公共利益願景在美國有一段悠久的歷史，可以追溯到共和國的創建者。或許，我們把當前情況看清楚的最大希望，是把我們的當代反思與建國者的反思聯繫起來。儘管革命世代的領袖一致同意要建立一個共和國，但對於哪種共和國最適合他們所面臨的情況，卻有重大的意見分歧。舉例來說，亞當斯認為，政府的機構應該要代表主要社會族群。傑佛遜和潘恩自美國獨立革命之初就強推廣泛的民主參與，這既是在抑制領導者的野心，也是不可或缺的共和主義精神教育。相較之下，亞歷山大・漢彌爾頓（Alexander Hamilton）和詹姆斯・麥迪遜（James Madison）擔心，如果沒有強硬的領導階層和中央指導，他們所設想的疆土遼闊的商業導向共和國，將會在無止境的派系鬥爭中自我消耗殆盡。然而大家一致認為一個共和國需要一個政府，而不能只是當個讓各種利益可以在相互競爭並受到一套程序規則保護的舞台。他們堅持認為，唯有讓美德的精神和對公共利益的關懷為共和政府注入生氣，共和政府才能生存下去。

在這個主題上，細聽麥迪遜的聲音可能對我們最有建設性。麥迪遜是美國憲法的主要起草人，也和漢彌爾頓及約翰・傑伊（John Jay）聯合撰寫了《聯邦黨人文集》（*The Federalist Paper*），他經常被介紹為三權分立政治機器的頑固倡導者，反對傑佛遜及潘恩的共和理想主義。然而，麥迪遜在《聯邦黨人文集》警告說：「公共利益，廣大人民真正的福祉，是我們應該追求的最高目標；而且任何政府形式除了有能力實現這一目標之外，沒有任何其他價值。」（《聯邦黨人文集》第四十五號）麥迪遜在這裡借鑑了公民共和主義的傳統，為他在經歷和英國多年的鬥爭，還有經歷一個新國家朝民主與商業方向不可抗拒地前進時充滿痛苦的誕生過程後，認識了這樣的一個傳統。

在革命經驗的動員下，「廣大人民」（也就是白人男性不動產擁有者，而不僅僅是麥迪遜本身所屬的仕紳階級），才是國家主權實際的根源，以及法律上的根源。儘管擔心群眾容易被動搖的危險，這也是貴族反對民主制的常見論點，麥迪遜卻認同漢彌爾頓的觀點，同意「人民普遍追求**公共利益**是一個公正的評論」（《聯邦黨人文集》第七十一號，粗體處的強調為原文所加）。麥迪遜在另一篇比較少人知道的文章吐露：「我相信這個偉大的共和主義原則，我相信人民有足夠的美德和智慧選擇德智兼備的人。」這個「偉大的共和主義原則」是以下面這個命題為基礎：共和國的公民有能力辨別十八世紀所謂的美德，然後據以行事。「難道我們沒有美德可言嗎？」麥迪遜問道，「如果沒有，任何政府形式都不能提供我們保障。有任何政府形式能在人民毫無德性的情況下保障人民的自由或幸福，則是一種虛妄的幻想。」[1]

誠如蓋瑞．威爾斯（Gary Wills）的提醒，公共美德的概念在革命世代眼中無比重要，具有「超越我們理解的分量和重量」。美德對他們一點也不抽象，而是在同時代淑人君子身上看得到的特質：譬如華盛頓就像現代的辛辛納圖斯（Cincinnatus）①，他創建新國家，謹守本分地統治，卸任後回歸平凡的

① 譯注：羅馬共和國時期的元老院成員，在羅馬帝國時代成為公民美德的代表人物。

生活，或是在生命盡頭成為美國小加圖（Cato）②的納珊．海爾（Nathan Hale）。[2] 美德的概念描述了一種理想性格，不僅在古代作家作品中具體呈現，在革命人士自己的故事中也清楚可見。美德的概念賴以為基礎的信念是，除了冷酷以自我為中心，人類還有能力理解善、追求善，並辨別出其他人性格中的正直、優雅和卓越等特質。麥迪遜和他的同時代人認為追求美德，是把實現受同儕尊重的渴望和造福大眾的目的變成同一件事的方法。

然而，麥迪遜、漢彌爾頓、傑佛遜、亞當斯和其他人都知道，歷史上由貴族統治的共和國數量比民主國家更多，也更持久。作為啟蒙運動哲學家孟德斯鳩的學生，他們也知道造成這個令人不安的事實的原因，而這也就是新的民主共和國必須解決的問題。孟德斯鳩把共和國定義為一個自我調整的政治社會，推動它的主要發條是把個人利益和共善變得一致，他稱這種特性為公民美德。對孟德斯鳩而言，品德高尚的公民是了解個人福祉取決於全體福祉的人，而且可預期此人的行為會對應他的思想。形成這樣的性格需要一個實踐的背景，讓人們可以親身體驗個人關切和共同福祉的一致性。對一個專業的統治集團而言，倘若其他條件相同，私人和公共特性相合發生在貴族統治的可能性，遠高過發生在公民把大部分時間都花在私人事務，只是兼職參與政府治理的民主國家。根據孟德斯鳩的說法，這就是貴族共和國比民主共和國相對更穩定且壽命更長的原因。

然而，基於信念和政治必要性的雙重考量，麥迪遜和其他起草憲法的「造局者」（framer）都選擇了以民主精神為依歸的政體。因此，建國世代面臨的特殊挑戰在歷史上獨一無二。他們試圖在一個鋪天蓋地的商業社會，建立用民主模型鑄造出來的共和機構。他們需要培養民主國家公民的公共美德。為了達到這個目的，一七八七年批准的《美國憲法》組織了一個國家政府機器，有意識地去適應資本主義不斷擴張和隨之而來的哲學自由主義文化所構成的社會現實。然而，三權分立的手段，其積極目的是藉以抵消爭強好勝個體和地方私利的離心和無政府傾向，還有促進麥迪遜口中的「社會的長遠和整體利益」（《聯邦黨人文集》第十號）。開國元勳並沒有等著共善從政府機器直接產生，彷彿某種利益的自動化運作，至少他們不指望共善在沒有幫助的情況下實現。麥迪遜設計精密複雜的憲法機制，過濾和精煉人民的熱情，希望在國家層級擔任公職的主要是有遠見且品行高尚的人。

這個體制的預設想像是，人民的美德將引導他們選擇擁有非凡胸懷、懂得把公共利益擺在他們個人或他們所屬地區的特殊利益前頭的人，擔任為他們服務的官員和民意代表。這樣的人將構成一群真正的賢能貴族。領導者的公共管理職會禁受人民頻繁檢驗，藉由選舉選出，美國雖實行民主憲政，但卻會獲得孟德斯鳩口中貴族共和制的優勢。

革命領袖相信人民會繼續承認一個具有學識和修養的階層享有的政治領導權，他們自己就是學養俱佳的代表。因此，他們認為沒有必要積極塑造民眾的政治文化，因為民眾的政治文化早就被地方社區的宗教、個人和政治關係固定了。然而，諷刺的是，革命讓公共美德和成熟智慧的概念受到重視，卻也釋放出一股平等主義的精神，以及一種對個人成功的追求，並且挾著領土和經濟擴張的洪流，迅速淹沒了前面的脆弱模式，結束了由一群貼近民心、具有國家公民意識的菁英穩固地領導國家的夢想。

在主導十九世紀的新氛圍下，美國人心思轉向私人發展和地方經濟成長，把虛弱又遙遠的國家政府交給一群新興的職業政治家，他們的專長是協調利益，而不是展現公民美德。最初的共和主義國民生活願景，在創業進取的個人夢想面前漸漸模糊。但這使全國性社會的連貫性成了一個持續存在的問題。開國元勳當初交給賢能貴族的引領國家的角色，一部分由試圖在法律和國家政策中明確表達利益協調的各

② 譯注：羅馬共和堅定的支持者，強烈反對凱撒建立帝國，不惜在抵抗敗後以死明志。

個政黨承擔起來。相對小規模的地方社區生活受到宗教與公民道德規範的深刻影響，這些道德規範通常能引導私人野心，並把其轉化為獨立公民和小鎮長老的公共關切。但許多地方社區的經濟和社會利益經常相互衝突，而全國性的中間協調制度迫不得已地承受愈來愈大的壓力，終於在一八六一至六五年的痛苦內戰中徹底崩潰。

戰爭及其後續發展暫時激發出想要再次為民主和共和主義目標奉獻的感覺，特別是在北方，但這種感覺隨著領土與商業擴張迅速消散，擴張一直持續到世紀之交。在巨大的未開發資源、新工業技術和一波波移民勞工潮的推動下，美國資本主義在一八九〇年代發展出一個以東北部和中西部工業城市為中心的整體全國市場。這種新的工商體系明確地讓地方社區的生活受全國經濟發展的擺布。一個新的經濟領袖階級於是誕生，他們建立起新的私人權力機構，以及影響遍及全國的工作與生活方式的新條件。那些抵制上述趨勢的舊時地方生活模式，儘管倖存下來，卻失去了原來的活力。

經濟與社會在世紀之交朝一個相互依賴的全國性社會的轉變，從未得到新的政治機構的輔助，以促進麥迪遜所謂全國性社會的「長遠和整體利益」。因此，開國元勳在一個商業共和國裡培養有效的、民主的公民精神遇到的困難，是被往後推延了，從來不曾被解決。

美國人的六種公共利益觀

自力更生的競爭進取精神和公民共和派擁護的公眾團結意識之間的緊張關係，向來是美國歷史上最重要的未了問題。美國人在社區的理想裡尋求一種共同的信任，以便安定並滿足對一個自由又充實的自我的渴望。這個追尋在公共領域的類比就是，渴望將經濟方面的追求和相互聯繫整合到一個包羅萬象的國家制度的結構裡。對自力更生和社區的結合抱持極度的矛盾心理，是美國文化長期以來的特色，針對如何把個人自主性和複雜現代經濟的相互關係結合起來的問題，國家歷史也展現出類似的矛盾心理。

過去一百年，美國出現了六種不同的公共利益觀。每個都有自己特殊的歷史，但全都是為了回應一個需求而發展出來的，也就是，讓生活在日益相互依賴的社會中的公民想像自己是什麼樣的人？應該往哪去？這些公共利益觀，事實上，就像針對該如何理解美國個人主義和公共利益的基本對立的不同提議，因為兩者對立的程度在工業時代愈發加劇。六種願景在歷史上成對地出現，每一對都出現在制度崩潰和後續的國家經濟秩序重整時期。但由於這些經濟震盪同時也是社會和政治動亂的時期，公共利益的願景不僅關切狹義的經濟利益，而且關注美國作為一個全國性社會的意義。

第一組願景，或許也是最根本和最持久的一對替代願景，在十九世紀的最後幾十年出現，一直形塑著美國人的國民意識到一戰之後。我們稱之為**權勢階層和民粹主義的對立**。一九二九年私人企業經濟崩潰後徹底改變的形勢，導致了第二次辯論，使**新資本主義和福利自由主義相互競爭**，前者是經濟重振後對私人資本的捍衛，後者是從新政各項大抵屬臨時性質的政策逐漸演化出來的願景。雖然一九八〇年代不穩定的經濟狀況，是一九三三至四五年的經濟解決方案逐漸瓦解造成的，政治辯論主要還是根據新資本主義對福利自由主義的框架進行。但前朝的企業—政府協議給我們今天帶來的困難的新特徵，將另外兩個相互競爭的願景推到檯面上，儘管目前為止主要存在政治和經濟專家的圈子裡。我們稱這組新的、還未被完整明確表述的競爭對手為**管理社會與經濟民主**。

我們將依序簡短地檢視這六個願景，一次兩個，看它們如何以政治想像的形式發揮用途，還有它們如何和我們在訪談對話中看到的美國文化主題產生共鳴。第一對願景是相互競爭的權勢階層和民粹主義，它們是對一八八〇年代和九〇年代的新工業條件的反應，但其實這個衝突延續了美國早期的一些辯論。作為公共利益和國家共同體應有樣貌的看法，權勢階層和民粹主義的願景都觸及了美國文化想像的核心根源。因此，我們最先討論的第一對願景，也為接下來兩對願景提供了基調。

權勢階層vs.民粹主義

美國社會在一八八〇年代和一戰之間經歷的變化，規模之大，速度之快，引發了強度前所未見的國家意識和辯論。對當時的觀察家而言，美國人熟知的生活模式似乎正在被重造。在一八九三年夏天盛大舉辦的芝加哥世界博覽會上，歷史學家弗雷德里克．傑克遜．特納（Frederick Jackson Turner）發表了他的著名論文，主張美國人往西部開拓邊疆的歷史已終結，而十九世紀美國的力量和樂觀主義也將隨著邊疆消失而被壓縮。此後不久，記者沃特．李普曼（Walter Lippmann）成為響應老羅斯福號召的眾多人之一，老羅斯福呼籲積極喚醒「奮發向上的生活」，藉以開啟迫切需要的國家復興。「輕鬆擴張的日子已經結束。」李普曼解釋老羅斯福的呼籲時寫道。老羅斯福是「清楚意識到，我們必須刻意地尋求並有意識地維護國家穩定和社會正義的第一位總統……將美國人的注意力導向這個國家在二十世紀必須前進的方向。」[3]

因此，世紀之交的政治論述背景，已經開始從十九世紀典型的不具意識形態包袱的利益競爭遠離，許多人開始認為利益競爭的政治，沒辦法應付新的經濟和社會形勢。「改革」於是意味著透過刻意的手段，尋求「國家穩定和社會正義」。但問題是美國該如何，又該根據什麼條件，把新興的工業秩序形塑成一個切實可行且合乎道德的全國性社會。

答案之一是權勢階層的願景。這個願景主要和工業與金融菁英有關，他們在十九世紀末成立大公司的同時，還創造出了一整個私人機構的網絡，像是大學、醫院、博物館、交響樂團、學校、教堂、俱樂部和社團協會。有趣的是，這些新機構的運作範圍無論是城市、區域或全國，都和公司行號一樣以自願結社原則為基礎。它們的強大和美國處於相對虛弱的狀態相關。事實上，即便到今天，諸如大型研究型大學和國際知名博物館等機構，在美國仍是「私人」機構，而不像在多數其他社會是由政府經營。這是權勢階層願景從事機構建設留下的遺產。

這些機構的創建者想要散布一種強調「貴族義務」和為大眾服務的四海一家道德觀，賦予地方工商大亨一種國家責任感。權勢階層的願景顯然和「教會」類型的宗教有密切關係。和小鎮長老的道德觀相反，權勢階層的願景接受大型機構和討價還價的利益政治，同時想透過個人影響和談判，引導並協調社會衝突成為有成果的妥協。根據李普曼等思想家在二十世紀頭幾十年提出的理論公式，權勢階層的願景是四海一家的、有彈性的，致力於為更大的國家目標調解不同利益。老羅斯福大概是這個願景在政界的經典化身。

和權勢階層高尚的、上流社會的形象相反，民粹主義的願景強調美國傳統中的平等主義風氣，經常把傑佛遜推舉為他們心目中的建國英雄，並把漢彌爾頓當作最具代表性的反派角色。民粹主義願景堅決主張「人民」，即一般普通公民，擁有足夠的智慧管理眾人的事務。就像權勢階層的願景一樣，民粹主義植根於面對面接觸社區的政治理想。但因為權勢階層的理想從一開始就吸引了在新國家機構握有控制權的高層，民粹主義的修辭經常有一種反對派的色彩。然而，在人民黨（People's party）一八九六年的黨綱中，民粹主義試圖為實現共善，擴大政府對經濟生活的權力。民粹主義關於一般公民尊嚴和重要性的主要論述，頻繁地使用聖經語言。民粹主義和美國宗教的反律法與神祕主義面向，還有教派的虔誠承諾都有密切關係。如果說權勢階層的願景在十九、二十世紀之交，重新闡明了共和主義的共善理想的諸多重要面向，民粹主義則是偉大的民主化力量，堅持一個共和國裡若有任何成員未能享有完整的公民權，就不是一個完整的共和國。

儘管權勢階層和民粹主義的願景存在巨大分歧，但都堅信有必要把新興的工商經濟社會納入到一個公共道德秩序裡。此外，兩者都把這個秩序看作重申一個公民與宗教道德生態的權威。在市場極度工具主義的習慣之中，這個道德生態正瀕臨危險。權勢階層領導的擁護者和民粹主義的民主人士，以同樣強烈的語氣談論和公共生活目標有關的共同傳統，他們擔心當時的經濟與科技最新發展正在違背這些目標。

舉例來說，典型的白手起家大亨安德魯・卡內基（Andrew Carnegie）在一八八九年所寫的〈財富福音〉（Gospel of Wealth）文章裡談到，工業領袖們必須把自己看成國家財富的受託者，而不是擁有者，有義務管理這份財富使其走向增值。「我們這個時代的問題，」卡內基寫道，「是如何正確地管理財富，使兄弟情誼的紐帶還是能夠牽起富人和窮人之間的和諧關係。」[4] 波士頓商業機構的領袖人物亨利・李・希金森（Henry Lee Higginson）在一九一一年寫道：「我不相信因為一個人擁有財產，就可以為對他的財產為所欲為。財產屬於整個社會，他要為財產負責，除非他表現得好，不是只考慮到他自己或他的股東的利益，他才可以處置財產。」希金森認為自己在政治立場上是進步人士，和哈佛大學校長查爾斯・艾略特（Charles W. Eliot）及其他波士頓地方顯要一樣，都相信「解決國家秩序問題的最佳辦法，就是透過教育把服務、管理和合作的理想傳達給每個人。」[5]

提倡民粹主義願景的人也說了類似的話。「無所不在的博愛精神（反擊著）對『萬能金錢』的瘋狂追逐。」工人領袖尤金・德布斯在一八九〇年寫道。他認為博愛源自「被崇高又善良的人視為人類幸福之必須的束縛和義務」。後來，德布斯繼續以社會主義者的身分，用熟悉的共和主義和聖經語言說話，強調同時代人對勇敢先驅的義務，那些因為「努力想留下更好的世界給我們」而受苦的先驅。德布斯苦口婆心地說，正確的反應是履行對那些英勇先民的義務，「為我們的後代竭盡所能……（如此一來）你將了解做個真正的**男人**或**女人**是什麼感覺……找到自己，並真正了解你自己和你活著的目標。」[6]

因此，民粹主義和權勢階層的理想有著共同的理解：認同工作、福利和權威緊密相關，而且深刻地嵌在社區生活裡。對民粹主義而言，這個模式往往類似於在今天的美國還充滿生命力的小鎮生活理想，而權勢階層的想像就不那麼平等，而且強調對互相但不平等的責任的父權關係。然而，兩種願景共有一個宏大的觀點，並把工作視為對一個由相互關係凝聚起來的公共大家庭的貢獻。正義需要公眾努力修復這些社會關係的崩塌。權勢階層的願景規模宏大（他們會著眼於全國和國際範圍），而民粹主義經常懷疑規模，但兩者都認為政治就像工作一樣，終歸是公共信任的問題，最終也是個人關係的問題。這個共同的理解又導致了第二個重要的共識，也就是一個全國性社會不僅需要規範個人追求幸福的公平程序，還需要擁有對公正制度和品德高尚公民的實質概念。這個對社會生活目標的實質關切，將民粹主義和權勢階層的願景，與我們這個時代的主導政治願景區分開來，後者提供了對程序規則和有效手段的理解，可是對共同目標卻沒有太多著墨。

德布斯關於公共目標的語言建立在以下概念之上：在一個公正的社會裡，公民既擁有積極參與社會生活所需的經濟地位，同時也了解其責任和權利。事實上，德布斯支持社會主義的根本論點是，正義擁有凌駕市場交易原則的道德意義，這份道德意義扎根在對維護人類尊嚴之必須有相同理解的公民的團結之中。因此，德布斯可以主張，隨著工業發展破壞了十九世紀獨立公民的尊嚴基礎，也就是為自己的財產從事勞動，我們因此需要一種新的社會財產和經濟參與概念，為工業時代條件下的公民權提供實質內涵。

二十世紀初被我們大致統稱為「進步」運動的政治改革運動，借用了權勢階層和民粹主義的願景，但最終走向不同於兩者中任何一者的方向。就像權勢階層願景的支持者一樣，進步人士想要創造一個國家共同體，但和民粹主義者一樣，他們想要的是一個真正民主又具有包容性的國家共同體。誠如桑德爾所言，對進步時代的改革者而言，「如果一個由許多小規模民主社區組成的高尚共和國不再可能，那一個由全體國民組成的共和國似乎是民主退而求其次的最佳希望。」因為仍然相信共善的政治，這些改革者「不把國家視為各種利益展開競爭的中立結構，而是把國家視為一個逐漸形成的共同體，關注塑造一個適合現代社會與經濟規模的共同生活。」[7]

然而，進步改革者的思想還有另一面，也就是，他們致力於把「理性」和「科學」當成獲得創造國家共同體的主要手段。他們培養出對公共行政的熱情，把公共行政當作一種社會工程學，用來弭平政治分歧和社會分歧，還有促進一個更「高效」和「理性」的全國性社會。進步人士往往擁抱更好的公共服務、健康和教育等目標，以及政府為公共利益管制大企業。對更「理性」政治的渴望高於對利益的渴望，不過是基於專業知識，而不是智慧和美德，把美國政治論述從關注正義及其公民共和主義共鳴，轉向關注進步——以物質富足為主的進步。因此，考慮到它的初衷，改革運動諷刺地把政治行動的目標從實現一個民主共和國，變成建立一個可以「使命必達」的行政系統。李普曼總結新的政治目標，稱之為「控制」的增強。當赫伯特．胡佛（Herbert Hoover）在一九二八年當選總統，那個時代的希望似乎就要實現。胡佛是一名工程師，被媒體譽為「『控制力學』……『治國工程』現代科學的最高權威。」[8]

新資本主義 vs. 福利自由主義

民粹主義和權勢階層這兩個相互對立的觀點，都試圖把政經領域的利益競爭從屬於以互惠關係為根基的國民生活，但一九二九年後從企業經濟的混亂中出現的新資本主義和福利自由主義的願景，則是訴諸於另一個不一樣的共同抱負。大蕭條看起來無非就是失去了控制，但問題出在手段，而不是目的。新資本主義和福利自由主義對現代社會的主要目標看法一致。這個目標分成兩個部分：為公民提供人身安全和物質福祉，同時針對活動目標盡可能鼓勵個人的選擇權。儘管兩種願景對應該如何指揮、由誰指揮有不同的理解，但它們都繼承了進步人士對科學與技術進步的熱情，而且都相信職能專業化的必要性和價值。

福利自由主義始於小羅斯福的新政，當時政府資源被大量挹注到解決大蕭條造成的問題，但只取得了部分成功。二戰大幅擴張了美國的國力，而福利自由主義在一九五〇到七〇年的空前經濟成長時期，取得了許多了不起的成果，同時創造出近乎全民共識的東西。新資本主義是嘗試以當代形式重振昔日自由市場思想，扮演福利自由主義的主要批評者，拜一九七〇年代的經濟困難之賜，取得了存在的合理性及信徒。自一九七〇年以來，新資本主義踏進了一場支配美國政治意識的激烈爭奪戰。

新資本主義的願景一直是隆納．雷根（Ronald Reagan）話術的基礎。自從一九八〇年接受黨內總統候選人提名起，雷根就充滿說服力地把他的使命定調為：「和共享蘊藏在家庭、工作、鄰里社區、和平與自由之中的價值觀的所有國人同胞，（建立）一個新的共識。」然而，在雷根的辭令中，這些引發道德共鳴的話語，喚醒的是私人而非公共的美德。工作是自力更生的個人為了自己和家人的利益而從事的經濟活動。在就職演說上，雷根說「我們美國人民」，是「一個特殊利益團體」，「由男人和女人組成，他們種植我們的食物，巡邏我們的街道，在我們的礦場和工廠勞動，教育我們的孩子，保護我們的家園，並在我們生病時治癒我們。」藉由以職業定義人民，雷根不把人民看作一個政體，而是看作一個經濟體，在其中，人口等於是一個包羅萬象的「利益團體」，主要關注「一個能為全體美國人提供平等機會的健康、充滿活力、不斷增長的經濟。」政府的主要目標是維護必要的和平與安全，使自力更生的個人能自由地追求以經濟為主的目標。「工作和家庭是我們生活的核心，是自由美國人的尊嚴的基礎。」

雷根表示，一個試圖提供比這些基本必須更多的政府，是「過度生長和超重」的政府，而且「應該節食減肥」。儘管政府某種程度上需要為在追求自給自足的路上失敗的人提供「安全網」，但政府務必把這種援助減少到保護「真正有需要的人」所需的最低限度，而且在可能的情況下，讓他們恢復自力更生。鼓勵關懷窮人應該被當作一種私人美德，而不是公共義務。「是時候拒絕這種觀念了，」雷根在一九八四年初的某次演講說，「拒絕把提倡政府計畫當作一種個人慈善的觀念。慷慨反映的是一個人用他或她的資源做什麼。而不是他或她提倡政府用大家的錢做什麼。」[9]這番言論的言下之意是，社區是由彼此實際認識且自由地表達對彼此的關心的鄰里出於自願的聯合，是一種本質上私人而非公共的結社形式。

十九世紀末的經濟和社會轉變是這種新資本主義國家生活觀點的根源。它衍生自商業信條，特別是集團商業，集團商業在那個時代能夠把自己從地方社區的束縛解放出來，並公開慶祝蓬勃商業發展，視之為通向更美好未來的主要手段。雷根總統的老友兼「私人顧問團」成員、已故富豪商人賈斯汀・達特（Justin Dart），在一九八二年《洛杉磯時報》登載的一篇訪談中，使用比雷根本人更坦率的說詞來闡述這個願景的經典道德理據。「我從不曾特別去尋找能為人類提供服務的生意。我總認為，如果一門生意雇了很多人，賺了很多錢，它其實就是在為人類服務。我們所做的一切都和貪婪脫不了關係。我覺得這一點也沒有錯。」[10]儘管企業家通常對社會議題漠不關心（達特稱之為「平權之類的討厭議題」），但藉由提倡傳統家庭和保守基督教，新資本主義的願景經常和一些尋求「再次端正美國」（借用傑瑞・法威爾〔Jerry Falwell〕）的宗教與文化風潮結盟，不過基本上仍對科學技術和物質進步作為實現個人騰達的手段持正面態度。因此，新資本主義在某些方面與十九世紀小鎮的文化保有連續性，不過它只是把這種文化當作地方、私人生活的基礎，並且認為自由市場的動力才是整合全國性社會的唯一有效手段。

新資本主義發展出它如今的形式是為了和福利自由主義截然不同的願景對抗，福利自由主義的發展則是出於對大蕭條時期的私人企業經濟崩潰的回應。福利自由主義的標誌是政府透過行政干預平衡市場運作，以促進經濟成長和社會和諧。和新資本主義一樣，福利自由主義接受資本主義市場及其私人經濟機構是物質富裕成長的核心機制，同時提倡把專業知識和功能組織應用在經濟和社會生活上。在福利自由主義者眼中，市場基本上永遠都需要國家透過設計來規範或協助市場交易的各種制度加以干預。

對政府干預市場的強調，影響了福利自由主義的政治理解。公共利益被定義為透過分享經濟成長的成果而實現的國家和諧。福利自由主義政府的目的是促進經濟成長，並保障個人從中受益的機會均等。這種對經濟和社會的干預具有道德目的，政府會為所有公民提供從事經濟競爭的「公平機會」，防止經濟剝削，自一九七〇年代起還多了保護環境資源的目標。福利自由主義願景最有說服力且毫不掩飾的近期聲明，不是出自爭取一九八四年選舉提名的民主黨人，而是出自參議員愛德華・甘迺迪（Edward Kennedy）。在一九八〇年將民主黨總統候選人提名讓給吉米・卡特（Jimmy Carter）的演講中，甘迺迪強力呼籲建立一個以公正和慈悲為基礎的政府：「我尋求的不是對過時價值觀的承諾，而是對永不凋零的傳統價值觀的承諾。計畫有時可能會被時間淘汰，但公正的理想永遠禁得起考驗。情況可能會改變，但慈悲的工作必須繼續。我們不能靠砸錢在他們身上來解決問題，這肯定是沒錯的，但我們也絕對不能把我們的國家問題，丟到不關心和不在乎的垃圾堆上……在一九八〇年，人民需要的既不是更小的政府，也不是更大的政府，而是更好的政府。」

甘迺迪接著呼籲以政府開支創造充分就業，提倡勞工安全，「再工業化」美國，以及保護環境。他要求動用「政府的全力」來控制通貨膨脹。他呼籲實行提高富人賦稅的稅改。他主張政府應該控制飆漲的醫療費用，並為全民提供公費資助的健康保險。上述一切將確保我們擁有一個公平的政府，它將建立在人民「回報國家給我們的一切」的意願之上，還有「無論必須犧牲什麼，都由全體國民共同承擔——而且是公平地承擔」的原則之上。同時確保我們有一個富有同情心的政府，它將保持對「照顧一般民眾」的承諾。

然而，儘管在稅改、政府干預市場和向窮人提供社會服務等方面，甘迺迪提出的福利自由主義願景和新資本主義的政策形成鮮明對比，但兩者對公共生活和私人生活之間的關係，卻有著相同的基本假設。政府的用途在於給予個人追求私人目的的手段。福利自由主義者相信，唯有當專家帶領的官僚機構負責管理經濟，並且歷來處於劣勢的人得到政府援助，使他們能在平等的基礎上和更有特權的個人競爭時，政府的用途才可能實現。但福利自由主義和新資本主義的分歧，是關於該用什麼**手段**促進個人的自立，而不是關於促進個人自立的終極價值。雙方的辯論是針對實現人人平等的程序，而不是關於全民正義的實質意義。

對即使在公平競爭中也可能無法實現個人自給自足的那些人，福利自由主義僅提供和雷根等新資本主義者一樣的東西：「同情心」。和新資本主義不同的是，福利自由主義者主張對社會競爭的失敗者的同情，最好由「以助人為職業的」專家組成的政府機構來執行。但這些機構只有在作為社會的同情心展現時才有正當性。當政府福利計畫的代價變得高昂，或者當它們似乎增加了救濟對象的依賴，而不是促進自立時，福利自由主義者就容易被指控為同情心氾濫的「爛好人」，或者借用雷根總統的話，他們太急於用別人的錢來表達個人的慷慨大度。他們表達自己對正義信守不渝的語言，沒有辦法說服其他公民同胞。

在二戰後的幾十年裡，福利自由主義繼續扮演全國共識的基礎，但前提是它的政府干預經濟處方箋確實為多數人提供不斷提升的生活水準，而且愈來愈富裕的好處始終大過用來展現同情心的官僚機構產生的成本。然後在一九七〇年代，經濟成長機器開始出現嚴重的運轉問題，也帶來不幸但意料之中的結果。如果這個大餅不再迅速成長，福利自由主義的樂觀願景就會變得愈來愈不可信。美國選民變得愈來愈不穩定，而且對政黨的呼籲心生抵抗。新資本主義復興的舞台一切就緒，對很多人而言，新資本主義願景提供一個比福利自由主義更有效的手段，讓個人可以繼續追求私人利益，同時以更低的代價表達對不幸之人的個人同情。

如果福利自由主義的願景在「貧乏時代」遇到麻煩，新資本主義的願景也因為假裝政府和私人市場之間的聯繫在複雜的現代社會裡可以被解除，自鏟根基，搖搖欲墜。新資本主義者熱切擁護的龐大軍事工業複合體，駁斥了他們自己的主張，有鑑於現代資本主義持續存在貧困與失業的結構性問題，提供令人信服且有實效的替代品，取代積極的政治經濟管理和「富有同情心的政府」是一個重要的問題。

為了處理這些難題，新資本主義和福利自由主義的當代追隨者，在修辭上借用了民粹主義和權勢階層傳統中關於社區聯繫和關心共善的早期概念。然而，史無前例財政赤字的擴大、深陷困境的世界經濟，還有其他經濟、社會和政治的不確定性導致一些人開始認為，在即將到來的日子裡，福利自由主義和新資本主義都將無法應付我們日益加劇的難題。這種種擔憂又導致了另一組對如何追求公共利益看法截然不同的願景。

管理社會vs.經濟民主

管理社會和經濟民主代表了兩個最大膽的嘗試，它們試著想像一個能超越福利自由主義和新資本主義在解決美國社會問題時陷入僵局的下一步。這兩個新願景的提倡者，嚴正拒絕美國可以回到類似一九二九年以前的情況的想法。在承認私人和公共權力相互滲透時，它們就徹底摒棄了以下假設：基本的經濟利益可以單獨透過市場或透過利益團體之間的非正式聯盟有效整合。這兩個願景主張我們不能只是依賴自動自發的社會主要部門整合策略，譬如商業、勞工和政府。他們提議更明確的、公共的制度化，擴展不同社會部門之間的連結，然後把它們放到一個更全面的國家框架中。

這些初步願景的支持者之間存在相似之處。兩邊都宣稱因為過去的願景紛紛失敗，美國政治需要一些新氣象。這些新觀點的支持者加入其他人的行列，批評新資本主義和福利自由主義皆為「特殊利益」犧牲全民福祉。沃特・蒙戴爾（Walter Mondale）等福利自由主義者被認為過度關注勞工、弱勢族裔和種族，還有其他特殊選民，反觀雷根總統等新資本主義者則被批評是企業集團和自私富人的代理人。管理社會和經濟民主的支持者，把嘗試整合並超越相互競爭的利益視為他們的願景。就像早期的改革者，他們在實踐願景時，深信專業知識是使我們的社會擺脫明顯僵局的方式。

主要政治人物試著徹底更新過時的概念，但目前為止僅接受了這些新願景的一些片段。為了有連貫性地表達這些願景，我們必須舉理論家為例，而不是政治人物。我們先來看高聲疾呼應該創造行政整合更緊密的全國性社會的著名投資銀行家菲力克斯・羅和廷（Felix Rohatyn）。羅和廷在一九七〇年代是拯救紐約市免於破產的重要人物。拯救行動把財政權力交給由紐約市債權人、雇員、債券持有者和銀行家組成的指定委員會，在一般立法管道之外運作，成功達成目標。羅和廷在一九八〇年代初提出，面對愈來愈競爭的國際經濟，美國需要類似的拯救，幫助美國創造「穩定的經濟成長、低失業率、平衡的預算和合理的幣值。」這樣的政策必須「透過促進經濟成長和充分就業，致力於維護我們的社會利益」，但羅和廷認為經濟成長和充分就業不可能靠國會政治特有的政治妥協實現。「唯有能把眼光放長遠並採取相應行動的制度，才有能力帶來我們真正需要的改變。」他如此主張。

在論述新制度安排的必要性時，羅和廷使用技術經濟和行政管理色彩濃厚的語言，就像福利自由主義者和新資本主義者長期以來所使用的語言，但他喚起的美國政治道德傳統，比起這些長期占主導地位的立場通常附帶的要弱。羅和廷的具體提議是讓總統和國會任命由「企業、勞工和政府」代表組成的「三方經濟發展委員會」，以便干預經濟，促進上面提到的種種經濟目標。位居羅和廷「產業政策」核心的三方委員會，效仿拯救紐約市免於破產的委員會，並從胡佛設計來對抗一九二九年經濟蕭條的復興金融公司（Reconstruction Finance Corporation）汲取靈感。為了實現如此大規模的重組，羅和廷呼籲「共和黨或民主黨的總統讓在野黨領袖入閣，以兩黨共治」強化國家領導力，並以類似的精神挑選三方委員會的成員。[11]

管理社會說穿了就是希望看到不同的、不平等的團體，為改善個人安全和普遍分享經濟成長的目標彼此合作，進而實現社會和諧的一種理想。為了實現這些目標，它把私人團體，特別是企業與勞工，和政府機構連接起來，駕馭經濟發展穿越這個技術日新月異、國際風雲變色的時期。在此同時，傳統的福利自由主義計畫都會繼續進行，譬如改善機會不均等，以及援助受重大變革影響而流離失所的人等等。實現這個願景的一個重點是「夥伴關係」存在被政府部會、委員會和機構湊在一起的各種經濟和社會部門之間。[12]這樣的政策將深受政府行政結構的左右，而不是取決於反映民意，因而導致技術和管理專家變得愈來愈重要。然而，工作是實現私人目標的手段，這個基本的理解將維持不變，就像新資本主義和福利自由主義的解讀一樣。國家的「長遠和整體利益」將得到更專注、或許也更專業的關注，不過大概只有位居各自機構權力高層或接近高層的人才會關注。管理社會造成的諷刺結果很可能是導致許多現在生活更有保障的人，產生更強烈的私人化態度。

不同於管理社會的支持者，提倡經濟民主的人有意識地思考如何為公民充權，讓公民參與許多新的整合機構，他們認為這些機構也對創造更有人情味和更富足的未來是必要的。麥可・哈靈頓（Michael Harrington）是這個發展中的立場在一九八〇年代初期的重要代言人，長期提倡被他稱為「民主社會主義」的理念。對哈靈頓來說，福利自由主義和新資本主義都行不通：「不管我們喜不喜歡，我們已經踏進了一個做決斷的十年，踏進一場體制的危機。」作為昔日失敗政策的替代方案，哈靈頓贊同羅和廷的部分邏輯，理由是在經濟政策上有意識地集中權力，是更多公民參與經濟決策、也就是「權力下放」的前提。哈靈頓把企業對經濟的支配視為主要障礙，因此提議政府應該發揮積極作用，實現「投資職能的民主化」。這樣的政策最終將導致「將民主從生產現場引進董事會的會議室」。

儘管羅和廷那樣的規劃者對中央集權化機構的善心抱持樂觀態度，哈靈頓認為應付這種情況需要更多的聰明才智。羅和廷信誓旦旦地辯稱他的方案最終可能會提升民主，他說：「這種委員會的工作絕不是不民主的，它可以為民主的過程增添徵求社會主要力量意見的成分。」相較之下，哈靈頓將公共和私人的官僚機構都視為對自由的威脅。但他也問道：「如果法律規定必須為任何想聘請他們自己的專家來提出對策的公民團體提供資金，事情會怎麼樣呢？」對哈靈頓而言，將經濟民主和管理社會區分開來的就是公民賦權概念。[13]

但哈靈頓與羅和廷身在同一個論述的宇宙，否則他不會拿為公民提供的資金「聘請他們自己的專家」，來捍衛他所提倡的改革的民主性。但專家無論在精神上多麼「民主」都不是道德榜樣，也不是先知，也不是政治領袖，而專家相互競爭的政治聽起來就像是利益政治的「高科技」版本。哈靈頓的經濟民主願景想要喚起比競爭利益總和更高尚的政治理想，並且承認這個理想需要廣泛的社會運動的支持。哈靈頓甚至意識到羅和廷完全沒提到的東西，也就是，新願景需要重大的文化轉變和制度革新。不過，當被要求談論文化轉變的實質內涵時，哈靈頓的願景就和羅和廷的一樣啞口無言。他們默不作聲地揭露了他們的政治目的欠缺道德基礎，揭露了一個只講究手段而沒有目的論述的終點。

這並不是說這兩種最新的願景之間沒有區別，就像我們也不能說福利自由主義和新資本主義之間沒有區別一樣。雖然羅和廷當初可能沒有這樣想過，但他所想像的管理社會，完全有可能只會加強公司企業經濟對我們集體生活的控制，並導致托克維爾曾經警告過的行政專制統治。經濟民主的願景延續了我們在第八章間接提到的把企業經濟置於民主控制之下的長期鬥爭。但少了文化和道德的轉變，專家（經濟民主的支持者也依賴他們）就會成功實現行政專制統治，或托克維爾所謂的「民主專制」，無論是在經濟民主或管理社會的願景之中，我們難道不能想像嗎？

尚未解決的對立

在本章剛開始的時候，我們談到麥迪遜和另一位開國元勳的想法：我們的政府形式取決於存在人民之間的美德。他們期望這種美德能解決私利和共善之間的對立關係。他們認為如果沒有公民美德，共和國會陷入派系混亂，而且可能演變成專制統治。半個世紀後，這個想法在托克維爾談論美國人的民德（「心的習慣」）的重要性的論證中被重申。即便到了十九世紀末，權勢階層和民粹主義願景成為關於我們社會應該長什麼樣子的爭論的主要對手，麥迪遜的想法仍然被當作預設前提。在任何社會裡，私利和共善的對立永遠不會被完全化解。但在自由的共和國裡，培養公民美德是公民的任務，無論你是統治或被統治的公民，如此才能減輕對立，並且把對立變得可以化解。

隨著二十世紀持續前進，我們已經開始失去對這個在美國歷史上多數時候相當重要的理解。在我們不假思索地使用「私人公民」這種自相矛盾的名詞時，我們已經錯失了公民權真正的含義。當雷根主張「我們美國人民」是「一個特殊利益團體」，當我們對經濟的關切是我們團結在一起的唯一原因，我們已經走到類似盡頭之處。公民已經被「經濟人」吞噬。

然而，這種經濟自由主義長遠來看並不會使我們自由，最後兩個關於公共利益的願景頗為清楚地呈現，當經濟成為我們共同生活的主模式時，我們愈來愈容易把自己交給經理人和專家管理。如果社會碎裂成每個人都代表一個特殊利益，那麼就像托克維爾所預見的，我們只剩下像「校長」一樣的國家能照顧我們，阻止我們互相殘殺。

但若麥迪遜、托克維爾和德布斯的恐懼如今似乎逐漸成真，令人憂心，或許他們當初抱持的希望也值得我們聽取。他們認為一個自由民族的存續，取決於復興一個能在政治領域有所發揮的公共美德。一個自由社會解決問題的方式，不僅取決於它的經濟和行政資源，還取決於它的政治想像力。因此，政治願景對理解現狀和改變的可能性有不可或缺的作用。在後工業、後現代的時代，我們還有可能再次成為公民，一起追求共善嗎？

結論　轉變美國文化

誠如在前一章看到的，許多關於美國社會以及它該往哪裡去的思考，相當狹隘地聚焦在我們的政治經濟上。這種專注是有道理的，因為政府和大企業是美國社會最強大的結構，影響著包括我們的文化和性格在內的其他一切。但如果只在乎政治經濟面，這個關注的成效將嚴重受限。結構並非不會改變。結構經常被社會運動改變。社會運動從意識、輿論氛圍和文化的變化中誕生，同時影響著這些變化。本書追隨托克維爾和其他古典社會理論家的腳步，關注包括意識、文化和日常生活習慣在內的民德（「心的習慣」）。研究這些民德是有意義的，不是因為它們很強大（至少在短期內，權力屬於政治和經濟結構），而是因為另外兩個原因。首先，研究民德幫助我們洞察社會的狀態、它的連貫性，以及它的長遠可行性。其次，恰恰是在民德的領域，還有它們展現出的輿論氛圍中，我們比較容易辨識出理念願景的初步變化，這一連串可能暗示社會前進方向的全新社會想像。

時代變遷？

在本書中，我們記錄了現代性似乎必然導致的分離和個體化的最新階段。約翰．多恩（John Donne）在現代萌芽之初的一六一一年，以偉大詩人有時展現出的先見之明，生動地描述了這個分離和個體化的過程：

> 一切都成了碎片，凝聚力徹底消失；
> 供給成了一切，而一切關係：
> 君臣父子，皆被遺忘，
> 人人都以為他必須
> 成為一隻鳳凰，然後才能變得
> 與眾不同，才能成為他自己。[1]

在多恩生活的世界，親族與村莊紐帶，還有封建義務已經開始鬆動，不過只有少數人意識到這將帶來多麼重大的後果。

美國的殖民者是一群從歐洲舊結構中脫離的人，因此在現代化的過程中，我們從一開始就領先了一步。然而，殖民者也帶來了社會義務和群體組成的觀念，這些觀念促使他們在美國再現家庭、教會和政體的結構，從而延續昔日歐洲社會的肌理，儘管這些結構會有些修改。我們花了點時間才逐漸看清楚，每個社會義務都是脆弱的，個人之間的每個紐帶都很脆弱。而我們所謂的本體論個人主義，也就是主張個人是唯一不可動搖的現實的觀念，也是花了點時間才逐漸變得普遍。即使在我們這個時代，當分離和個體化已經到達某種頂點，它們的勝利也還沒畫下句點。現代性的戰役還在進行。

但今天，人們已不再全心全意地作戰。曾有一段時間，分離和個體化在「自由」的戰吼下，被視為通往無限可能的美好未來的關鍵。確實，世上總是會有人像多恩一樣，緬懷過去，懼怕當下，也總是會有人警告我們正在踏進未知的危險之中。同樣的，世上仍有一些人對現代性保有熱情，他們談論著「第三波」（the third wave）或「水瓶座時代」（the Aquarian Age）①，或一個能讓脫離的個體化最終實現的新典範。然而，今天最常見的，是一種不確定性的氣氛，不是渴望轉頭回到過去，而是對我們似乎正在邁向的未來感到焦慮。在這種觀點看來，現代性似乎是一段急劇變化的時期，一個從相對固定到尚未明朗的過渡。很多人可能會覺得十九世紀英國詩人馬修·阿諾（Matthew Arnold）以下這番話仍然適用，他說我們：

> 徘徊於兩個世界之間，一個已經死去，
> 另一個難產中，無力被生出來。[2]

現代的希望正從我們身邊溜走是許多人普遍的感受。本來應該是要讓我們擺脫迷信和暴政的啟蒙運

① 譯注：在流行文化中通常指一九六〇年代和七〇年代的嬉皮和新時代運動的鼎盛時期。新時代運動的新時代指的就是即將來臨的水瓶座時代，根據不同的星座學家計算，人類進入水瓶座年代的大致時間為二十七世紀。

動和解放運動，卻在二十世紀把世界帶向了史無前例的極端意識形態狂熱和政治壓迫。本來應該幫助我們開啟大自然慷慨恩賜的科學，卻給了人類毀滅地球萬物生靈的力量。進步是現代性的主旨，不過當這個進步看起來是朝深淵前進的進步時，就顯得不那麼有魅力了。今天全球被劃分為三個部分：沒有連貫性的自由世界，似乎正在失去自身理想；暴虐過時的共產國家主義；以及正試圖踏上現代性第一級階梯、往往由暴君統治的貧窮第三世界。在自由世界，國家本來應該扮演中立的守夜人，在個人追逐各自的利益時維護整體秩序，而今國家卻變成擁有軍事能力的龐然大物，而且似乎就快要變成插手一切事務的警察。

然而，儘管有諸多令人卻步的擔憂，許多和我們交談的人仍充滿希望。他們意識到，雖然分離和個體化的過程，對於把我們從過去的專制結構中解放出來是必要的，但如果不希望分離和個體化最終走向自我毀滅或造成自我抵觸的結果，就必須以責任和社區的復興加以平衡。要是我們能夠提起勇氣，就會發現責任和社區的復興，確實是一個等著被生出來的世界。

分離文化

我們之所以難以想像現代性僵局的出口，其中一個原因是現代性在一定程度上制約我們的意識。如果現代性是「分離的文化」，那麼多恩說的「一切都成了碎片，凝聚力徹底消失」，真的是捕捉到現代性的精髓。當世界以碎片、片段的姿態呈現在我們面前，缺乏任何整體模式，我們很難看出它可以如何被改造。

片段性的感覺是高知識文化，也是流行文化的特點。先說科學，這是我們上層文化最受尊重也最有影響力的部分。我們一眼就能看出科學不是一個整體，它提供對現實的一般解釋，就像神學和哲學曾經做過的那樣，它是許多學科的集合體，但每個學科都與其他學科幾乎沒有關係。誠如英國哲學家史蒂芬・圖爾敏（Stephen Toulmin）不久前所說的：

> 科學研究的任務自十七世紀初期起逐漸劃分為各自獨立的不同學科，並且在接下來幾世紀愈發朝這個方向發展……每個獨立的科學學科都以自己的特殊抽象方法為特色：而每個學科要考慮的問題是如此明確，以至於它們可以完全不顧屬於其他學科的問題，展開獨立的調查和討論。因為每個學科有各自的抽象方法，過去在辯論自然問題時關注的「宇宙相互關聯」的概論性問題，已經被其他更專業的學科問題取代……（也就是說）十九世紀和二十世紀初科學的實際內容，變成了其組成學科的成果總和，而不是成果整合。[3]

圖爾敏對自然科學的分析套用在社會科學上也成立，事實上，套用在當代知識文化細分出來的所有「學科」和「領域」都成立。就像法國人類學家路易・杜蒙（Louis Dumont）曾說：

> 在現代世界裡，我們的每個特定觀點或專業愛好都不太清楚，甚至完全不知道，它們各自的目的，以及它們存在或獨特的原因，它們往往被當作一種事實，和共識或理性無關。就好像，我們的理性主要是一個手段和目的相互關係的問題，可是當目的的等級體系被忽略，理性自然被迫表現在我們整齊劃分的一個個獨立領域裡，而不是表現在這些領域的分布、定義和安排之上。[4]

詩人暨社會評論家溫德爾．貝瑞描述在一個追求分離和專業化的文化中，詩歌的地位會有什麼改變。由於科學專攻對世界外部現實的研究，詩人只能談論不屬於外部現實領域的內心感受。詩人本身就是他主要的題材，「傳統的真善美結合被打破了」。這樣的詩人不再有公共性，因此即使像最近他們當中有些人開始抗議，那也是一種私人性質的抗議。誠如貝瑞所指出的：「在他的抗議中，當代詩人公開地發表言論，可是不是作為一個代言人；他不過是一個憤怒的公民，對著一些不認識他、他也不認識、不同情的其他公民說話。」[5]近代有位詩人試圖仿效但丁，把整個世界的政治、經濟、文化，整合為一首浩瀚詩篇，但他充其量是證明了在現代的條件下，這種整合毫無可能性。根據海倫．文德勒（Helen Vendler）的評論，艾茲拉．龐德（Ezra Pound）的《詩章》（*Cantos*）是「細節的雜物堆」，是一「山丘的碎陶片」，就連龐德本人最後也說：「我沒辦法把它連貫起來。」[6]

上層文化領域的這些發展，對教育產生了毀滅性的影響。傳統上，學生，特別是高等教育的學生，應該要大致了解這個世界，以及他們在世界裡的位子。但在當代的多元大學（multiversity），教育比較像是一個自助餐廳，學生在其中獲取大量互不相關聯的資訊或實用技能。大學不時被試圖扭轉這些趨勢的薄弱嘗試擾動，但最近一次擾動，也就是建立一個「核心課程」的嘗試，最後往往變調為不同學科之間的鬥爭，實質核心的概念在學科之中已蕩然無存。因此，這種嘗試比較像是美國文化斷裂的病徵，而不是治療美國文化斷裂的方法。

把目光從知識文化轉向流行文化，尤其是大眾媒體時，我們看到的情況只是更令人沮喪。雖然知識文化的學科和子學科「隔間」，彼此沒有太多整合，但至少在每個「隔間」內，追尋真理還是有意義的，而且充滿熱誠。但在流行文化中，就連追尋真理都談不上。拿電視這個極端的例子來說，主張電視傳達了任何連貫的意識形態或整體訊息，實在太過牽強。

電視節目主持人為他們的角色辯護，主張他們不過是反應了真實的文化，這論點在一定程度上的確有某種合理性。他們沒有支持任何一套明確的信念或政策，可是對一切都投以懷疑眼光。他們絕不美化「權力結構」。大企業不值得敬佩；大企業領導人經常都是渴望權力的惡霸，而且毫無道德忌憚（例如一九七八年肥皂劇《達拉斯》裡的虛構角色尤文〔J.R. Ewing〕）。懷疑的烏雲籠罩著政府：政治人物都是騙子。勞工的形象被嚴重玷汙：勞工領袖盡是些暴徒。美國知識文化典型的真相揭露也是大眾媒體的特徵。雖然電視不說教，可是它呈現的現實樣貌，比公開訊息對我們的影響還要大。誠如托德・吉特林（Todd Gitlin）所言：

> 電視的世界無比樂觀、乾淨且唯物。除了少數例外，黃金時段節目呈現在我們面前的，一概是全神貫注追求個人野心的人。這些角色把野心和恐懼視為理所當然，不然就是徹底被個人野心和淪為失敗者的恐懼吞噬。這些角色本身就是令人嚮往的欲望化身，不然就是被中產階級的大批消費者商品包圍。他們渴望的是屬於個人的幸福，不是屬於大眾的幸福；他們很少對整個社會提出要求，而且即使不順遂的時候，似乎也對現有的制度性秩序感到滿足。個人野心和消費主義是他們生活的驅動力。多數電視劇奢華明亮的劇中場景，無異於宣傳以消費為中心的美好生活，這甚至還沒有把無止境的廣告納入考量。這些廣告傳達的觀念是，人類對自由、快樂、成就和地位的渴望，都可以在消費領域內實現。黃金時段節目持續放送的背景訊息，就是包裝販售的套裝美好生活。[7]

吉特林的描述用在日間時段和黃金時段的肥皂劇顯得最為貼切，相較之下，沒有那麼適合用來描述情境喜劇。人與人之間的關係在情境喜劇中通常比較和氣。事實上，情境喜劇經常描繪人們在可能獲取私人利益的誘惑下，嘗試做出欺騙或背叛的舉動，但最終決定把家人或朋友擺在擴大物質收穫之上。然而，肥皂劇和情境喜劇是以同一種對比作為基礎：人性的光明磊落和追逐經濟成功的野蠻競爭之間的對抗。儘管在肥皂劇中，冷血無情的權勢富人往往是不快樂的，而在情境喜劇中，正派的「小人物」往往是快樂的，但兩者都描繪一個以經濟競爭為主導的世界，在這樣的世界裡，人們唯一的避風港是一個很小的溫暖人際圈。因此，物質追求的壓倒性優勢，就是籠罩著縮小版「傳統道德體系」的「現實」。

當然，上述一切不曾真正在電視中被提出來。由於這個媒介比較適合傳達圖像和感受，而不是觀念思想，電視試圖藉由一連串的感受來抓住我們、吸引我們。由於不同的感受沒有高低之分，這意味著看什麼節目都一樣。我們從益智節目轉到情境喜劇，轉到血腥警察辦案劇，轉到關於名人的迷你劇，隨著我們一次次按下轉台鍵，一切都被忘光了。

但不僅一個個電視節目之間完全沒有連結可言。即使在一個小時或半個小時的節目中，也存在驚人的不連貫性。廣告用屬於它們自己的、往往截然不同的情緒訊息，規律地打破節目本來營造出的氣氛。即使不談廣告，電視風格也異常地突兀和跳躍，在很多不同場景和角色間快速切換。對話被簡化為短促的句子。沒有人的發言長到足以表達任何複雜的東西。就算真的有情感深度，也得用一個詞或一個眼神來表達。

電視的形式與內容密切相關。除了在套用既定公式的情境喜劇（即使在情境喜劇中，離婚也愈來愈普遍），人際關係的脆弱多變就好像移動的鏡頭。多數角色都被證明既不可靠，而且玩弄兩面手法。在描述堅定的承諾時，譬如警察辦案劇中會看到的情況，通常也是僅止於好兄弟之間，而他們周遭、甚至警隊內部的氛圍則是充滿不信任和懷疑。

如果流行文化，特別是電視和其他大眾媒體，把缺乏任何質性差異（qualitative distinctions）變成一種優點，如果知識文化，因為四分五裂，無法對更宏大的存在問題發表任何意見，我們的文化是靠什麼凝聚在一起的？分離文化提供了兩種整合（或者我們應該說是偽整合），其源自功利個人主義和表現個人主義。第一種是個人成功的夢想。誠如吉特林的評論所言，電視為我們呈現了被野心和淪為失敗者的恐懼吞噬的人。這是人人都心有戚戚焉的一齣戲，至少所有曾經接觸中產階級價值觀的人（誰沒接觸過呢）都會產生共鳴。儘管我們每個人在奮鬥中各自孤單，但至少我們發現其他同胞也在追求同樣的個人夢想。第二種是對生動個人感情的描繪。電視對人們有什麼感覺比較有興趣，而不太在乎他們有什麼的想法。人的想法可能會分裂我們，但感受卻會拉近我們的距離。因此，成功的電視人物和明星都是能夠自在地表達個人情感狀態的人。我們會覺得我們「真的了解這些人」。電視持續呈現在我們面前的消費商品，藉由提供我們心目中美好生活的象徵，將我們整合在一起。但這是一種奇怪的整合，因為我們融入的世界，完全是以進取和放鬆的陣陣交替為重心，而不帶有時間與空間、善與惡、意義與無意義的質性差異。而不管我們剎那間在別人身上看到多少自己的影子，誠如詩人阿諾在一八五二年說過的，我們真的是：

> 在生命的汪洋中成為孤島……
> 我們芸芸眾生獨自生活。[8]

連貫性的文化

但這不是故事的全貌。這不可能是故事的全貌，因為就算分離文化真的有變成主導力量的一天，它也會因為自身的不連貫性而崩潰。或者，更可能發生的情況是，早在它崩潰之前，一個專制國家就會出現，提供文化不再能提供的連貫性。如果我們不完全是聚合體中一堆可互換的碎片，如果我們在某種程度上是整體中有質性差異的成員，這是因為許多傳統仍然在我們之中運作著，無論它們的運作遇到多少困難，這些傳統告訴我們世界的本質、社會的本質，以及我們作為公民的身分。誠如我們所見，這些傳統主要源自聖經和共和主義，被很多美國人重視，而且幾乎對所有人都有某種程度的重要性。家庭、教會、各種文化社團，還有（即使只是穿插在空隙間的）學校和大學，確實設法傳達了一種生活方式，一種教育（*paideia*）②，讓人們在一個從道德和知識上都可以理解的世界長大。

我們談論過的記憶社群關心以各種方式為實際生活、時間與空間、個人和群體賦予質性的意義。舉例來說，宗教社區對時間的感受和大眾媒體呈現的不一樣，不是毫無質性意義的感受的連續流動。對宗教社區而言，神聖和世俗的交替穿插在每一天、每一週、每一季、每一年之間。禱告在用餐前、一天結束時、共同禮拜儀式中，闖進我們的日常生活，提醒我們，功利主義的追求不是生活的全部，提醒我們，充實的生活是優先想起上帝和鄰居的生活。我們有很多宗教傳統都相信沉默的重要性，藉由沉默打破連續不斷的感受流動，並敞開心扉接受生命的完整性。我們的共和傳統也有方法把時間變得具體，在特定日子提醒我們曾經發生的重大事件，或提醒我們是哪些英雄教會我們如何當一個自由的民族。就連我們的私人家庭生活也有共同的節奏，穿插著感恩節晚餐或七月四日野餐。

簡言之，我們從來不是，現在也不是，除了有意識地簽下創建一個最小政府的契約外，毫無共同點的一群私人個體。我們的生活有千百種意義，其中多數意義，我們壓根沒意識到，因為許多傳統都有數百年、甚至數千年的歷史了。正是這些傳統幫助我們了解，我們是誰，我們如何對待彼此，是很重要的。即使大眾媒體傾向把感覺和感受同質化，也不能完全避免傳播這些質性差異，無論是以多麼無聲的形式。

但如果我們生命的意義來自我們很少有意識地思考的聖經和共和傳統，難道這些傳統的侵蝕最終不會徹底剝奪生命的意義嗎？我們是不是被夾在了碎片化知識文化的上層磨石，和碎片化流行文化的下層磨石之間？美國人並不想要生活的意義和連貫性被侵蝕。我們在多數受訪者身上看到的對理想小鎮的強烈嚮往，事實上，就是對生活意義和連貫性的渴望。儘管對小鎮的嚮往是懷念無法挽回的逝去，但值得思考的問題是，小鎮生活曾經體現的聖經和共和傳統，有沒有可能被再挪用，以便回應美國人的當前需要。事實上，我們認為，如果我們真的希望能進入迄今還在難產中的新世界，那就必須扭轉現代性消滅所有過往文化的傾向。我們需要從人類物種的文化財富中再次學習，並再挪用和重新振興這些財富，好讓它們可以反映我們今天的情況。

知識文化本身存在不安和擾動的事實，給了我們一點希望。圖爾敏告訴我們：「今天的自然科學不再是『現代』科學。」它是一門「後現代」科學，在其中，學科界線以歷史偶然的形式開始出現，同時本質上「跨學科」的問題開始被提出來討論。這是因為我們意識到，我們終究無法把我們自己和我們的研究對象區分開來。就像圖爾敏說的：「我們不能再聽從笛卡兒和拉普拉斯（Laplace）的要求，以『理性旁觀者』的立場，從外部看待世界。」我們必須把自己放進我們正在研究的世界裡，而無論我們取得什麼樣的科學認識，它必須是處在自然演進之中的參與者（換句話說，就是從內部）也可以得到的認識。[9]或許詩人、神學家和科學家所感知的自然，說穿了都是一樣的。至少，現在有討論這種可能性的空間。社會科學也有一樣的發展。在那個領域中，研究歷史和扮演歷史的行動者，似乎沒有我們想像的

② 譯注：希臘文，指古典希臘與希臘化文化的教育和訓練體系，引申義和拉丁文的人文學（humanitas）相同。

那麼不同。如果美國上層文化能夠開始談論自然和歷史、空間和時間，用不會把它們分解成碎片的方式，我們有可能找到自己和昔日富有意義的人類生活之間的聯繫與相似處。這並不會造成有可能把我們遣返回過去的一種新傳統主義。相反的，它可能使我們找回一個實實在在的傳統，一個總是自我修正並且持續發展的傳統。它可能幫助我們重新找回我們幾乎已經失去的連貫性。

社會生態

圖爾敏提出了某個自然科學的跨學科發展，和社會實踐的變化有深刻關係，是一個極富啟發性且值得參考的例子。生態學研究汲取眾多學科的成果，然後提出一個綜合性問題：包括人類在內的生物在共同棲息地上生存時，彼此間有什麼樣的關係？考慮到人類目前對地球產生了巨大的影響，而地球是人類、也是所有其他生物的棲息地，作為科學的生態學作為一門科學，和作為哲學以及社會運動的生態學有緊密的關聯。圖爾敏的意思不是說，生態科學和生態社會哲學是相同的。他只是要強調兩者沒有辦法被分開，因為每個生態學「事實」都有倫理的意義。[10]

主張「社會生態」這個東西的存在（就是前面章節提到的「道德生態」），只是把圖爾敏的論點往上推一層。社會生態提出了一些與自然生態相關且平行的問題。人類及其社會的相互關聯根深柢固，因此我們採取的行動會對他人的生活產生巨大影響。社會科學在很大程度上就是為了把這些影響闡述給我們了解。

在不貶損現代科技成就的前提下，我們現在看清科技對自然生態造成了毀滅性驚人的後果。我們正努力嘗試減輕和逆轉損害，試著恢復生態平衡，因為一旦生態平衡完全喪失，可能會帶來大災難。現代性對社會生態也造成了類似的破壞性後果。自有歷史記載以來，人類就不曾停止互相傷害，但現代性讓我們有本事引發史無前例的破壞。社會生態不僅受到戰爭、種族滅絕和政治鎮壓的破壞。它也因為把人類凝聚在一起的微妙紐帶被摧毀而受到破壞，使他們感到驚恐又孤單。時間讓我們看清，除非開始修復對我們社會生態的破壞，否則根本不用等到自然生態災難發生，我們就會提早自我毀滅了。

幾個世紀以來，我們一直相當投入在增加我們的自由、財富和權力。一百多年來，很大一部分的美國人，也就是美國的中產階級，一直認為生活的真正意義在於獲得不斷提高的地位、收入和權威，然後真正的自由將隨之而來。我們的成就斐然。它們讓我們立志在一個端正世界裡，成為一個人道社會，並提供許多可以實現這個抱負的手段。然而，我們似乎正徘徊在災難的邊緣，不僅是來自國際衝突的災難，還有來自美國社會內部失去連貫性的災難。是哪裡出了錯？我們該如何扭轉跌入深淵的頹勢？

在思考哪裡出了問題時，我們需要求教於我們的傳統，以及當前可用的最佳知識。從國際社會到國內社會到地方社區再到家庭，每個層級都沒做好的部分就是整合。借用溫斯羅普的話，我們忘記「我們屬於同一個主體」。我們犯下了我國共和派建國者眼中的大罪：我們把我們自己的個人、團體、民族利益，擺在公共利益之上。

聖經和共和傳統都告訴我們，從一個社會如何處理貧富問題就能檢驗它的健康程度。《新約聖經》向我們展示與同時代其他貧苦人（*anawim*）為伍的耶穌，他知道富人回應他的召喚時可能遇到的困難。《舊約》和《新約》都說得很明白，貧富分化嚴重的社會不符合上帝的旨意。從亞里斯多德到美國開國者，經典共和主義理論賴以為基礎的假設之一是，除非一個社會的條件大致平等，否則自由制度無法在這個社會中生存。另一個假設是，極端的富裕和貧困跟一個共和國是互斥的。傑佛遜震驚於他在法國看到的巨富和赤貧，而且因為美國社會沒有這樣的極端分化，就對我們作為一個自由民族的未來充滿信心。當代社會科學文獻證明了貧窮和歧視造成的後果，因此多數受過教育的美國人都知道，造成我們的世界和鄰里社區不安全的大部分原因，都是源自經濟和種族的不平等。[11]毫無疑問，我們的受訪者多數都偏好生活在一個聖賢治國、敦親睦鄰的世界，而不是我們現在的世界。

但因為我們揮之不去的矛盾心態，解決我們問題的答案依舊混沌不明。當景氣不那麼好的時候，我們覺得至少我們自己的成功事業，將會拯救我們和我們的家人遠離失敗和絕望。我們不顧內心的懷疑，禁不住想要相信從富人餐桌掉下來的麵包屑，就能改善貧窮，就像新資本主義意識形態所說的那樣。我們當中有些人經常覺得，多數人則是有時候會覺得，在我們「出人頭地」而且可以瞧不起還沒成功的人之後，我們才算得上一號人物。

美國夢通常是一個非常私人的夢想，夢想成為明星，無與倫比成功和令人敬佩的明星，在一群不知道如何脫穎而出的普通人當中顯得出類拔萃的明星。由於我們相信那個夢想已經有很長的時間了，而且非常努力地去實現它，放棄它變得很難，儘管它和我們心中的另一個夢想相互矛盾——生活在一個能讓人感到不枉此生的社會。最令我們感到害怕的東西，同時也是新世界遲遲無法誕生的原因就是，如果我們為了更真實凝聚的社會共同體，放棄追求個人成功的夢想，我們將放棄我們的分離和個體化，陷入依賴和專制暴政。我們難以看清，其實真正威脅我們個體化的是現代世界的極度碎裂；而分離和個體化最棒的禮物，也就是我們生而為人的尊嚴和自主性，需要一個新的整合，否則無法維持。

朝更高水準的社會統整、更有活力的社會生態改變的想法，也可能遭到抗拒，被視為極度不切實際，想要創造完美社會的計畫。但我們所說的轉變既有必要，而且強度適中。事實上，如果不轉變，我們大概也沒有什麼未來可言了。

改組社會世界

美國文化和社會必須在多個層面發生轉變。如果轉變只發生在個人的想法之中（在某種程度上，這已經發生了），它將不會有影響力。如果轉變完全來自國家的主導，那就成了專制暴政。大量人口的個人轉變是必要的，而且絕對不能只是意識的轉變，還必須涉及個人行動。不過，個人需要具有道德傳統的群體從旁扶持，強化他們自身的抱負。我們在書中討論過的一些記憶社群，或含蓄或明確地信守道德的承諾，這些承諾要求我們在現狀中創造新的社會生態。但從現有的團體和組織中，美國還需要發展出一場致力於促成這種轉變的社會運動。我們曾多次以民權運動為例。民權運動永遠地改變了意識，我們看到個人對種族的態度徹底改變，而且它改變了我們的社會生活，消除對種族的公開歧視表現。如果民權運動未能根本地改變黑人在美國社會中的地位，那是因為改變美國黑人的社會地位，需要的恰恰就是我們現在正在討論的美國社會生態變化。因此，一場改變美國社會生態的運動，將成為民權運動的繼承者和實現者。最後，這樣的一場社會運動將導致政府和經濟之間關係的變化。這不一定意味著對經濟更直接的控制，國有化更是絕對不可能。這將意味著改變商業運作的大環境，以便鼓勵經濟民主和社會責任方面的新措施，無論是來自「私營」企業還是自主的中小型公共事業。在恢復美國社會生態的道德考量脈絡下，我們在前一章討論過的管理社會和經濟民主支持者的提議值得考慮，也是適合採納的提議。[12]

真正具有變革性的社會運動不會在實現一些目標後就消失，讓政治進程繼續保持原狀。恢復民主政治的尊嚴和合理性，將是這種社會運動最重要的貢獻之一。我們在前面幾章已經看到，美國人對政治的懷疑態度，他們認為在政治領域裡，意見和利益的分歧，只能透過權力和操縱來解決。社會生態的恢復將使我們能夠把利益和共善的概念連起來。更明確理解我們的共同點，以及我們想要攜手實現的目標，我們之間仍然存在的分歧就會變得不那麼有威脅性。我們可以採取行動改善明顯不公平的差異，同時尊重以可理解的道德承諾為依據的差異。當然，有效的政治制度，可能也包括經過重振的政黨制度，必須要有一個能討論實質正義而不僅是程序規則的政治論述。

顯然，主要局限於程序面的薄弱政治共識，無法支撐一個有效又連貫的政治體系。過去幾十年，這點變得愈來愈清晰。我們一直不敢嘗試達成更基本的共識，因為害怕這個常識可能會產生超出接受範圍的衝突。但如果我們有勇氣面對日漸惡化的政治和經濟困難，我們可能會發現，社會上的基本共識比我們原來想像的還要多。提高公共政治論述的水準使根本問題得到解決，而不是被掩蓋，無疑是唯一的方法。[13]

如果恢復社會生態的壓力確實如我們所言，政府在新的政治氛圍中可以採取的一個關鍵動作就是，減少「失敗的懲罰和成功的獎勵」（借用克里斯多福．詹克斯〔Christopher Jencks〕的話）。[14]減少對胸懷大志的不合理獎勵，減少我們對淪為失敗者的不合理恐懼，工作的意義在美國社會將有可能發生重大改變，然後引發其他相關的改變。若要產生真正的改變，這樣的獎勵轉向必須是再挪用職業或使命觀念的一部分，以新的方式回歸到把工作看成為所有人的利益貢獻己力的觀念，而不是把工作視為追求個人晉升的手段而已。

如果和工作有關的外部獎懲被減低，人們更有可能根據工作內容本身給人的滿足感做職業選擇。本質上有趣而且有價值的工作，是恢復社會生態的核心要求之一。對專業人士而言，他們想要更清楚地知道，他們多數人效勞的大型機構對公共利益有所貢獻。幫助某間大企業在商場智取另一間大企業的年輕律師（或聰明的老律師，重點不在年紀），有足夠的聰明才智懷疑他或她職場作為的社會效用。這項工作可能很有趣，甚至具有挑戰性又刺激，然而它在宏觀道德面或社會面的無意義本質，必然會產生一種疏離感，企業律師相對優渥的收入也只能部分地緩解這種疏離。那些從事報酬低，而且內容既無聊又重複毫無挑戰性的職場工作者處境更糟。把數百萬公民變成機器人之僕的自動化，已經構成一種專制統治，無論再多的私生活之樂都無法彌補（而對只有最低技能並領取最低工資的人而言，私生活的快樂實在不多）。自動化帶來的社會財富，如果不是被頂端的少數人吸走，可以花在具有內在價值的工作，像是用來復興手工藝（在為富人提供商品方面已經蓬勃發展）和改善公共服務。在例行性工作必不可少的情況下，可以透過讓工人更充分參與企業，讓他們了解自己的工作對最終產品有什麼貢獻，藉以降低枯燥乏味的感覺，而且讓工人的意見能實際影響企業營運。

毫無疑問，工作表現傑出給人的滿足感，也就是「追求卓越」，是一個永久且積極的人類動機。如果工作的獎勵是獲得同胞的贊同，而不是龐大私人財富的累積，它可以對共和國創建者口中的公民美德有所貢獻。事實上，在一個被恢復的社會生態中，這將是主要的公民美德形式。有些正面影響也將從中產生。

舉例來說，私人與公共、工作與家庭之間發展超過一個世紀的分裂關係，可能開始癒合。如果工作的價值理念不那麼強調殘酷競爭，而是更注重職場生態的和諧，就能和私人生活的價值理念更協調，特別是家庭生活的價值理念。不要對職場晉升太過投入，同時減少男性和女性的工作時間，女性就可以更不費力地成為工作場所的一分子，而不用放棄家庭生活。同樣的，男性可以自由選擇在家庭和育兒方面扮演平等的角色。這麼一來，起初看似僅止於工作性質的變化，結果也會對家庭生活產生重大影響。

工作意義從追求個人騰達變成為大眾貢獻，可能帶來的另一個影響是削弱隱藏社會複雜性的動機。意識到人與人之間錯綜複雜的相連性與相互依賴，將成為工作價值理念的一部分。我們將不再懼怕社會災難，也不會因為期待不合理的獎勵而誇大我們自己的獨立性。有了這樣的改變，我們或許就更能夠理解，為什麼儘管每個人都應該享有同等的尊重，可是我們當中有些人一出生就帶著其他人沒有的家庭或文化的優勢或劣勢。又或者，由於我們不會老是把生活想像成一場競賽，想像速度最快的人能贏得所有獎項，我們可能會開始從道德角度理解，人與人之間存在真正的文化差異，並非人人都想要同樣的東西，在生活中，對追求野心抱負以外的事感興趣，並不是一種道德缺陷。簡言之，復原的社會生態可能有助於減輕我們對弱勢群體造成的傷害，而不是去責怪受害者，或試圖把他們變成中產階級高成就者的複製品。

不同於我們在第十章批評的部分人士，我們絕對不是主張，在經濟的組織方面有一些新意，所有問題就迎刃而解了。工作意義的改變，和工作與獎勵之間關係的改變，的確是美國社會生態恢復的核心關鍵。但這樣的改變牽涉到深刻的文化、社會、乃至心理轉變，而單靠專家微調經濟制度不會帶來這種轉變。相反的，在各個方面，制度變化、教育變化和動機變化將齊頭並進。舉例來說，我們的任務有一部分很可能涉及恢復過去的「公司」（corporation）概念。誠如艾倫．特拉登堡（Alan Trachtenberg）所言：

> （公司）一詞是指將個人結合在一起形成**主體**（*corpus*）的任何集體，一個以共同名稱共享同一個目標的機構。在過去，這通常是公共的或宗教的目標；自治市鎮、行會、修道院和主教轄區，是歐洲最早的公司形式表現……過去的不成文假設是，組成公司的機構藉由促進公共利益取得的特許權，就像今天的非營利公司一樣……直到內戰之後，人們普遍認為公司執照是一種特權，唯有州立法機構的特殊法案有權授予，而且只會授予目標符合公共利益的公司。成立公司尚未被視為任何私營企業只要提出申請就能獲得的權利。[15]

就像我們在第十章看到的，直到一九一一年，波士頓大商人希金森還可以根據早期的新教管家觀念，主張公司財產「屬於社區」。

重申組成公司是將公共權威讓予私人團體，**以換取**它們為公共利益服務，同時具有有效的公共問責性，這個觀念將改變今天所謂的「企業社會責任」，把企業社會責任從時下常見的妝點公司形象的公關外衣，變成構成公司本身的結構性元素。而這又會牽涉到經理人角色和培訓的根本改變。

管理這個職場專業將重拾「管理」在過去的意義，不僅涉及技術能力準則，還涉及公共義務準則，在發生衝突的時候，其公共義務準則可以凌駕對公司雇主的義務。這樣的專業經理人概念，需要工商管理學院價值理念的深刻改變。在管理學院，「企業倫理」必須成為職業養成過程的核心。如果在企業管理上取得成就的獎勵不是如此不合理的高，人們就可能是出於更熱心公益的動機選擇這個職業。簡言之，個人的、文化的和結構的改變，全都相互牽連。

世道人情

很少有訪問對象在描述美國社會面臨的問題時，使用和我們一模一樣的字眼。但也很少有人對致力於「追求個人抱負和消費主義」的生活感到滿意，大多數人都想要超脫自私自利生活的局限，無論用什麼方式。如果美國有大量自私、自戀的「唯我世代」，我們沒有找到這些人，但我們卻看見個人主義語言、美國主要的自我認識語言，限制了人們的思維。

很多美國人會透過一些往往非常嚴格的自律、練習和「訓練」，致力於嚴肅的、甚至苦行的自我修煉。可是，這些作為是否會通往他們追求的自我理解或自我實現，抑或只是會導致過度的自我操縱，造成適得其反的結果。但對那些正在嘗試找到自己的人而言，在尋找自我的過程中找到超越自我的東西，也不是一件罕見的事。舉例來說，有一位禪宗的學生說：「我開始學禪是為了讓自己有所收穫，為了停止受苦，為了開悟。不管收穫是什麼，反正就是要為自己好。我是我自己的主人，然後我想要得到一些什麼。我發現要有所收穫，首先我必須放棄對自己的控制。現在它控制了我，不管這個『它』是什麼。」[16]這個學生的發現是，我們不會在為了自利的算計控制中找到生命的意義。事實上，透過自律地實踐禪修生活，這位學生發現自己更穩重自持，而不是一味貪求。不出所料，這個例子裡的「自我認識」發生在第二語言、佛教禪宗的譬喻語言中，以及試圖把這個語言付諸實踐的社區中。

很多美國人比較重視從和他人的密切交往中找到生活的意義，而不是透過自我修煉。戀愛關係在美國社會仍然被理想化。毫無疑問，戀愛關係可以是非常自我放縱的一種關係，甚至成為利用他人滿足自己的藉口。可是，戀愛也可以揭露自我的貧乏，使我們在心愛的人面前發自內心地謙卑。我們在前幾章提到過，偏好心理治療的人，儘管非常保護他們的個人自主性，仍尋求長久的依附關係，以及一個可以滋養那些依附關係的社區。就像在自我修煉的例子中，在這個和他人建立緊密關係的渴望之中，藏著超越孤立自我的企圖，儘管個人主義的語言使人們有時候難以闡明這份渴望。很多被稱為「消費主義」而且往往因為這個惡名而受譴責的東西，必須放在同一個模稜兩可、相互矛盾的背景中理解。無論是創造一個美麗的地方居住，在歡樂氣氛裡享受美食，到可以享受藝術品的地方參觀，或者只是躺在日光下，到海裡游泳，這些嘗試經常有為另一個人付出的成分，並且在一段堅定的關係中得到意義。[17]如果創造消費導向的生活型態，像是「光鮮亮麗之人」的生活型態，或者圍繞著一個舒適的家和一輛露營車的生活，成為對一個危險又無意義的世界的抵禦，它所承受的負擔可能超出其可負荷範圍。在那種情況下，超越自我的努力過早地結束在托克維爾提到的「家人朋友的小圈子」，但即便如此，最初創造那種生活型態的推動力也不單純是自私。

隨著賦予日常生活審美和道德意義的傳統生活逐漸衰弱，美國人一直不停地隨機應變，在創造替代方案上大致還算成功。他們從事各式各樣的藝術、體育和自然體驗活動，其中有些人甚至極為投入，有時是以觀眾的身分，但更常扮演積極的參與者。其中一些活動有悠久的傳統，需要大量練習，芭蕾舞就是一例。其他活動，像是在鄉間散步或慢跑，也許是純粹的靈機一動，不過並非缺乏共同意義的骨幹。人們從事這些活動時，還算頻繁地出現強烈意識時刻，有時被稱為「高峰體驗」（peak experiences）。一股深刻的幸福感在這些時刻使日常生活中的種種功利關注黯然失色。但高峰體驗消除日常生活壓力的能力微乎其微，充其量只能暫時舒緩壓力。如果這些活動有任何社會展現可言，最容易出現在我們所謂的生活型態飛地之中。圍繞這些活動組成的團體轉瞬即逝，成員人數也因活動本身受限，而且無力守住成員的忠誠度，沒辦法發揮太多公共影響力。這種以個人表現為主的團結只在極少數情況下，才會創造出類似公民意識的東西，譬如地方職業運動隊伍贏得全國冠軍，短暫引起一種城市歸屬感的狂喜。

很多和我們談話的人都受制於公共和私人世界的分裂；公共世界充滿激烈競爭，而私人世界應該提供意義和愛，把公共世界的競爭變得可以忍受。然而，有些人正努力克服這個分裂，使我們的公共世界和私人世界相互連貫——一言以蔽之，他們正努力恢復我們的社會生態。在第六章、第七章、第八章和第九章登場的希西利亞．道爾蒂、瑪麗．泰勒、愛德華．史瓦茲和保羅．莫里森，就是投入這些嘗試的例子。道爾蒂正努力打造一個「窮人」也能發表意見和參與公共事務的社會，一個她的子孫可以安心生活的社會。泰勒正試著做長遠的思考，至少為接下來的二十五年盤算，而不只是多數政客關注的未來一兩年。她關心修復美國自然生態和社會生態已經遭受的損害。史瓦茲擔心我們組織工作的方式喪失了人性，於是試圖把聖經與共和傳統的道德關懷引進經濟結構中。莫里森正嘗試經營一個牢固的教區生活，好讓他的會眾可以在世上履行真正有貢獻的志業。

這些人每個都利用美國的共和與聖經傳統，想要把已經變成第二語言的傳統再次變成我們的第一語言。我們在書中談論的「再挪用傳統」，就是指在傳統中找到養分，然後積極而有創意地在我們當前的現實中應用傳統。這些人讓我們看到再挪用傳統的具體樣貌。我們也許想知道，這些人在再挪用傳統時，從我們社會的主要文化機構得到了什麼樣的幫助。這是個一言難盡的故事。儘管我們的知識文化分裂，高等教育機構累積的成果的確給我們的部分受訪者提供了幫助。舉例來說，史瓦茲明顯受到一個嘗試重新思考共和傳統的當代美國政治哲學支派的影響。莫里森則借用當代神學和神學倫理，幫助他釐清自己的立場。雖然不一定能輕易發現，但我們破碎的知識文化顯然還是有繳出重要的成果。

當我們的大學承受空前壓力，被迫強調實際成果（例如技術成就和就業取向的技能），我們也聽到有人呼籲重申教育的古典角色，作為表達具有共同文化意義的個人志向的一種方式，使個人同時成為更充分發展的個體和自由社會的公民。伊娃．布蘭（Eva Brann）最近雄辯滔滔地在《共和國的教育悖論》（*Paradoxes of Education in a Republic*）為這個教育詮釋辯護。她辯稱在目前的教育中，學生必須在傳統和技術之間做選擇，而技術已經變得太過主導。[18]這導致在當今的多元大學中，很難找到一本書，甚至一部莎士比亞戲劇，是整個班級的學生人人都讀過的。當教育成為個人事業野心的工具時，它既不能提供個人意義，也不能提供公民文化。然而，不知何故，傳統還是莫名地被傳播出去，至少傳給了那些主動尋求它的學生。傳統之所以被傳播是因為仍有老師喜歡它，而且忍不住要把它傳給下一代。文德勒在一九八〇年「美國現代語言協會」（Modern Language Association）的主席講話，引用了華茲華斯《序曲或一位詩人心靈的成長》（*The Prelude*）結尾的一段話：

我們所愛的
將為他人所愛，我們將教他們如何愛我們所愛

她總結自己的論點說：

改革小學和國高中教育不在我們的權力範圍內，即使我們知道該如何展開這個改革。不過，我相信我們有能力改造自己，我們應該把傳授蘊藏在各大文化故事中的豐富關聯網視為第一要務，尤其是傳授給剛入學的學生，他們可以憑藉這些故事開始認識作為個體和社會一分子的自己……就我看來，所有大一英語課程至少應該花一半的時間閱讀神話、傳說和寓言；初階語言課程也該這樣做……我們有責任在學生第一次見到我們時，向他們展示我們的真面目：我們有責任提供豐富養分給求知欲在學校教育體制裡被長期壓抑的這些學生，讓他們在學習後發現，他們也愛我們所愛。[19]

如果我們可以說大學教育，可能還有幾所國高中，仍然在幫助我們把傳統變成生活中的重要資源，另一個和學校競爭栽培國家幼苗和提供成人進修的偉大文化機構「電視」，似乎就沒有做到這點。除了公共電視的一些重大貢獻外，多數節目都看不到任何連貫的傳統。

根據我們的訪問，還有我們對今日社會的普遍觀察，我們不清楚是否有很多美國人準備好對一直以來的生活方式進行重大改變。儘管不滿情緒普遍存在，包裝販售的套裝美好生活還是有很強的誘惑力。美國人很懂得尋找臨時方法，抵消社會生態受損造成的嚴酷後果。李維（Livy）關於古羅馬的評論也適用在美國的我們：「我們已經到了無法忍受我們的墮落，也無法忍受解決墮落之道的地步。」但比較有

洞察力的一些受訪者相信，我們若不改革共和國就會落入專制主義的關鍵時刻可能即將到來，有很多共和國都是我們的前車之鑑。

富裕社會的貧窮

湯瑪斯．霍布斯（Thomas Hobbes）在現代伊始時描繪了人類存在的概況，現在回顧起來，簡直就是現代社會的預言。他把「人類的生命」比作一場比賽，然後說：但我們必須假設，這個比賽除了成為領先者，沒有其他**目標**，也沒有其他**獎勵**，而且在比賽中……（以下只是他眾多具體描述中的幾句）

領先他人，是**榮耀**，
落後他人，是**屈辱**。
不慎跌倒令人**想哭**。
看別人跌倒令人**想笑**。
不斷被追趕，是**痛苦**。
不斷追趕上新的領先者，是**幸福**。
從跑道離開，是**送死**。[20]

在《利維坦》（*Leviathan*），霍布斯總結他的人類生存學說，主張「人類的（頭號）普遍傾向」是「無休止且躁動不安地追求權力的欲望，至死方休。」[21]但我們現在開始看到，他所說的比賽沒有贏家可言，而如果說權力是我們所有人唯一的目的，離開權力跑道後，死去的可能不只是個人，而是整個文明。

然而，我們還是有能力重新審思我們展開競賽的跑道。受到共和與聖經觀點影響並且關注道德問題的社會運動，在過去對我們很有幫助，也有可能再次發揮作用。但我們不曾遇過最根深柢固的假設被徹底質疑的情況。我們今天的問題不僅僅是政治問題。我們的問題是道德問題，是關於生活的意義。一直以來，我們假設只要經濟成長繼續，就可以把經濟以外的一切都交給私人領域。而今經濟成長的腳步踉蹌，我們默默依賴的道德生態混亂，我們才開始明白，整體社會的共同生活需要的不僅僅是對物質積累的關注。

也許生活不是一場只在乎搶當第一名的比賽。或許真正的幸福不在於不斷超越前方的領先者。也許真相就藏在現代西方以外世界多數人的一貫信念之中，也就是生活中有些實踐本身就令人滿足。也許，本質上有益的工作比只會提供外在獎勵的工作對人類更好。也許，對所愛的人堅定不移和對公民同胞的公民友誼，比躁動的競爭和焦慮的自我防備更好。也許，共同禮拜敬神，在面對生命的奧祕時表達我們的感激與敬畏，才是生活中最重要的事。如此一來，我們將必須改變我們的生活，開始記起我們一直以來寧可忘記的事情。

我們需要記得，我們沒有創造自己，我們的樣子來自形塑我們的社區，來自使社區成為可能的田立克所謂的「歷史中的恩典結構」，使這樣的社區成為可能。我們需要把我們生活在地球上的故事，看作一個痛苦和快樂交織的歷史，而不是一個連續不斷的成功。我們需要記住今天世界上正在受苦的數百萬人，以及過去承受苦難使我們現在能享受富足的數百萬人。

最重要的是，我們需要記住我們的貧困。我們被稱為富足的民族，雖然我們的人均國民生產總值已被其他幾個國家超越，但我們仍然非常富裕。然而，貧困才是美國處境的真相。我們終於在這個地球上曝露出脆弱一面。我們的物質財富並沒有給我們帶來幸福。我們的軍事防禦不會避免核子毀滅。也沒有任何生產力的提高或任何新的武器系統會改變我們處境的真相。

我們總是把自己和其他人類區別開來，想像自己是一群特殊的人。在二十世紀後期，我們看到我們的貧困和世上最貧窮的國家一樣絕對。我們在追求各種權力的過程中，試圖否認人的處境。我們最好重新加入人類的行列，慨然接受我們的貧窮本質，視之為禮物，並和有需要的人分享我們的物質財富。

就目前美國政治論述被刪節的光譜而言，這樣的理念既不保守，也不開明。它不尋求回歸「傳統」社會的和諧，但它願意學習「傳統」社會的智慧。它不排斥對所有傳統的現代批評，但它堅持對現代批評加以批判，認為生活就是在信仰和懷疑之間取得平衡。這樣的理念不僅源於知識分子的理論，而且源於美國人已經在從事的生活實踐。這樣的理念尋求以不忽略任何一者的方式，結合社會關懷與終極關懷。最重要的是，這樣的理念期待透過討論自我鞏固或自我更正，並在我們的朋友、我們的國人同胞之間做實驗。

附錄 社會科學作為公共哲學

托克維爾遵循先例，在《民主在美國》第一卷的緒論中寫道：「一個全新的世界，需要一種新的政治科學。」[1]過去幾個世紀裡，幾乎每個世代都有人宣布，這樣的一門新社會科學已經開始或即將開始。這種聲明通常意味著社會科學即將達到自然科學的地位。然而，期望社會科學達到和自然科學一樣的累積性、典範協議和淘汰過往成果的人，一再落空。儘管和托克維爾同時代的法國同胞孔德是社會科學神話（社會科學很快就會變得像自然科學的想法）最熱切的傳播者之一，我們仍沒有理由相信托克維爾和孔德想法相同。事實上，托克維爾主張需要一門新科學的論點，是基於研究對象（新世界的社會）是新的，因此需要一種新的方法。托克維爾一生中回顧了幾個法國社會思想傳統的大人物：帕斯卡、孟德斯鳩和盧梭。他不相信他們過時了，或只是現代科學發展以前的產物。然而，托克維爾意識到，把這些人的洞見應用在新的歷史情境的任務，不可能完全不用思考，而是一個艱巨的任務，甚至需要發明一個新科學。在這個意義上，每個世代，無論向傳統吸取了多少教訓，或者在多大程度意識到它（和自然科學不一樣）不能忘記自己的創建者，都必須為新的現實創造一門新的社會科學。

如果我們也必須找到一種新的方式來應付新的現實，我們不是透過想像一門真正科學的社會科學終於跟著我們到來了，而是有意識地嘗試重申一個舊的社會科學概念，在這個概念裡，社會科學和哲學之間的界線仍是開放的。一個「強健的」社會科學並沒有在托克維爾寫成《民主在美國》後的一個半世紀期間出現，不過一個「專業的」社會科學無疑出現了，而且達成許多重要成就，以至於我們有很多同僚懷疑起我們對托克維爾及其著作的信任。托克維爾不就是個傑出的「人文主義業餘愛好者」，他的研究成果難道不是早已被專業的社會科學的技術成就取代了嗎？在許多領域，我們擁有托克維爾完全無從取得的數據，這是不爭的事實。（托克維爾甚至並非總是利用他那個時代最好的可用數據。）我們比一八三〇年代的任何人都更了解很多特定的社會過程，也是千真萬確。然而，托克維爾對整個美國社會的理解，對美國社會主要元件，諸如家庭、宗教、政治、經濟如何安裝在一起，以及美國人的性格如何受到社會影響（反之亦然）的理解，從來沒有人比得上。也從來沒有人比托克維爾更精闢地指出美國實驗的道德和政治意義。狹隘的職業性社會科學對於同時包含哲學觀點、歷史觀點與社會學觀點的概要綜覽，與其說是無能為力，不如說是對它不感興趣。正是為了再挪用這種更廣泛的觀點，我們必須嘗試恢復社會科學作為公共哲學的觀念。這樣的社會科學不需要被「重造」，因為過去的傳統和狹隘的職業性社會科學並存，只是需要被鼓舞和加強。[2]要了解如何重振那個舊的觀點，我們首先應該思考最初促成狹隘的職業性社會科學出現的條件。

當我們回顧自己的學科及其專門化的歷史時，我們發現這段歷史就是和本書從頭到尾關注的同一段歷史。我們一再注意到，社會在十九世紀期間從扮演一個社區、一個由使命構成的宇宙，變成圍繞著充滿競爭的職業生涯組織而成的一個工商企業社會。教育機構的轉型方式和其他機構類似。在十九世紀的大部分時間裡，美國學院根據「高等教育構成了一種統一文化」的假設組織起來。學院教育的目的是培養能夠「提升並團結社會」的「博學之人」。文學、藝術和科學被視為學問文化內部的分支。這是道德哲學的任務，是一堂大四的必修課，通常由校長親自教授，不僅是為了整合包括科學和宗教在內的各種學問領域，更重要的是，從個人和社會的角度，推論實踐美好生活的意義。有趣的是，現在被我們稱為社會科學的大部分內容，在當時如果有傳授，都是放在道德哲學的課程標題下傳授的。[3]

研究型大學遲至十九世紀後期才取代學院，成為高等教育的模型，這跟商業公司的興起同時發生。這兩個機構是同一種社會力量的具體展現。研究生教育、研究和專門化，帶來了基本上獨立自主的科系，成為新型態大學的正字標記。自然科學作為所有學科知識模範的威望，還有科學進步必然帶來社會改善的信念，在一定程度上掩蓋了高等教育整體性和倫理意義正在喪失的事實。

早期的社會科學也被捲進這個轉型。雖然關心建立職業專長，為日益複雜的社會提供有用知識，許多社會科學家仍覺得他們有過去的道德哲學義務，去討論整體社會的主要倫理問題。這個傳統從未消亡，不過已經被愈來愈專門化的社會科學推向邊緣，專門化的社會科學子學科往往無法和彼此對話，和公眾交流就更不用說了。十九世紀早期的「博學之人」，成了二十世紀的「科學家」。

這個高等教育的轉型取得了豐碩的正面成果。新教育體系為工業社會準備了遠比過去更多的就業者，包括那些因為階級、性別或種族而在十九世紀初幾乎完全被排除在就業市場外的學生。本書的作者群，很可能還有本書的多數讀者，都是這個重大改變的受益者。然而，我們必須知道這個轉變的代價。而公共領域的衰微，就是研究型大學興起及隨之而來的學科職業化與專門化的主要代價之一。就像湯瑪斯・哈斯克爾（Thomas Haskell）說的，新興的科學家必須「拿社會的一般公民權，交換成為專業人才共同體的一員。在他的專業領域內，從今以後，他的意見價值不再由和所有主動挑戰他的人公開競爭來決定，而是由他職場專業同僚的嚴密評估來決定。」[5]如果可以再拿托克維爾為例的話，我們想指出閱讀其著作的包括他那個時代的主要知識分子（例如彌爾〔John Stuart Mill〕），但任何受過教育的讀者都能讀懂托克維爾。今天專攻特定領域的學者們，除了少數例外，在寫作時已經帶有一套知識假設，而且使用專業領域內同僚共享的詞彙術語。我們不打算忘記經過專門化和職業化的社會科學的種種成就。在一個複雜的現代社會裡，社會科學專門化和職業化是必要的，而且我們寫作本書時心懷感激地使用了它的許多發現。但我們拒絕相信哈斯克爾所說的選擇是不可改變的。能幹的社會科學家並不需要停止當「社會的一般公民」。專門化需要整合，兩者並非互斥的。一個失去對整體社會關注的職業性社會科學，就連它份內的工作都做不到，因為它無法處理的現實太多了。如果我們記得「使命」或「志業」，帶有公共責任的含義，是過去的「職業」含義，我們就會了解，真正「專業的社會科學家」永遠不會只是專家。他還會把社會科學看作某種公共哲學。

讓我們看看這樣的社會科學和比較晚近的社會科學工作有何不同。專門化是一個狹隘的職業性社會科學的本質，而且它否認對超出其明確專業界線的整體或部分整體有所了解。許多專門化社會科學的指導理念都是抽離出單一可變因素，然後使用自然科學的模型，試著釐清如果其他一切保持不變，它們的影響是什麼。但是在社會世界裡，單一可變因素的獨立程度鮮少能帶來始終如一的預測。唯有放在整體社會的背景中，考量其可能性、局限和抱負，特定的可變因素才能被理解。狹隘的職業性社會科學，尤其是形式最為還原論的職業性社會科學，的確可能會否認任何整體的存在。它可能會推動非常極端的唯名論，以至於把社會看作是缺乏共同文化或連貫社會組織的一堆不相干的個人和群體。哲學性的社會科學不僅有不同的關注焦點，而且對社會有不同的理解，誠如我們將看到的，一個扎根在對實質傳統的承諾之中的社會認識。[6]

關注整體的意思不是單純把各個專業學科的事實相加。唯有根據能夠容納這些事實，並創造一個整體概念的框架來詮釋這些事實，它們才會變得有意義。這種概念不太可能來自只是一般意義的跨學科研究，而需要涉及多個學科專家的合作。因為對整體社會的理解不僅需要取得相鄰學科的實用洞察，還需要徹底地超越學科的界線。

社會科學與人文學科之間在近代出現的武斷界線，是最需要被超越的界線。我們被告知，人文學科是關於哲學、宗教、文學、語言和藝術領域的文化傳統的傳承與詮釋，社會科學則是對人類行為的科學研究。這個界線的假設是社會科學不是文化傳統，而是占據著一個能從事純粹觀察的特權位置。另一個隱藏的假設是人文學科對人類行為的討論「單憑印象」和「道聽塗說」，直到由科學方法「試驗」通過之前都還沒真正成為知識，因為科學方法檢驗是產生確鑿知識的唯一管道。

社會科學作為公共哲學最想打通的邊界，就是社會科學與人文學科之間的界線。社會科學不是一個脫離實體的認知冒險。它是深植於西方世界哲學及人文主義（在不小的程度上還包括宗教）歷史的一個或一套傳統。社會科學對人的本性、社會的本性，以及社會中人與人之間的關係提出假設。無論承認與否，社會科學也對好人和好社會做出假設，並思考這些概念體現在我們實際社會的程度。意識到這些假設的文化根源將提醒社會科學家，他們所做的假設是可爭論的，而且假設的選擇和深埋在西方思想史的諸多爭議有關。作為公共哲學的社會科學將把有關這些問題的哲學對話，變成社會科學本身的對話。

托克維爾和彌爾（以及馬克思、韋伯、涂爾幹、米德〔George Herbert Mead〕）都清楚知道，他們所說的話具有哲學影響力，而且有意識地為自己的哲學立場負責，這是今天多數社會科學家所欠缺的。不過，幸好我們仍然有不少值得學習的模範，諸如杜蒙、麥金泰爾和哈伯瑪斯（Jürgen Habermas）等等。[7]我們不能單純根據他們的「學科」把這些學者分門別類，就好像我們也不能把前職業化時代的社會思想家放到特定「學科」之中。

透過打破社會科學與人文學科之間的鐵幕，作為公共哲學的社會科學成為一種社會自我理解或自我權勢的形式。[8]它將社會的傳統、理想和願望與當前的現實並列。它為社會舉起一面鏡子。透過探究過去和現在，透過觀察「價值觀」和「事實」，這樣的社會科學能夠找到表面上不明顯的聯繫，從而提出有難度的問題。譬如在本書中，我們試圖揭露美國個人主義的本質，其歷史和哲學根源，以及美國個人主義目前的現實，同時我們也探究個人主義（作為美國生活的主導意識形態）是不是正在破壞它本身存在的條件。這同時是哲學的也是社會學的問題，要回答這個問題，不僅需要對論點和證據進行評估，還需要展開倫理的反思。

我們已經說過，一個關注整體社會的社會科學，必須有歷史的和哲學的觀點。狹隘的職業性社會科學提供有關當代社會很多面向的珍貴資訊，但它在提供資訊時往往缺乏或根本沒有歷史感。一直以來，足智多謀的社會史學家為我們提供的關於過去的資訊，經常只比社會科學家發現的關於現在的資訊略為遜色一點。然而，我們需要向歷史求取的，不僅僅是關於過去的類似資訊，還有關於我們如何從過去走到當下的一些觀念，簡言之，我們需要的是一個敘事。這也是社會科學家必須做個史學家（並運用其他學科觀點）的原因。敘事是用來理解一個整體最重要且有力的方式。在很大程度上，一個社會（或一個人）的內涵，就是它的歷史。也就是說，哈伯瑪斯和麥金泰爾分別向我們講述了關於現代社會如何走到當前難關的故事。這樣的故事可以而且應當受到質疑、修改，有時甚至會被其他故事取代。[9]

作為公共哲學家的社會科學家也試圖把學者講述的故事和整個社會當前的故事聯繫起來，從而使兩個故事能進行雙向的討論和批評。在本書中，我們持續關注十九世紀早期美國以農業和小鎮為主的社會，特別是一八八〇年至一九二〇年間，如何轉變為今天的官僚主義工業社會。我們認為如果不理解這個轉變，任何利用我國構成傳統來滿足當前需求的嘗試都會失敗。我們在第六章指出美國的小說和流行文化中有很多迷思，始終避不接受這個轉變。相反的，他們把個人主義理想化，忽視那些可能對今天的美國人有幫助的傳統。因此，我們的論點牽涉到為學術研究提出正確的故事，但同時也要為大眾提出觀念。

社會科學作為公共哲學不能是「價值中立的」。它接受批判性和學科研究的準則，但它並不認為這類研究存在於道德真空中。試圖以完全中立的態度研究社會的可能性和局限性，彷彿這個社會在另一個星球，形同把狹隘的職業化社會科學的價值理念推向崩潰邊緣。分析師是他們所分析的整體的一部分。分析師在構想問題和解釋結果時，利用自己的親身經驗和在身為學術研究界一員的資格，而學術研究界又置身在特定的傳統和機構中。舉例來說，當本書研究團隊研究美國的個人主義時，我們正在研究的東西既是我們的一部分，也是接受我們訪問的人的一部分。此外，我們在研究裡提出一系列關於個人主義的個人和社會影響的假設，這些假設是諸如托克維爾等社會科學家前輩提出的，這些假設同時帶有評價和分析的成分。我們從這個研究學到的東西，有助於我們對自身的自我理解和對社會的自我理解。在我們研究的認知影響和倫理影響之間畫下明確界線是不可能的，而是因為兩者在從事社會研究時是同時起作用的。如果我們否認自己和正在研究的人之間的道德關係，就是不忠於自己，也不忠於我們的研究對象。

我們主張若分析師身處他正在研究的社會，他也身處在這個社會的一個或多個傳統中，無論他本人是否意識到。他沒有其他立足之地。即使分析師正在研究一個他不屬於的社會，他仍離不開他所屬社會的傳統中，而且也必須接受他正在研究的社會的傳統，因此立場問題是不可避免的。我們在書中試圖闡明我們對一般現代社會傳統的立場，特別是關於美國社會傳統的立場。我們的社會深受現代個人主義傳統的影響。我們的立場是，我們今天最重要的任務是找回過去的聖經和共和傳統的智慧。本書作者群立足的社會科學傳統堅信社會本身就是現實，我們不認為社會只是個人協議的衍生物。我們不認為公共的社會科學是單一的整體。我們已經說過，任何現存的傳統都是一場對話，甚至是一場辯論，談論關於眾人共同生活的意義和價值。我們期望我們的詮釋會受被抱持其他觀點的人質疑，而且我們期望有時我們會看到改變自己想法的充分理由。

作為公共哲學的社會科學是公共的，不只是在說它的研究結果對學術界以外的某些團體或機構是公開的或實用的。它的公共性在於試圖讓大眾參與對話。它也想要讓「專業人才社群」，也就是學者專家，參與對話，但它並不想停留在學者專家社區的範圍內，然後從外部研究社會上的其他人。我們從一開始就設想這個研究是一場和其他公民同胞談論共同利益問題的對話。

我們沒有兩手空空地參與這場對話。我們不是在研究對象不知道我們在觀察他們的情況下，試圖掌握他們的信仰和行為，彷彿這是某種科學版本的「偷拍」。相反的，我們試圖把我們的先入之見和問題帶進對話中，然後不只是根據語言，也盡可能地挖掘，從與我們交談之人的生活中，去理解我們聽到的回答。儘管我們並不想將我們的想法強加給與我們交談的人（從本書許多表達清晰的聲音應該能看出來，如果我們嘗試把自己的想法加諸於人，就不可能做到這點），我們確實有試著揭露各種假設，把受訪者可能寧願不說破的東西明確地道出。我們採取的是積極的、蘇格拉底式的訪問。

譬如，提普頓在訪問瑪格麗特時試圖釐清，她在什麼時候有可能願意為另一個人負責：

問：妳有什麼責任呢？

答：我的行為和我所做的事都是我的責任。

問：這是否代表妳也要對別人負責呢？

答：不是。

問：妳是妳妹妹的守護者嗎？

答：不是。

問：妳弟弟的守護者？

答：不是。

問：妳要為妳的先生負責嗎？

答：不用。他為自己做主。他是他自己。他的行為他自己負責。我可以同意，也可以不同意。如果有一天我發現它們令我非常反感，我有責任離開，不再蹚這灘渾水。

問：妳的孩子呢？

答：我……我會說，我對他們有法律上的責任，但在某種意義上，我認為他們也該為自己的行為負責。

或像在另外一個例子中，史威德勒試圖讓布萊恩闡明他的道德判斷的基礎，在他表達「撒謊是我想控制的事情之一」後，史威德勒問：「為什麼？」

問：嗯，那是一種你會養成習慣的事。會自我延續。就像挖一個洞。你會埋頭一直挖一直挖。

問：說謊為什麼不對？

答：為什麼誠信很重要，而說謊不好？我不知道。我就是這樣認為。這很基本。我不想挑戰這一點。這是我的一部分，我不知道它打哪來，但它非常重要。

問：當你思考什麼是對什麼是錯的時候，事情是因為對人不好而不好，還是它們本身就有對和錯，如果是後者，你怎麼知道？

答：有些事情是不好的，因為……我想是因為，我覺得地球上每個人都有資格擁有一點屬於自己的空間，而會貶損他人空間的事物不太好……

摘錄的篇幅不夠長，就不可能展示我們在實際進行訪問時，總是能和受訪者達成某種程度的共識，而不必然在最終有一致的意見。我們聽到的大部分內容，即使讓我們以新的方式思考，我們仍然想與之辯論，在本書中也確實這麼做了。

這些因素應該說明了為什麼積極訪談是社會科學扮演公共哲學角色時的主要研究方法，而社會科學的調查問卷雖然產生實用數據（我們在本書也頻繁地使用這些數據），通常仍是次要的研究方法。民意調查數據是由不會引發任何對話的固定問題所產生，民意調查呈現的發現，看起來彷彿一種自然事實，即使接續進行的問卷調查揭露長期內的種種趨勢。即使有開放式問題，但只要訪問者和受訪者之間依舊沒有對話，調查問卷就只能是次要研究方法。民意調查數據總結了數千名受訪者的**私人**意見，積極訪談卻創造了**公開**對話和辯論的可能性。當這類訪談的數據得到好的呈現時，它們會刺激讀者參與對話，和研究提出的內容進行爭辯。這類訪談奇妙地激發了一種可以被稱為公共輿論的東西，也就是在公開討論的舞台上經過測試的意見。沒辦法引發對話的不叫作「公眾意見調查」，應該稱為「私人意見調查」。

本研究的公共性和對話性，有助於解釋我們為什麼要這樣做，以及它和許多其他社會科學研究的相似之處和不同之處。這本書沒有方法論上的創新。我們使用了一些最古老、最基本的社會科學方法：參與觀察法和訪談。這些方法當然還有其他有效的用途。我們本來可以找一個樣本群做訪問，讓這個樣本群盡可能地代表數量更多的人口和他們內部的主要差異。或者，我們可以嘗試把研究對象置於對他們地方文化和社區最豐富的理解之中，無論他們是否具有代表性。我們並沒有完全忽略這類考量因素。我們不想研究高度異常的人，我們在美國東西岸各地進行訪問。我們閱讀優秀的中西部社區田野研究，例如瓦雷納的《一起當美國人》和《密德鎮》研究[10]，然後發現我們看到的問題在那些研究中也很常見。我們還想了解接受我們訪問的人的生活背景。在很多情況下，特別是麥森和蘇利文對政治參與者的研究，我們在訪問情境以外的現實生活中，看到了和我們談話的人。

但我們最感興趣的是人們用來思考生活的語言，以及產生那個語言的傳統。我們相信，出於本書前面提過的種種原因，適應性強的中產階級決定了我們多數美國人的現實，而我們聚焦的正是這些群體，特別挑選能夠體現參與公共生活或退出公共生活的人，因為那就是我們的核心問題。在開始之前，我們認為這些美國人對社會生活和個人生活有一些不同的觀點，不過差異有限，而我們的研究證實了我們的這個信念。我們認為我們的訪問，使我們能描述當今美國一些最有影響力的中產階級語言和關於私人和公共生活的道德論據。

但在與同時代的人交談時，我們也等於是和先民交談。在我們的對話中，我們不僅聆聽現在，也聆聽過去。根據接受訪問者對我們說的話，我們聽到了喀爾文、霍布斯和洛克的聲音，以及溫斯羅普、富蘭克林、傑佛遜、愛默生和惠特曼的聲音。

很多時候，我們也聽到了近代和當代職業社會科學家的話。因此，這本書不僅是和受訪者的對話，也是和各種傳統的代表人物的對話，包括社會科學的傳統。本書是對那些代表人物的詮釋性解讀，也是和他們的辯論。在其中一個人身上，這個關切尤其重要。本書既明確又含蓄地呈現，對影響我們思考美國生活最深刻的前輩托克維爾的周密解讀和評論。[11]

雖然對讀者來說可能不明顯，但本書也包含了作者群之間五年多的對話。儘管我們每個人都有特定的職責，其中有四個人進行獨立的田野研究，但我們從一開始就以當今學術合作不常見的方式共事。描述我們的工作方式時，我們可以說，我們是一起撰寫這本書，而不是把特定章節分配給不同的人。這種工作方式讓我們的一些同僚感到緊張。**你們怎麼能一起寫書？**

我們透過成為一個擁有共同文化的群體，共同撰寫一本書。[12]特別是在夏季，我們經常有機會進行小組討論。我們閱讀並討論一些和這項研究計畫相關的經典作品和當代作品。更重要的是，我們花很多時間討論每個田野工作者的早期訪談。在這些會議中，我們制定了一個共同的解釋框架，這個框架又進一步影響每位田野工作者後續的訪問。

當我們開始思考用來呈現研究成果的書時，我們在正式動筆之前先討論了本書的整體結構，以及每一章的內容。章節或部分章節必須由個人草擬，然後把草稿交由作者群密切討論，並根據小組討論的基礎撰寫。[13]貝拉負責整本書的最後改寫，以確保定稿有統一的風格和論點。本書是我們所有人的產物，我們當中沒有誰能夠獨自完成這個作品。不過，誠如隨後出版的個別專著清楚顯示的，我們並沒有被同質化。我們每個人都學會用自己的聲音更清楚地傳達論點。我們共同的經驗為我們證實了本書的核心論點之一，也就是，個人和社會並非處在零和的形勢中；一個尊重個體差異的強大團體，將使自主和團結變得更有力量；人們最容易被同質化是在被孤立的時候，而不是在群體之中。

最後，基於和我們自己、我們的祖先和數百名同胞的對話，本書現在想要和全體國人展開更廣泛的對話，為美國的共同對話做出貢獻。我們知道我們將受到學術圈「專業人才社群」的評斷，但我們希望讀者不會被動地回應本書，等待專家判斷我們的數據或方法是否正確。任何在這個社會上生活的人，都很了解本書討論的主題。即使是社會科學家都可能從生活在社會上的共同經驗，獲得比任何專題研究更豐富的社會理解。我們希望讀者會根據他或她的親身經驗，測試我們所說的話，會在現實和我們的說法有出入時和我們辯論，最重要的是，會透過提供比我們更好的解釋參與公共討論，然後可以接受進一步的討論。若沒有公眾，作為公共哲學的社會科學肯定會衰亡。我們希望本書值得國人同胞在他們的志願社團、他們的教會，甚至是政治辯論中展開討論。一個自由的社會需要根據過去的傳統和它的未來願景不斷地考慮和討論它的當前現實。如果我們真的對那樣的討論有所貢獻，無論貢獻多麼微小，我們都會感到開心。

關鍵術語詞彙表

傳統（**tradition**）：傳統是社區用時間慢慢琢磨出來的理解與評估模式。傳統是所有人類行動內在固有的內容。徹底脫離傳統是不可能的，但我們可能從某個傳統的觀點去批判另一個傳統。傳統不是用來跟理性對比。傳統通常是一個持續進行的爭論，縝密地辯論（特性由傳統界定的）社區或機構的用處。

聖經傳統（**biblical tradition**）：源自聖經宗教的傳統，雖在美國文化相當普及，但主要由猶太教和基督教的宗教團體承載。不過特定元素，像是相信上帝，廣為一般人所接受，這傳統有無數不同的版本。新教的其中一個分支清教主義，在殖民時期非常有影響力。新教各宗派在十八世紀人數日增，於是大量天主教徒和猶太人在十九世紀移民到美國。教會、宗派，以及神祕或我行我素的基督教形式，全都在美國歷史中扮演重要角色。

共和傳統（**republican tradition**）：源自古典希臘羅馬時代城市的傳統，在中古晚期和近現代的歐洲的城市人文主義中展現，並促成現代西方民主國家的形成。它預設一個共和國的公民，受公民美德與自利同等的驅使。在它眼中，公共參與是一種道德教育，並且認為其目的是實現正義和公共利益（分別參見該詞條）。美國歷史上多數時候，共和傳統向來都和聖經傳統緊密相連。

社區、社群、共同體（community），記憶社群（community of memory）：今天美國人對community一詞用得非常鬆散。本書使用的community有很明確的意思：指在社會上相互依賴的一群人，他們一起討論，一起做決定，而且有既凸顯又滋養該群體的共同特定實踐（參見該詞條）。這樣的群體不是快速形成的。它幾乎總是有一段歷史，因此也是一個記憶社群，一部分由它的過去和它對過去的記憶所界定。

生活型態飛地（lifestyle enclave）：和社區（參見該詞條）在意義上截然相反的用語。生活型態飛地由擁有某些共同私人生活特徵的一群人組成。生活型態飛地的成員們透過打扮、消費和休閒活動的共同模式，表現其身分認同，他們打扮、消費和從事休閒活動的模式，通常是為了與其他生活型態的成員做出明顯區隔。他們不相互依賴，在政治上行動不一致，而且沒有一段共同的歷史。倘若這些東西開始出現，飛地就會漸漸成為一個社區。在美國，很多人嘴巴上說的社區，其實混合了我們明確定義的社區和生活型態飛地。

文化（culture）：任何團體或社會用來詮釋與評估自身及其處境的意義結構。語言（參見該詞條）是文化重要的一部分。由於文化總是有一段歷史，它經常化為傳統（參見該詞條）。在本書中，因為我們對歷史特別感興趣，我們經常將其他社會科學學者所謂的文化稱為傳統。我們認為文化是所有人類舉動的組成內容（constitutive dimension）。文化不是經濟或政治因素可以解釋的偶發現象。

語言（language）：我們在本書中所使用的語言一詞，不是指語言學家研究的主要對象。我們用這個詞來指稱，包含獨特詞彙及典型道德推理脈絡的道德論述模式。我們用「第一語言」指稱個人主義模式，也就是美國人論述道德、社會與政治事務的支配形式。我們用「第二語言」指稱至少為許多美國人提供部分道德論述的其他形式，最重要的就是聖經與共和主義的形式。

個人主義（individualism）：這個字有無數種用法，有些還相互矛盾。我們主要採用兩個意思：(1)相信人類的內在尊嚴及其神聖莊嚴性。按照這個用法，個人主義是我們在書中描述的全部四個美國傳統（聖經傳統、共和傳統、功利個人主義傳統、表現個人主義傳統）的一部分。(2)相信個人擁有主要真實，但社會是個次元的、衍生或人造的構想，我們稱之為本體論個人主義（ontological individualism）的觀點。功利和表現個人主義都持此觀點。其對立觀點認為社會的真實性和個人相當，也就是所謂的社會現實主義（social realism），在聖經傳統與共和傳統很普遍。

表現個人主義（expressive individualism）：個人主義的一種，因反對功利個人主義（參見該詞條）而崛起。表現個人主義主張每個人都有獨一無二的感覺和直覺核心，若要實現個體性，這個核心必須對外展現或被表現出來。儘管這個核心獨一無二，它不一定和其他人或自然互不相容。在某些條件下，富有表現力的個人主義者可能會覺得自己有可能透過直覺感受與其他人、與自然、乃至與整個宇宙「融合」。表現個人主義和十八、十九世紀歐美文化的浪漫主義風潮有關。在二十世紀，它展現許多和心理治療文化的相似處。

功利個人主義（utilitarian individualism）：將特定基本人類欲望與恐懼視為真實的一種個人主義（對霍布斯而言就是支配他人的權力欲望，以及對驟然慘死他人之手的恐懼），並且將人類的生活看作個人試圖朝自我利益最大化的努力。功利個人主義認為社會是從一份契約中誕生，而個人進到這個契約關係只是為了增進他們的自利。根據洛克的說法，社會之所以有必要存在，是因為財產先存在了，保護財產是個人按照契約進入社會的原因。功利個人主義受到對人類生存的經濟解釋吸引。

正義（justice）：如一般用法。正義有三種意義：(1)程序正義（procedural justice），關於社會用以運作及爭議被裁決的規則公正性；(2)分配正義（distributive justice），關於社會獎勵制度、分配資源與機會的公正性；(3)實質正義（substantive justice），關於整體社會的機構狀況，及其正義或公正性。即使人們對生活的目標有不同看法，還是可以對程序正義的規範有所共識，因此這樣的共識有時被稱為薄弱共識（thin consensus）。在分配正義上達成共識，通常需要有比薄弱共識更多的共識，實質正義則沒有例外，永遠需要多於薄弱共識的共識。

道德生態（moral ecology）：能凝聚社區的道德解釋與承諾的交織網。也稱作社會生態（social ecology）。

實踐（practice），責任實踐（practice of commitment）：實踐是許多人共同的活動，它不是被當作實現目的的手段而從事，本身就合乎道德（因此接近亞里斯多德所謂的praxis〔實踐〕）。一個名符其實的共同體（無論是一段婚姻、一所大學或整個社會）就是由這類實踐所組成的。名符其實的實踐幾乎向來都是責任實踐，因為它們涉及符合道德的活動。嚴格意義上，分離實踐（practice of separation）是與之矛盾的用語，因為這類活動是不惜犧牲對他人的責任，以換取自我的利益。

公共利益（public good）：在個人主義傳統中，公共利益通常被等同於私人受益的總和。在共和傳統中，公共利益是有益於整體社會，而且會開創美利堅共和國開國元動所謂的公共幸福（public happiness）。舉凡充分的公共設施到信任與公民友誼，任何使人享受而非懼怕公共生活的都屬於公共利益。公共利益也稱為共善（common good）。

科學和倫理的問題參見Norma Haan, Robert N. Bellah, Paul Rabinow, and William M. Sullivan, *Social Science as Moral Inquiry* (New York: Columbia University Press, 1983), especially the introduction by Bellah and the chapters by Bellah and Sullivan; and Robert N. Bellah, "Social Science as Practical Reason," in *Ethics, The Social Sciences, and Policy Analysis*, ed. Daniel Callahan and Bruce Jennings (New York: Plenum Press, 1983), PP. 37-64。對研究小組文化有貢獻的著作僅有一部分標明在上述腳注裡。在我們工作期間的某些階段影響了我們的作品，很多都沒有具體出現在腳注中。例如，我們很早開始讀Ralph H. Turner's "The Real Self: From Institution to Impulse," American *Joumal of Sociology* 81 (1976): 989-1016，而它有助形塑第三到第五章的論點。Robert Lane's *Political Ideology: Why the American Common Man Believes What He Does* (New York: Free Press, 1962)是我們田野工作的榜樣，有助我們思考個人主義和不平等。Daniel Bell's *The Cultural Contradictions of Capitalism* (New York: Basic Books, 1976)，特別是談論「公共家庭」（the public household）的章節，影響了我們對國家和社會的想法。Charles Taylor's *Hegel and Modern Society* (Cambridge, Eng: Cambridge University Press, 1979)幫助我們看到私下表達的假象和形式自由的空虛。我們要感激的遠遠不止上述這些作品。

13. 麥森和史威德勒完成了第一章的草稿。貝拉和蘇利文完成了第二章的草稿。提普頓在麥森和史威德勒的幫助下完成第三章的草稿，然後貝拉做了大幅修改。史威德勒完成第四章的草稿，貝拉在最終修訂版添加了新材料。提普頓完成第五章的草稿，然後貝拉做了大幅修改。蘇利文完成第六章的草稿，然後貝拉做了大幅修改，其中包含了史威德勒的部分內容，以及麥森和提普頓的材料。麥森在史威德勒的幫助下完成第七章的草稿。蘇利文完成第八章的草稿，貝拉進行修訂，並納入出自麥森的材料。貝拉完成第九章草稿，史威德勒在其中添加了一個部分。蘇利文在麥森和提普頓的幫助下完成第十章的草稿。貝拉完成結論的草稿及序言和附錄，並納入研究小組其他成員的建議。此外，小組的每個成員都對本書整體有重大貢獻。例如，麥森幫助我們認識受訪者居住社區的社區意識，以及作為道德生活基礎的社會背景。蘇利文提出了許多實用的哲學概念，例如「道德生態學」、「記憶社群」和「責任實踐」。史威德勒注意本書論點的整體組織，敦促我們不要忘記了美國個人主義的正面意義，在撰寫每一章的初稿和修訂中，她不斷建議如何使本書不偏離主旨。提普頓提供了一個結合道德對話和社會調查的模型，形塑我們的採訪取徑，並提出了我們所問的許多問題。

Economic Ideology (Chicago: University of Chicago Press, 1977), and "On Value," 1980 Radcliffe-Brown Lecture, *Proceeding; of the British Academy* 66 (1980): 207-41; Maclntyre, *After Virtue*; and Jürgen Habermas, *Knowledge and Human Interests* (1968), trans. Jeremy J. Shapiro (Boston: Beacon Press, 1971), and *The Theory of Communicative Action*, vol. 1 , *Reason and the Rationalization of Society* (1981), trans. Thomas McCarthy (Boston: Beacon Press, 1984).

8. 關於社會科學作為社會自我理解參見Edward Shils, "The Calling of Sociology," in *The Calling of Sociology and Other Essays on the Pursuit of Learning* (Chicago: University of Chicago Press, 1980), PP. 3-92.
9. 因此，理查・伯恩斯坦（Richard J. Bernstein）試圖透過改變啟蒙運動在現代社會及其問題的描述中被賦予的期望值來修正麥金泰爾的故事。他認為，麥金泰爾抑制了現代故事裡的一個重要行動者：黑格爾（Hegel），並證明若我們能給他一個重要的角色，戲劇的形式會有所不同。參見他的討論"Nietzsche or Aristotle? Reflections on Maclntyre's *After Virtue*," *Soundings* 67 (1984): 6-29; also his *Beyond Objectivism and Relativism: Science, Hermeneutics and Praxis* (Philadelphia: University of Pennsylvania Press, 1983), pp. 226-29.
10. 我們看了三卷《密德鎮》研究的前兩卷：Caplow, *Middletown Families: Fifty Years of Change and Continuity* (Minneapolis: University of Minnesota Press, 1982) and Caplow et al., *All Faithful People: Change and Continuity in Middletown's Religion* (Minneapolis: University of Minnesota Press, 1983), referred to in earlier chapters.
11. 漢斯－格奧爾格・伽達默爾（Hans-Georg Gadamer）提供我們理解工作的寶貴指導，我們的工作始終涉及和我們所來自的傳統的對話。他還提醒我們，我們與同時代人或前人的對話從來都不是封閉的，而是總是關於某事。參見他的 *Truth and Method* (1960) (New York: Seabury, 1975) and *Reason in the Age of Science* (1976), trans. Frederick G. Lawrence (Cambridge, Mass: MIT Press, 1981)。還有對伽達默爾的討論，參見Bernstein, *Beyond Objectivism and Relativism*.
12. 我們研究的一些初期想法源自Robert N. Bellah, *The Broken Covenant: American Civil Religion in Time of Trial* (New York: Seabury, 1975) and Bellah's conclusion to Bellah and Charles Y. Glock, *The New Religious Consciousness* (Berkeley and Los Angeles: University of California Press, 1976)。Sullivan's *Reconstructing Public Philosophy* 提供了重要的理論背景，Steven M. Tipton's *Getting Saved from the Sixties* (Berkeley and Los Angeles: University of California Press, 1982)則是我們的方法論範例。關於社會

19. Helen Vendler, "Presidential Address 1980," *PMLA* 96 (1981): 350。文德勒的目標不是創造更多的文學主修生，而是讓我們「藉由知道其他人也經歷過，而且留下了親身經歷紀錄」在人生中免於「感覺孤單」。我們需要能夠思考約伯、耶穌、安提戈涅（Antigone）和李爾（Lear），「以便將個人經歷指向某種認同框架或撫慰沉思」，以及我們文化傳統中的經典故事，這些故事向我們展示在特定情況下，在和他人的實際關係中做個好人是什麼意思（頁三四九）。這些故事透過範例引導我們，形塑我們心的習慣，不只是法律或哲學的論點而已。
20. From Thomas Hobbes, "Human Nature," in *Body, Man and Citizen*, ed. Richard S. Peters (New York: Collier, 1962), pp. 224-25.
21. Thomas Hobbes, *Leviathan* (1651), ed. C. B. MacPherson (Harmondsworth, England: Penguin Books, 1968), p. 161.

附錄

1. Alexis de Tocqueville, *Democracy in America*, trans. George Lawrence, ed. J. P. Mayer (New York: Doubleday, Anchor Books, 1969), p. 12.
2. 最近一項復興公共哲學傳統，而且對我們的研究團隊影響尤深的研究是 William M. Sullivan, Reconstructing Public Philosophy (Berkeley and Los Angeles: University of California Press, 1982).
3. Douglas Sloan, "The Teaching of Ethics in the American Undergraduate Curriculum, 1876-1976," in *Ethics Teaching in Higher Education*, ed. Daniel Callahan and Sissela Bok (New York: Plenum Press, 1980), pp. 1-57, quotations from p. 4.
4. 關於研究型大學在其文化與社會背景中出現的分析參見 Burton J. Bledstein, *The Culture of Professionalism: The Middle Class and the Development of Higher Education in America* (New York: Norton, 1976).
5. Thomas L. Haskell, *The Emergence of Professional Social Science: The American Social Science Association and the Nineteenth-Century Crisis of Authority* (Urbana, I11.: University of Illinois Press, 1977), p. 67.
6. 對這些問題的討論參見 Alasdair Maclntyre, *After Virtue* (South Bend, Ind.: University of Notre Dame Press. 1981), chapter 8, "The Character of Generalisations in Social Science and their Lack of Predictive Power."
7. 代表作品參見 Louis Dumont, *From Mandeville to Marx: The Genesis and Triumph of*

14. Christopher Jencks et al., *Inequality: A Reassessment of the Effect of Family and Schooling in America* (New York: Basic Books, 1972), p. 8。在頁二三〇至二三二頁，詹克斯討論了可以做到這點的各種方法，最好是間接的方法。丹尼爾．楊克洛維奇（Daniel Yankelovich）批評詹克斯在提出限制收入的建議時，與美國民眾的觀念完全脫節，參見*New Rules: Searching for Self-Fulfillment in a World Turned Upside Down* (New York: Random House, 1981), pp. 137-39。但他並沒有回答詹克斯的論點。
15. Alan Trachtenberg, *The Incorporation of America: Culture and Society in the Gilded Age* (New York: Hill and Wang, 1982), pp. 5-6.
16. Steven M. Tipton, *Getting Saved From the Sixties* (Berkeley and Los Angeles: University of California Press, 1982), p. 115.
17. 私人假期和國定假日之間的差別，說明了表達替代方案在實現社會團結方面之於傳統公民和宗教形式的道德限制。私人假期在一個多世紀前開始它年輕的歷史時，是優雅的中產階級模仿貴族隨季節變化從宮廷和城市避居鄉村莊園之舉。它的特性根本上就是個人主義和家庭式的，「每個人計畫自己的假期，去他想去的地方，做他想做的事。」邁克．沃爾澤（Michael Walzer）寫道。假期是個人自己選擇、自己設計和自己支付的，無論假期行為有多大程度的階級模式，或者有多少度假地的存在仰賴公共資金維持。私人假期讚揚的經驗是自由——擺脫日常世界的平凡場所和例行事務，「逃到另一個世界」的自由，在假期中，每一天都是「空著的」，所有的時間都是「閒暇時間」。在假期中，我們有「我們自己的甜蜜時光」可以隨心所欲地過，有空閒的日子可以按照自己的節奏，從事自己選擇的活動。對照之下，傳統上，每個人都以相同的形式和地點在同一時間一起慶祝國定假日，參加那些已經填滿國定假日的固定的公共儀式、聚餐和慶祝活動。在古羅馬，*dies vacantes*的意義顛倒的很有深意，它是指那些沒有宗教節日或公共比賽的普通工作日。像安息日這樣的公共宗教節日是所有人的共同財產。「安息日休息比私人假期更平等，因為它無法被購買：這又是一個金錢買不到的東西。它是為每個人所規定的，每個人都能享受。」沃爾澤說。安息日要求一種共同的責任感和莊嚴，不僅共享想要慶祝的衝動，還有共同的強制執行機制。上帝為每個人創造安息日，並命令所有信徒休息，儘管在我們今天的社會，個人可以自由選擇尊重或不尊重這個宗教節日。儘管如此，安息日象徵在一個不僅是人為的社會觀念的終極權威底下，有一種和公民平等與團結相互交織的自由（Waller, *Spheres of Justice*, pp. 190-96）。
18. Eva T. H, Brann, *Paradoxes of Education in a Republic* (Chicago: University of Chicago Press, 1979), p. 111.

結論

1. John Donne, "An Anatomic of the World: The First Anniversary."
2. Matthew Arnold, "Stanzas from the Grand Chartreuse" (1855).
3. Stephen Toulmin, *The Return to Cosmology: Postmodern Science and the Theology of Nature* (Berkeley and Los Angeles: University of California Press, 1982), pp. 228-29, 234.
4. Louis Dumont, *From Mandeuille to Marx: The Genesis and Truimph of Economic Ideology* (Chicago: University of Chicago Press, 1977), p. 20.
5. Wendell Berry, Standing by Words (San Francisco: North Point Press, 1983), pp. 5, 20.
6. Helen Vendler, "From Fragments a World Perfect at Last," *New Yorker*, March 19, 1984, p. 143.
7. Todd Gitlin, *Inside Prime Time* (New York: Pantheon, 1983), pp. 268-69。托德・吉特林和麗莎・海爾布恩（Lisa Heilbronn）的對話有助釐清我們對電視的看法。
8. Matthew Arnold, "To Marguerite." Emphasis in original.
9. Toulmin, *Return to Cosmology*, pp. 254, 209-10.
10. Toulmin, *Return to Cosmology*, pp. 265-68.
11. Lee Rainwater, *What Money Buys: Inequality and the Social Meanings of Income* (New York: Basic Books, 1974).
12. 最近的天主教社會教育對其中許多問題，提供了徹底擺脫意識形態褊狹的方法。請參考梵諦岡第二屆大公會議及之後的文件集：*Renewing the Earth: Catholic Documents on Peace, justice and Liberation,* ed. David J. O'Brien and Thomas A. Shannon (Garden City, N. Y.: Image Books, 1977)。另參見Pope John Paul II's 1981 encyclical letter *Laborem Exercens*, contained in Gregory Baum, *The Priority of Labor* (New York: Paulist Press, 1982)，這裡面提供了有用的評論。Charles K. Wilber and Kenneth P. Jameson用這些教義來反思美國經濟，內容參見*An Inquiry into the Poverty of Economics* (Notre Dame, Ind.: University of Notre Dame Press, 1983).
13. 關於現代對政治的恐懼，以及將政治與願景連結的需要參見Sheldon Wolin, *Politics and Vision: Continuity and Innovation in Western Political Thought* (Boston: Little, Brown, 1960), especially chapter 10。對這其中一些問題實用思考參見Michael Waller, *Spheres of justice: A Defence of Pluralism and Equality* (New York: Basic Books, 1983)。評論道德共識太薄弱的危險參見Daniel Callahan, "Minimalist Ethics, "*Hastings Center Report* 11 (October 1981); 19-25.

8. Quoted in John Kenneth Galbraith, *The Great Crash*, 1929 (Boston: Little, Brown, 1972), p. 143.
9. Ronald Reagan, address to the Annual Concretes and Aggregates Convention, January 31, 1984, as quoted in the *Los Angeles Times*, February 1, 1984。最近為新資本主義提供廣泛的文化與經濟辯護的研究是George Gilder, *Wealth and Poverty* (New York: Basic Books, 1982) and Michael Novak, *The Spirit Democratic Capitalism* (New York: Simon and Schuster, 1983)。然而，喬治・威爾（George F. Will）揭露了他的保守派同胞的許多謬誤，參見其著作*Statecraft as Soulcraft: What Government Does* (New York: Simon and Schuster, 1983).
10. Justin Dart, as quoted in an interview in the *Los Angeles Times*, February 6, 1982。據報導，達特說：「你得把我看作一個想大事的人。我對全國經濟和我國的防禦能力感興趣，而不是像平權這樣的蹩腳問題。」
11. Felix G. Rohatyn, "Time for a Change," *New York Review of Books*, August 18, 1983, pp. 46-49.
12. 管理社會對以下著作樂觀描述的「日本模型」有一定的親近性，Ezra F. Vogel in *Japan as Number One: Lessons for America* (Cambridge, Mass.: Harvard University Press, 1979)。管理社會也和歐洲所謂的「社團主義」（corporatism）有關，最近有很多關於它的文章。代表作品包括：Philippe Schmitter and Gerhard Lehmbruch, eds., *Trends Toward Corporate Intermediation* (Beverly Hills, Calif.: Sage, 1979); Suzanne Berger, ed., *Organized Interests in Western Europe* (New York.: Cambridge University Press, 1981); and Gerhard Lehmbruch and Philippe Schmitter, eds., *Corporatism and Public Policy Making* (Beverly Hills, Calif.: Sage, 1982).
13. Michael Harrington, *Decade of Decision: The Crisis of the American System* (New York.: Simon and Schuster, 1980), pp. 320, 325。關於經濟民主立場另一個有用的近期討論參見Martin Camoy and Derek Shearer, *Economic Democracy: The Challenge of the 1980s* (White Plains, N. Y.: M. E. Sharpe, 1980)。儘管我們並不認為經濟民主完全等同於加州經濟民主運動（California Campaign for Economic Democracy）採取的立場，但該立場可詳見Tom Hayden, *The American Future: New Visions beyond Old Frontiers* (Boston: South End, 1980)。馬克・康恩分析了這些新發展與左派近期歷史之間的關係，然後主張他所謂的「激進民主」，參見Mark E. Kann, *The American Left: Failures and Fortunes* (New York: Praeger, 1982).

23. Ernst Troeltsch, *The Social Teachings of the Christian Churches* (1911), trans. Olive Wyon (London: George Allen, 1931)；特別是volume I, pp. 328-82, and volume 2, conclusion.
24. Karl Rahner, *The Church and the Sacraments* (1963), trans. W. J. O'Hara (London: Burns and Oates, 1974), p. 11.
25. Octavio Paz, "Mexico and the United States," *New Yorker*, September 17, 1979, PP. 136-53.
26. 參見Wayne A. Meeks, *The First Urban Christians: The Social World of the Apostle Paul* (New Haven, Conn: Yale University Press, 1983).
27. 參見Charles Y. Glock and Robert N. Bellah, *The New Religious Consciousness* (Berkeley and Los Angeles: University of California Press, 1976),
28. Parker J. Palmer, *Company of Strangers: Christians and the Renewal of America's Public Life* (New York: Crossroad, 1981), p. 155. Emphasis in original.

第十章

1. Quoted in Theodore Draper, "Hume and Madison: The Secrets of *Federalist Paper* No. 10," *Encounter* 58 (February 1982): 47.
2. Garry Wills, *Explaining America: The Federalist* (New York: Penguin Books, 1982), p. 268。納珊．海爾出了名的遺言「我很遺憾我只有一條命能奉獻給我的國家」，和約瑟夫．艾迪生（Joseph Addison）的戲《卡托》（*Cato*）的台詞相似。
3. Quoted in Ronald Steel, *Walter Lippmann and the American Century* (Boston: Little, Brown, 1980), p. 64.
4. Andrew Carnegie, "The Gospel of Wealth" (1889), in *The Gospel of Wealth and Other Timely Essays*, ed. Edward A. Kirkland (Cambridge, Mass: Harvard University Press, 1962), p. 14.
5. Peter Dobkin Hall, *The Organization of American Culture, 1700-1900: Private Institutions, Elites, and the Origins of American Nationality* (New York: New York University Press, 1982), pp. 266, 268.
6. Nick Salvatore, *Eugene V Debs: Citizen and Socialist* (Urbana, 111.: University of Illinois Press, 1982), pp. 88, 293.
7. Michael Sandel, "The Procedural Republic and the Unencumbered Self," *Political Theory* 12 (1984): 93.

14. 詹姆斯・杭特（James Davison Hunter）透過研究八家最大的福音派文學出版社的出版書籍，記錄了保守福音派虔誠的重要轉變。他發現了一種他稱之為「心理基督中心主義」的現象，這種現象始於一九六〇年代，並在一九七〇年代達到主導地位。福音派文學有很多諸如「耶穌希望基督徒的生活是一個激動人心、果實纍纍的冒險」這類陳述的變體。苦難和犧牲被輕描淡寫，未來是關於幸福、成就和「對生活的新熱情」。杭特總結：「主觀論取代了傳統的禁欲論，成為神學保守新教文化的主導態度。儘管存在一些可變性，但在當代美國福音派的主流中，嚴肅的工具主義已被容易受影響的表達性所取代。」James Davison Hunter, *American Evangelicalism* (New Brunswick, N. J.; Rutgers University Press, 1983), 91-101.
15. Hoge, *Converts*, *Dropouts, Returnees*, p. 171.
16. Fee et al., *Young Catholics*, p. 242.
17. 有一名舊金山半島上非常保守的活道團契（Living Word Fellowship）成員，提供了一個關於需要「結構」更極端的例子，他抱怨說，在整個求學過程裡，他一直被期望「決定什麼是對與錯，以及我為什麼會活著，以及我為什麼而活……這是對一個人最殘酷的事——讓他自己決定每件事——因為他做不到。這是一個撒旦的陷阱。」相反的，一個基督徒「不必決定什麼是對或錯。他只需要決定去做對的事，還是錯的事。」Steven M. Tipton, *Getting Saved from the Sixties* (Berkeley and Los Angeles: University of California Press, 1982), P. 44.
18. 關於高等教育在多大程度上作為世俗文化傳教堡壘，使主流教會的年輕一代遠離他們的傳統，參見Dean R. Hoge and David A. Roozen, eds., *Understanding Church Growth and Decline, 1950-1978* (New York: Pilgrim Press, 1979), especially chapter 8, written by Hoge.
19. 參見Jay Dolan, *The Immigrant Church* (Baltimore: Johns Hopkins University Press, 1975).
20. David J. O'Brien, *The Renewal of American Catholicism* (New York: Oxford University Press, 1972), and John A. Coleman, *An American Strategic Theology* (New York: Paulist Press, 1982), especially part 3.
21. National Conference of Catholic Bishops, *The Challenge of Peace: God's Promise and Our Response,* A Pastoral Letter on War and Peace, May 3, 1983 (Washington, D. C.: United States Catholic Conference, 1983).
22. Martin E. Marty, *The Public Church: Mainline-Evangelical-Catholic* (New York: Crossroad, 1981).

贈給醫院。此外，給宗教團體的金額遠大於任何其他類型的社團。一九八二年的個人平均慈善捐款的四百七十五美元中，有三百一十三美元捐給了教會和宗教組織。

2. 近期國家宗教統計數據的摘要可參見Theodore Caplow et al., *All Faithful People: Change and Continuity in Middletown's Religion* (Minneapolis: University of Minnesota Press, 1983), pp. 20-30。一九五〇年每週的教堂出席率約為百分之四十，在一九五〇年代後期上升至近百分之五十，並在一九七〇年代初期下降至約百分之四十。從那時起，它幾乎保持在百分之四十左右。自一九五〇年以來，宗教成員一直保持在接近百分之六十的水準，只有微小的波動。當被問到他們是否「相信上帝或宇宙神性」時，從一九五〇年至今答「是」的美國人約有百分之九十五。在西歐，對同一問題的肯定回答比例低了百分之十五到三十。對這種信念背後意義更詳細的探討參見Robert S. Bilheimer, ed., *Faith and Ferment: An Interdisciplinary Study of Christian Beliefs and Practices* (Minneapolis: Augsburg, 1983), a study of churches in Minnesota.
3. 參見Robert N. Bellah, *The Broken Covenant: American Civil Religion in Time of Trial* (New York: Seabury, 1975), chapter I.
4. 參見Perry Miller, *Errand Into the Wilderness* (Cambridge, Mass: Harvard University Press, 1956).
5. Donald M. Scott, *From Office to Profession: The New England Ministry, 1750-1850* (Philadelphia: University of Pennsylvania Press, 1978), p. 12.
6. Paul Boyer, *Urban Masses and Moral Order in America, 1820-1920* (Cambridge, Mass.: Harvard University Press, 1978), part 1.
7. Scott, *From Office to Profession*, pp. 149, 139.
8. Ann Douglas, *The Feminization of American Culture* (New York: Knopf, 1977).
9. Alexis de Tocqueville, *Democracy in America*, trans. George Lawrence, ed. J. P. Mayer (New York: Doubleday, Anchor Books, 1969), p. 292.
10. Tocqueville, *Democracy in America*, ed. Mayer, pp. 529, 535.
11. Hervé Varenne, *Americans Together: Structured Diversity in a Midwestern Town* (New York: Teachers College Press, 1977), pp. 99-100.
12. Joan L. Fee et al., *Young Catholics: A Report to the Knights of Columbus* (Los Angeles: Sadlier, 1981), pp. 229-30.
13. Dean R. Hoge, *Converts, Dropouts, Returnees: A Study of Religious Change Among Catholics* (Washington, D. C.: United States Catholic Conference; New York: Pilgrim Press, 1981), p. 167.

Press, 1983), p. 193.

3. 關於愈來愈多選民不結盟參見Norman Nie, Sidney Verba, and John Petrocik, *The Changing American Voter* (Cambridge, Mass.: Harvard University Press, 1976); and Walter D. Burnham, "American Politics in the 1970s: Beyond Party?" in *The Future of Political Parties*, ed. Louis Maisel and Paul Sacks (Beverly Hills, Califl: Sage, 1975), pp. 238-77, and "American Politics in the 1980s," *Dissent* 27 (Spring 1980): 149-60。關於可能的「合理化危機」參見Seymour Martin Lipset and William Schneider, *The Confidence Gap: Business, Labor and Government in the Public Mind* (New York: Free Press, 1983), chapter 12。另參見James House and William Mason, "Political Alienation in America, 1952-1968," *American Sociological Review* 68 (1974): 951-72; and Daniel Yankelovich, "A Crisis of Moral Legitimacy?" *Dissent* 21 (Fall 1974): 526-33.
4. 經濟地位和社區參與之間的關係參見Sidney Verba and Norman Nie, *Participation in America: Political Democracy and Social Equality* (New York: Harper and Row, 1972)。另參見Lee Rainwater, *What Money Buys: Inequality and the Social Meanings of Income* (New York: Basic Books, 1974).
5. Octavio Paz, "Mexico and the United States," *New Yorker*, September 17, 1979, pp. 136-53.
6. 參見Lipset and Schneider, Confidence Gap, chapters 6-10.
7. Alexis de Tocqueville, *Democracy in America*, trans. George Lawrence, ed. J. P. Mayer (New York: Doubleday, Anchor Books, 1969), pp. 691-93.
8. 「使人墮落的不是行使權力或順從的習慣，而是行使他們認為不合法的權力和服從他們認為篡奪和壓迫的權力。」Tocqueville, *Democracy in America*, ed. Mayer, p. 14.
9. 關於德布斯和與他有關的運動（勞工、民粹主義、社會主義），試圖在快速工業化條件下維持共和公民身分概念的意義，參見Nick Salvatore, *Eugene V. Debs: Citizen and Socialist* (Urbana, I11.: University of Illinois Press, 1982).
10. 關於其中一些運動參見Harry C. Boyte, T*he Backyard Revolution: Understanding the New Citizen Movement* (Philadelphia: Temple University Press, 1980).

第九章

1. A 1982 Gallup poll reported in *Patterns of Charitable Giving by Individuals: A Research Report* (Washington, D. C.: Independent Sector, 1982)，發現百分之七十一的美國人捐贈給教會和宗教組織，而只有百分之三十二的人捐贈給教育組織，百分之二十四捐

University Press, 1978), pp. 61-108.

7. 對研究這個主題的文獻的重要近期摘要和解釋參見Bender, *Community and Social Change*; Robert H. Wiebe, *The Segmented Society: An Introduction to the Meaning of America* (New York: Oxford University Press, 1975); and Morris Janowitz, *The Last Half-Century: Societal Change and Politics in America* (Chicago: University of Chicago Press, 1978), especially pp. 264-319.
8. Tocqueville, *Democracy in America*, ed. Mayer, pp. 525-30.
9. 對功利個人主義邏輯中「坐享其成者」問題的分析參見Mancur Olson, *The Logic of Collective Action* (Cambridge, Mass: Harvard University Press, 1965).
10. Tocqueville, *Democracy in America*, ed. Mayer, p. 527.
11. Tocqueville, *Democracy in America*, ed. Mayer, pp. 512-13.
12. Tocqueville, *Democracy in America*, ed. Mayer, p. 604.
13. Robert E. Park, "The City: Suggestions for the Investigation of Human Behavior in the Urban Environment" (1925), in *The City*, ed. Robert E. Park and E. W. Burgess (Chicago: University of Chicago Press, 1967), p. 40.
14. 參見Edward O. Laumann, "Interlocking and Radial Nets: A Formal Feature with Important Consequences," in his *Bonds of Pluralism: The Form and Substance of Urban Social Networks* (New York: Wiley, 1973), pp. 111-30; Paul Craven and Barry Wellman, "The Network City," *Sociological Inquiry* 43 (1974): 57-88; Barry Wellman et 211., "Community Ties and Support Systems: From Intimacy to Support," in *The Form of Cities in Central Canada: Selected Papers*, ed. L. S. Bourne, R. D. MacKinnon, and J. W. Simmons (Toronto: University of Toronto Press, 1973), pp. 152-67; Claude S. Fischer et al., *Networks and Places* (New York: Free Press, 1977); and Claude S. Fischer, *To Dwell Among Friends* (Chicago: University of Chicago Press, 1982).
15. Lester C. Thurow, *The Zero-Sum Society: Distribution and the Possibilities for Economic Change* (New York: Basic Books, 1980).

第八章

1. Hervé Varenne, *Americans Together: Structured Diversity in a Midwestern Town* (New York: Teachers College Press, 1977), chapter 11.
2. Morris Janowitz, *The Reconstruction of Patriotism* (Chicago: University of Chicago

18. 希西利亞・道爾蒂可能會驚訝地發現，二十世紀早期的天主教社會思想家Monsignor john A. Ryan, author of *Distributiue justice* (New York, 1927)，很早就開始使用「經濟民主」這個術語。
19. Parker J. Palmer, *The Company of Strangers: Christians and the Renewal of America's Public Life* (New York: Crossroad, 1981), p. 31.

第七章

1. James Curtis, in "Voluntary Association Joining: A Cross-National Comparative Note," *American Sociological Review* 36 (1971): 872-80，發現加拿大和美國的志願社團會員人數明顯高於英國、德國、義大利和墨西哥。如果把多重會員資格納入計算差異會更顯著。David Horton Smith, in "Voluntary Action and Voluntary Groups," *Annual Review of Sociology* 1 (1975): 247-51，發現斯堪的納維亞人在志願社團會員資格方面和加拿大人與美國人一樣高或更高，但其他工業國家則明顯較低。Sidney Verba, Norman H. Nie, and Jae-on Kim, in *Participation and Political Equality: A Seven Nation Comparison* (New York: Cambridge University Press, 1978)，為理解這些差異增添了一個實用的觀點。他們發現美國人有最多「從事解決社區問題的組織」的會員，但較少加入政治的黨派、俱樂部和組織。這點符合我們在第七章和第八章的發現，也就是，美國人偏好志願社區組織勝過「政治」。Verba, Nie, and Kim還發現，美國的參與度和收入及教育水準之間的相關性高於其他工業國家。Alex Inkeles in "The American Character," in *The Center Magazine*, a publication of the Center for the Study of Democratic Institutions, November / December, 1983, pp. 25-39，報告從托克維爾時代到今天的社區參與連續性。他發現了許多其他的連續性，包括自力更生和個人效能感。他還指出了一些顯著差異，其中最大的差異是對多樣性的容忍度提高，對工作和節儉的重視程度下降，以及政治信心的消磨。
2. Alexis de Tocqueville, *Democracy in America*, trans. George Lawrence, ed. J. P. Mayer (New York: Doubleday, Anchor Books, 1969), p. 523.
3. Hervé Varenne, *Americans Together: Structured Diversity in a Midwestern Town* (New York: Teachers College Press, 1977), pp. 150-59.
4. Tocqueville, *Democracy in America*, ed. Mayer, p. 70.
5. Tocqueville, *Democracy in America*, ed. Mayer, pp. 63-70.
6. Thomas Bender, *Community and Social Change in America* (New Brunswick, N. J.: Rutgers

Eighteenth Century (New York: Random House, 1970)，「和平的王國」一詞毫無疑問帶有末世論的意味。那是新英格蘭人對自己的期許，而不是他們的自我宣稱。

6. 關於托克維爾引進個人主義一詞和美國人的回應參見 Yehoshua Arieli, *Individualism and Nationalism in American Ideology* (Cambridge, Mass.: Harvard University Press, 1964), pp. 183-210, 246-76。關於這個詞在歐洲脈絡裡的出現參見 Koenraad W. Swart, "Individualism in the Mid-Nineteenth Century," *Journal of the History of Ideas* 23 (1962): 77-90.
7. Alexis de Tocqueville, *Democracy in America*, trans. George Lawrence, ed. J. P. Mayer (New York: Doubleday, Anchor Books, 1969), vol. 2, part 1, chapters 1 and 2.
8. David M. Schneider and Raymond T. Smith, *Class Differences and Sex Roles in American Kinship and Family Structure* (Englewood Cliffs, N. J.: Prentice-Hall, 1973), pp. 19, 20.
9. Ibid., p. 24.
10. Ibid., p. 46.
11. William H. Whyte, *The Organization Man* (New York: Simon and Schuster, 1956).
12. Alasdair MacIntyre, *After Virtue* (South Bend, Ind.: University of Notre Dame Press, 1981), p. 33.
13. Schneider and Smith, *Class Digerences,* p. 27.
14. Ibid., pp. 107, 39.「我們實地研究的直接經驗是，雖然種族認同意識在社會的各個層面都存在，但它作為影響中產階級行為的因素，重要性正迅速下降。事實上，成為中產階級的面向之一是放棄多數種族的行為特徵，這個過程在很大程度上得到了對個人成就的嚮往、對事件和事物的理性控制，以及展望未來而不是回首過去的幫助。」(pp. 35-36).
15. Richard M. Merelman in *Making Something of Ourselves: On Culture and Politics in the United States* (Berkeley and Los Angeles: University of California Press, 1984)將這種衝突定義為鬆散約束和嚴格約束之間的衝突。他認為這是當今美國生活的主要衝突。
16. 參見MacIntyre, *After Virtue*, chapter I 5.
17. 關於苦難的記憶，以及維繫這些記憶的重要性參見Johann Baptist Metz, *Faith in History and Society: Toward a Practical Fundamental Theology* (New York: Seabury, 1980). Freud, in "Mourning and Melancholia," (1917) *Collected Papers* (London: Hogarth Press, 1956), 4: 152-70，指出如果痛苦的記憶被壓抑，它會繼續以不健康的方式支配人。言下之意，遺忘和記憶存在辯證關係：只有透過記憶，我們才能自由地行動，而不受無意識記憶的支配。

的文化根源參見Marshall Berman, *The Politics of Authenticity* (New York: Atheneum, 1980), especially pp. xv-xxiv, 311-25.

20. Dale Carnegie, *How to Win Friends and Influence People* (1936; New York: Simon and Schuster, 1981), p. 25.
21. 用「自尊」和「自我接納」等心理術語來評估，美國人現在對自己的感覺比二十年前好。因為他們「更常思考人格特徵，而不是道德刻板印象或角色指定」，而且比較少根據通則或一般標準來評斷自己，所以他們對沒有達到道德標準的內疚減少了。另一方面，隨著社會角色和實踐失去道德連貫性，美國人對自己的「到底」是誰產生了更多懷疑，並且更難以找到真實的自我。因此，內疚感會逐漸下降，但焦慮會逐漸增加。參見Veroff, Douvan, and Kulka, *Inner American*, pp. 19-25, 115-22.
22. Jaroslav Pelikan, Jefferson Lectures on religious tradition, forthcoming.
23. 參見Veroff, Douvan, and Kulka, *Inner American*, pp. 115-18.

第六章

1. Robert Coles, "Civility and Psychology," Dadalus (Summer 1980), p. 137.
2. 十九世紀美國文化的個人主義參見D. H. Lawrence, *Studies in Classic American Literature* (1923; Garden City, N. Y.: Doubleday, Anchor Books, 1951)。關於牛仔的形象參見Will Wright, *Sixguns and Society: A Structural Study of the Western* (Berkeley and Los Angeles: University of California Press, 1975)。關於牛仔和偵探參見John G. Cawelti, *Adventure, Mystery, and Romance: Formula Stories as Art and Popular Culture* (Chicago: University of Chicago Press, 1976).
3. 關於英雄對女人和社會的逃避參見Leslie Fiedler, *Love and Death in the American Novel* (New York: Stein and Day, 1966), and Ann Swidler, "Love and Adulthood in American Culture," in *Themes of Work and Love in Adulthood*, ed. Neil J. Smelser and Erik H. Erikson (Cambridge, Mass: Harvard University Press, 1980), pp. 120-47.
4. 談論林肯對美國公共生活意義最好的書籍是Harry V. Jaffa, *Crisis of the House Divided: An Interpretation of the Lincoln-Douglas Debates* (Garden City, N. Y.: Doubleday, 1959). Reinhold Niebuhr's remarks appear in his essay "The Religion of Abraham Lincoln," in *Lincoln and the Gettysburg Address*, ed. Allan Nevins (Urbana, I11,: University of Illinois Press, 1964), p. 72.
5. See, particularly, Michael Zuckerman, *Peaceable Kingdoms: New England Towns in the*

9. Bledstein, *Culture of Professionalism*, pp. 172, 176.
10. William James, *Psychology: Briefer Course* (New York: Henry Holt, 1892), p. 149。另參見William James, *On Vital Reserves: The Energies of Men, The Gospel of Relaxation* (New York: Henry Holt, 1911), pp. 25, 66, 78; and E. Brooks Holifield, *A History of Pastoral Care* (Nashville, Tenn.: Abingdon Press, 1984), pp. 184-90.
11. Veroff, Kulka, and Douvan, *Mental Health in America*, pp. 6-7.
12. Ibid., pp. 166-67, 176-77.
13. 參見Arlie R. Hochschild, *The Managed Heart: Commercialization of Human Feeling* (Berkeley and Los Angeles: University of California Press, 1983).
14. 參見Guy E. Swanson, "A Basis of Authority and Identity in Post-Industrial Society," in *Identity and Authority*, ed. Roland Robertson and Burkart Holzner (New York: Saint Martin's Press, 1980), pp. 196-204.
15. 參見Steven M. Tipton, *Getting Saved from the Sixties* (Berkeley and Los Angeles: University of California Press, 1982), chapter 4; also Hochschild, *Managed Heart*.
16. Compare Richard Sennett, *The Fall of Public Man* (New York: Random House, Vintage Books, 1978), pp. 3-5, 257-68, 337-40; also Phillip Rieff, *The Triumph of the Therapeutic* (New York: Harper and Row, 1966), pp. 1-28, 232-61.
17. 我們不會那麼強調激烈競爭的市場模式對個人生活的影響，不像Russel Jacoby, *Social Amnesia* (Boston: Beacon Press, 1975), pp. xvii, 46-72, 103-16, or Christopher Lasch, *The Culture of Narcissism* (New York: Norton, 1978), pp. 3-70, especially p. 30.
18. 參見David Lyons, *Forms and Limits of Utilitarianism* (Oxford: Clarendon Press, 196 5); also Charles Taylor, "The Diversity of Goods," in Utilitarianism and Beyond, ed. Amartya Sen and Bernard Williams (Cambridge: Cambridge University Press, 1982), pp. 129-44.
19. Robert Coles, "Civility and Psychology," Dadalus 109 (Summer 1980), p. 140。受人類潛力心理學啟發有條理地個別處理政治的實例，參見Tipton, *Getting Saved from the Sixties*, pp. 267-70, on Self-Determination, "a personal / political network" founded by California Assemblyman John Vasconcellos。對政治的心理學理論的批評可以參考Philip Rieff, *Freud: The Mind of the Moralist* (Chicago: University of Chicago Press, 1959), pp. 220-56。根據利菲的看法，佛洛伊德把政治視為一種由家庭機構裡的個人所構成的無理性可言的權威投射，並且因而欠缺對客觀現實連貫的參考。關於心理學化的本真政治的脆弱性參見羅素．雅各比（Russell Jacoby）對美國新左派之間「主體政治」的攻擊（*Social Amnesia*, pp. 101-18），關於這類政治在激進自由主義裡

第五章

1. 參見Joseph Veroff, Richard A. Kulka, and Elizabeth Douvan, *Mental Health in America: Patterns of Help-Seeking from 1957 to 1976* (New York: Basic Books, 1981), and *The Inner American: A Self-Portrait from 1957 to 1976* (New York: Basic Books, 1981)。本章關注的是「無特定派別」的心理治療。提普頓採訪了許多不同信仰的治療師和各種治療師的客戶，從精神分析到行為療法，不過他研究的中產階級焦點，使他最常接觸到新佛洛伊德、羅傑斯派、完形心理學、身心互動論和人文主義的治療師。這些心理治療從業人員有很多形容自己是「兼容並蓄的」，並且強調他們個人的觀點，往往還包括他們所受的訓練，比較是取得「實際結果」而不是理論連貫性或忠誠度為目的。我們的興趣主要不在於心理學理論或精神障礙。我們主要是對作為一種文化形式、一種思考自我和社會的語言的心理治療感興趣。我們知道，我們在本章對關於「心理治療」、「心理治療師」和「偏好心理治療的」所做的幾乎每個陳述都有例外。提普頓和其他三位對心理治療沒有太大興趣的採訪者感到震驚的是，美國人從鬆散和折衷的心理治療文化裡採用某些表達與思維方式的頻率。我們感興趣的正是一般美國人所使用和理解的普遍用法。維洛夫（Veroff）、庫爾卡（Kulka）和多凡（Douvan）所做的大規模調查研究證明這個文化的擴散得很廣，也證明我們所交談的人具有代表性。我們報告的內容不應被詮釋為代表有影響力的心理學家或人格理論家、分析師或心理治療師的觀點，但可能和他們被普遍理解的方式有關。
2. Robert Frost, "The Death of the Hired Man" (1914).
3. Aristotle, *Nichomachean Ethics*, books 7 and 9; Cicero, *De amicitia*; Thomas Aquinas, *Disputations: De caritate*.
4. Lester J. Cappon, ed., *The Adams- Jefferson Letters: The Complete Correspondence Between Thomas Jefferson and Abigail and John Adams* (Chapel Hill, N. C.: University of North Carolina Press, 1959), 2: 562-63.
5. Alexis de Tocqueville, *Democracy in America*, trans. George Lawrence, ed. J. P. Mayer (New York: Doubleday, Anchor Books, 1969), pp. 565, 535, 538.
6. George M. Beard, *American Nervousness* (1881; New York: Arno Press and the *New York Times*, 1972), pp. 26, 171-72.
7. Beard, *American Nervousness*, pp. 122-23.
8. Burton J. Bledstein, *Culture of Professionalism: The Middle Class and the Development of Higher Education in America* (New York: Norton, 1976), pp. 105-20 and passim.

University ofMinnesota Press, 1982)，顯示這個模式在當代印第安納州蒙夕還很強。

5. 參見Nancy F. Cott, *The Bond: of Womanhood: "Woman's Sphere" in New England, 1780-1835* (New Haven, Conn.: Yale University Press, 1977), on "female academics," pp. 114-25; on voluntary associations, pp. 141-57.
6. David M. Schneider and Raymond T. Smith, *Class Differences and Sex Roles in American Kinship and Family Structure* (Englewood Cliffs, N. J. Prentice-Hall, 1973), pp. 14, 103.
7. Cott, *Bonds of Womanhood*, pp. 58-59.
8. Cort, *Bonds of Womanhood*, p. 61.
9. Cott, *Bonds of Womanhood*, p. 71.
10. 參見Tocqueville, *Democracy in America*, ed. Mayer, vol. 2, part 3, chapter 9.
11. 參見Cott, *Bonds of Womanhood*, pp. 80-83.
12. 參見Cott, *Bonds of Womanhood*, pp. 127-29.
13. Edmund S. Morgan, *The Puritan Family: Religion and Domestic Relations in Seventeenth-Century New England* (New York: Harper Torchbooks, 1966), p. 47.
14. 對保持未婚接受度的提高參見Veroff, Douvan, and Kulka, *Inner American*, p. 147；對離婚接受度的提高參見p. 151。另參見Daniel Yankelovich, *New Rules: Searching for Self Fulfillment in a World Turned Upside Down* (New York: Random House, 1981), for similar trend data, pp. 92-99.
15. Yankelovich, *New Rules*, pp. 252, 98.
16. Yankelovich, *New Rules*, pp. 103-5.
17. Veroff, Douvan, and Kulka, *Inner American*, p. 147.
18. Veroff, Douvan, and Kulka, ibid., p. 192發現，婚姻和為人父母是比工作或休閒「更重要的價值實現來源」。他們發現多數美國人對自己的婚姻感到滿意，而且在一九七六年比在一九五七年（兩次調查進行的年份）更幸福。他們評論說，離婚率上升和離婚接受度提高也發生在一九五七至七六年間，可能是婚姻變得更幸福的部分原因：不幸福的婚姻已經被解除了。
19. Tocqueville, *Democracy in America*, ed. Mayer, pp. 567, 587-89.
20. Veroff, Douvan, and Kulka, *Inner American*, p. 178.
21. Carol Gilligan, *In a Different Voice: Psychological Theory and Women's Development* (Cambridge, Mass: Harvard University Press, 1982); Sara Ruddick, "Maternal Thinking," in *Rethinking the Family: Some Feminist Questions*, ed. Barrie Thorne (New York: Longman, 1982), pp. 76-94.

15. Frances FitzGerald, "Sun City Center," *New Yorker*, April 25, 1983, pp. 61, 90-93.
16. Sheehy, *Passages*, p. 364.
17. Michael Sandel, *Liberalism and the Limits of justice* (New York: Cambridge University Press, 1982)。對功利主義和康德倫理學（包括羅爾斯的契約論）所蘊含的沒有具體品性、情緒和目的的自我理解的哲學批判，參見Bernard Williams, "Persons, Character, and Morality" in *The Identity of Person*s, ed. Amélie O. Rorty (Berkeley and Los Angeles: University of California Press, 1976), pp. 197-216, and his "A Critique of Utilitarianism" in J. J. C. Smart and Bernard Williams, *Utilitarianism: For and Against* (Cambridge: Cambridge University Press, 1973)。另參見Charles Taylor, "Responsibility for Self" in *Identity of Persons*, ed. Rorty, pp. 281-99.
18. John Locke, *An Essay Concerning Human Understanding*, ed. Peter H. Nidditch (Oxford: Oxford University Press, 1975), book 2, chapter 27, paragraph 6, pp. 331-32.
19. Erving Goffman, *The Presentation of Self in Everyday Life* (New York: Doubleday, Anchor Books, 19 59)。關於這一點和這整章的論點，另參見Phillip Rieff, *The Triumph of the Therapeutic* (New York: Harper and Row, 1966),
20. FitzGerald, "Sun City Center," p. 90.

第四章

1. 「最終，當個人幸福成為衡量所有事物的標準，當承受的能力、性格力量、在社區的地位、群體的利益、模範和負責任的成人行為，和／或孩子的福祉都屈從於個人幸福和『自我實現』，社會約定就鬆動了……生活的完整性——一個成年人在他社會裡所能獲得的所有角色的令人滿意的體驗和表現——失去了意義……事實上，角色和身分名稱已經成為懷疑的對象，就好像它們不同於核心的自我、人的本質——甚至與之相矛盾。」Joseph Veroff, Elizabeth Douvan, and Richard A. Kulka, The *Inner American: A Self-Portrait from 1957 to 1976* (New York: Basic Books, 1981), pp. 140-41.
2. Alexis de Tocqueville, *Democracy in America*, trans. George Lawrence, ed. J. P. Mayer (New York: Doubleday, Anchor Books, 1969), p. 603.
3. Tocqueville, *Democracy in America*, ed. Mayer, p. 291.
4. Carl N. Degler, *At Odds: Women and the Family in Americafrom the Revolution to the Present* (New York: Oxford University Press, 1980), chapter 1, especially p. 8. Theodore Caplow, *Middletown Families: Fifty Years of Change and Continuity* (Minneapolis:

構建幸福範式」和「美國人自我表達提升，以及依此調整自我指示反應」的轉變（頁五二〇至五三〇）。括號內文字來自原文。

2. Thomas Jefferson, *The Complete Jefferson*, ed. Saul K. Padover (New York: Duell, Sloan and Pearce, 1943), p. 33.
3. Ralph Waldo Emerson, *Essays and Lectures* (New York: Library of America, 1983), pp. 261, 262.
4. Daniel Calhoun, *The Intelligence of a People* (Princeton, N. J.: Princeton University Press, 1973), pp. 143-47.
5. 洛克的觀點參見其著作《教育漫話》收於John Locke, *Educational Writings*, ed. James L. Axtell (London: Cambridge University Press, 1968)。值得一提的是，洛克的《政府論》（*First Treatise of Government*）是對羅伯特・菲爾默（Robert Filmer）的《父權論》（*Patriarcha*）的反駁，即對君主制與父權制的連續性的辯護。參見John Locke, *Two Treatises of Government*, ed. Peter Laslett (London: Cambridge University Press, 1963)。受洛克影響的美國育兒模式接近菲利普・格雷文（Philip Greven）所說的「溫和的新教氣質」（moderate Protestant temperament），參見 *The Protestant Temperament: Patterns of Child-Rearing, Religious Experience, and the Self in Early America* (New York: Knopf, 1977), part 3.
6. Hervé Varenne, *Americans Together: Structured Diversity in a Midwestern Town* (New York: Teachers College Press, 1977), pp. 185-86.
7. Varenne, *Americans Together*, chapters 8 and 9.
8. Emerson, *Essays and Lectures*, pp. 259, 260.
9. Gallup Opinion Index, *Religion in America* (Princeton, N. J.: American Institute of Public Opinion, 1981).
10. Alasdair Maclntyre, *After Virtue* (South Bend, Ind.: University of Notre Dame Press, 1981), chapter 10.
11. 參見Daniel J. Levinson, T*he Seasons of a Man's Life* (New York: Ballantine Books, 1978), chapters 13, 16, 18, 20; especially pp. 201-8, 245-51, 330-40. Compare George Vaillant, *Adaptation to Life* (Boston: Little, Brown, 1977), pp- 215-30.
12. Gail Sheehy, *Passages: Predictable Crises of Adult Life* (New York: Bantam Books, 1977). chapter 20.
13. 參見Macintyre, *After Virtue*, chapter 14.
14. Sheehy, *Passages*, p. 364.

參見Robert Wiebe, *The Segmented Society: An Historical Preface to the Meaning of America* (New York: Oxford University Press, 1975).

47. 關於心理治療師作為一個類型，參見Maclntyre, *After Virtue*, pp. 29, 70-71。關於心理治療最早在美國崛起的文化脈絡，參見T. J. Jackson Lears, *No Place Grace: Antimodernism and the Transformation of American Culture, 1880-1920* (New York: Pantheon, 1981).
48. Robert S. Lynd and Helen Merrell Lynd, *Middletown: A Study Contemporary American Culture* (New York: Harcourt, Brace, 1929) pp. 496-502; Robert S. Lynd, and Helen Merrell Lynd, *Middletown in Transition: A Study in Culture Conflicts* (New York: Harcourt, Brace, 1937); and Robert S. Lynd, *Knowledge for What? The Place of Social Science in American Culture* (Princeton, N. J.: Princeton University Press, 1939).
49. David Riesman, with Nathan Glazer and Reuel Denney, *The Lonely Crowd: A Study of the Changing American Character* (New Haven, Conn.; Yale University Press, 1950).
50. Compare Joseph Featherstone, "john Dewey and David Riesman: From the Lost Individual to the Lonely Crowd," in *On the Making American: Essays in Honor of David Riesman*, ed. Herbert Gans (Philadelphia: University of Pennsylvania Press, 1979).
51. Hervé Varenne, *Americans Together: Structured Diversity in a Midwestern Town* (New York: Teachers College Press, 1977).
52. 我們在本書大致寫成之後，收到Richard M. Merelman's *Making Something of Ourselves: On Culture and Politics in the United States* (Berkeley and Los Angeles: University of California Press, 1984)。然而，我們對此書和我們分析的相似之處感到震驚。梅雷爾曼分析了電視、廣告和公共教育的文化形式和內容，他發現這在不同程度上說明了他所謂的「鬆散約束的文化」（loosely bounded culture）日益占據主導地位。他主張早期美國文化的結合比較緊密，並以清教徒、民主制度和社會階級的形式出現。他把鬆散約束性的支配和個人主義興起聯繫起來。

第三章

1. 針對我們所指的一些變化，最佳的紀錄研究是Joseph Veroff, Elizabeth Douvan, and Richard A. Kulka, *The Inner American: A Self-Portrait from 1957 to 1976* (New York: Basic Books, 1981)。這項研究是以相隔二十年的兩次大規模全國抽樣調查為基礎。他們記錄到的發生在一九五七至一九七六年間的變化，是朝「更個人化或個性化的

36. 凱瑞・麥克威廉斯（Carey Wilson McWilliams）描述了新英格蘭舊城民主制度的衰落（波士頓於一八二二年廢除了其城鎮會議），以及西部城鎮在複製新英格蘭制度方面的失敗，因此「個人只能自生自滅」*The Idea of Fraternity in America* (Berkeley and Los Angeles: University of California Press, 1973), p. 228.
37. 參見Tocqueville, *Democracy in America*, ed. Mayer, vol. 1, part 2, chapter 10.
38. 參見Tocqueville, *Democracy in America*, ed. Mayer, vol. 2, part 2, chapter 20.
39. 參見Peter Dobkin Hall, *The Organization of American Culture, 1700-1900: Private Institutions, Elites, and the Origins of American Nationality* (New York: New York University Press, 1982); and Burton J. Bledstein, *The Culture of Professionalism: The Middle Class and the Development of Higher Education in America* (New York: Norton, 1976).
40. 參見Alfred D. Chandler, *The Visible Hand: The Managerial Revolution in American Business* (Cambridge, Mass: Harvard University Press, 1977)。更廣泛的文化影響參見Alan Trachtenberg, *The Incorporation of America: Culture and Society in the Gilded Age* (New York: Hill and Wang, 1982).
41. 與個人主義意識形態的連結仍然很強烈，如今個人主義意識形態以相對純粹的功利形式存在著：「對偉大神話企業的欽佩之情與日俱增，因為美國人認為章魚的中心是一個控制大腦——貪婪、野心勃勃、努力工作且獨立的單身美國人。」（Robertson, *American Myth, American Reality*, p. 177）企業如何被放在一個道德脈絡裡的討論，請看後面第十章關於權勢集團意識形態的段落。
42. 商人批評他們的早期批評者是「苔蘚——在進步的遊行中留下背影」；這樣的人被認為來自「破舊小鎮」Robertson, *American Myth, American Reality*, p. 178.
43. 「即使在內戰證明單單意識形態不足以凝聚整個國家之前，另一個整合制度已經開始出現。新的模式是一種技術團結的模式……技術團結用職業功能而不是綜合信仰連結人與人。」John Higham, "Hanging Together: Divergent Unities in American History," *journal of American History* 61 (1974): 19.
44. 關於新的職業中產階級，參見Bledstein, *Culture of Professionalism*.
45. 關於管理類型見麥金泰爾對韋伯（Max Weber）以下著作主旨的發展（*After Virtue*, pp. 24-31, 70-75, 81-83），想了解以經驗為依據的管理類型討論，參見Michael Maccoby, *The Gamesman* (New York: Simon and Schuster, 1976).
46. 對效率作為管理角色本質的討論，參見Samuel Haber, *Efficiency and Uplift: Scientific Management in the Progressive Era, 1890-1920* (Chicago: University of Chicago Press, 1954)。對獨立地方社區衰退和環節社會興起時期的社會凝聚力問題的廣泛討論，

Hopkins University Press, 1979), pp. 116-31; and Robert E. Shallope "Toward a Republican Synthesis: The Emergence of an Understanding of Republicanism in American Historiography," *William and Mary Quarterly* 29 (1972): 49-80.

27. Tocqueville, *Democracy in America*, ed. Mayer, pp. 305-8.
28. Tocqueville, *Democracy in America*, ed. Mayer, p. 287。澤維爾．祖比里（Xavier Zubiri）對帕斯卡（Pascal）思想中「心」的概念的評論，有助我們理解托克維爾對「心」的使用，畢竟托克維爾終身都以帕斯卡為師：「在帕斯卡的思想中，我們某種程度見證了極少數在領會能涵括某些重要人類內涵的哲學概念這件事上徹底被實現的嘗試。例如，他的『心』的概念模糊極了，卻是真實的，但由於它的模糊性，不好理解，又不好使用。這並不代表和純粹笛卡兒理性相對的盲目情緒，而是由人類日常存有和激進存有組成的知識。」Zubiri, *Nature, History, God*, trans. Thomas B. Fowler, Jr. (Lanham, Md.: University Press of America, 1981), p. 123。在這個意義上，心最終是帶有聖經意味的。舊約和新約都把心說成是包含思維能力、意志、意圖，以及感覺。「心的習慣」的概念或許最終就是源自寫在心上的規範（Rom. 2:15; cf. Jer. 31:33 and Deut. 6:6）。有趣的是，儒家和佛教都有一個有點類似的心的概念。
29. Tocqueville, *Democracy in America*, ed. Mayer, p. 506.
30. Tocqueville, *Democracy in America*, ed. Mayer, p. 508.
31. Tocqueville, *Democracy in America*, ed. Mayer, p. 510.
32. 關於地方社區在十九世紀中葉美國的重要性，參見Thomas Bender, *Community and Social Change* (New Brunswick, N. J.: Rutgers University Press, 1978), and Richard Lingeman, *Small Town America* (New York: Putnam, 1980).
33. 關於代表性格參見Maclntyre, *After Virtue*, pp. 26-29.
34. 關於獨立公民參見Marvin Meyers, The *Jacksonian Persuasion* (Palo Alto, Calif.: Stanford University Press, 1960) and James Oliver Robertson, *American Myth, American Reality* (New York: Hill and Wang, 1980).
35. 關於家庭生活的崇拜參見Carl Degler, *At Odds: Women and the Family in America from the Revolution to the Present* (New York: Oxford University Press, 1980), pp. 26-51; Barbara Welter, "The Cult of True Womanhood, 1820-1860," *American Quarterly* 18 (1966): 151-74; Richard Sennett, *Families Against the City: Middle Class Homes of Industrial Chicago, 1872-1890* (Cambridge, Mass: Harvard University Press, 1970); and Kirk Jeffrey, "The Family as Utopian Retreat from the City: The Nineteenth Century Contribution," *Soundings* 55 (1955): 21-40.

15. Benjamin Franklin, *The Political Thought of Benjamin Franklin*, ed. Ralph Ketcham (Indianapolis: Bobbs-Merrill, 1965), p. 341.
16. Franklin, *Political Thought of Benjamin Franklin*, ed. Ketcham, p. 134.
17. 儘管富蘭克林理解的個人自我改進有很多功利的面向，它仍然是與公共精神和社會責任的主旨相關聯。參見John G. Cawelti, *Apostles of the Self-Made Man: Changing Concepts of Success in America* (Chicago: University of Chicago Press, 1965), pp. 13-24.
18. F. O. Matthiessen, *The American Renaissance* (London: Oxford University Press, 1941)。關於法蘭西斯・帕克曼（Francis Parkman）和詹姆斯・庫柏（James Fenimore Cooper）對「白手起家之人」的攻擊，以及惠特曼和愛默生對「自我文化」（self-culture）理想的新綜合，參見Cawelti, *Apostles of the Self-Made Man*, pp. 77-98.
19. Walt Whitman, *Complete Poetry and Collected Prose* (New York: Library of America, 1982), p. 188.
20. Whitman, *Poetry and Prose*, p. 537.
21. Whitman, *Poetry and Prose*, p. 297.
22. Whitman, *Poetry and Prose*, pp. 929-94。菲力普・利菲（Phillip Rieff）發展了一種與我們相似的分類法。他談到「宗教人、政治人、經濟人和心理人」。然而，他傾向於相信，他的「心理人」（我們的表現個人主義者）的「勝利」比我們所相信的更徹底：「美國人不再效仿基督徒或希臘人。他們也不是像歐洲人以為的那種經濟人。希臘人的政治人，希伯來人和基督徒的宗教人，十八世紀歐洲的開明經濟人，已經被一種生活行為的新模型取代。我認為，比起美國文化清教起源可能的暗示，心理人更是美國文化土生土長的產物。」參見*The Triumph of the Therapeutic* (New York: Harper and Row, 1966), p. 58.
23. J. Hector St. John de Crèvecœur, *Letters from an American Farmer* (New York: Penguin Books, 1981), p. 83.
24. Crèvecœur, *Letters*, p. 70. Emphasis in original.
25. Crèvecœur, *Letters*, p. 67.
26. Louis Hartz, *The Liberal Tradition in America* (New York: Harvest, 1955); Daniel Boorstin, *The Americans: The National Experience* (New York: Random House, 1965), and *The Americans: The Democratic Experience* (New York: Random House, 1973)。關於把美國文化單單解釋為自由主義的文化的局限，參見Dorothy Ross, "The Liberal Tradition Revisited and the Republican Tradition Addressed," in *New Directions in American Intellectual History*, ed. John Higham and Paul K. Conkin (Baltimore: Johns

Haven, Conn.: Yale University Press, 1975), pp. 187-205. Tocqueville quotes Winthrop on p. 46 of *Democracy in America*, ed. Mayer. Perry Miller speaks of Winthrop as standing "at the beginning of our consciousness" in *Nature's Nation* (Cambridge, Mass.: Harvard University Press, 1967), p. 6。另參見Miller's many references to Winthrop in *Errand into the Wilderness* (Cambridge, Mass.: Harvard University Press, 1956) and elsewhere.

3. 溫斯羅普的「基督徒慈善的典範」收錄在很多清教徒的文件集。有個便於查找的文集是*Puritan Political Ides, 1558-1794*, ed. Edmund S. Morgan (Indianapolis: Bobbs-Merrill 1965)，前述引文在該書第九十二頁。關於溫斯羅普的生平簡介參考Edmund S. Morgan's *The Puritan Dilemma*: *The Story of John Winthrop* (Boston: Little, Brown, 1958).
4. *Puritan Political Ides*, ed. Morgan, p. 139。托克維爾引用同樣的段落，但有一個明顯的疏漏p. 46 of *Democracy in America*, ed. Mayer.
5. Bercovitch, *Puritan Origins*, appendix, pp. 190, 193.
6. Morgan, *The Puritan Dilemma,* chapter 8.
7. 托克維爾認為傑佛遜是「美國民主史上最偉大的民主主義者（democrat）」*Democracy in America*, ed. Mayer, p. 203.
8. 溫斯羅普・D・喬丹（Winthrop D. Jordan）在其學術著作*White Over Black: American Attitudes Toward the Negro, 1550-1812* (Chapel Hill: University of North Carolina Press, 1968), pp. 475-81認為傑佛遜對黑奴（Negro）的看法前後矛盾。蓋瑞・威爾斯在*Inventing America: Jefferson's Declaration of Independence* (Garden City, N.Y.: Doubleday 1978)第十五章和第二十二章陳述了真相，呈現傑佛遜反奴隸制觀點的絕對連貫性，以及為什麼他沒有把立即解放視為解決方案。
9. Thomas Jefferson, *The Complete Jefferson*, ed. Saul K. Padover (New York: Duell, Sloan and Pearce, 1943), *Notes on the State of Virginia* (1785), query 19, p. 678.
10. 參見Jefferson, *Complete Jefferson*, ed. Padover, letter to John Cartwright, June 5, 1824, pp. 293-97, and letter to John Adams, October 28, 1813, pp. 282-87.
11. Jefferson, *Complete Jefferson*, ed. Padover, *Notes on Virginia*, query 17, p. 676.
12. 參見Wills, *Inventing America*, part 3.
13. Jefferson, *Complete Jefferson*, ed. Padover, First Inaugural Address, March 4, 1801, p. 386; *Notes on Virginia*, query 18, p. 677.
14. Benjamin Franklin, *The Autobiography of Benjamin Franklin*, ed. Leonard W. Labaree (New Haven, Conn.: Yale University Press, 1964), p. I 50.

44. Jennifer L. Hochschild, *Facing Up to the American Dream: Race, Class, and the Soul of the Nation* (Princeton: Princeton University Press, 1995).
45. John Winthrop, "A Model of Christian Charity," in Conrad Cherry, ed., *God's New Israel: Religious Interpretations of American Destiny* (Englewood Cliffs, N. J.; Prentice-Hall, 1971), p. 42. Spelling has been modernized.

一九八五年初版序

1. Alexis de Tocqueville, *Democracy in America*, trans. George Lawrence, ed. J. P. Mayer (New York: Doubleday, Anchor Books, 1969), p. 287.
2. 田野研究者當中使用磁帶錄音機的有三個，加上為第九章做了一個訪談的貝拉。麥森遵循在完成後立即把訪問內容口述到磁帶錄音機的做法，試圖一字不差地盡可能回憶對話。除了把口說語言變成明白易懂的書寫而做非常輕微的編輯之外，我們完全按照訪問抄寫內容使用消息提供者的語言。麥森的訪問不像那些直接錄音的訪問一字不差，他的訪問來自麻州的「塞福克」或來自南加州，但和經濟民主運動有關的內容除外。我們改變了受訪者的個人特徵，以便在不扭曲和文化相關的資訊的情況下掩飾他們的身分，並給他們取了假名，除了第一章的韋恩・鮑爾和第八章的愛德華・史瓦茲和珍・舒爾，他們要求我們使用他們的真名。除了為那些偏好使用匿名的人稍作偽裝，我們沒有虛構或合併任何人。書裡有許多人本身就口才辨給。

第二章

1. 麥金泰爾最近強調了傳統是一種辯論的觀點：「因此一個活的傳統是一種有歷史延伸的、社會體現的辯論，而且在一定程度上是關於構成該傳統的善的辯論……傳統在還有生命跡象時，體現著許多衝突的連續性」*After Virtue* (South Bend, Ind.: University of Notre Dame Press, 1981), pp. 207, 206。另參見Edward Shils, *Tradition* (Chicago: University of Chicago Press, 1981), and Jaroslav Pelikan's forthcoming Jefferson Lectures on religious tradition.
2. Alexis de Tocqueville, *Democracy in America*, trans. George Lawrence, ed. J.P. Mayer (New York: Doubleday, Anchor Books, 1969), p. 279. Cotton Mather's Life of John Winthrop, "Nehemias Americanus" ("The American Nehemiah"), is conveniently printed as an appendix to Sacvan Bercovitch, *The Puritan Origins of the American Self* (New

35. Boswell, *Community and the Economy*, p. 201.
36. H. Richard Niebuhr, *The Responsible Self* (New York: Harper and Row, 1978 [1963]), p. 88。考慮到我們的論點，從理查・尼布爾的兒子那裡得知，「在一九三〇年代初期，我感覺到父親對在我們不幸國家發生的他所說的「階級受難」（class crucifixion）愈來愈擔心，雖然我不太明白」，出自 Richard R. Niebuhr to H. Richard Niebuhr, *Theology, History and Culture: Major Unpublished Writings* (New Haven: Yale University Press, 1996), as reported in *Harvard Divinity Bulletin*, 25, 1 (1995): 8，階級受難是普世社區的對立面。
37. Pierre Bourdieu, *Distinction: A Social Critique of the judgment of Taste* (Cambridge: Harvard University Press, 1984 [1979]).
38. Thurow, "Companies Merge; Families Break Up," p. E11.
39. 關於這個立場特別有說服力的一個陳述可見於 *Economic Justice for All: Pastoral Letter on Catholic Social Teaching and the US. Economy* (Washington, D.C.: National Conference of Catholic Bishops, 1986)。天主教徒當然沒有獨占這個立場。它植根於可以追溯到希伯來聖經的聖約傳統，而且也顯現在喀爾文社團主義裡，誠如後文引用的溫斯羅普佈道「基督徒慈善的典範」。但天主教社會教育的現代傳統已經相當有活力地肯定這點。
40. J. David Greenstone, *The Lincoln Persuasion: Remaking American Liberalism* (Princeton: Princeton University Press, 1993)。我們應該指出格林史東自己的術語有些不同。他相對於改革自由主義的反面術語是人文自由主義（humanist liberalism），稱為人文主義是因為它沒有超驗的指涉（transcendent reference）。編輯使用格林史東自己的話來定義人文自由主義如下：「人文自由主義指的是一整套看法，主要強調『公正地滿足個人的欲望和偏好』，以及實現『每個人所定義的福祉』」。我們認為這是對功利自由主義的準確描述。考慮到格林史東將改革自由主義描述為「人道主義的」（humanitarian），人文主義似乎是對這個立場一種非常不適當的描述。
41.「若一家自相紛爭，那家就站立不住。」Mark 3:25, King James Version.
42. Abraham Lincoln, *Speeches and Writings, 1832-1858* (New York: Library of America, 1989), p. 426.
43.「我所說的巴西化不是指按種族的文化劃分，而是按階級劃分種族。就像在巴西，一個共同的美國文化可以無限期地與一個模糊的、非正式的種姓制度兼容，在這個制度中，社會等級最頂端的多數人是白人，而多數棕色和黑人美國人則永遠處於最底層。」Lind, *The Next American Nation*, p. 216.

York: Basic Books, 1974), p. 31.

22. Douglas S. Massey and Nancy A. Denton, *American Apartheid: Segregation and the Making of the Underclass* (Cambridge: Harvard University Press, 1993).
23. Herbert J. Gans, *Middle American Individualism: The Future of Liberal Democracy* (New York: Free Press, 1988)。我們應該指出甘斯在談論美國中產階級時，大致是指收入分配的中間百分之四十，而我們把焦慮階級定義在大約中間百分之六十。
24. Sydney Verba, Kay Lehman Schlozman, and Henry E. Brady, *Voice and Equality* (Cambridge: Harvard University Press, 1995).
25. Verba, *Voice and Equality*, back cover.
26. Verba, *Voice and Equality*, pp. 18-19.
27. Verba, *Voice and Equality*, p. 531.
28. Loic J. D. Wacquant in "Inside the 'Zone': The Social Art of the Hustler in the Dark Ghetto," Russell Sage Foundation, Working Papers, 1994. 寫道：「『那些人比起我更是最糟』，貧民區的居民經常這樣說，包括他們當中最一無所有的人，彷彿是自我安慰般，創造一個文法錯誤的雙重最高級，充分說明社會最底層精密的微觀等級制度。」
29. Lakoff, *Moral Politics*.
30. Gans, *The War Against the Poor*, p. 178 n. 1.
31. 我們相信這個退化的社群主義概念主要是其批評者的產物；那些自稱社群主義者的人不是出於懷舊或對現代世界的恐懼。參見Amitai Etzioni, *The Spirit of Community* (New York: Touchstone, 1993).
32. Jonathan Boswell, *Community and the Economy: The Theory of Public Cooperation* (London: Routledge, 1990).
33. Paul Hirst, *Associative Democracy: New Forms of Economic and Social Governance* (Amherst: University of Massachusetts Press, 1994).
34. 談論公民社會的新興文獻量很大。重要的理論聲明包括：Ernst Gellner, *Conditions of Liberty: Civil Society and Its Rivals* (New York: Penguin, 1994); John Keane, *Democracy and Civil Society* (New York: Verso, 1988); Adam B. Seligman, *The Idea of Civil Society* (New York: Free Press, 1992); and Jean Cohen and Andrew Arato, *Civil Society and Political Theory* (Cambridge: MIT Press, 1992)。有一個明確的宗教觀點，請參閱German Protestant Academies、Vesper Society、Ecumenical Foundation of Southern Africa和World Council of Churches等機構發起的Corresponding Academy on Civil Society出版品。

不是做道德上合理的事情的自由，其後果正在從根本上破壞我們的社會凝聚力。參見John Gray, "Does Democracy Have a Future?" *New York Times Book Review*, January 22, 1995, p. 25.

12. 參見Herbert J. Gans, *The War Against the Poor: The Underclass and Antipoverty Policy* (New York: Basic Books, 1995)，在談論對窮人的成見和汙名化窮人方面尤其值得一讀。另參見Michael Lind, *The Next American Nation: The New Nationalism and the Fourth American Revolution* (New York: Free Press, 1995), chapter 5, "The Revolution of the Rich."
13. 對美國不平等當前最佳的探討是Claude S. Fischer, Michael Hout, Martin Sanchez Jankowski, Samuel R. Lucas, Ann Swidler, and Kim Voss, *Inequality by Design: Cracking the Bell Curve Myth* (Princeton: Princeton University Press, 1996).
14. 參見Robert D. Putnam, "The Prosperous Community: Social Capital and Public Life," *American Prospect*, 13 (Spring 1993): 35。普特南這概念是衍生自James S. Coleman, *Foundations of Social Theory* (Cambridge: Harvard University Press, 1990), pp. 300-321，柯爾曼又把介紹這個概念的功勞歸給格倫·洛瑞（Glenn Loury）。
15. In *Journal of democracy*, January, 1995, pp. 65-78.
16. Robert Wuthnow, *Sharing the Journey: Support Groups and America's New Quest for Community* (New York: Free Press, 1994), p. 3.
17. 西摩·利普塞特（Seymour Martin Lipset）在對普特南有關美國人減少參與志願組織的論點及相關數據的審慎評估中，推論表示這個論點「沒有得到證實，但很有可能是對的」。參見他的文章"Malaise and Resiliency in America," *Journal of Democracy*, July, 1995, p. 15.
18. Rosabeth Moss Kanter, "Upsize, Downsize," *New York Times*, September 27, 1995, p. A23。另參見Rosabeth Moss Kanter, *World Class: Thriving Locally in the Global Economy* (New York: Simon and Schuster, 1995).
19. Michael Lewis, "Whatever Happened to the Leisure Class?" *New York Times Magazine*, November 19, 1995, p. 69.
20. 在《家庭經濟學》（*Home Economics*, San Francisco: North Point Press, 1987）頁五〇，貝瑞寫道：「一個強大的漂泊不定的習慣性破壞者階級如今正在搜刮國家，徹底破壞國家。他們的破壞行為並沒有被稱為破壞，是因為它（對某些人）的龐大收益以及它規模的宏大。」
21. Lee Rainwater, *What Money Buys: Inequality and the Social Meanings of Income* (New

功利的角度看待國家」，並否認「國家本身就是一個合乎道德的目的，這點在古代世界（Ancient World）不言而喻，而且在現代世界再度被看見。」這是「把所有真正的人生價值轉移到宗教領域很自然的結果，意味著即使在最有利的情況下，其餘的人生價值也只被視為達到目的的手段」。雖然這是一個「普遍的基督教觀念，……喀爾文教派比路德教派或天主教信仰更是如此。」

2. Stanley Elkins and Eric McKitrick, *The Age of Federalism: The Early American Republic, 1788-1800* (New York: Oxford University Press, 1993)，各處，但主要是第四章。
3. George Lakoff, *Moral Politics* (Chicago: University of Chicago Press, 1996).
4. Robert B. Reich, *The Work of Nations: Preparing Ourselves for 21st Century Capitalism* (New York: Knopf, 1991), part 3, "The Rise of the Symbolic Analyst."
5. Lester Thurow, *Head to Head: The Coming Economic Battle Among Japan, Europe, and America* (New York: Warner, 1992), pp. 266-67.
6. Lester C. Thurow, "Companies Merge; Families Break Up," *New York Times*, September 3, 1995, p. E11.
7. Gunnar Myrdal, *Challenge to Affluence* (New York: Pantheon, 1963).
8. 威廉·威爾遜（William Julius Wilson）是研究這些問題最可靠的學者。參見他的 *The Truly Disadvantaged: The Inner City, the Underclass and Public Policy* (Chicago: University of Chicago Press, 1987); "The Political Economy and Urban Racial Tensions," *American Economist*, 39, I (Spring 1995); "The 'New Poverty' Social Policy and the Growing Inequality in Industrial Democracies," forthcoming; and other forthcoming works.
9. 參見Hans Koning, "A French Mirror," *Atlantic Monthly*, December 1995, p. 100。這樣做是為了避免汙名化失業者，透過提供他們足夠的收入，讓他們不會失去社會成員的資格。天主教在法國的地位更重要，再加上擁有另一種類型的共和主義，這兩點部分地說明了美國和法國的差異。
10. As reported in "Labor Chief Decries Middle-class Squeeze," *San Francisco Examiner*, September 25, 1994, p. A2.
11. 約翰·格雷（John Gray）最近把我們富裕、受過良好教育的菁英特有的「主流自由個人主義美國文化」描述為一種「個人選擇和自我實現是唯一無可爭議的價值」的文化，將「集體忠誠」和「公民參與描繪為個人選擇和市場交換固定菜單上的非必選額外附加項目」。這個文化的影響有好有壞。誠如格雷所言，「在巨大的社會混亂、城市廢墟和中產階級貧窮背景下，它產生了非凡的科技和經濟活力。」格雷實際上所說的是，對自由的錯誤信念，即認為自由是做任何你想做的事情的自由，而

注釋

二〇〇八年版序

1. 約翰・鄧恩寫道：「在托克維爾的《民主在美國》裡，我們首次看到有人承認民主是現代政治經驗獨特性的關鍵，並主張任何人若希望能理解那個經驗的特性，務必關注並去了解民主究竟意味著什麼。」Dunn, *Democracy: A History* (New York: Atlantic Monthly Press, 2006), p. 73.
2. 參見他為第十二版所寫的前言，Alexis de Tocqueville, *Democracy in America*, trans. George Lawrence, ed. j. P. Mayer (Garden City, NY: Anchor Books, 1969), p. xii.
3. Tocqueville, *Democracy*, pp. 555-58.
4. Tocqueville, *Democracy*, p. 558.
5. Tocqueville, *Democracy*, pp. 690-95.
6. Tocqueville, *Democracy*, pp. 692-93.
7. Dunn, *Democracy*, p. 118.
8. 這裡的術語實際上可能是源自巴貝夫的追隨者布納羅蒂（Buonarrotti），Dunn, *Democracy*, p. 124.
9. 鄧恩寫道：「市場經濟是人類有史以來創造出最強大的破壞平等機制。」市場經濟的勝利讓鄧恩把它描述為「利己主義的世界秩序」（The World Order of Egoism）。Dunn, *Democracy*, pp. 137, 171.
10. Tony Judt, "Goodbye to All That?" *New York Review of Books*, September 21, 2006, pp. 88-92.

一九九六年版序

1. 在《基督教社會思想史》（*The Social Teaching of the Christian Churches,* London: Allen and Unwin, 1931 (1911)）卷二的頁八百一〇，特爾慈寫道苦行的新教「從純粹

美國學14

失序的心靈

美國個人主義傳統的困境

Habits of the Heart: Individualism and Commitment in American Life

作　　者　羅伯特・貝拉（Robert Bellah）等人
翻　　譯　葉品岑
編　　輯　邱建智
校　　對　魏秋綢
排　　版　張彩梅

企劃總監　蔡慧華
行銷專員　張意婷
社　　長　郭重興
發 行 人　曾大福
出版發行　八旗文化／遠足文化事業股份有限公司
地　　址　新北市新店區民權路108-3號8樓
電　　話　02-22181417
傳　　真　02-86671065
客服專線　0800-221029
信　　箱　gusa0601@gmail.com
Facebook　facebook.com/gusapublishing
Blog　gusapublishing.blogspot.com
法律顧問　華洋法律事務所／蘇文生律師

封面設計　張巖
印　　刷　前進彩藝有限公司
定　　價　680元
初版一刷　2023年1月
ISBN　978-626-7234-03-7（紙本）、978-626-7234-04-4（PDF）、978-626-7234-05-1（EPUB）

國家圖書館出版品預行編目（CIP）資料

失序的心靈：美國個人主義傳統的困境／羅伯特・貝拉（Robert Bellah）等人著；葉品岑譯. -- 初版. -- 新北市：八旗文化出版：遠足文化事業股份有限公司發行, 2023.01
面；　公分. --（美國學；14）
譯自：Habits of the heart : individualism and commitment in American life
ISBN 978-626-7234-03-7（平裝）

1. CST：民族性　2. CST：文化　3. CST：個人主義　4. CST：美國

535.752　　111017535